# 코자크와 러시아 문학

# 코자크와 러시아 문학

## 문화신화학 연구

주디스 도이치 콘블랫
허승철 옮김

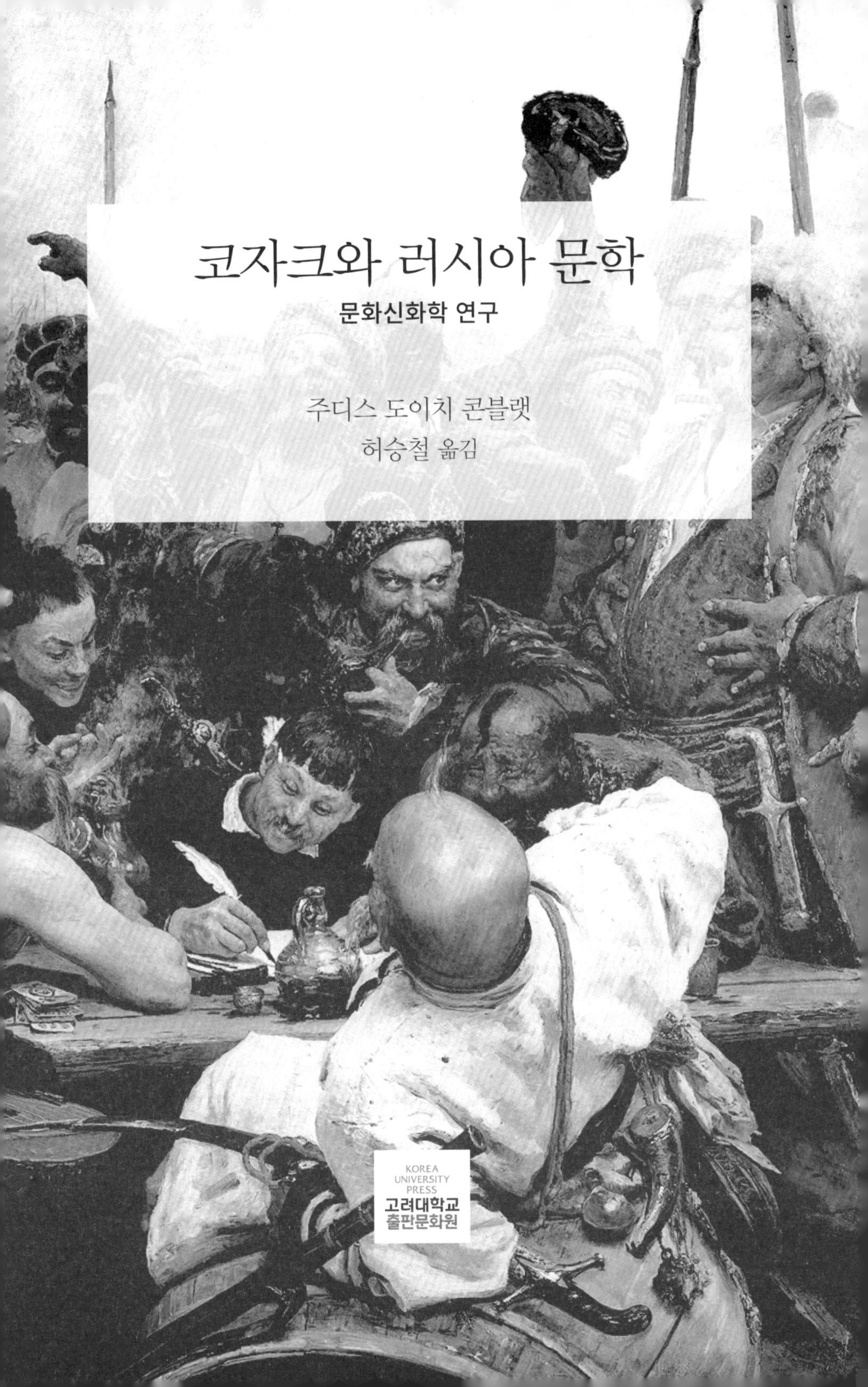

KOREA UNIVERSITY PRESS
고려대학교 출판문화원

*The Cossack Hero in Russian Literature: A Study in Cultural Mythology*
by Judith Deutsch Kornblatt

나의 할머니
파냐 마르샤크 소보트카(Franya Marshak Sobotka)를 기억하며

옮긴이의 말

# 자유와 경계 초월의 신화가 된 코자크

번역자가 대학에서 노어노문학을 전공하는 것을 상상도 하지 않았던 중학생 시절, TV의 '주말의 명화'로 본 율 브리너 주연의 〈대장 부리바〉가 코자크와의 첫 만남이었다. 영화에 나오는 지역이 당시 소련이라는 인식만 있었고, 시대적 배경과 원작인 《타라스 불바》를 쓴 고골에 대해서는 아는 바가 없었다. 미국 대학 연구교수 시절 학교 구내서점에서 산 〈돈 코자크 합창단〉 CD는 경이로운 무반주 합창에 내재한 코자크의 힘과 정신을 느끼게 해주었다. 우크라이나 근무 시절 고려인 문제 해결을 위해 자포로지야 주를 방문한 기회에 자포로지야 코자크 세치가 있었던 드네프로강의 호르치차섬을 방문하면서 코자크에 한 발 더 다가갔고, 최근 몇 년간 자포로지야 코자크 전통과 현대 우크라이나 정치문화의 관계는 나의 학문적 관심의 주제가 되었다.

그간 러시아, 우크라이나 역사서를 읽으면서 코자크에 대한 지식을 넓혀갔지만, 여러 문학작품에 등장하는 "코자크" 주제와 주인공들에게도 깊은 관심을 갖게 되었다. 오랫동안 소장해 온 주디스 콘블랫(Judith Deutsch Kornblatt) 교수 저작 *The Cossack Hero in Russian Literature: A Study in Cultural Mythology*(The University of Wisconsin Press, 1992)이 문학에 나타난 코자크 주제를 잘 정리한 책이라는 생각을 하면서도 직접 번역에 나서는 것은 내 전공 영역을 벗어나는 것이 아닌가 하는 생각으로 오랜 기간 번역을 주저했었다. 하지만 코자크 이해에 대한 깊이를 더하고자 하는 이들에게 이 책이 큰 도움이 될 것이라는 생각으로 용기를 내어 번역 작업에 착수했다.

이 책은 푸시킨에서 시작하여 고골, 톨스토이, 바벨, 미래주의 시인들, 숄로호프, 사회주의 리얼리즘 작가들, 나보코프에 이르는 러시아 작가들의 작품에 나타나는 코자크 주제를 문학 비평적 입장에서 정리한 학술서이면서 러시아, 우크라이나 문화와 역사에 관심을 가지고 있는 일반 독자나 학생들도 어렵지 않게 소화할 수 있는 읽을거리이다. 독자들의 이해를 돕기 위해 원문에는 없지만 그림과 사진 이미지를 책 중간에 첨부하였다.

코자크를 신화화하는 데 기여한 모순과 역설인 "압제와 자유"의 주제는 소련 시대와 소련 붕괴 이후에도 문학적, 사회적 함의가 감소되지 않았다고 본다. 러시아 역사에서 전제 권력과 압제가 강화될수록 자유에 대한 민중의 갈망이 커갔고, 작가들이 이를 문학적으로 표현하기 위해 다른 어느 역사 현상보다 "코자크"를 선택한 것은 당연한 일이라 할 수 있다. 지리적 공간은 정복되고 변경은 사라졌지만, 숨 막히는 사회 질서와 관습의 경계에 갇혀 있는 현대인들은 아직도 코자크 신화에 열광할 수 있다. 코자크는 러시아, 우크라이나 역사를 관통하는 중요한 코드이기 때문에 "어머니-러시아 대지", "어머니", "잉여인간"같이 그간 러시아 문학에서 중요하게 간주된 핵심 코드에 "코자크"를 추가하는 것도 러시아 문학을 조망하는 시야를 넓히는 데 도움이 된다고 본다.

문학 전공자가 아닌 사람이 코자크에 대한 열정만으로 번역한 작품에 오류가 나타나는 것은 피할 수 없는 일이라 보고 독자들의 해량과 조언을 바란다. 번역 초고를 읽고 수정을 해준 최정현 교수와 미주 작업을 도운 고려대 석사과정 김한상 군에게 감사의 뜻을 전하고, 고려대학교출판문화원 편집진에게도 깊은 사의를 표한다.

2020년 10월

허 승 철

# 서문

나는 왜 참한 유대인 소녀가 코자크*에 흠뻑 빠졌느냐는 질문을 자주 받는다. 가족들의 농담대로 내 금발머리는 "우유배달부"로부터 온 것이 아니라, 동유럽 유대인들의 섬뜩한 유머에 의하면 우리 조상들의 유대인촌을 침범한 코자크로부터 온 것이라고 밝히는 것이 역설적이기는 하지만 더 맞을 것이다. 그러나 사실 우리 조상들은 키예프의 흐레샤치크 거리**에서 평안한 삶을 이어왔으며, 할머니가 코자크와 가장 가까이 접촉한 것은 젊어서 멘셰비키였던 그녀가 코카서스 감옥에서 "용감한 코자크 기병대"의 도움으로 풀려났을 때 코자크와 악수를 한 것이 전부였다. 그리고 바로 러시아를 황망히 떠난 할머니는 70년이 넘은 세월이 지나서도 "그들에 대해 나는 좋은 기억만 남아 있다"

---

* "까자크"가 러시아어 발음에 가깝지만, 작품에서 주로 다루고 있는 집단의 기원 지역을 고려하여 우크라이나 원어 발음에 가까운 "코자크"를 작품 전체에 걸쳐 쓴다.

** 흐레샤치크 거리 ─ 우크라이나 수도 키예프시 중심부를 가로지르는 길이 약 1.6킬로미터의 대로.

고 내게 말한 적이 있다.

코자크에 대한 나의 개인적 관심은 이사크 바벨(Isaac Babel, 1894-1940)의 현란하고 때로는 충격적인 작품을 다루느라고 큰 고생을 한 후 생겨났다. 나는 후세 작가들이 신비롭고 매력적인 코자크 주인공들의 기원을 찾기 위해서는 니콜라이 고골을 연구해야 한다는 제안에 귀를 기울였다. 처음 읽어보면 호전적이고, 조금은 답답하고, 조금은 낭만적인《타라스 불바(Taras Bul'ba)》만큼 바벨의《적군 기병대(Red Cavalry)》와 거리가 먼 작품이 없는 것처럼 보인다. 동명의 영화에 나온 율 브리너와 토니 커티스가《타라스 불바》의 주인공들로 내 눈에 각인되었던 것이 틀림없다. 그러나 내가 잘못 본 것이다. 단순히 영화감독 한 사람이《타라스 불바》의 핵심을 놓친 것이 아니다. 바벨 작품 속 감지하기 힘들 만큼 역설적인 주인공들은 1830년대 고골의 우크라이나 이야기에 바로 걸어 나온 것이 아니다. 바벨이 1920년 폴란드 원정에서 만난 것은 우크라이나 코자크가 아니라 러시아 코자크라는 사실은 중요하지 않다. 혁명 후 러시아의 급변하는 상황 속에서 자신의 정체성을 정의하려고 노력하는 이 유대인 작가가 과거의 반유대적인 코자크들에게서 본 것은 무엇이었는가? 러시아인이 되어야 했던 유대인 작가가 스텝을 누비던 이국적인, 고골의 코자크들에게서 러시아성의 핵심을 찾아낸 것인가?

내가 익명으로 잡지에 기고한 글을 본 익명의 독자가 분명히 남성우월주의자인 반유대주의자가 이 글을 쓴 것이 틀림없다고 혹평했을 때, 코자크에 대한 나의 관심은 더 깊어졌다. 코자크 주인공을 분석한다는 것은 성스럽고 아주 예민한 땅으로 발을 내딛는 것 같았다.

이 연구는 몇 가지 목표를 설정하고 있고, 마찬가지로 몇 가지 범주의 독자들을 염두에 두고 있다. 우선 가장 넓은 의미에서, 나는 '유용한' 책을 쓰고 싶었다. 러시아 문학사에서 가장 중요한 텍스트 일부를 연구하고 강의하면서 던지는 의문에 대한 해답은 아니더라도 새로운 도전적 질문을 제공해주는 책을 쓰고 싶었다. 코자크는 러시아인이자 동시에 비러시아인이고, 억압적이며 자유롭고, 익살스러우며 동시에 교활하고 애매모호한, 여러 가지로 규정할 수 있는 주인공이다. 그래서 코자크의 이러한 모호한 문학적 이미지를 잘 활용하면, 그가 여기저기 온갖 곳에 등장하는 텍스트의 독해를 풍요롭게 할 수 있다.

이에 못지않게 중요한 것은 이 책이 전문가들로 하여금 개별 작가들에게 집중하느라 지금까지 친숙하게 느껴왔던 코자크 주인공들에 대해 아직 제기되지 않았던 문제들을 질문할 수 있게 해야 한다는 것이다. 코자크 주인공들이 다른 러시아 주인공들과 어떻게 다른지, 이와 유사하게 작품 속의 다른 '이국적' 등장인물과는 어떤 차이가 나는지, 그리고 코자크 신화라는 큰 그림에 어떻게 참여하는지를 들여다보는 것이 중요하다.

이론적으로는 코자크는 역사적 사실을 문학적 이미지로 형상화한 사례에 대한 연구 대상이면서, 현실적으로는 형체가 없는 '러시아의 영혼(Russian soul)'에 대해 우리에게 많은 단서를 제공해 준다. 소련이 해체되어 러시아 사회가 서구 세계에 문을 열고, 우리 학생들이 좀 더 친숙한 프랑스나 스페인 문학이 아니라 러시아 문학을 공부하기로 택하는 현 시점에서 러시아인들이 우리와 어떻게 같고, 근본적으로 어떻게 다른지를 탐구해야 한다.

이 책은 어느 한 전통적 비평 장르로 쉽게 분류하기가 어렵다. 전체적으로 시간적 구조를 택하기는 했지만, 단순한 개설서는 아니다. 이 책이 문화신화학의 정의를 가지고 씨름을 하고, 민족적 자의식의 발전과정을 탐구하기는 하지만, 순수한 개념적 연구라고 할 수도 없다. 나는 일부 해석이 지적 자극을 준다는 것을 독자들이 발견하기를 희망하기는 하지만, 이 책은 여러 작품에 대한 미시 독서를 연결해 놓은 것도 아니다. 그 대신에 이 책은 러시아 문화 상상에 넓게 퍼져있는 풍부한 내용의 이미지에 대한 주제적 분석을 시도한다. 내가 롤랑 바르트의 초기 저작과 문화적 신화에 대한 그의 정의에 의존하기는 했지만, 신화의 토포스(topos)*를 분리시켜서 텍스트 하나하나에서 이것의 민낯을 보여주는 구조적 분석 이상의 것을 시도하고 있기 때문에 시대에 따른 배열은 개념적으로 필요하다. 나는 코자크 신화의 '발전 과정'과, 19세기와 20세기 러시아의 변화하는 현실과 신화의 관계를 분석한다. 문화적 신화들은 엄청난 탄력성을 가지고 있지만, 너무 멀리 나가면 한때 이것이 표상하던 것을 더 이상 보여주지 못하게 된다. 내가 보여주기를 희망하는 바와 같이 스탈린 시대의 도그마에 의해 화석화된 고골의 《타라스 불바》는 1940년대와 1950년대 어느 시점에 러시아의 상상력에서 더 이상 아무런 반향을 일으키지 못하게 되었다.

---

* 토포스(topos) — 일반적으로 문학의 전통적인 주제·사상을 나타내는 용어로 몇 개의 모티프들이 자주 반복되면서 이루어내는 고정형이나 진부한 문구를 지칭함(복수는 topoi). '공론', '일반적 논제'로 번역되기도 함. 현대 비평에서 토포스는 몇몇 모티프들이 반복적으로 만들어내는 고정형 문구나 진부한 표현이 되어버린 문구를 가리키는 말로서 모티프라는 개념으로 많이 사용됨.

이 책의 독자들은 일부 작가들이 다른 작가보다 더 많이 주목받는다는 것을 발견할 것이다. 연구의 깊이는 각 작가가 코자크 신화에 얼마나 깊이 관여했는가에 따라 결정된다. 푸시킨은 중요하기는 하지만 다음 100년간 지속되는 신화를 확립한 고골만큼 영향력이 크지는 않다. 톨스토이는 단지 주변적으로만 이 주제에 관련되어 있다. 바벨은 새롭고 더욱 복잡해진 신화에 중심적 역할을 하고, 흘레브니코프와 카멘스키 같은 미래주의 시인들은 숄로호프의 코자크에 자양분을 공급해 준다. 코자크 신화를 다시 쓰기 시작해서, 역설적으로 이것을 죽음에 이르게 한 것은 숄로호프이다. 한때 생명력이 넘치던 신화적 주인공에 대한 존경심에서 나는 신화의 부검을 확인하는 것 이상으로 스탈린 시대 소설을 분석함으로써 신화의 시체를 사열하지 않기로 선택했다. 여기서 나는 독자들의 추론 능력을 신뢰한다.

이 연구는 분석과 서술 둘 다를 지향하고, 추측과 설명도 동시에 지향한다. 바라건대 전문가들은 오래된 방에서 새로운 모퉁이를 발견하고, 문학이나 문화역사학에 관심을 가진 일반인들은 미지의 방으로 들어가는 새로운 문을 발견하기를 희망한다.

러시아어 표기 부분에서 가독성과 일관성의 균형을 맞추려는 노력으로 나는 미국 의회도서관의 개정된 표기법을 사용했다. 고골과 바벨의 이름 끝의 아포스트로피를 뺀 것만 예외이다.

마지막으로 말할 것은, 나는 소련의 정체 시기 막바지에 이 연구를 시작했고, 고르바초프 개혁 시기에 원고를 쓰고 수정 작업을 진행했다. 책 편집은 소련의 붕괴 시점인 1991년 말에 진행되었다. 나는 원고를 마지막으로 수정하면서 이 책의 최종본에 영향을 미칠 세계정세의 변화를 주시하려고 노력했다. 이 책의 모든 페이지에서 "우크라이나" 앞에 관사를 붙이지 않으면서* 자신들의 조국에 대한 정확한 언급을 원하는 우크라이나인들의 바람을 존중하려고 나는 최선을 다했다. 소비에트 문학에 대한 모든 참조는 이제 역사적 시기를 반영하고 있고, 1990년대의 현대 소설은 다루지 않는다.

전복적 지각변동이 일어나는 요즘 시기에는 포스트 소비에트 문화의 미래와 관련된 예언에 주의를 기울어야 한다. 벨로러시아 공화국(Belorussian Republic)을 벨라루스(Belarus')로 개명한 것이 러시아를 '성스러운 루스(holy Rus')'로 개명하는 것의 전조가 되는 것은 아닌지 관심을 갖는 사람도 있다. 만약에 그렇게 된다면 러시아 문학의 코자크 주인공이 새로운/과거의(new/old) 문화신화학에서 새 위치를 차지할 것인지 아닌지를 물어보는 것도 정당한 일이다.

---

* 영어에서 우크라이나를 제정러시아나 소련의 한 지방으로 취급할 때는 'the Ukraine'라고 하고, 독립 국가로 볼 때는 정관사 없이 'Ukraine'만 쓴다.

# 감사의 말

이 신비스러운 코자크들과 시간을 보낸 지난 10년간 나는 많은 사람들에게 큰 빚을 졌다. 나로 하여금 학자로 성장하게 도와주고, 때로 내 저작에 대해 내가 대답할 준비가 되어 있지 않은 어려운 질문들을 제기해 준 모든 분들께 이제 나는 감사의 말로 은혜를 갚고자 한다. 그러나 텍스트에 있는 모든 실수와 오류는 전적으로 나의 것이다. 우선 나는 1년간 박사후과정(postdoctoral) 장학금을 제공해 준 컬럼비아대학교 해리먼러시아연구소에 사의를 표한다. 이 연구 기간 동안 나는 내 책이 "미진하고, 허술한" 저작이 될 수 있다는 것을 깨달았다. 또한 나는 이 책을 해리먼연구소 연구시리즈에 포함시키기로 결정한 해리먼연구소 출판위원회의 결정에 감사드린다. 해리먼연구소에서 내 원고를 읽어준 많은 학자들, 특히 로버트 매과이어(Robert Maguire), 리처드 구스타프슨(Richard Gustafson), 로버트 벨냅(Robert Belknap, 그는 처음으로 바벨과 고골의 연결고리를 고려해 볼 것을 조언해 주었다), 마크 반 하겐(Mark van Hagen), 칼 허브디(Carl Hovde)에게 감사드리고, 편집에 대한 조언을 아끼지 않은 린 솔로타로프(Lynn Solotaroff)에게도 감사드린다. 로버트 매과이어는 오랜 기간의 수정과 원고 제출 과정에서 한결같이 나를 지원해 주었다. 나는 특별히 그에게 사의를 표하고 그가 계속 좋은 독자와 친구로 남게 되기를 희망한다. 내가 떨어뜨린 것을 깨닫지 못한 내 원고 속의 진주를 발견해 준 케릴 에머슨(Caryl Emerson)과 세심한 원고 검토로 나의 실수를 여러 번 교정해 준 휴 매클레인(Hugh McLean)에게도 사의를 표한다. 이제 책이 나오는 마지막 단계에서 위스콘신대학교 출판부장과 편집진에게 감사를 드린다.

그간 동료와 친구, 가족들은 나에게 소중한 격려를 아끼지 않았다. 주디스 웨일(Judith Weil), 리처드 보든(Richard Borden), 클래어 캐버나(Clare Cavanagh)의 격려에 감사드리고, 푸시킨에 대한 장(章)을 반복해서 읽고 조언을 해준 토머스 쇼(J. Thomas Shaw)와, 내가 확신을 가지지 못한 순간에도 나를 믿어준 데이비드 베테아(David Bethea)에게 특별한 감사를 드린다. 그리고 무엇보다도 이 연구의 수많은 원고 초안에서 불필요한 표현을 과감히 삭제해 주고, 전적으로 나를 믿어준 남편 마크 콘블랫(Mark Kornblatt)에게 감사를 표한다. 내가 러시아어에 관심을 갖도록 해준 할머니 파냐 마르샤크 소보트카(Franya Marshak Sobotka)에게 마지막 감사를 드리고, 내가 할머니의 발자취를 따르기로 결정함으로써 그분의 오랜 생애에 기쁨을 드렸기를 희망한다.

# 차례



## 1부 19세기



## 2부 20세기

# 1부

## 19세기

# 1장 서론 — 역사에서 신화로

한 남자가 말에 올라타 헐렁한 바지와 변발을 바람에 휘날리며 한바탕 약탈과 강간을 저지르는 길을 떠난다. 그는 말안장 위에서 잠을 자고 광활한 스텝을 자기 집으로 삼으며 아침에는 투르크 마을을, 낮에는 폴란드 교회들을 불사른다. 그는 자기 몸무게만큼의 고렐카(gorelka)* 를 마시고, 지쳐 쓰러질 때까지 코자촉(kazachok)** 춤을 추지만, 이러는 동안에도 어머니 러시아 교회에 맹세를 하는 것을 잊지 않는다. 코자크

---

* 고렐카 — 우크라이나의 보드카.

** 코자촉(kazachok 우크라이나어 kozachok) — '코자크'의 지소형 명사로 코자크들이 추는 경쾌한 춤으로 16세기 우크라이나 코자크들 사이에서 시작되었고, 17-18세기 러시아, 유럽에 퍼졌다. 남녀 한 쌍이 추는 경쾌한 춤으로 우크라이나에서는 단조 음악 반주에, 러시아에서는 장조 음악 반주에 맞춰 춘다. 여자가 춤을 리드하면 남자가 따라 하고, 점차 템포가 빨라지고 손뼉으로 템포를 맞춘다. 코자촉이란 용어 자체는 16-17세기 우크라이나 전통 인형극인 베르테프(Vertep)에서 기원했다. 특히 자포로지야 코자크들의 주연과 축제에서 반두라 반주에 맞춰 이 춤을 즐겨 추었다.

칼을 휘두르고 총을 쏘기 위해 그는 가족을 떠나 코자크 집단과 같이 말을 달리며 자신의 과거와 땅에 대한 인연을 끊어버린다. 코자크는 자유롭고 대범하며, 야만스럽고 에너지가 넘치고, 적과 타협하지 않고 속박을 받지 않는다.

이것이 사실이건 아니건 우리는 그렇게 믿는다. 우리는 이러한 코자크 유형을 너무 잘 알고 있어서, 레프 톨스토이는《전쟁과 평화》에서 아무런 부가적 설명 없이 나타샤를 "귀여운 코자크"라고 불렀다. '코자크'는 그 당시 이미 너무 익숙해진 수식어가 되었다. 이 소설에서 나타샤는 자신의 두 오빠나, 당시나 현재의 독자와 사뭇 다르게 시원스럽고 낙천적이었다.

독자들은 어떻게 자신이 실제로 만나보지도 못하고, 구체적 역사적 사실에 대해 아주 희미하게 알고 있는 사람들에 대해 이토록 이상적인 이미지를 가질 수 있는가? 이런 신비스런 사람들이 잉여인간이나 하급 관리, 가끔 성스러운 농민들이 주요 등장인물이 되는 러시아 문학에 자주 지속적으로 등장하게 되었는가? 이런 질문에 대한 답을 찾는 과정에서 우리는 러시아의 문화신화학(cultural mythology)에 대해 관심을 갖게 되고 다음과 같은 질문을 추가로 제기하게 된다. — 왜 우리는 신화를 만들어내는가? 특히 여기에서 우리에게 더 중요한 것은 왜 특정한 신화를 만들어내는가이다. 왜 어떤 특징은 중요하고, 다른 것은 중요하지 않은가? 그리고 도대체 왜 코자크를 영웅시하는가?

다른 민족과 마찬가지로 러시아인들도 자신들의 문화적, 역사적 맥락에서 자라나고 발전한 신화들로 자신들의 정체성을 규정한다. 카우보이와 골드러시가 미국 문화 맥락의 일부인 것처럼 코자크는 러시아 문화 맥락의 일부이다. 미국인들은 자신들이 믿고 의지하는 땅과 생활이 무한한 기회를 준다고 믿는다. 이것이 미국인들이 자신들을 이해하는 한 방법이다. 계속 확장되는 서부 프론티어가 더 이상 존재하지 않는다는 사실은 신화적 기호를 계속 만들어내는 능력을 제약하지 않는다. 그리고 이러한 신화적 기호가 때로는 변화한다는 사실은 각 문화는 자신에 대한 신화를 지속적으로 재구성한다는 사실을 증명한다.

미국인들은 서부를 정복하는 과정에서 야생적으로 그려진 서부개척자들에 대한 신화를 가지고 있다는 점에서 코자크 신화와 특별한 관계를 가지고 있다고 할 수 있다. 그러나 이 책에서 다루는 문학작품들은 자신을 러시아인이라고 여기는 작가들이 러시아 독자들을 위해 러시아어로 쓴 것들이다. 코자크들이 다른 민족의 작가들의 상상력을 자극한 것은 사실이다. 역사적 코자크 인물들은 러시아뿐만 아니라 폴란드에서도 중요한 역할을 했고, 폴란드-리투아니아 대공국과 뒤를 이어 우크라이나를 지배한 러시아 제국과 구별되는 정치적 집단으로서 우크라이나를 형성하는 데도 역할을 했다. 그러나 나는 여기서 러시아인들이 어떻게 코자크에 대한 상상적 관계를 만들어냈는지에 대한 문제만을 다룰 것이다.[1] 내가 묻고자 하는 질문은 러시아인들이 자신들을 이해하는 데 코자크 주인공들이 어떤 역할을 했는가이다.

러시아의 문화신화학에서 코자크의 역할을 분리하면, 우리는 무의식적으로 러시아 민족이 자신들의 정체성을 형성하는 데 사용한 지배적 가정을 더 잘 이해할 수 있다.[2] 내가 이 책에서 하고자 하는 작업의 일부는 이 가정들을 '탈민족화'해서 신화의 위력을 추출해 보는 것이다. 이것은 코자크 신화가 다른 것과 마찬가지로 특별한 방법으로 신화를 만드는 맥락과 상호 연관되어 있는 분석 가능한 토포스로 구성되어 있다는 것을 보여준다. 이렇게 해야만 낭만적인 '자유 코자크'가 어떻게 러시아의 자체 이미지의 일부로 코드화되었는지를 이해할 수 있다.

그런 다음 우리는 러시아 문학에서 코자크 신화를 의식적으로 사용한 두 번째 체계로 우리의 연구를 확대할 수 있다. 신화들은 한 민족의 정체성 규정에 수동적으로 결합되어 있다. 그러나 신화적 이미지의 힘을 의식하고 있는 개별 작가는 신화의 구조를 적극적으로 조작하고 때로는 이것을 해체하기도 한다. 이러한 수정 과정은 코자크의 경우처럼 신화 이미지가 모호할 때 특별히 흥미롭다. 현대 독자들은 코자크 정신(ethos)의 많은 부분을 도덕적으로 수용하기 어렵지만, 그럼에도 불구하고 이 책에서 다루는 작가들은 코자크의 인물상들을 포용한다. 러시아 작가들이 어떻게 코자크들을 모순 없이 작품의 주인공으로 변형시켰는지는 본문의 여러 장에서 이야기할 것이다.

코자크 주인공들이 왜 독자들에게 어필하는지는 몇 가지로 설명할 수 있다. 모든 문화적 신화와 마찬가지로 코자크 신화는 러시아 문화의 대립성을 중재한다. 이것은 러시아인 자신과 현실과의 관계에 대한 정의를 구성함으로써 하나의 통일된 자신을 이해할 수 있도록 해준다. 신화는 현실의 다양하고 종종 상호 모순되는 요소들을 감소시키거나 순화시킨다.[3] 코자크 주인공을 신화와 연관 짓는 것이 강간이나 약탈을 눈감아준다는 것을 의미하지는 않는다. 오히려 이것은 신화의 자료를 일관되게 혼란스런 현실을 구축하는 메커니즘으로 받아들이는 것이다. 그 결과 코자크에 대한 하나로 통일된 신비한 이미지가 19세기 초반 러시아 문학에 나타나기 시작했다. 그 신화는 "역사를 살아 있는 것(nature)으로 변형시켰다."[4] 모순을 제거하고, 주인공을 순화시키고, 동결시키고, 불멸화하여 현실의 차별을 제거함으로써, 코자크들은 하나의 개념으로서의 '코자크(THE COSSACK)'가 된 것이다.

사실 코자크들은 다른 사람들과 마찬가지로 다양한 배경과 사상을 가진 사람들이었다. '코자크'라는 단어는 15세기의 타타르 병사나 19세기의 차르 기병대, 가장 최근에는 돈강 근처에 거주하는 소비에트 집단 농장 노동자 등으로 모호하게 규정되었다. 그러나 역사적으로 코자크들은 러시아 사회의 물리적, 문화적 경계(edge)에 위치한 자신들의 고향(home)과 연결되었고, 최전방에서 생활하는 방어자이자 체제에 대한 반란자로서의 애매한 역할과도 연결되었다.

경계에 거주하는 코자크들은 서로 대립되는 야생의 최전방과 문명이라는 요소를 화해시키며 서로 상반되는 것을 모두 포용했다. 뒤에 우리가 고골의 작품에서 보는 것처럼 신화에서는 지리가 바로 정체성이다. 정해진 공간적 좌표가 없는 방랑자들인 코자크들은 제약을 뛰어넘거나 경계적 경험(liminal experience)을 표상할 수 있다. 그리고 상상이건 현실이건 상관없이 코자크들의 경계성(liminality)*은 역사 속의 코자크

* 경계성(liminality) — 한쪽에 속하지 않고 공간의 경계에 놓여있는 상태. 라틴어 limen(역(閾))에서 파생되었고, 인류학에서 의례 중간에 발생하는 다의성, 불확정성(ambiguity), 무방향성(disorientation)을 뜻한다. 경계역에 있는 의례 참가자들은 자신들의 정체성, 시간, 공동체 이전 단계와 의례가 만드는 새 단계 사의의 경계(threshhold)에 서 있게 된다. 이 용어는 20세기 초 민속학자 아르놀드 방주네프(Arnold van Gennep)가 처음 사용했고, 후에 빅터 터너(Victor Turner)가 발전시켰다. 최근에는 정치, 문화적 변화에도 사용되어, 경계적 기간 동안에는 사회적 위계질서가 전

들을 이상적인 중재자로 변형시켰다.

이러한 이상적 이미지에 대해 더 논의를 진행하기 전에 우리가 살펴보는 문학작품에 다루어진 다양한 역사 속의 코자크들에 대해 좀 더 선명한 그림을 그려보는 것이 마땅하다.[5] 그러나 이 주제에 대한 논의는 비전문가들에게 주요 코자크 인물과 사건을 소개하고, 이미 이상적인 코자크 이미지의 영향 아래 있는 독자들을 신화에서 벗어나게 하는 범위에서 일부러 간략하게 전개한다. 러시아와 서구 독자들 모두에게 스텐카 라진과 푸가초프 같은 코자크의 이름은 친숙하지만, 그러나 이들의 이야기가 이들을 탄생시킨 당시의 사회적, 역사적 요소와 어떠한 관계에 있는지는 자주 무시된다. 무에서(ex nihilo) 주인공들이 만들어지는 것은 그들의 영웅주의를 문제 삼지 않는 신화에서만 가능한 일이다. 이와 반대로 역사의 변화무쌍함은 코자크들에 대한 질문을 우리에게 던져주고, 그들의 초상을 형성하는 모순을 강조한다.

## 역사

만일 코자크의 신화적 이미지가 완전히 조화로운 단일체로 나타난다면 역사속의 코자크는 전혀 그러한 존재가 아니고, 신화에서의 피상

---

복되거나 일시적으로 분해되고, 전통의 지속이 불분명해지고, 당연히 올 것으로 여겨지던 미래가 불확실해진 상황에도 적용된다. 경계역에서의 질서의 분해는 새로운 제도가 만들어질 수 있는 유동적이고 가단성 있는 상황을 만들어낸다.

적 동일성은 진정한 깊이를 보여주는 모순을 제대로 다루지 못하고 있는 것이다. 코자크라는 단어는 원래 '독립'을 의미했지만, '압제'를 의미하게 되어버렸다. 자신들 집단의 평등을 선언한 코자크 전사들은 실제로는 군사적 위계질서를 엄격히 지켰다. 수사적으로는 순수한 슬라브 유산에 대한 긍지를 내세웠지만, 다양한 인종으로 구성된 코자크 집단은 이것과 모순된다.

투르크어에서 방랑자나 유랑자 또는 투르크 비적들, 넓게는 스텝의 모든 기마부족을 뜻하는 말인 '코자크'라는 명칭은 이미 14세기에 스텝과 유라시아의 남부와 동부 평원에서 쓰이기 시작했다. 15세기 중반부터 모스크바대공국은 변방 방어를 위해 많은 수의 타타르 용병을 고용했고 이들을 '용병 코자크(Service Cossacks *казачья служба*)'라고 불렀다. 후에 나타난 러시아계와 우크라이나계 코자크들은 비슬라브 민족 출신의 변방 수비대의 직접적 후손은 아니지만, 이들은 전투의 용맹과 말을 다루는 기술뿐만 아니라, 어휘, 복장, 의식에서 타타르 코자크들로부터 많은 것을 물려받았다.[6] 그러나 실제로는 많은 타타르들이 새로 형성된 코자크 집단에 가담하면서 슬라브인들과 이들의 풍습에 뚜렷한 동양적 유산을 남겼다.[7]

'슬라브' 코자크들은 원래 인종적 집단이 전혀 아니었고, 집도 없고 특권이 없는 자들이 자생적으로 형성한 집단이다. 이 집단은 주로 우크라이나인, 러시아인, 폴란드인으로 구성되었지만 서유럽인과 투르크인, 타타르인과 때로는 유대인도 자신들 집단에 받아들였고, 종종 스텝과 변방 지역의 비슬라브계 여인들과 가정을 꾸렸다. 새로 집단에 가담한 이들은 이전의 이름과 직위를 모두 버리도록 요구받았다.

17세기 코자크 영역

이러한 관행은 빠른 시간 안에 코자크 자신들에게만 있는 관습을 형성하고 동화되는 것을 도왔다.

우크라이나의 코자크는 폴란드-리투아니아 대공국에 복속되어 있던 1450년경에 많은 수의 가족들이 옛 키예프대공국 지역과 포돌리아(Podolia), 볼히니아(Volhynia) 지역을 떠나 비옥한 스텝의 경계 지역으로 이주하면서 형성되기 시작하였다. 이 농부들은 서부와 북부 지역에서 발생한 농노제의 원인이 된 부채나 부역을 벗어나 자유를 찾아 떠난 것이었다. 새 정착자들은 타타르의 공격과 약탈로부터 자신을 방어하기 위해 전투력을 갖추지 않을 수 없었다. 몽골군과 함께 왔던 타타르는 15세기 중반 유럽 지역에서 대부분 철수했지만, 스텝과 코카서스 지역은 수세기 동안 유목민과 호전적인 부족들의 터전이 되었다. 변방 지역에 정착한 슬라브 주민들은 자유롭고 무장화된 새로운 자신들의 생활양식을 지칭하는 명칭으로 자신들을 둘러싼 부족으로부터 코자크라는 이름을 차용했다. 15세기 말 폴란드-리투아니아 대공국의 남쪽 지역으로 계속 이동하여 자포로지야에 세치(Sech')*를 건설한 것은 주로 남성으로 구성된 단결된 집단이었던 이 코자크들 무리였다.

19세기 러시아 문학의 코자크 주인공으로 가장 많이 나타나는 것이 이 자포로지야 코자크다. 이들의 군사적 집단과 요새를 지칭하는 자포로지야 '세치'는 15세기 후반에 형성되었는데, 이 명칭은 드네프로강의 '급류 너머(za porogami - Zaporozh'e)'라는 의미이다. 코자크들은 타타르, 투르크, 폴란드군, 모스크바대공국 군대의 공격으로부터 자신들의 안전을 지키고 전리품을 보호하기 위해 드네프로강의 여러 섬을 이동하며 세치를 건설했다.

자포로지야 코자크는 다양한 사람들로 구성되었다. 이들은 폴란드령 우크라이나와 모스크바대공국의 정치적, 군사적, 경제적 핍박과 형벌을 피하기 위해 좀 더 많은 자유를 찾을 수 있는 변방 지역으로 도망친 사람들이었다. 이들은 세치 바깥에서는 드네프로강 좌안(左岸)** 지

* 세치(Sech' 우크라이나어로 Sich) — 자포로지야 시치의 통칭으로 "베다"라는 의미의 동사 "sech'"에서 나왔고, 숲을 개간해 만든 거주지를 뜻한다. 1552년 우크라이나 카니프 지역의 헤트만인 비쉬네베츠키(일명 바이다)가 자포로지야 급류지역인 소(小) 호르치차 섬에 만들었고, 이후 여러 번 자리를 옮겼다. 1775년 예카테리나 2세에 의해 점령당했고, 세치가 관할하던 인근 지역은 러시아의 새 행정구역인 노보로시야에 편입되었다.

** 1667년 안드루소보 조약으로 드네프로강 서쪽은 폴란드가, 동쪽은 러시아가 지배를 하게 되었는

역에 정착한 후 동쪽으로 점점 퍼져나가 행정중심 구역 인근은 코자크 주민이 점점 늘어났다. 이들은 일부 시기를 제외하고는 18세기 말까지 세치를 군사적 중심지로 삼았다.

자포로지야 코자크들은 먼 변방인 이 지역까지 이주하지 않은 다른 우크라이나 코자크들과 달리 농사와 가족생활을 경원시했다. 이들은 상시 전투태세 유지를 위해 일 년 내내 세치의 병영에 거주하는 독신 남자들이었다. 결혼한 남자들은 일부 기간 동안 가족들과 함께 살기 위해 세치를 떠났다가도 소집 명령이 떨어지면 가족을 버리고 세치로 돌아왔다. 어업, 사냥, 가축 사육 등이 세치의 주된 경제 활동이었지만, 가장 중요한 것은 약탈이었다.

자포로지야 코자크들은 우크라이나 코자크들을 끌어 들였지만 후에는 폴란드 왕국에 좀 더 가까워지며, 변경 방어의 대가로 땅이나 급여를 자주 받으면서 독자성이 약화되었다. 결국 폴란드 왕은 우크라이나 코자크들을 조직화하여 왕이 임명하는 '헤트만(hetman)'의 직접 통제를 받게 했다. 헤트만 통제 하의 코자크들은 폴란드에 자주 불만을 표출하며 자포로지야 코자크들과 연대하여 폴란드에 대항했지만, 이런 연대는 견고하지 않았고 일시적인 경우가 많았다.

세치가 형성된 지 수십 년 후 우크라이나에서와 유사한 이주 물결이 16세기 초 러시아 영토 내에서도 시작되었다. 농민들과 범죄자들, 모험가들이 모스크바대공국을 떠나 땅이 비옥하고 사람이 살지 않는 돈강과 볼가강 사이 지역으로 도망가거나 이주해 갔다. 이 새로운 변경 거주자들도 '코자크'라는 이름을 채택하고, 자포로지야 코자크 다

---

데, 러시아 쪽에서 보면 동쪽 지역이 좌안이 된다.

음으로 가장 강한 집단인 돈 코자크 집단을 만들었다. 자포로지야 코자크와 마찬가지로 돈 코자크들도 부유한 지주와 압제적 정부에 노예화되는 것을 거부하여 농사짓는 일을 피했다. 농노제가 후에 러시아 제국으로 이름을 바꾸는 모스크바대공국에 확고히 뿌리를 내리면서 더 많은 불만세력이 돈 코자크 집단에 가담했다. 러시아 제국이 영역을 확대하면서 방어가 힘들지만 자유가 넘쳐나는 지역들에 쿠반 코자크(the Kuban Cossacks), 흑해 코자크(the Black Sea Cossacks), 그레벤스크 야이크 코자크(Grebensk and Iaik Cossacks) 외에 여러 코자크 집단들이 생겨났다.* 우크라이나 코자크와 마찬가지로 새로운 러시아 코자크들도 야생 스텝 지역에서 타타르들을 대규모로 끌어들였다. 이들은 타타르들과 싸우기도 하면서 이들로부터 많은 것을 배우고 이들과 결혼을 하고, 스스로 선언한 독립적인 생활을 영위해 나갔다.

새로운 코자크들이 추구한 속박이 없는 공동체는 겉으로만 그럴싸했지 실제로 실현되지는 않았다. 왜냐하면 도망을 온 개인들 사이에는 처음부터 철저하게 위계적인 정치적 체계가 형성되었기 때문이다. 우크라이나와 자포로지야 코자크들은 지도자인 헤트만을 가졌고, 러

* 코자크 집단 분류 — 코자크는 크게 우크라이나 코자크와 러시아 코자크로 나뉜다. 우크라이나 코자크는 폴란드에 정식으로 등록된 소수의 등록 코자크와 다수의 비등록 코자크로 나뉜다. 우크라이나 코자크는 자포로지야 코자크가 대표적이며, 드네프로강 좌안과 우안에 여러 코자크 집단이 있었다. 자포로지야 세치 해체 후에 흩어진 코자크들이 흑해 코자크, 아조프해 코자크, 다뉴브 시치 코자크로 존속했다. 러시아 코자크는 돈 코자크가 대표적이며, 우크라이나에서 건너 온 쿠반 코자크도 있다. 이외에도 우랄 코자크, 테레크 코자크가 문학 작품에 자주 등장하고, 18세기에는 오렌부르그 코자크, 아스트라한 코자크, 시베리아 코자크 등이 형성되었고, 19세기에는 자바이칼 코자크, 아무르 코자크, 세비례첸스크 코자크, 우수리 코자크가 나타났다. 《타라스 불바》는 자포로지야 코자크를 소재로 쓰였고, 《고요한 돈강》, 《적군 기병대》에는 돈 코자크가 소재가 되었다.

시아 코자크들은 타타르어로 지도자를 뜻하는 아타만(ataman)을 가졌으며, 코자크 전체가 엄격한 군사적 조직을 이루어서 급이 낮은 장교가 지휘하는 작은 단위의 부대로 나뉘어졌다.

그럼에도 불구하고 코자크 사회는 변경 생활에 따라다니는 역경과 모험을 마주해야 했기 때문에 폴란드와 러시아 제국의 북부와 서부의 사회와 크게 달랐다.[8] 모두가 코자크에 자유롭게 가담할 수 있는 것과 마찬가지로, 누구도 자유롭게 집단을 떠날 수 있었다. 그러나 코자크 집단을 떠난다는 것은 예측할 수 없는 스텝에서 혼자 살아남아야 한다는 것을 의미했고, 코자크가 마련해 준 사면의 혜택을 버리고 당국의 추적을 받아야 한다는 것을 의미했다.

코자크는 역설적으로 시간이 지나면서 자신들이 버리고 도망쳐 왔던 땅과 공적 군사조직에 묶이게 되었다. 폴란드 정부는 보상으로 토지를 제공하는 조건으로 코자크들을 공적 군사조직으로 등록시키는 제도를 도입하여 어느 정도 성공을 거두었다. 공식적으로 폴란드 왕국이 소유한 토지에 거주하는 코자크들은 중앙 정부에 끊임없는 골칫거리가 되었다. 왜냐하면 이들은 자신들을 독립적 정치 집단으로 여기며 즉흥적인 외교 정책을 펼쳤기 때문이다. 폴란드가 투르크나 다른 이웃국가들과 전쟁을 하거나 강화조약을 맺을 때 코자크들은 자신들의 주권을 제약하는 내용을 모두 거부했다. 폴란드 정부는 코자크 등록제도를 실시함으로써 코자크 전사의 숫자를 통제하여 내부적 공격이나 반란을 제어하고 코자크들을 자신의 군사적 목적에 활용할 수 있을 것으로 희망했다(비등록 코자크는 농부나 소도시 거주자로 다시 신분을 바꿔야 했다). 코자크들은 등록제도가 제공하는 세금과 특권은 받아들였지만, 이에 대한 의무로 폴란드에 대한 전적인 충성은 거부했기 때문에 코자크 등록제도는 부분적으로만 실효를 거두었다.

러시아 정부도 자신의 영역 내에 있는 돈 코자크와 다른 코자크 집단을 복종시키려고 노력했고, 특히 17세기 말이 되면서 이러한 노력을 강화했다. 이 시기에 우크라이나 땅의 많은 부분이 러시아에 병합되면서 러시아 내의 코자크의 숫자는 크게 증가했다. 표트르 대제는 많은 코자크 집단을 법령으로 통제하고, 전투 경험이 많은 국경 수비 병력이 필요한 곳으로 코자크들을 강제 이주시키며 이들을 단계적으로 러시아로 동화시키고 제국화시켰다. 또한 변경 지역의 토착 주민들을 코자크로 만들어서 유목 민족의 침입으로부터 국경을 방어하는 정책도 시행했다. 이러한 조치들은 코자크들이 자신들의 집단에 대해 가지고 있던 자긍심뿐만 아니라 군사적 용맹성을 감소시켰다. 이러한 잦은 코자크 집단 이름 바꾸기와 강제 이주로 인해 17세기부터 가장 최근 시점인 제2차 세계대전 발발 때까지의 코자크에 대한 연구는 난해한 주제가 되었다. 돈 코자크들이 쿠반 강가에서 발견되고, 자포로지야 코자크들이 코카서스 지역에 가 있기도 했다.

일부 코자크들은 러시아 정부에 회유되고 동화되는 과정에서 토지를 소유한 귀족이 되어 부를 쌓기도 했다. 안정적인 정착 생활을 영위하는 코자크들(domovitye, '집 소유자'라는 뜻 — 역자) 세치와 변경 지역이 제공하는 모험적인 삶을 찾는 새로운 코자크들(golutvennye, 또는 '궁핍한 코자크'라는 뜻 — 역자) 사이의 반목도 커졌다. 17세기, 18세기에 압제받는 민중의 보호자 역할을 했던 소위 코자크 자유 전사들은 폴란드와 러시아 정부에 반기를 드는 시간만큼 자신들 사이의 내부 투쟁에 몰두했다. 1775년 예카테리나 2세가 자포로지야 세치를 해체하고 남아있는 자포로지야 코자크들은 다른 지역으로 분산하여 이주시켰을 때(이 시기 이미 폴란드는 해체의 과정에 들어가 예카테리나는 코자크 거주 지역에 대한 완전한 통제를 할 수 있었다), 많은 코자크 가족들은 이미 오래전에 농지에 정착하여 러시아 농촌 사회의 생활과 가치에 동화되어 있었다. 19세기가 되면서 코자크들은 거의 길들여졌다. 이들은 러시아 중부 돈강, 볼가강 유역이나, 코카서스의 테레크강 유역, 우랄 산맥의 야이크 강가에 정착했다. 예카테리나는 푸가초프 반란에 가담한 이 지역 코자크들과 관계를 끊기 위해 이 강의 이름을 우랄강으로 고쳤다.

15세기부터 19세기까지 4세기 동안 코자크의 본질은 크게 바뀌었지만 코자크 집단은 시기가 아니라 공간에 의해 정체성이 부여되었고, 이들이 거주하는 강의 이름에 따라 명칭이 붙여졌다. 이와 더불어 러시아 코자크들은 우크라이나 코자크들과 구분이 되었는데, 후자는 자포로지야 전사들이나 드네프로강 우안(右岸)의 폴란드 지배 지역인 헤트만령 코자크라는 명칭이 붙여졌다. 코자크 집단 사이의 교통은 활발하여 모든 코자크 집단 사이에는 일정한 상호 유사성이 존재했다.[9]

코자크 지도자들 중 가장 유명한 스텐카 라진과 푸가초프는 자신의 집단보다 다른 코자크 집단으로부터 큰 추앙을 받았고, 농민들과 코자크 부하들에게 전달된 이야기에서 이전의 코자크 영웅들, 특히 예르마크 티모페예비치(Ermak Timofeevich)[10]와 보그단 흐멜니츠키(Bogdan Khmelnitsky)[11]의 명성에 힘입은 바 크다.

러시아 민요시에서 가장 유명한 코자크인 스텐카 라진(Sten'ka Razin

1630?-1671)은 러시아 영토인 돈강과 볼가강 유역에서 활동했다. 그는 부유한 '도모비트예' 코자크 후손으로, 유명하고 영향력 있는 코자크 가문에서 태어났지만 북부 지역의 '골루트벤느예' 코자크들에게 끌려 이들을 가난한 농민들, 읍락 거주민들과 함께 부유한 세습대귀족(boyar)들에게 항거하는 반란을 일으키도록 선동했다. 코자크들이 일으킨 반란 중 차르나 차르체제 자체의 전복을 목표로 한 봉기는 거의 없다. 차르에게 궁극적 책임이 있었지만 코자크 반란의 희생자는 통상적으로 지주와 귀족들이었다.

17세기 중반 러시아에서는 극도의 사회적 혼란이 진행되었고, 스텐카 라진의 봉기는 이러한 맥락에서 이해되어야 한다. 가난한 사람들에 대한 조세 부담은 크게 늘어났고, 폴란드와의 계속적인 전쟁으로 인해 군사 부역도 커졌다.[12] 부유한 자와 가난한 자의 간극은 더욱 커져갔다. 종교적 광신주의도 커가고 있었다. 요한계시록을 바탕으로 많은 종교집단들이 1666년에 세계에 종말이 올 것이라고 예언했다. 세계 종말이 일어나지 않자, 종말론 예언자들 주변에 모여들었던 무식하고 가난한 농민들에게는 광범위한 심리적 적응도 필요하게 되었다. 경제적, 사회적, 영적 압박에 더해, 니콘 대주교가 성서와 의례의 작은 변화를 포함한 개혁 조치를 선언하자 통상 보수적이며 민중을 단합시키는 힘이었던 신앙적 경건성 자체도 흔들리게 되었다.[13] 니콘 대주교의 개혁이 정통으로 선언되자, 교회분열(Great Schism Raskol)이 발생했고, 기존의 관행을 진정한 정통 신앙으로 믿어온 거대한 '구교도(Old Believers)' 집단이 형성되었다. 교회 당국이 구교도들을 잔혹하게 탄압하자, 많은 구교도들이 코자크 지역으로 이주하여 보호를 요청했다. 오늘날까지 돈강 유역의 일부 농민들은 구교도의 관습을 준수하고 있다.

이러한 혼란한 시기에 약탈로 출발한 스텐카 라진의 소요는 곧 제국 내에서 사회적, 종교적으로 압박받는 빈궁한 자들의 지원을 받으며 사회적 봉기로 발전하였다.[14] 1600년대부터 1800년대까지 이어진 코자크 반란도 같은 길을 갔다. 남부 지역의 좀더 부유한 코자크들은 자신들의 권리를 지키기 위해 자주 제국 편을 들었지만, 코자크 봉기는 여러 복잡한 현상으로 이해되어야 한다. 정치적 동기가 없는 약탈, 사회적 농민 폭동(jacquirie)*, 보수적인 전제적 야망의 발현(많은 반란 주도자들이 소멸되었다가 되살아난 왕권의 '진정한' 후계자의 기치를 내걸고 반란에 나섰다), 그리고 마지막으로 코자크들 상호간의 싸움이었다.

모스크바나 표트르 대제가 새로 수도로 삼은 상트페테르부르크는 코자크 반란을 처리하는 데 큰 딜레마에 봉착했다. 러시아 정부는 코자크가 제공하는 군사적 기여, 특히 국경 지역에서의 공헌을 포기할 수 없었다. 그러나 러시아 당국은 코자크를 효과적으로 통제할 수도 없지만, 그렇다고 이들이 마음대로 활동하게 방치할 수도 없다는 것을 깨달았다. 1671년 스텐카 라진을 체포하고, 두 번째로 악명 높은 러시아 코자크인 푸가초프의 반란을 진압하기까지 약 백 년 동안 이렇게 불안한 상황은 지속되었다.

에멜리얀 푸가초프(Emel'ian Pugachev 1742?-1775)는 예카테리나 2세 시대에 반란을 일으켰다. 그가 영향을 미친 지역은 돈강 유역이었지만, 코

---

* 자크리(Jacquerie)의 난 — 원래 1358년 프랑스 북부에서 일어난 농민 폭동이지만, 농민 폭동을 일반적으로 의미하는 말로도 쓰인다.

자크 반란 세력이 농민들의 지지를 획득하며 그의 영향력도 확대되었다. 종국에는 우랄 산맥의 야이크 코자크가 푸가초프의 가장 강력한 동맹 세력이 되었다. 봉기 지도자의 이름을 따서 '푸가초프의 난(Pugachevshchina)'이라고 불린 1773-75년의 봉기에서 농민들은 푸가초프가 예카테리나가 죽인 남편인 표트르 3세라고 믿었다. 농민들이 대규모로 푸가초프 편에 가담하면서 코자크와 그의 추종자들은 러시아 당국에 상당히 위험한 군사적, 사회적 위협이 되었다.

소비에트 학자들은 푸가초프가 가난한 자와 억압받는 자들을 선동하여 지주와 궁정에 항거하도록 만들었기 때문에 그를 러시아 최초의 진정한 혁명가라고 간주한다. 많은 민담에서는 푸가초프와 스텐카 라진을 부자들의 재물을 빼앗아 가난한 자들에게 나누어주는 로빈 후드(Robin Hood) 같은 인물로 그리고 있다.[15] 스텐카 라진은 사지가 절단되고 참수되어 사형을 당했고, 푸가초프도 체포되어 크레믈(Kreml') 성벽 밖에서 교수형에 처해졌다. 반란이 진압되고, 반란 추종자들이 다시 중앙 권력에 복종하면서 코자크의 위대한 독립적 시대는 막을 내렸다.[16]

19세기 초가 되면서 코자크는 농촌 사회에 거의 다 동화되어서 이전 시대의 독자적인 자유 투사로서의 이미지와 정반대의 자리에 서게 되었다. 이러한 인물들이 낭만주의 시대의 대부분의 러시아 작가들과 독자들이 만난 코자크들이다. 푸가초프의 난 이후 세치는 해체되고, 코자크 집단들로 해산되어 집중적인 통제를 받는 지역으로 이주되어 재조직되었다. 이주와 새로운 명칭 부여를 통해 새로운 코자크 집단을 형성하는 작업은 18세기 말부터 19세기에 걸쳐 진행되었다. 러시아 황제는 실질적으로 아타만을 임명하였고, 이들 대부분은 코자크와 관련이 없는 인물들이었다.

러시아 제국 군대 내에서 코자크들은 특별한 기병대로 조직되어 수많은 전투에서 용맹성을 발휘했다. 이들은 1812년 조국전쟁에서 나폴레옹 군대를 무찌르고 후퇴하는 프랑스군의 뒤를 좇아 파리까지 진군하여 유럽인들에게 강렬한 인상을 남겼다. 그러나 코자크들 사이의 군기는 약화되고 군사적 역할도 축소되었다. 20세기에 들어서자 그럴듯한 명칭을 가진 코자크 부대들이 형성되었다가 화려한 의식이 끝나자마자 바로 해체되었다.[17]

역사적 운명의 장난에 의해 19세기 말과 20세기 초에 러시아인들이 만난 피와 살을 희생하는 코자크는 전투적이고 잔인한 기운을 되찾았으나, 이것은 자신의 자유를 희생한 대가 위에 이루어졌다. 차르 군대 가담과 유대인 학살, 내전 당시 백군(白軍)에서 싸운 코자크들은 공동체, 춤과 술이 넘치는 자유로운 삶을 위해 싸우지 않았다. 오히려 반대로 코자크는 압제자의 편에 서서 싸우는 것처럼 보였다. 군사적 세력으로 보면 코자크는 제국의 무기고에 속한 하나의 무기에 지나지 않았다. 1900년대 초기 20년 동안 코자크는 혁명기의 혼란과 자신들의 토지를 지키려는 열망으로 인해 하나의 집단으로서의 결집력을 회복한 것처럼 보였다(러시아 혁명과 내전 기간 동안의 코자크의 역할에 대해서는 이 책의 후반부에서 서술될 것이다). 코자크 일부는 백군에 가담했고, 다른 일부는 적군(赤軍)에 가담했으며, 일부는 어느 정권이 승리하건 자신들의 독립을 보장받겠다는 생각으로 다른 코자크나 우크라이나 민족주의 부대에 합류했다. 그러나 전체적으로 보아 소비에트 정권이 출발한 지 10년 만에 자생적 집단으로서의 코자크는 사실상 사

라져버렸다.[18]

해외로 이주한 열성적 코자크 민족주의자들은 소비에트 정권이 무너지면 자신들의 땅을 되찾을 수 있을 것이란 희망을 갖고 코자크 공동체 정신을 되살리려고 노력했다. 일부 인사들은 코자크들이 루스의 땅에 러시아인보다 먼저 정착했다는 주장까지 펼치며(한 저자는 '코자키아Cossakia'라는 명칭도 썼다), 코자크는 러시아인들과 구별되는 민족 지위를 부여받아야 한다고 주장했다.[19] 이러한 노력에도 불구하고, 코자크의 존재는 오늘날 러시아에서 이미 생명을 다한 주제가 되었다. 이제 코자크는 상황에 따라 코자크의 과거와 차르에 대한 애국적 충성이나 이들의 혁명적 열성 정도만 언급되는 정도이다. 일부 코자크들은, 특히 돈강 유역에서는 스스로를 코자크라고 주장하며 남아 있지만, 집단으로서의 코자크는 이제 역사에서 신화로 넘어갔다.

코자크들은 동화되고, 스탈린의 집단화 정책으로 멸절되고, 일부는 서방으로 이주해 가서 사실상 사라졌지만, 신기하게도 같은 시기에 문학에서는 이들이 영웅으로 떠받들어졌다. 오늘날 코자크 신화의 새로운 발현은 러시아 문학의 상상력에서 결코 사라지지 않았다.

## 역사적-신화적 매력

1870년 톨스토이는 "코자크들이 러시아의 역사 전체를 만들었다. 유럽 사람들이 우리를 코자크라고 부르는 것은 다 그런 이유에서다. 모든 러시아 사람은 코자크가 되기를 원한다"라고 주장했다.[20] 이 주장에서 톨스토이는 유럽 사람들뿐만 아니라 러시아 사람들 자신도 러시아인의 내적 본질을 어느 정도 코자크와 동일시했다는 것을 내세운 것이다. 러시아 남자는 자신을 규정할 때 코자크의 가장 중요한 자질을 공유하고 있다고 생각하고 싶은 것이다. 톨스토이가 코자크의 살인과 주정뱅이 난봉을 지칭하거나, 아니면 오직 그것만을 가리키는 것이 아님은 분명하다. 만일 그의 언급이 암시하는 바가 있다면, 독자들을 끌어들이는 코자크의 다른 양상이 있는 것이 분명하고, 코자크의 본질을 수용하는 한 우리는 코자크의 폭력성을 간과하거나 달리 생각할 수 있다. 이러한 양상들은 러시아인 개개인의 자기규정에 적용될 뿐만 아니라, 어떤 식으로건 러시아 전체의 역사와 관련이 있는 것이다.

물론 코자크들이 "러시아 전체의 역사를 만든 것"은 아니다. 이것은 대니얼 분(Daniel Boone)*이 미국을 '만들었다'고 주장하는 것 이상으로 과장된 말이다. 코자크들이 러시아의 과거에 구체적으로 어떠한 역할을 했는가를 떠나서 이들의 신화적 기여가 훨씬 크다고 할 수 있다. 역사를 되돌아보면 러시아인들은 트로이 전쟁처럼 자신들을 승리자로 내세울 긍정적 이미지를 가지고 있지 못하다. 성전을 치른 무장한 십자군도 없고, 야만적인 인디언들과 싸워 문명의 길을 닦아놓은 용감한 서부 개척자도 없다. 많은 사람들이 민족 서사시로 여기는 '이고르 원정기'는 패배의 이야기이다.[21] 그리고 민족 성인인 보리스와 글렙**

---

* 대니얼 분(Daniel Boone 1734-1820) — 미국의 서부 개척 시대의 전설적 개척자로 미국의 대중 영웅 중 한 명이다. 1755년 처음 원정대에 참가하여 서부에 관한 지식을 얻은 다음, 1763년 플로리다, 1767년과 1769-71년에는 켄터키를 각각 답사하였다. 1773년 켄터키로 진출하려고 하였으나 인디언에게 저지되었고, 1799년에 미주리로 이주, 평생을 변경지방에서 보냈다.

** 보리스와 글렙(Boris and Gleb) — 키예프 루스의 블라디미르 대공의 아들로 1015-1019년 발생한

은 자신들의 권리를 위해 싸우기보다는 아무 저항 없이 자신들의 목숨을 내놓았다. 이와 반대로 코자크들은 러시아인들의 과거와 자신들에게 공격적이고 화려한 초상화를 제공해 준다.

이러한 그림은 1820년대와 1830년대의 낭만주의 시대에 처음으로 두각을 나타냈다. 이 시기에 러시아 작가들은 자신들의 심리적 중심(core)을 결정하기 위해 자신들 내부를 들여다보고 있었고, 자신들의 독특한 민족적 정체성을 기억하고, 재생하고, 때로는 새로 만들어내기 위해 과거를 돌아다보고 있었다.[22] 개인적이고 문화적인 영혼에 대한 낭만적 집착을 통해 코자크는 이국적이면서 동시에 근본적으로 러시아적인 현상으로 다시 자리매김했다. 이들이 꼭 이국적이지는 않지만, 그렇다고 항상 러시아적인 것만은 아니라는 사실은 이들을 신화적 존재로 변형시키는 데 아무런 지장을 주지 않았다.

코자크는 19세기 첫 1/3시기 동안 민족적 상징으로서 엄청난 인기를 누렸다. 코자크는 20세기 전반기에도 러시아 문학에서 영웅적 명성을 계속 유지하고 있었다.

반유대주의적 학살로 유대인 문학에서 크게 부각된 술독에 빠진 야만적 코자크의 이미지가 서구에서 코자크의 이미지로 굳어졌지만, 그럼에도 불구하고 러시아 문학 텍스트에서 코자크는 초인간적 위상을 가진 영웅으로 계속 나타난다. 이 이야기들에서 코자크의 폭력성이

---

형제들 사이의 권력 투쟁에서 암살되었다. 블라디미르의 맏아들 스뱌토폴크가 왕위를 차지하기 위해 보리스와 글렙을 살해하기로 하자, 폭력에 폭력으로 저항하지 않기로 하고, "눈물과 기도와 희생"으로 이를 받아들여 죽임을 당했다. 러시아 최초의 순교자로 추앙되며 러시아 정교회에 의해 시성되어 8월 6일(구력 7월 24일)이 두 성인 기념일이다.

간과된 것은 아니지만, 이것조차도 코자크의 다른 특성과 함께 신화적 지위로 승화되었다. 통상적인 도덕성은 좀 더 높고, 최소한 극단적으로 특별한 영역의 도덕적 기준에 자리를 내어주었다.

이제 우리는 서론에서 제기된 질문으로 돌아갈 수 있다. — 왜 코자크인가? 애국심이 투철하지 않고, 종종 도덕성이 의문시되는 역사적 인물들이 어떻게 민중의 상상을 사로잡았고, 그것에 의해 변형되었는가? 코자크가 아닌 문학 인텔리겐치아들이나, 혈통적으로는 코자크였더라도 코자크적 생활방식을 영위하지 않았던 사람들이 어떻게 자신들을 코자크들과 연계시키게 되었는가? 코자크 주인공은 어떻게 그런 강한 매력을 가지고, 한 세기 넘게 변화하는 러시아와 소비에트 현실에서 살아남았는가? 그리고 왜 이 신화는 결국 사라지게 되었는가?

전술한 대로 러시아 역사에서 코자크들은 반유목적인 변경 지역 주민들이었지만, 사회의 기득권 중심에 위치한 러시아인들의 상상 속에서는 단순히 지리적 의미 이상의 변방을 표상하게 되었다. 문학 텍스트에서 자주 발견되는 코자크 가담 의식에 대한 서술은 경험의 경계역(limen)* 자체와 코자크를 연결시키는 민중 의식을 자세히 묘사한다.[23] 이 의식에서 엄격한 위계질서는 위아래가 완전히 뒤바뀌어 지배자와 지배를 받는 사람을 분리시키는 전통적 경계가 사라진다.《타라스 불바》(1842)에서 고골이 묘사했듯이, 코자크 집단의 지도자를 선출하는 과정은 코자크들이 모여있는 자리에 끌려나온 후보자가 두 번 거절하는 과정을 거쳐야 한다. 최종적으로 새로 선출된 지도자가 불라바

---

* 경계역(limen) — 의식의 한계를 뜻하며 식역(識閾)이라고도 번역된다.

(Bulava)라는 철퇴로 상징되는 자신의 지도자 직무를 받아들이면, 가장 연로한 네 명의 장로가 나서서 새로운 지도자에게 진흙으로 기름부음 의식을 거행한다.[24]

다니엘 모르돕체프(Daniel Mordovtsev, 1830-1905)*는 자신의 소설《사가이다치니 — 자유 코자크 시대의 이야기》(1882)**에서 지도자 선출 의식의 다른 면을 상세히 서술한다. 새롭게 헤트만으로 선출된 사람은 커다란 흙더미 위에 앉혀진다. 이 '왕좌'는 '무덤'을 상징하고, 지도자의 권력을 받는 것을 죽음과 연계시킨다. 다음으로《타라스 불바》에 나온 진흙 기름부음과 같은 의식으로 커다란 통에 가득 찬 쓰레기가 그의 머리에 부어진다. 코자크들은 "행복과 건강과 새로운 아버지를 위하여"라고 위엄 있게 외친 다음 무덤 위로 행진하여 "'새 아버지'에게 자신들이 머리에 생각나는 대로 어떤 일이건 한다. 어떤 코자크는 그의 얼굴을 진흙으로 문지르고, 다른 코자크는 그의 코자크식 변발을 잡아당긴다…"[25]

이러한 의식에서는 힘없는 사람들이 힘 있는 사람을 꾸짖고, 감히 만져볼 수 없는 사람이 더럽혀지고, 살아있는 사람이 죽은 자처럼 다루어진다. 실제적 측면에서 보면, 지도자를 선출하는 과정은 새로 선출된 지도자가 오만에 빠져 정신을 잃지 않도록 하고, 지도자는 평민들의 결정에 의해 그 자리에 올랐다는 것을 상기시켜 주는 역할을 한

---

* 다니엘 모르돕체프(Daniel Mordovtsev 1830-1905) — 돈강 유역의 자유공동체제에 태어났고, 코자크를 소재로 한 역사 소설을 주로 썼고, 우크라이나어로도 작품을 썼다.

** 사가이다치니(Petro Konashevych-Sahaidachny 1582-1622) — 자포로지야 코자크 헤트만(1616-1622)으로 오합지졸이던 코자크 집단을 강력한 군사집단으로 만들어 흑해 원정을 나가 오스만 투르크 지역을 공략하고, 왈라키아와 몰다비아도 공격했다. 정교회 육성과 문화 사업에도 큰 업적을 남겨 키예프 동굴수도원에서 사제 육성과 출판 사업도 후원했다.

다. 그러나 이러한 정교한 특성은 더욱 깊은 의미를 내포하고 있다. 코자크들은 통상적 질서를 뒤집는 행위를 함으로써 경계적 경험(liminal experience)에 참여하는 것이다. 이들은 통상적 행위가 제거된 우리 세계의 경계에 존재하게 된다. 거지가 왕자로, 남자가 여자로 분장한 카니발에서처럼 이러한 코자크의 의식들은 전통적인 정부의 법령, 재산, 인과관계, 도덕성을 정지시킨다. 이것은 바흐친이 중세 카니발을 논하면서 제시한 것처럼 모든 경험의 경계역에 포함되는 현상이다. 바흐친은 중세 카니발은 "이러한 우주적 재탄생을 선언하고 통상적인 생활양식으로부터의 일탈을 선명하게 느끼게 한다"고 주장했다.[26] 축제의 참가자들은 이 순간 현세의 시간과 공간의 제약을 뛰어넘어 존재한다.

무경계적 존재가 된 코자크 주인공은 그와 관련된 부정적 자취를 쉽게 흡수할 수 있다. 일례로 통상적인 사회적 제약이 적용되지 않기 때문에 그는 폭력적이 될 수 있는 것이다. 러시아 문화의 토박이어 구사자로서 경계적 신화 이미지를 흡수한 작가들은 코자크의 모순적인 양상을 통합하고 심지어 미화할 수 있다. 상반되는 덕목과 조화된 폭력성은 코자크 에너지의 표상으로 전환될 수 있는 것이다.

서로 상반되는 것을 결합함으로써 코자크는 이상적이고 생명력 있는 완전체가 된다. 코자크의 과거를 자신의 것으로 재해석한 러시아인은 자신들의 세계의 상호모순적인 현상들과 타협할 수 있게 된다. 19세기 독자들에게 코자크 신화는 적어도 자신들이 속한 사회를 오염시킨 아시아와 유럽, 압제와 자유라는 두 가지 조합을 조화시키는 데 도움을 주었다. 19세기 대부분의 러시아인들은 자아와 타자(self versus other)의 이분법이라고 종종 일컬어지는 첫 조합인 "우리는 누가인가"

라는 질문에 대한 집착을 버리지 못했다. 19세기 인텔리겐치아들은 러시아가 동양인지 서양인지, 아시아적인지 유럽적인지, 자연인인지 문명인인지 등과 관련되는 상반적 성격을 놓고 끝없는 논쟁을 펼쳤다. 코자크들은 이러한 토론에 흥미로운 화음을 제공해준다.

전체적 기준으로 볼 때 코자크는 단순히 지리적 거리를 넘어 문명화된 러시아와 분리된 삶을 살고 있는 이국적 등장인물이다. 코자크의 복장, 전통적 코자크 변발, 생활 방식, 심지어 일상적 언어조차도 19세기나 20세기 러시아인들이 알고 있는 것과 극적으로 달랐다. 이런 면에서 우리가 가지고 있는 코자크에 대한 그림은 푸시킨의 집시, 마를린스키*나 레르몬토프가 그린 산악 민족 또는 원래부터 '귀족 야만인(noble savages)'**이나 몽테뉴의 식인종과도 비슷하다. 러시아 작가들이 코자크에 대해 쓴 글뿐 아니라, 코자크 헤트만이었던 이반 마제파***

---

* 마를린스키(본명 Aleksandr Bestuzhev, 필명 Marlinskii, 1797-1837) — 마를린스키-베스투제프로도 불리며, 1820년대 큰 인기를 끌었던 작품을 많이 써서 다음 세대인 투르게네프, 톨스토이 등에게 영향을 미쳤다. 19세기 러시아 낭만주의와 사실주의를 연결하는 작가로 평가되며, 시베리아 유형과 코카서스 전쟁 참가 경험에서 풍부한 소재를 얻어 작품을 썼다.

** 고귀한 야만인(noble savages) — 문명에 의해 타락되거나 영향을 받지 않고 인간의 선천적 선함을 간직한 토박이, 외부인, 야생적 인간형으로 종종 "타자"로 문학작품에 등장한다. 존 드라이던(John Dryden)의 영웅 희곡 〈그라나다 정복(Conquest of Granada)〉에 처음 사용되었고 후에 "자연의 신사(nature's gentleman)"라는 용어도 사용되었다.

*** 이반 마제파(Ivan Stepanovych Mazepa 1639-1709) — 자포로지아 코자크의 헤트만(1687-1708)으로 우크라이나의 독립을 위해 종주국인 러시아의 적국인 스웨덴의 칼 12세와 손잡고 폴타바 전투를 치렀으나 전투에서 패해 오히려 헤트만 제도의 해체를 가져왔다. 러시아 정교회는 그를 파문했고, 러시아에서 "마제피스트"란 용어는 러시아의 배신자를 뜻하지만, 우크라이나에서는 독립을 갈망한 지도자로 여긴다. 정교회 육성과 문화예술 진흥에도 큰 힘을 쏟았다.

에 대한 바이런과 빅토르 위고의 글들*도 낭만주의 시기나 이전 시기의 '귀족 야만인'에 대한 문학적 전통에 딱 맞아떨어진다.

그러나 코자크들은 궁극적으로 다른 이국적 인물상과 교체될 수는 없다. 귀족 야만인들은 우리의 문명과 완전히 분리된 어느 지역에 존재하기 때문에, 도시에 거주하는 주인공은 이들의 거주지를 방문하고, 이들을 찬양하며 이들로부터 무언가를 배울 수는 있지만, 그들 가운데 남아 있을 수는 없다. 아무리 귀족적이라 하더라도 야만인들은 작가와 독자뿐만 아니라 주인공도 건너갈 수 없는 깊은 심연 너머에 산다. 〈집시〉라는 제목을 가진 푸시킨 시에 나오는 집시들이 이러한 유형의 인물들이다. 이들은 절대로 러시아인이 '될 수 없는' 이방인이나 '타자'로 묘사되었다. 이에 반해 코자크들은 '러시아적'이다. 이들은 본질적으로 '타자'이면서 동시에 '자아'이다. 지리적으로 이들은 러시아의 중심부에서 멀리 떨어진 곳에 살지만, 흥청망청한 주연과 약탈은 문명화된 예의바름에 도전한다. 그럼에도 불구하고 우리는 여기에서 신화의 본질을 발견한다. 코자크에 대한 대중적 이미지는 이들이 러시아 정교회 신앙의 수호자이고 루스의 순결성을 보존한 존재로 그려진다. 루스는 러시아 문명의 발상지로 알려진 키예프대공국이었다가 몽골 침입으로 파괴되었지만, 이들의 영혼, 즉 우리가 만져

* 마제파에 대한 바이런과 빅토르 위고의 글 — 마제파의 젊은 시절 모험은 후대 여러 작가와 작곡가의 작품의 소재가 되었다. 바이런은 폴란드 궁정에서 귀족부인과 애정행각을 벌이다가 말 등에 묶여 추방되었다는 마제파의 전승을 소재로 1891년 낭만서사시 〈마제파(Mazeppa)〉를 썼다. 빅토르 위고의 《동방시집(Les Orientales)》도 마제파를 소재로 한 작품이다. 프란츠 리스트는 〈마제파〉란 제목의 심포니를 작곡했고, 차이콥스키는 푸시킨의 서사시 〈폴타바〉를 바탕으로 3막 6장의 오페라를 작곡했다.

볼 수 없는 '러시아 영혼(russkaia dusha)'은 어디엔가 살아있는 것이다. 문학에 나타나는 코자크 주인공들은 반복적으로 이 영혼과 고대 루스의 러시아 근원을 불러내어, 동방 세력에 점령당해 단절된 전통을 지속해서 보존해 온 존재로 나타난다.

이에 더해 표트르 대제 이전, 니콘 개혁 이전의 러시아에서 정점을 맞은 코자크 문화는 러시아인들이 되찾고 싶어하는 시기를 표상한다. 18세기 초에 표트르 대제는 자신의 제국을 유럽 스타일의 관료제 국가로 변형시켰고, 교회마저도 정부 기관에 복속시키고 유럽에서 자문관들을 불러들여 러시아 사회를 개조하려고 했다. 코자크는 부패하고, 부패 중인 서구에 의해 러시아인들의 본질이 희석되기 이전에 존재한 것으로 믿어지는 시기를 강조한다.

그래서 19세기 러시아 작가는 자신과 자신의 세계의 소위 근원적 러시아 핵심을 표현하기 위해 코자크 주인공과 코자크 배경을 택한 것이다.[27] 특히 낭만주의 작가는 자아 정의를 찾는 과정에 몰두할 수 있었지만, 이후의 사실주의 작가들도 신화적 코자크 주인공을 재생하고 재조명할 수 있었다. 자아/타자의 모순은 코자크들을 집시, 인디언, 다른 이국적 존재들의 목록에 들어가는 요소보다 훨씬 큰 주제로 만든다. 이것은 작가로 하여금 또렷하지 않은 자신과 자신의 문화의 일부를 확인하게 해준다. 작가는 자신과 공격적인 코자크가 하나이고, 러시아인들도 온전하고, 단결되고 통합되어 있고, 자발적이라는 것을 주장할 수 있다.

코자크 신화의 매력을 설명하는 두 번째 상반된 결합은 자유와 압제이다. 이것은 작가로 하여금 자신이 일반적 의미에서 코자크와 같을 뿐만 아니라, 제한된 세계 안에서도 자유를 찾는 코자크 정신을 공유할 수 있게 해준다.

코자크가 그렇게 오랜 시간 동안 자유의 상징으로서 민중의 인기를 끌 수 있었던 것은 러시아인들이 오히려 그 반대 현상과 가까웠기 때문일 수도 있다. 다른 나라도 폭정과 압제로 점철된 역사를 주장할 수 있지만, 누구도 러시아인만큼 이 문제에 집착하지는 않았다. 소위 몽골 굴레(Mongol Yoke)라고 불리는 타타르의 러시아 지배가 끝난 다음에 코자크는 집단으로 형성되기 시작했지만, 이들은 타타르가 아니라 폴란드와 러시아의 압제에서 도망친 것이었고, 이 국가들은 스텝의 모든 비슬라브계 유목민족의 적국이 되었다. 이렇게 해서 코자크는 몽골 압제에 대한 시대에 맞지 않는 강력한 군사적 대응이 되었다. 금칸국의 타타르 대다수는 이슬람으로 개종하여 러시아 사람들의 생각에는 러시아 제국뿐만 아니라 코자크의 불구대천 원수인 투르크인들과 밀접한 관계를 맺었다. 만일 코자크가 미국 신화의 일부였다면, 우리는 이들이 민주주의 세계를 안전하게 만들었다고 말할지도 모른다. 러시아적 맥락에서 코자크는 슬라브인들을 안전하게 만들기 위해 영토를 되찾고 보존한 것으로 간주할 수 있다. 대러시아의 관점에서는 슬라브족이 좁게 정의되었기 때문에 코자크가 대항한 '이교도'인 폴란드 가톨릭 교도도 제외된다.

역설적이게도 스텝에서 코자크들이 수호하려고 했던 러시아 문명은 민주적이지 않고, 좋게 보아야 봉건적이고, 나쁘게 보면 전제적이다. 그리고 코자크 자신들은 이러한 압제 체제로부터 도망친 사람들이다. 러시아에서 농노제가 공식적으로 시작된 것은 1550년이고,

1581년에 한층 강화되었다가, 도망간 농노를 잡아들일 수 있는 '제한된 기간(fixed years)'이 철폐되어 지주가 농노에 대해 무한의 권리를 행사할 수 있게 된 1649년에 완전히 자리를 잡았다. 농노제는 1861년에야 공식으로 폐지되었다. 코자크들이 이교도들과 싸우고, 외국의 압제로부터 자유를 찾기 위해 노력했기 때문에 이들은 러시아 내부에서의 압제의 부정도 의미할 수 있다. 자포로지야 코자크와 돈 코자크, 그리고 일부 다른 코자크 집단은 농노제라는 사상과 어떤 접촉도 할 수 없도록 농업을 철저히 거부했다. 그러나 역사적으로 보면 많은 코자크들이 농사를 지었고, 결국에는 스스로 농노를 거느리기까지 했다. 그러나 신화 속의 코자크는 아무런 속박도 받지 않았다.

정치적, 역사적 의미에서 자유와 압제라는 문제에 대한 코자크의 관계는 다층적이다. 러시아인들은 코자크이고, 코자크들은 자유롭다. 그래서 러시아인들은 자유롭고, 일시적인 속박 속에서도 자신들의 근본적인 자유를 보유한다. 신화는 러시아 사회가 모델로 하는 전통적 이분법적 개념을 화해시켰고, 서로 상반되는 것이 시간 속에 같이 존재하게 만듦으로써 현실을 강화한다.[28] 코자크 주인공에게 역사적 압제와 형이상학적 자유는 서로 상반되는 개념일 필요가 없다.

다른 차원에서 코자크 신화는 19세기의 러시아인들로 하여금 자신들을 서구의 게으른 이복동생이나 유럽적 풍습에 노예가 된 존재로서가 아니라 토착적 맥락에서 이해할 수 있게 해준다. 후자의 관계에서 러시아는 늘 부족함을 느꼈다. 서구주의자들은 수십 년에 걸친 슬라브주의자들과의 논쟁에서 러시아의 후진성을 강조하며 서구에서 배

워야 할 필요를 강조했다.[29] 표트르 차다예프(Petr Chaadaev)*는 그의 첫 철학적 서한에 다음과 같이 썼다.

> 우리의 특이한 문명의 가장 나쁜 점 중의 하나는 다른 곳에서, 심지어 우리보다 발전이 느린 국가들에서조차 진리(truism)로 자리 잡은 진리(truth)를 우리는 아직 발견하지 못한 것이다. 이것은 우리가 다른 민족들과 손을 잡고 같이 나가지 않은 결과이다. 우리는 인류의 위대한 가족 중 어디에도 속하지 않았다. 우리는 서양도 동양도 아니다. 우리는 두 문명 중 어느 것의 전통도 가지고 있지 못하다. 시간과 공간적으로 분리된 상태에서 우리는 인류의 보편적 교육의 혜택을 받지 못했다.[30]

차다예프에 의하면 러시아는 '서로 손에 손을 잡고' 역사를 발전시키고 '처음부터 인류의 교육 과정을 밟아온' 유럽의 이웃들에 가담해야 한다.[31]

그러나 다른 학자들은 러시아의 고난은 서구와 너무 적은 접촉이 아니라 너무 많은 접촉을 한 결과로 발생했다고 주장한다. 이들은 주장하기를 표트르 대제 시기 이후 러시아는 유럽 관료주의와 이것이 양성한 도덕적 부패의 노예가 되었다고 한다. 소시민적인(poshlyi), 환멸

---

* 표트르 차다예프(Petr Yakovlevich Chaadaev 1794-1856) — 1826년부터 1831년 사이 프랑스어로 여덟 편의 《철학 서한(Philosophical Letters)》을 써서 러시아의 낙후성과 정교회의 폐쇄성을 비판했다. 러시아 정부 당국은 이 글을 금서로 만들고 차다예프를 정신이상자로 낙인찍었지만, 그의 글은 19세기 전반 서구적 자유주의 사상에 기반한 사회개혁가들과 지식인들에게 큰 영향을 미쳤다.

에 차거나 만족할 줄 모르는 시민은 프랑스나 독일, 영국으로부터 온 사회문화적 압제의 직접적 결과로 본 것이다.

코자크 신화는 19세기 문학의 푸시킨이나 톨스토이의 잉여인간에 대한 처방(antidote)을 제공한다. 이것은 자신에 대한 정의에서 작가에게는 긍정적 면을 표현한 인물들을 창조하게 해주고, 독자들에게는 그러한 인물을 찾을 수 있게 해준다. 러시아 작가들은 러시아가 서구와 같지 않다는 것을 보여줄 수 있다. 러시아는 서구보다 더 나쁘지 않을 뿐 아니라, 에너지와 생명력에서는 사실상 더 낫다는 것을 보여준다. 신화적인 코자크 주인공은 시계를 표트르 시대 이전으로 돌려 자유와 압제의 상호모순성을 정치적 부문에서뿐만 아니라 사회적 부분에서도 뒤집을 수 있다.

만일 러시아가 서구로부터 문화적 폭정을 과도하게 받아들였거나, 몽골 지배와 이로부터 물려받은 전제적 정체로 인해 동방으로부터 정치적 폭정을 받아들였다면, 과도한 검열제도는 내부로부터의 전제적 폭정이라고 지적할 수 있어야 한다. 우리가 2부에서 다루는 것과 마찬가지로, 코자크는 의도적이지는 않더라도 편의적으로 20세기 초의 작가들에 의해 검열로부터의 자유뿐만 아니라, 예술적 자유, 예술적 규범으로부터의 자유를 표현하는 기제로 역사 영역에서 불려나와 사용되었다. 정치적, 사회적, 미학적 영역에서 코자크 신화는 러시아인들이 '미학적으로' 자신들의 억압적 현실을 다룰 수 있도록 도와주었다. 이것은 압제적인 반대편의 대칭점을 중립화시킬 수 있는 자기 규정을 할 수 있게 해주었다.

문화적, 역사적 현실과 코자크 신화는 서로 연관되어 있기는 하지만, 러시아 생활에서 점점 심해지는 억압과 문학에서의 코자크 주인공의 인기가 서로 일대일로 상호작용하고 있는 것은 아니다. 1820년대 알렉산드르 1세의 반동정책에 항거하며 코자크를 자유의 상징으로 사용한 데카브리스트의 경우처럼 때때로 깔끔한 상호관계를 바라는 우리의 바람을 만족시키는 데 사용되기도 한다. 데카브리스트들이 차용한 코자크들은 좀 더 자유로운 시기에 살았던 사람들에게는 훨씬 덜 흥미로운 존재이다. 실제로 우리는 문학을 통해 문화적 신화의 발전과 응용의 복잡한 현상을 다루고 있는 것이다. 코자크 주인공의 일정한 표현은 특정한 정치적, 사회적 상황에 단순히 반응하는 것이 아니다. 왜냐하면 어떤 작가에 대한 영향은 신화의 역사 자체를 포함하고 해당 사회의 다른 신화들과의 상호작용, 포괄적인 여타 텍스트 상호간의 고려, 개인적 특성, 그리고 끝없이 리스트가 이어지는 상호작용 체계가 관여하기 때문이다.

지금까지 우리는 자유의 표현으로서 코자크를 논하면서 코자크 주인공의 심리적 함의에 대한 논의를 피해왔다. 코자크 신화의 매력을 반항적인 욕구의 충족으로 약화시키면서 나는 심리적 측면의 중요성을 무시하려고 했던 것은 아니다. 삼총사 이야기로부터 미국 카우보이 이야기에 이르기까지 전사 주인공은 여러 나라와 세대에 걸쳐 독자들의 마음을 사로잡았다. 코자크의 성적 능력도 많은 독자와 작가들에게 매력적으로 다가왔다. 여성 독자나 비평가들에게 아마도 코자크의 지속적 매력에 대한 이런 심리적 설명은 문화적이나 미학적 설명보다 덜 흥미를 끌 것이다. 이 책의 목적은, 한편으로는 다른 주인공들과는 다른 러시아만의 독특한 현상으로서 코자크를 차별화하는 것이고, 다른 한편으로는 좀 더 큰 문화신화학을 이론화하기 위해 개별 작가들이 의도한 바를 지역적으로 제한시켜 읽는 것을 넘어서는 것이다. 고골 같은 작가는 성적 층위에서의 코자크의 이미지에 끌린 것은 의심할 여지가 없다. 이것은 푸시킨과 톨스토이에게도 해당되고, 20세기에 코자크 신화를 이어받은 이사크 바벨이나 마리나 츠베타예바도 마찬가지였다. 그러나 이 책의 기본 전제는 코자크 신화는 남자다움의 과시(machismo)를 뛰어넘는 많은 다른 변수들과 연관이 있으며, 폭력적이고 반항적인 감정적 욕망의 표현보다 훨씬 많은 것들이 내포되어 있다는 것이다. 러시아 문화 전통에서 코자크들의 매력은 훨씬 더 깊고 훨씬 더 민족적 성격이 강하다.

시인 마리나 츠베타예바는 어렸을 때 코자크 신화의 특별한 주인공에 마음을 빼앗겼는데, 그 주인공은 푸시킨의 《대위의 딸》의 주인공 푸가초프였다. 나중에 어른이 되어 그녀는 그에 대해 이렇게 썼다. "우리는 보기를 원하지 않지만 보게 되고, 우리는 사랑하기 원하지 않지만 사랑하게 된다."[32] 이렇게 말함으로써 그녀는 푸시킨의 작품만이 아니라 신화의 근본적 진실을 선언하고 있다. 코자크는 우리의 주의를 끌어당겨서 그의 살인적 힘조차도 매력적으로 다가온다. 러시아 작가들은 이러한 코자크 주인공에게 한 세기 이상 매료되었었다. 이들은 15세기부터 20세기까지 우크라이나, 돈강 유역, 코카서스, 우랄 산맥에 거주한 역사적 인물들을 단일하고 매력적이며, 실제로는 우리를 고무시키고 스스로를 규정하는(self-defining) 신화로 변형시켰다.

코자크 신화를 다룬 많은 중요한 작품들이 위대한 작품이 되기에는 부족한 면을 보였다. 특히 좀 더 쉽게 받아들일 수 있는 19세기 문학의 멜로드라마에 익숙하지 않은 현대의 독자들은 플롯이 진부하고, 언어는 판에 박힌 듯하고, 주인공들의 용맹성은 잘 믿어지지가 않는다. 그러나 코자크 신화를 형성하기 위해 개별 작가가 선택한 장르가 흥미롭지 않다는 이유로 19세기 작품들의 복잡성을 무시하거나, 작품 속에 들어있는 신화의 영향력을 무시하며 텍스트를 읽으면 계속해서 신화의 힘 아래 남아있게 되는 것이다. 같은 문화 속에 있는 독자들은 작품의 전제가 자연스럽고 자명하며, 외국 독자들도 자신들의 암묵적 민족적 신화에 의거해 이 작품들을 읽게 될 것이다.

우리는 러시아인을 '러시아인답게' 만드는 숨어있는 전제를 구별해 내기 위해 러시아 문화신화학의 한 부분으로서 코자크 이미지의 암호를 풀어내야 한다. 코자크들의 스텝이 미국의 대평원과 닮았고, 이들의 변경도 미국 서부의 변경과 닮았다고 해서 코자크들이 미국인과 닮았다고 볼 수도 있다. 그러나 러시아인은 미국인과 분명히 다르다. 이 책은 왜 그런지를 이해하는 방향으로 우리를 이끌 것이다.

이 책의 1부의 나머지 부분에서 코자크 주인공들의 고유한 러시아적 요소를 제시하고, 19세기 신화를 관통하는 반향음을 내는 주요한 토포스를 풀어낼 것이다. 2장은 알렉산드르 푸시킨을 중심으로 해서 코자크 주인공을 형성하는 다양한 기질을 살핀다. 1부의 나머지 부분(3장)에서는 니콜라이 고골의 작품에 가장 잘 표현된 완전히 신화적인 형태의 코자크의 구성요소를 분석할 것이다. 푸시킨 그리고 후에 톨스토이도 주인공에 대한 일반적 전제의 잠재된 모순성과 복잡성을 다루었지만, 20세기 러시아 문학에 채택되고 응용된 코자크 이미지에 가장 큰 책임이 있는 작가는 다름 아닌 고골이다. 2부에서는 몇몇 주요 시인과 소설가의 작품세계(oeuvres)와 변화하는 문화적 환경에 나타난 이러한 응용에 대해 살펴볼 것이다. 마지막 장들에서는 한때 생명력이 왕성했던 코자크 신화의 사멸의 단계를 설명하고 마지막 페이지에는 그것을 회상하는 풍자적인 회상이 실려 있다.

코자크의 칼에 혼이 난 모든 조상들은 코자크 집단의 사멸을 축하한다. 그러나 문화적 신화의 사멸은 좀 더 성격이 복잡한 문제이다. '코자크'의 재탄생은 앞으로의 문제이다.

# 2장 민요와 푸시킨, 낭만주의적 코자크 주인공

러시아 문학에서 역사적 사실인 코자크가 신화적 주인공으로 변형되기 시작한 것은 알렉산드르 푸시킨(1799-1837)과 그와 동시대 작가들의 낭만주의적 작품에서이다. 푸시킨이 주인공을 다룬 방법은 다양하고 상호 모순되는 성격이 강하지만, 그럼에도 불구하고 이러한 모호성 때문에 러시아 문학의 의식에 작용한 코자크의 영향력을 잘 드러낸다.[1]

19세기 초반 러시아 독자들이 코자크 주인공들을 접한 방법은 서로 연관된 다음 세 가지 형식 중 하나였다. — 우크라이나 역사에 대한 낭만화된 서술, 새로 수집된 민요, 코자크에 대한 유럽의 낭만적 묘사 또는 이에서 유추된 역사 소설 일반이다. 이 모든 것들이 러시아 민중들이 과거에 대해 새롭게 갖게 된 관심과 좀 더 특정해서 자신들의 역사에 대한 관심을 강화시켰다. 니콜라이 카람진(Nikolai Karamzin)의 《러시아 국가의 역사(History of the Russian State)》(1818-26)의 성공적 출판에 뒤를 이어, 모든 종류의 역사적 인물들이 포괄적인 치환(transposition)의 소재가 되었고, 코자크도 예외가 아니었다.[2]

## 민요와 민중 모방(Folk Imitations)

16세기부터 러시아 민요는 코자크 주인공을 폭넓게 이용하기 시작했다. 러시아의 브일리나(bylina)*에 뿌리를 둔 역사 민요들과 서정적 민중 발라드는 코자크 도적들의 파괴적 공포를 최소화하고 이들의 상식을 뛰어넘는 모험을 매혹적으로 만들고 이들을 영웅화했다.[3]

행(行)의 길이와 운율의 구조는 다양해도 민요에서의 모티프는 양식화되고 반복되었다. 전형적 배경과 플롯 요소는 코자크 민요를 단번에 차별화시켰다. 주인공들은 '어머니 볼가강(the Mother Volga)'과 '고요한 돈강(the Quiet Don)'이나 푸른 대양을 항해하고, 상선을 공격하여 약탈하고, 기적처럼 투르크의 감옥에서 탈출하여 차르도 골탕 먹인다. 반복적으로 코자크 지도자들은 민요의 특징인 동일어구 반복(parallelisms)을 사용한다. "나팔이 나팔 소리를 내고(kak v trubu trubit)", "돌아다니며 놀고(khodili-guliali)" 등의 표현이 그런 예이다. 민중들의 상상 속에서 영리

* 브일리나(bylina) — 동슬라브족의 전통 구전 서사시. 역사적 사실에 기반을 두기는 하였지만, 환상적 내용과 문체로 화려하게 변형되었다. "브일리나"라는 명칭은 러시아어 be동사인 "byt'"의 과거형으로 "과거에 일어난 일"이란 뜻이다. 러시아 민속학자인 이반 사하로프(Ivan Sakahrov)가 브일리나를 수집해 1839년 《러시아 민중의 브일리나》를 출간하면서 이 용어가 널리 쓰였다.

한 코자크들은 사실상 죽음을 모른다. 스텐카 라진은 다음과 같이 선언한다. — "너희들은 화약을 낭비하지 말고 포탄을 폭발시킬 필요가 없다/작은 총알은 나를 건드리지 못하고 총탄은 나를 데려가지 못한다."[4]

코자크에 대한 초기의 시와 이야기들은 시베리아 정복자인 예르마크(Ermak)를 반복적으로 불러낸다. 다른 민요들은 돈 코자크들이 투르크인들의 아조프해 연안의 도시를 정복한 이야기를 다룬다.[5] 이후의 이야기들은 사실이건 만들어 낸 이야기이건, 스텐카 라진과 푸가초프의 생애와 관련된 에피소드를 다룬다. 낭만주의 문학에 나타나는 코자크 토포스는 역사 민요에서 최초로 대중화되었다. 코자크 전사들이 떠돌아다니는 광활한 땅과 강들을 의인화한 것, 특히 돈강을 아버지로, 볼가강을 어머니로, 스텝은 신부로 표현한 것이 전형적인 예이다. 민요가 사랑하는 자연을 친밀한 존재로 다룬 것은 자신들의 삶이 자신들의 생계를 마련해준 풍요로운 땅과 조화롭게 살아간다는 것을 보고 싶어 하는 주민들의 바람이 반영된 것이다.

18세기 말과 19세기 전반 민요가 간행되기 시작하면서 코자크는 문학 작품의 등장인물 중 중요한 요인이 되었다.[6] 이 시기에 푸시킨을 비롯한 시인들은 오래된 민요와 이야기들의 비유적 표현과 화법을 응용하여 민요 모방시를 만들기 시작했다. 형식적 유사성에도 불구하고 의식적인 형식화와, 개별 시인의 이름으로 발표되었다는 사실로 인해 이 새로운 시들은 원래 시들과 차별화되었다. 이렇게 되자 독자들은 코자크와 '문명화된' 문학 사회의 가치 충돌과 맞부딪쳐야 했다. 민요를 탄생시킨 평민들과 다르게 러시아 시인들은 주인공들을 자기와 동일시할 수 없었다. 이들이 사용한 목소리는 '타자'의 목소리였고, 민요 모방시는 비신화적으로 남게 되었다.

푸시킨은 민담과 민요의 열성적 수집가였고, 그의 모방시는 동시대인들보다 더 민중적 톤에 가까운 것으로 인정되었다. 그는 코자크 모티프를 자신의 서사시(narrative poems) 〈도적 형제들(The Brigand Brothers *Братья разбойники*)〉(1822)에 포함시켰고, 〈스텐카 라진의 노래(Songs of Stenka Razin *Песни о Стеньке Разине*)〉(1824-26)[7]에 바탕을 둔 세 편의 시에서는 민요의 리듬, 어휘, 전형적 반복어귀를 사용했다. 그는 이렇게 민요를 모방했다. "스텐카 라진은 이렇게 시작했다/그는 어떤 생각을 했다(Stal Sten'ka Razin / Dumati dumu)". "나팔이 나팔 소리를 내는 것을 들판에서 듣지 못했다(Ne truba trubacha s polia slyshitsia)" 스텐카 라진은 "바다를, 푸른 바다를 떠돌아 다녔다(Poguliat' po moriu, po sinemu)", "바다로, 푸른 바다로 도망쳤다(Pobegat' po moriu, po sinemu)", "그리고 어머니 같은 볼가강을 바라본다(A gliadit na matushku na Volgu)".

푸시킨은 스텐카 라진을 "러시아 역사에서 유일한 시적 인물"[8]이라고 표현했고, 용감한 '스테파누쉬카(Stepanushka)'*는 민요에서 정말 대단한 인기를 누렸다. 악명이 높았던 스텐카 라진은 죽은 후 완전히 다른 코자크의 위업과 다른 시기를 영웅화한 훨씬 이후 시기에 지어진 민요와 역사 발라드에 접목되었다. 다른 어느 코자크보다 스텐카 라진에 대한 민요가 많이 불렸다는 사실에도 불구하고, 그는 19세기 문학작품에서 완전한 등장인물 상으로 발전되지는 못하였다.[9]

스텐카 라진의 생애에 대한 자료 조사는 푸시킨 시기에는 거의 없

* 스테파누쉬카(Stepanushka) – 스테판의 애칭.

었고, 그의 이야기는 역사적 소설을 쓰면서 전형적인 역사적 자료에 점점 더 천착한 다른 작가들에게는 큰 매력이 없었다. 이에 더해 볼가 강에서 도적 떼를 이끈 그의 이야기는 검열관이나 작가 모두에게 너무 무정부주의적 인상을 주었다. 그는 피상적으로라도 사회와의 결속력이 있는 국경 수비대원이 아니라, 푸시킨의 시에 잠시 등장한 모습대로 통제할 수 없는 도적이었다. 푸시킨이 쓴 시조차 가장 엄격한 검열관인 니콜라이 1세의 결정으로 그의 생애 중에 출판되지 못하다가 1881년에 출간되었다. 초기 낭만주의 시기에는 데카브리스트의 입헌 자유주의 주장을 비롯해서 전제적 지배에 대한 왕정주의자들의 지원을 포함해 정치가 좀 더 큰 역할을 하였지만, 인텔리겐치아 누구도 무정부주의를 정치적 선택 중 하나라고 생각하지 않았다. 무정부주의에 대한 일부 인텔리겐치아의 지원은 19세기 훨씬 후반부에 나타나기 시작했다.

더욱 중요한 것은 초기 러시아 낭만주의에서의 '우크라이나 사랑(Ukrainophilia)'이다. 많은 10대와 20대 작가들은 우크라이나로 주의를 돌렸고, 특히 우크라이나 코자크에 큰 관심을 가졌다. 남쪽에 위치한 상대적으로 덜 알려진 이 땅은 인류학적 연구, 낭만화된 역사 연구, 모방된 민요(이것들은 자주 진정한 민요로 받아들여졌다), 우크라이나 토박이 '희극', 역사 소설 등 모든 장르에서 큰 영감을 불러일으켰다. 이국적인 것에 대한 낭만주의적 환상을 충족시키기에 충분할 만큼 우크라이나는 멀리 떨어져 있었고, 관습과 복장이 상당히 달랐다. 그러나 19세기가 되자 우크라이나는 러시아 제국의 완전한 일부가 되어 우크라이나 작가들은 상트페테르부르크로 이주하여 러시아 사회에 쉽게 동화될 수 있었다. 이에 더해 우크라이나에는 자포로지야 코자크의 본거지이자, 모든 러시아 도시들의 어머니로 여겨지는 키예프가 있었다. 우크라이나, 코자크, 키예프, 실제로는 키예프 루스 전체, 세 가지 개념 모두가 서로 연결될 수 있었으며, 수도의 유럽화된 러시아인들의 속성보다 러시아의 본류, 러시아의 자연성의 핵심과 '민중(narod)'에 더 가까웠다.[10]

우크라이나에 대한 이러한 환상은 정치적 함의도 가지고 있었다. 19세기에 이 지역에 대한 공식 명칭은 '소러시아(Malorossia, Malaia Rossia)'였다. '우크라이나'라는 명칭 자체가 '변경 지역'을 뜻하고, 폴란드 제국의 지배하에 있었던 서남부 루스 땅을 의미했다. 우크라이나는 대체적으로 인종적 구별보다는 역사적-지리적 의미를 가지고 있었다.[11] 1654년 우크라이나가 러시아와 병합되자*, 이 지역은 공식적으로 '소러시아(Little Russia)'라고 불렸다. 그러나 '우크라이나'란 명칭은 민요에 다시 자주 나타났고, 19세기 우크라이나 민족주의자들의 민족 운동에서 우크라이나의 공식 명칭으로 등장했다. 이들은 단순히 지역적 감정이 아니라 분명한 민족적 대의를 내세웠다.[12]

'소(little)'라는 형용사는 물리적 측면에서의 우크라이나의 크기나 정치적 중요성보다 콘스탄티노플(교역과 순례의 관점에서)보다 가깝다는 것을 의미한다. 이 명칭의 함의는 우크라이나인들도 인정했지만, '대

---

* 페레야슬라브(Pereyaslav) 조약 — 1654년 폴란드와 투쟁을 하고 있던 자포로지야 코자크 헤트만 보그단 흐멜니츠키가 크림타타르의 배신으로 어려움을 겪자, 같은 정교회국가인 러시아의 보호를 대가로 주종관계를 서약한 조약이다. 조약문이 전해지지 않아 정확한 내용은 알 수 없지만 러시아는 코자크가 자발적으로 러시아에 통합되었다고 보는 반면, 우크라이나 학자들은 일시적 동맹조약으로 해석하는 경향이 있다.

러시아(Great Russia)'의 압축이라는 관점에 대해서는 대부분이 반대했다. 19세기 내내 우크라이나어가 러시아어의 방언인지, 별개의 슬라브어인지, 현재 우크라이나의 주민들은 러시아에서 이주해 간 사람인지(많은 러시아 역사가들은 타타르의 침입을 당하게 되자 키예프대공국 주민 대부분이 도망을 가서 이 지역은 사람이 살지 않는 완전히 버려진 땅이었다는 주장을 펼쳤다), 아니면 고대 루스의 직계 후손인지에 대한 논쟁이 끊이지 않았다.[13]

19세기 후반 우크라이나 민족주의자들은 초기 낭만주의 작가들이 러시아로의 동화를 강조한 것에 반기를 들었다. 우크라이나 역사가들은 오늘날까지 코자크는 순수한 우크라이나 기원을 가지고 있다고 주장한다. 폴란드와 러시아와 구별되는 별도의 민족으로서의 우크라이나의 역사적 지위에 대해서는 의문이 제기되고 있기 때문에 이 문제는 아주 복잡한 주제이다. 이 책에서는 우크라이나 코자크와 러시아 코자크의 역사적 구별은 하지 않는다. 민담으로서 코자크 주제 작품들은 자주 코자크의 이름과 인물을 자의적으로 다른 이름과 인물로 바꾼다.[14] 만일 이 책이 대러시아의 왜곡된 관점을 벗어난다면, 이것은 19세기 러시아 문학이 그런 입장을 유지했기 때문이다.

우크라이나 민중 문학은 러시아 민중 문학보다 훨씬 더 스텝을 의인화하고, 토지의 광활함과 무엇보다도 코자크의 영광을 강조한다. 통상적으로 '코자크 민요'라고 불리는 우크라이나 민요 또는 '두미(dumy)'는 이것을 정치적으로 모방한 콘드라티 릴레예프(Kondratii Ryleev, 1795-1826)[15]의 노력 덕분에 러시아 독자들 사이에 큰 인기를 끌었다. 우크라이나 민요와 민담 수집가들은 미학적 순수함과 러시아 민요보다 더 자연에 대해 열정적 관계를 보인 우크라이나의 '두미'(단수형은 '두마 duma'인데 저자는 두 용어를 혼합해서 씀 — 역자)를 높이 평가했다.[16]

원 우크라이나 민요는 반두리스트(민속악기 '반두라 연주자'라는 뜻)라고 불리는 유랑시인*에 의해 불리고 자주 만들어졌는데, 이들은 반두라라는 현악기를 연주하며 이야기를 곁들인 노래를 불렀다.[17] 러시아 문학에서 이 유랑시인을 등장시킬 때는 맹인으로 알려진 호머와 연관 지어 자주 맹인으로 나타났고, 이들의 노래는 민족 서사시의 원형이라고 할 수 있는《일리아드》에 비유되었다. 두미와 그 주인공들을 서사시의 지위로 격상시킨 것은 우크라이나가 겪은 일, 특히 코자크가 겪은 일을 민족적 기원과 자연의 원시적 힘과 밀접히 연관시켰다는 사실을 반영한다.

## 낭만주의적 역사학과 코자크

푸시킨 시대에 코자크 주제가 큰 인기를 끈 데는 미적 혹은 학문적 거리를 둔 시골 생활에 대한 감성적 끌림 이상의 이유가 있었다. 역사가가 발견하는 코자크에는 감성을 자극하는 것이 거의 없다. 러시아인들이 코자크에 대해 갖는 환상도 이국적이고 환상적 주제에 대한 막연한 갈망 이상의 무엇이 있다. 이것은 민족 역사에 대한 낭만주의의 관심에 의해 강화되었다.[18] 그러나 역사학 연구에서 낭만주의자들은

* 이런 유랑시인을 우크라이나어로는 '콥자르(kobzar)'라고 부르고, 동명의 타라스 셰브첸코의 작품이 유명하다.

민속학적 자료와 서지적 자료를 크게 구분하지 않았다. 낭만주의적 역사학은 한 시대의 전체적 정신을 유기체적 생명력 안에서 다시 찾아내고 재구성하려고 노력했다.[19]

서구에서뿐만 아니라 러시아에서도 역사학자들은 역사의 부침을 설명하기 위해 민중과 민속풍습 연구에 점점 더 노력을 기울였다. 러시아 민중은 역사적 원형 그대로 간직된 토착적 가치들의 보고(寶庫)로 여겨졌다. 한 학자가 셸링(Schelling)*을 지칭하여 '철학을 신비주의로 만들고, 역사를 예술로 만들었다'[20]라고 평가했는데, 그의 영향을 받아 역사학자들은 민간 전설과 민요에서 추출한 자료를 이용하여 그들이 생각하기에 실제로 존재했던 생활의 모습을 그려내려고 했다.

이러한 배경에서 가장 중요한 역사적 저작들이 1820년대 필사본으로 나타났고, 아마도 이 시기에 이것들을 푸시킨이 읽었을 것이다.[21] 게오르기 코니스키(Georgii Koniskii)[22] 주교가 쓴 것으로 알려졌으나 논란이 많은 《루스 혹은 소러시아의 역사(The History of the Russes or Little Russia *История русов или Малой России*)》라는 책은 코자크를 아주 낭만적 그림으로 그리고 있다.[23] 코자크에 관한 단편적 자료들을 자세히 살펴 본 이후의 역사학자들은 이 책의 부정확성에 대해 여러 차례 불만을 표시했다. 그러나 이 책의 많은 부분은 이미 민중 신화의 일부가 되어 있었다.[24]

이 책의 서술은 코자크의 역사를 이상화하고, 그렇게 함으로써 이

---

* 셸링(Friedrich Wilhelm Joseph Schelling, 1775-1854) — 피히테와 헤겔의 중간 선상에 있는 독일 관념주의 철학자로 철학을 '소극'철학과 '적극'철학으로 나누고, 소극철학은 이성만으로 신의 관념을 설명하지만, 적극철학은 세계가 존재한다는 사실에서 그 창조자로서 신이 있다는 점을 후천적으로 추론함으로써 신 관념의 실재성을 증명한다고 보았다.

것들이 모든 우크라이나인들을 표상하고 있다고 암시했다.[25] 한발 더 나아가, 출판본 서문에서는 우크라이나의 역사(즉 코자크의 역사)는 사실상 '모든 러시아' 역사의 핵심을 형성한다고 주장했다. "바투 칸을 앞세운 타타르 침입 이전 시기의 소러시아의 역사는 러시아의 전체 역사와 통합되어야 하고, 오히려 이것이 유일무이한 러시아의 역사이다."[26]

이 책은 슬라브인의 기원에 대한 연대기로 시작하는데, 그 기원은 노아 시대까지 거슬러 올라간다. 그런 다음 키예프 루스의 시기와 초기 코자크 헤트만들로 건너뛴다. 과거로 돌아가 코자크를 순수한 슬라브인으로 묘사하고, 슬라브인들을 성서적 인물들의 후손으로 묘사한 것은 이후의 코자크 관련 여러 작품에 스며들었다. 권력자를 고대의 인류 조상과 연관시키는 것은 고대 연대기나 왕족 계보에 흔히 나타나는 기법이다.

코자크 지도자들의 계보 중심으로 서술된 이 책은 코자크 전사들이 모든 시기의 역사를 주도했거나, 사실상 같은 연장선상에 있다는 인상을 준다. 이 책의 저자는 코자크와 폴란드와의 투쟁에서 발휘된 영웅적 행위와 기지, 자유를 향한 노력을 강조하고, 보그단 흐멜니츠키의 지도 아래 코자크들이 우크라이나를 러시아 제국에 통합시킨 노력을 강조한다.

이 책이 우크라이나의 민족적 독립성에 대한 주장을 지지하고 있기는 하지만, 대러시아인들이 자신들의 기원으로 주장하는 키예프 루스의 후손으로서의 코자크 지도자들의 정통성을 주장하고 있다. 우크라이나 민족주의자들은 이 작품을 우크라이나가 문화적, 정치적 독립을 요구할 수 있는 역사적 권리를 가지고 있다는 근거로 받아들였다. 러시아인들도 이 작품을 코자크의 존재를 통해 자신들의 역사가 끊이지 않고 키예프 루스와 이어지고 있고, 코자크들의 도움으로 키예프 루스의 영토가 러시아의 상속자들에게 돌아온 것을 증명한다고 받아들였다. 이 책은 코자크를 유기적으로나 역사적으로 러시아와 연합한 자유 투사로 그리고 있다. 여기에서 신화적 주인공으로서 코자크들은 러시아 민중의 근원과 어떤 식으로건 연결되어 있다.

19세기 초 지식인들의 탐독 대상이 된 새로 발견된 중세 텍스트와 연결되면서 코자크 주인공들의 매력은 강화되었다. 1807년 그네디치(N.I. Gnedich)가 《일리아드》 번역을 시작하여 1829년 완성하자 러시아 작가들은 러시아의 서사적 영웅들을 찾는 노력을 강화했다. 낭만주의 작가들은 코자크 영웅의 신화화 작업에 활용한 역사적 작품에서 추출한 코자크들 안에서 자신들이 찾던 것을 발견했다.

새롭게 대중화된 코자크들은, 한편으로는 파데이 불가린(Faddei Bulgarin) 같은 반동주의자를 비롯하여, 다른 한편으로는 푸시킨의 친구가 다수 포함된 개혁주의 데카브리스트에 이르기까지 폭넓은 사상적 진영을 망라하여 1820년대와 30년대 작가들에게 매력적으로 다가왔다. 10대 후반과 20대 초반의(1825년 12월 14일 발생한 데카브리스트 봉기를 기준으로) 다작의 시인들은 우크라이나와 나름의 연관을 가지고 있었고, 그 연장선상에서 '남부 형제회(Southern Brothers)'와 이와 함께 탄생한 우크라이나에 기반을 둔 '슬라브민족 연합회(Society of United Slavs)'와도 관계를 맺고 있었다. 이들은 우크라이나의 독립을 지지하지는 않으면서 남부로부터 작품의 소재를 끌어오려고 노력했고, 우크라이나의 민족, 문화, 정치적 독립 노력을 러시아 내에서의 자신들의 상황에 대한 비유로 활용했다. 데카브리스트들은 정치적 재조직화에 집중했는데, 이 목적을 위해 비러시아계 민족들의 동화와 '토착 러시아 민중의 몇 변이형들'을 통합된 공화국 내에서 하나의 문화로 통합시켜야 한다는 주장을 했다.[27] 이들에게 우크라이나의 투쟁은 슬라브인들의 보편적 투쟁이나 마찬가지였다. 1812년 나폴레옹과의 전쟁이 끝나자마자 이 젊은 지식인 귀족들은 전제적 횡포에서 자유로운 개인주의적 이상의 계몽주의를 바탕으로 하되, 낭만주의적 민족주의와 범슬라브주의가 충분히 스며든 나라를 만드는 꿈을 꾸었다. 우크라이나 코자크들이 폴란드의 귀족적 압제에 대항하여 투쟁한 것은 이를 위한 모델이 되었다.

데카브리스트의 일원인 표도르 글린카(Fedor Glinka, 1786-1880)는 1817년 보그단 흐멜니츠키에 대한 소설을 쓰기 시작했는데, 표면적으로는 우크라이나를 해방시키려는 코자크들의 시도에 대한 연대기를 작성하는 방법을 취했다.[28] 그러나 그의 원고는 자포로지야 코자크를 돈 코자크와 계속 혼동하고, 우크라이나 주인공들을 러시아 영토에서 발생한 반란과 전제적 압제에서 벗어나려는 러시아인들의 자유 투쟁과 연계시키는 오류를 범했다. 콘드라티 릴레예프(Kondratii Ryleev)가 《날리바이코(Nalivaiko)》(1825)* 란 제목으로 수집한 자료에서는 우크라이나가 고대 루스이고, 우크라이나를 지키는 것은 사실상 '폴란드인, 유대인, 교회연

---

* 날리바이코(Severyn(Semeriy) Nalyvaiko ? - 1597) — 브라츠슬라바와 볼히냐 지방의 비등록 코자크들을 규합하여 폴란드에 대항하는 항쟁을 벌였으나 다른 코자크 집단을 이끌던 로보다와 연합작전에 실패하여 패배했다. 폴란드로 끌려가 사지절단형을 받은 것으로 알려진 날리바이코는 러시아 민요의 주인공으로 등장하고, 19세기 초 데카브리스트 시인인 콘드라티 릴레예프는 그를 소재로 한 시를 썼다.

합주의자들(the Uniate)'* 같은 외국의 영향에서 벗어난 오염되지 않은 러시아를 보호하는 것이라는 것을 암시했다.[29]

"17세기 역사로부터"라는 부제가 붙은 글린카(Glinka)의 시 〈자포로지야 코자크들의 세치로부터 볼히냐로의 약탈 원정(The Foray of the Zaporozhian Cossacks from the Sech to the Volyn)〉(1826)은 또 다른 신화화의 과정을 보여준다. 여기에서는 자포로지야 코자크들과 '보가티르(bogatyr)'**라고 불리는 러시아 민담의 중세 영웅들의 관계를 보여주어 정확한 역사적, 지리적 인용에도 불구하고 코자크를 그들의 역사적 배경에서 끌어내고 있다. 이렇게 함으로써 글린카는 1825년 봉기로 재판을 받은 당대의 보가티르인 데카브리스트를 암묵적으로 연관시키고 있다. 이들은 귀족적 전통을 유지하며 정의 추구에 헌신했다는 점에서 중세 영웅과 공통점을 가지고 있다. 물론 자포로지야 코자크들은 사회적 계급으로 보나 감성으로 보나 귀족과는 거리가 멀다. 그러나 글린카의 펜에 의해 이들은 신화라기보다는 압제로부터의 자유를 상징하는 문양이 되면서 지역적 특성과 관계가 없어진다.

데카브리스트 작가들이 코자크를 포용한 것은 경계적 영웅들(liminal

---

* 교회연합 – 우크라이나 지역 상당 부분을 점령하고 있던 폴란드는 정교회 교도들의 가톨릭 개종을 추진했으나 강력한 저항을 받자, 1596년 브레스트 교회연합을 통해 정교회의 의례는 유지하되 로마교황의 권위에 복종하는 연합교회(the Uniate Church, 일명 우크라이나 가톨릭교회)를 만들었다. 고위 성직자와 폴란드 지원을 받는 지도층은 교회연합에 찬성했지만, 일반 신도들과 일선 성직자들은 이에 반대했다.

** 보가티르(bogatyr) – 유럽 중세 문학의 기사에 비견되는 동슬라브 민담·민요의 기사로 브일리나에 자주 등장한다. 블라디미르 대공의 친위대인 드루쥐나(druzhina)에 기원을 둔 것으로 보이고, 러시아와 정교회를 외국 침략 세력으로 방어하는 영웅으로 종종 묘사된다. 현대 러시아에는 용감한 영웅이나 스포츠 스타 등을 지칭하기도 한다.

heroes)을 찬양하기 위한 것이라기보다는 차르 정부를 공화정으로 대체해야 한다는 또 다른 주장이었다. 릴레예프도 러시아 역사에서 소재(현자 올레그, 스뱌토슬라프, 스뱌토폴크, 드미트리 돈스코이)를 끌어와 1825년 〈두미(dumy)〉라는 시를 발표했고, 〈보그단 흐멜니츠키〉라는 시도 발표했다. 또한 코자크인 보이나롭스키(Voinarovskii)에 대한 긴 설화시도 썼다(1823-25). 그의 작품의 주인공들은 사실상 서로 뒤바뀔 수 있었다. 이것은 이미 정착된 신화에서 그렇듯이 이들이 러시아의 핵심 전체를 표상해서가 아니라 중앙집권적인 정치 체제에 이방인이거나 자신들의 목표를 위해 순교자가 된 같은 생각을 가진 공화주의자들을 표상하기 때문이다.

1820년대의 또 다른 작가인 바실리 나레즈니이(Vasilii Narezhnyi)*** (1780-1825)는 우크라이나 코자크를 소재로 작품을 쓰면서 덜 정치적인 입장을 취하고, 낭만주의적 민중적 이국주의에 몰두하기 위해 역사에 눈을 돌렸다.[30] 그가 1824년에 쓴 《자포로지야인》이란 소설은 코자크들의 일상적인 모험(espacades)에 더 관심을 가졌고, 같은 해 그가 쓴 다른 소설《신학생 — 소러시아 이야기(The Seminarian: A Little Russian Tale)》도 마찬가지였다. 그 이후 몇 십 년 동안 나레즈니이의 방식은 코자크 일상생활의 이국적 요소에 관심을 가진 여러 작가들에 의해 이어졌는데, 이들 중 상당수는 거짓으로 자신의 코자크 혈통을 만들어냈다. 이러한 코자크 혈통에 대한 주장은 언뜻 보기에 역사적 진실성에 대한 권리를 내세우는 것이지만, 실제로는 코자크를 더욱 신화화했다. 열정적인 과거

*** 바실리 나레즈니이(Vasily Trofimovich Narezhny 1780-1825) — 러시아 농촌의 풍습에 대한 희화적 작품을 많이 쓴 작가로 《참칭자 드미트리》가 대표작이다.

의 주인공들은 이렇게 가까운 친척으로 변형되면서 '타자'가 아니라 '자아'로 수용되었다.

## 외국 자료들

낭만주의 시기 일부 코자크 소재 작품들은 고유의 역사가 아니라 외국 자료로부터 소재를 빌려오기도 했다. 코자크 헤트만 이반 마제파가 러시아 낭만주의 문학으로 들어온 것도 이런 경로를 통해서였다.

이반 마제파(Ivan Mazepa, 1639?-1709)는 17세기 중반 폴란드 궁정에서 어린 시절을 보냈다. 볼테르와 바이런 등에 의해 대중화된 그의 이야기는 다음과 같은 여러 버전으로 우리에게 전해져 내려온다. — 주인의 부인을 유혹한 죄로 젊은 우크라이나 청년은 굶주려 죽게 야생마의 등에 묶여 스텝으로 보내진다. 그는 거의 굶어죽을 지경에 이르렀으나 이를 발견한 우크라이나 처녀가 그를 보살펴서 다시 소생했고, 자포로지야 코자크의 위대한 헤트만이 되었다.

그러나 역사적 사실은 그가 낭만적 수단이 아니라 정치적 수단을 활용하여 헤트만의 지위에 오른 것으로 기록하고 있다. 마제파는 러시아의 강력한 지원을 등에 업고 헤트만 선출 과정을 조작하였다. 우크라이나 땅에서는 수십 년 동안 러시아인, 투르크인, 자포로지야 코자크, 헤트만령 코자크가 얽혀 싸우고 있었고, 흐멜니츠키의 러시아와의 동맹과 폴란드와의 지속적인 전투로 상황이 어지러워졌다. 새 헤트만은 반란을 모두 억누르고, 우크라이나를 좀 더 확고한 러시아 제국의 영향 아래 복종시켰다.

1710년대 이전에 마제파는 표트르 대제의 자문관이자 친구였다. 그러나 아직 잘 밝혀지지 않은 이유로 인해 이 코자크 지도자는 폴타바 전투*(1709)에서 러시아의 차르와 겨뤘던 스웨덴의 칼 12세(Charles XII)** 편을 들면서, 당시 우크라이나의 보호자인 러시아를 배신했다.

마제파의 이미지는 각 작가의 정치적 입장에 따라 폴란드, 우크라이나, 러시아에서 각각 다르게 나타난다. 그가 우크라이나의 자유와 독립을 확보하기 위해 정당하게 표트르 대제에게 항거했다고 믿는 사람들은 그의 행위를 찬양한다. 그가 이전에 러시아 황제와 가까운 관계를 유지한 것은 궁극적으로 부당하게 식민지화된 우크라이나에게 이익을 주기 위한 영리한 계획이었다고 간주한다. 그러나 러시아 민족주의자들은 마제파를 자신의 개인적 이익을 위해 움직인 배신자와 음모자로 낙인찍는다. 후자의 입장을 취하는 작가들은 마제파를 신화적 영웅의 위치로 올리기를 거부하고, 대신에 마제파가 버린 우크라이나 코자크 장교들은 신화화한다. 독자들도 마제파 이야기의 평가에

---

* 폴타바 전투 — 1709년 6월 27일(그레고리우스력 7월 8일) 우크라이나의 폴타바에서 러시아의 표트르 대제와 스웨덴군 지휘를 위임받은 사령관 칼 구스타브 렌셸드(Carl Gustav Rehnskiöld)가 이끄는 군대가 전투를 벌여 러시아군이 승리했다. 이전까지 한 번도 패배하지 않은 스웨덴의 칼 12세가 전투 초반 입은 부상으로 전투를 직접 지휘하지 못한 것이 패인으로 꼽힌다. 이 전투 승리로 20년 이상을 끈 대북방 전쟁에서 러시아가 승기를 잡았고, 스웨덴 편을 든 마제파가 이끄는 코자크는 자치권을 상실했다.

** 칼 12세(Karl XII 1682–1781) — 스웨덴의 국왕(1697–1718)으로 덴마크-노르웨이, 폴란드-리투아니아, 러시아의 3각 동맹에 대항해서 대북방전쟁을 수행했다. 1700년 나르바(Narva) 전투에서 러시아군에 승리하고 강화를 거절했으나, 1709년 폴타바 전투에서 패함으로써 발트해 지역의 주도권을 러시아에 넘겨주었고, 스웨덴도 국력이 크게 축소되었다.

자신의 고유한 정치적 편견을 적용하기 때문에 문학에서 이 코자크 지도자에 대한 분석은 심하게 한쪽으로 치우지는 경우가 많다.

러시아를 방문한 여행자들은 때로 여행기나 역사적 글로 동쪽에 있는 이국적 땅에 대한 이야기를 고국의 동포들에게 전하기도 했다.* 볼테르는《칼 12세의 역사(Histoire de Charles XII)》,《표트르 대제 시대의 러시아 역사(Histoire de la Russie sous le regne de Pierre le Grand)》를 읽었다. 17세기 후반과 18세기 초의 마제파의 역할에 대한 이 두 짧은 글들은 바이런의 시 〈마제파(Mazeppa)〉(1818)의 배경이 되었다.[31] 이 시는 마제파 자신이 전투에 패배한 후 잠을 이루지 못하는 칼 12세에게 자신에 대한 얘기를 하는 형식을 취하고 있다 — 스웨덴의 왕이 요구했다/"내가 부탁하니 자네가 얘기를 하게/자네가 말하면 내가 거둬들이겠네/아마도 잠을 자고 싶은 소원과/내 눈이 감기는 지금/잠시 졸고 싶은 희망도 날아갈 것이네."[32] 바이런은 폴란드에서 잡힌 마제파가 야생마 등에 묶여 고국으로 돌아온 믿어지지 않는 이야기에 집중한다. "나를 묶으려고 하인들이 떼로 달려들어/수많은 가죽 끈으로 말 등위에 나를 묶었지요/갑자기 말을 풀어 놓으며/멀리 달려라, 멀리 — 그렇게 나는 야생마와 함께 달렸지요/소용돌이도 우리보다 덜 빠르고, 얌전했을 겁니다"(2장 370-374행), 그래서 "말과 나는 멀리 멀리 달렸지요/마치 새의 날개에 얹힌 것처럼/사람들이 사는 집들이 모두 뒤로 물러나고/우리는 하늘을 나는 혜성처럼 달렸습니다/탁탁거리는 소리가 밤을 울리고/섬은 북

* 이런 작품 중 가장 유명한 것은 드네프르 강변의 코다크(Kodak) 요새 건설에 초빙된 프랑스 공학자 보프랑(Beauplang)이 쓴《우크라이나의 서술》이다. 이 책에서 그는 코자크의 전통, 용맹성, 코자크의 원정 기술, 차이카(Chaika)라고 불리는 소형 배 건조 방법 등을 상세히 기술했다.

녘의 불빛으로 무늬가 아롱졌지요."(2장 423-29행) 이 시는 전체적으로 아이러니를 낳는다. 자유와 억압이 원인이 된 낭만적 여행은 듣는 사람을 잠들게 하는 자장가에 불과했다. 이 시는 꼭 민족적 성격을 띠어야 할 필요는 없지만, 우크라이나 코자크를 영웅시하려는 독자는 이런 구조를 무시하고 야생마와 달린 것을 자유를 향한 코자크의 거침없는 경주로 해석한다.[33] 바이런이 그린 마제파는 너무 강렬한 이국적 삶을 사는 주인공이기 때문에 우리나 스웨덴 왕의 삶과 너무 동떨어져 있다.

빅토르 위고는 바이런의 시를 폭넓게 이용하며 쓴 자신의 시 〈마제파(Mazeppa)〉(1828)에서 코자크의 본질을 독자들로부터 더 멀리 떼어 놓는다. 시의 전반부에서 시인은 야생마 등에 묶여 달리는 마제파를 다시 묘사한 후, 후반부에서는 마제파를 산문적 사회에 잘못 이해되고, 잘못 받아들여진 예술가로 변형시킨다. 영감에 찬 낭만주의 시인이 일반 민중으로부터 멀어지듯이, 코자크도 매일의 경험에서 멀어진다.

> 그래서 신의 섭리 아래서 죽어야 할 사람이
> 역시 죽어야 할 말의 엉덩이에 묶여 있다.
> 달려라, 열렬한 전령이여.
> 너는 헛되이 뛰어내리려고 하지만, 말은 너를 묶은 채로 달리고 있다.
> 현실 세계의 문을 강철 같은 다리로
> 부수려고 하지 마라![34]

마제파의 이국적 행위와 비역사성을 강조하는 바이런과 위고의 시는 코자크에 대해 고국에서 새로운 평가를 내리도록 자극했다. 알렉산드르 푸시킨은 폴란드 시인 아담 미츠케비치(Adam Michiewicz)*의 '콘라드 발렌로드(Konrad Wallenrod)'(1825-27)에 대한 화답으로 쓴 서사시《폴타바(Poltava)》(1828)에서 마제파를 새롭게 해석하여 마제파의 모순적 성격을 끄집어내었다.[35] 아담 미츠케비치의 시는 릴레예프의 서사시《보이나롭스키》**에 대한 화답의 시였다. 릴레예프의 시에서 마제파의 조카인 보이나롭스키는 시베리아로 유형을 가서 자신과 자신의 숙부의 이야기를 동정심 많은 민속학자에게 전하는 형식을 취했다.[36] 민속학자는 우크라이나에 대한 보이나롭스키의 사랑과 외국의 압제에서 벗어나고자 하는 욕망을 헤트만 마제파가 아니라 조카의 관점에서 묘사한다.[37] 보이나롭스키는 다음과 같이 고백한다. — "나는 살아야 합니다. 내 안에는 아직도 나의 조국에 대한 사랑이 불타고 있습니다."[38] 얼마 후 이 민속학자는 보이나롭스키가 사면되었다는 것을 알리려고 돌아

---

* 아담 미츠케비치(Adam Bernard Mickiewicz, 1798–1855) — 폴란드-리투아니아 연합국가에 속했다가 러시아에 병합된 벨라루스 나바후루도크 인근의 자오지에서 태어나고 빌니우스대학에서 수학했다. 대학 재학 시절 비밀결사조직 "필로마트회"를 만들었다가 적발되어 상트페테르부르크, 오데사 지역으로 추방당했으며, 이 기간 중 러시아 문인들과 친분을 맺었다. 오데사 체류 중 크림을 여행하여 〈크림 소네트〉를 남겼다. 폴란드 낭만주의의 선구였던 〈발라드와 로맨스〉를 비롯하여, 서사시 〈그라지나〉, 〈판타데우슈〉 등의 걸작을 남겨 폴란드 최고의 시인으로 꼽힌다. 이탈리아 독립운동을 돕기 위해 '폴란드 군단(軍團)'을 조직하기도 하였고, 크림전쟁이 발발하자 폴란드의 독립을 추구할 목적으로 폴란드 의용군을 조직하기 위해 이스탄불로 갔다가 당시 창궐한 콜레라로 사망했다.

** 보이나롭스키(Андрей Войнаровский, 1680-1740) — 이반 마제파의 조카로 마제파의 특별한 신임을 받았다.

왔지만, 그가 부인의 무덤 위에 얼어 죽어 있는 것을 발견한다.[39]

푸시킨이 쓴《폴타바》는 이번에는 파데이 불가린(1789-1859)이 통속 소설《마제파》(1833-34)를 쓰게 자극했다.[40] 불가린의 작품은 문학적 가치를 인정받은 적이 없고, 작가와 인물로서도 그는 지식인 서클에서 푸시킨을 포함한 많은 사람의 혐오를 받고 있었다.[41] 폴란드 태생인 그는 1812년 러시아에 대항해서 나폴레옹 군대에서 싸우다가 러시아 문학과 공직에 발을 들여놓았다. 새로운 러시아제국 시민으로서 그는 애국주의로의 귀의를 증명하기 위해 열성적이었다. 마제파는 자신이 함께 자란 폴란드인들과 동맹을 맺고, 자신의 영달을 위해 표트르 대제와 러시아, 우크라이나 모두를 배신했기 때문에 불가린은 자신의 작품에서 마제파를 신의 은총을 상실한 유다로 불렀다. 이 소설의 끝부분에서 마제파는 딸과의 근친상간으로 아들이 자살하게 만들고 자신의 죽음도 자초한다.

## 푸시킨

마제파와 표트르 대제의 이야기에서 소위 애국주의적이나 반역적인 요소를 찾아내는 지루한 논쟁은 커져가는 코자크 신화의 폭을 의미했고, 각 작품은 이 코자크 헤트만에 대한 다른 측면을 보여주었다.[42] 푸시킨의《폴타바》는 역사 내러티브의 복잡성을 보여주었지만, 어느 한쪽 편을 들지는 않았다. 통합된 러시아를 보존하려는 표트르 대제의 시도와 대비되는 마제파의 무정부주의적 이기심을 묘사하면서, 이 작품은 동시에 사랑과 죄악을 행할 수 있는 능력 있는 배신자의 매력적 초상을 그리고 있다. 그리고 마제파가 표트르 대제에 대해 가지고 있는 증오와 그에게 복수하고 싶은 열망에 대해 고개가 끄덕여지는 개인적 이유도 보여주고 있다.[43]

푸시킨의 장편 서사시는 바이런의 시구로 시작된다. "전쟁의 위력과 영광이여/헛된 맹신자같이 신앙 없는 인간들은/승리를 차지한 차르에게 돌아갔다."[44] 이 말은 바이런의 시보다는 푸시킨의 시에 이상하게 더 잘 들어맞는다. 왜냐하면 푸시킨은 바이런의 시에서 정치적인 입장은 뚜렷이 드러내었지만, 서정성은 강하게 부각시키지 않았다. 마제파의 일생에서 전혀 다른 군사적 활동에 몰두한 시간을 다루고 있기 때문이다.

처음 몇 연은 이 코자크 헤트만이 부유한 귀족인 코추베이의 딸 마리야를 납치해오는 충격적인 장면을 서술한다. 여기에 등장하는 마제파는 전혀 젊지가 않다. "그는 나이가 들었고,/전쟁, 근심, 염려로 인해 노쇠하였다/그러나 열정이 그의 내부에 다시 타올라/마제파는 사랑을 알게 되었다."(5장 20, II, 41-44행) 더욱 중요한 것은 그는 마리야의 대부였기 때문에 둘의 결합은 종교법에 따르면 근친상간이 되어 정교회의 특별한 허가 없이 마리야와 합법적으로 결혼할 수 없다는 것이었다. 부모와 다르게 마리야는 자기보다 훨씬 나이가 많은 남자와의 불법적 결혼을 그렇게 싫게 여기지 않았다. 그녀는 모든 청혼자를 물리치고 마제파가 자기에게 보여준 코자크 생활의 낭만주의적 매력과 사랑에 빠진 것이다. 푸시킨은 "그녀는 늘 마제파가 만든 노래를 부르고 있다"라고 말하고, "기병대의 열병을 사랑하고/군대 북소리와 구령의 우렁찬 소리를 사랑하고/소러시아의 사령관의/지휘봉과 코자크 장교들을 사랑했다."(V: 22, ll. 1119-20행, 124-27행) 작품에서 푸시킨의 목소리를 대신하는 편집자는 이 구절을 설명하면서 몇몇 민요는 마제파가 만든 것으로 전승되고 있고, 코추베이 스스로가 마제파가 쓴 우크라이나 민요 두마(duma)를 언급하고 있다고 설명하고 있다. 마제파가 직접 민요를 지었다는 사실을 독자들에게 언급하면서 푸시킨은 주인공을 자신이 쓴 〈스텐카 라진의 노래〉에서 시작된 전통에 연계시키고 있다. 이에 더해 푸시킨은 마리야뿐만 아니라 독자들 역시 '코자크' 토포스를 통해 코자크 작품을 읽을 것을 제안하고 있다.

푸시킨은 신화나 전통보다 더 눈먼 열정이 있을 수 없다는 것을 인식하고 있는 복잡한 심리적 초상을 제시한다. 마리야는 단지 민요를 통해서만 알고 있는 흥분이 넘치는 코자크 생활에 가담하고, 자기 눈앞에 펼쳐지는 코자크의 멋진 의식에 사로잡혀 아무 주저없이 안전하고 귀족적인 부모의 집을 포기한다. 푸시킨의 《벨킨 이야기》에 나오는 감성에 넘치는 여주인공과 마찬가지로, 마리야의 경우 전혀 희극적이 아닌 상태에서 문학적 이미지와 현실을 동일시함으로써 상황을 잘못 이해한다. 이렇게 해서 그녀는 코자크 신화의 영향에 붙잡힌 첫 번째 작품 속 인물이 된다. 마리야는 마제파를 자신의 상상 속에 키워온 코자크로 받아들이고 마제파가 그런 영웅이 아니라는 것을 역설적이게도 자신의 아버지가 죽은 후 정신이 나간 상태에서 뒤늦게 깨닫는다.

나는 당신을 다른 사람으로 착각했어요.

늙은이여, 이제 나를 떠나세요.
당신의 시선은 가식적이고 무서워요.
당신은 추하고, 그는 아름다워요.
그의 눈에는 사랑이 빛나고,
그의 말에는 번민이 있어요.
그의 턱수염은 눈보다도 희지만,
당신의 턱수염에는 피가 말라붙었어요! … (V: 62, II, 399-406)

마리야가 잘못 생각한 것처럼 우리도 잘못 생각한다. 그녀를 사로잡은 신화의 힘은 민족문화의 모든 '독자들'도 강하게 사로잡는다. 신화적 이미지와 실제 삶을 혼동한 파장의 위력은 "크로프 이 류보프(krov' i liubov' 피와 사랑)", "우자셴 이 프레크라셴(uzashen i prskrashen 무서운 것과 아름다운 것)"라고 표현한 푸시킨의 각운에 의해 지각적이면서 비극적으로 잘 드러났다.

푸시킨은 낭만적인 마리야의 도망 이야기를 떠나서 표트르 대제가 마주한 정치적 상황과 헤트만으로서의 마제파의 역할에 대한 역사적 설명으로 넘어간다. 코추베이는 자기 딸의 불법적 남편에 대해 복수를 하기 위해 뒷마당에서 기다리고 있다. 1부의 나머지 부분은 마제파가 배신을 하게 된 동기에 대해 설명해 보려고 하고 있다. 그가 통치하던 시대의 우크라이나는 러시아의 지배에 대한 불만이 끓어오르고 있었고, 이런 절망적 상황에서 우크라이나의 애국자들은 러시아 차르와 일전을 치르는 스웨덴의 왕 칼 12세(Karl XII)의 편에 가담하게 되었다. 마제파는 표트르 대제에 대한 충성심 때문에 처음에는 주저하였다. 그러나 얼마 되지 않아 마제파는 반역을 심사숙고하기 시작한 것이 분명해진다.

2부는 마제파와 마리야의 대화로 시작되는데, 마제파는 마음속에 우크라이나의 독립을 확신하고 있다고 선언한다. 그러나 동시에 그는 코추베이의 투옥과 처형을 암시한다. 마제파가 묻는다. "나에게 말해보라, 누가 더 너에게 소중한가/너의 아버지인가, 너의 남편인가?"(V: 37, II 95-96) 마리야는 마제파의 말을 이해하지 못한다. 그녀는 사랑하는 사람과 아버지 중 한 사람만을 선택하기를 거부하고, 그녀를 지키기 위해 어쩔 수 없이 행한 아버지의 배신이 갖는 의미를 이해하지 못한다. 마리야의 어머니는 아버지가 처형당하기 전날 몰래 마리야를 방문한다. 그녀는 어렵게 모든 일의 진실과 마제파가 코추베이에게 행할 일이 가져올 결과를 마리야에게 알려주며, 같이 마제파에게 가서 아버지의 목숨을 살려달라고 간청하자고 설득한다. "마리야야, 정신을 차려라/달려가서 그의 발아래 무릎을 꿇고/아버지의 목숨을 구해라, 우리를 위해 천사가 되어다오/너의 시선이 그 악당의 손을 묶을 것이다/너는 그의 손으로부터 도끼를 빼어올 수 있다" (V:46, II, 352-56). 그러나 두 여자는 너무 늦게 도착한다. 가장 극적인 순간에 푸시킨이 정치와 개인의 딜레마를 대치시키면서, 처음에는 마제파, 다음으로 마리야의 내부의 혼란과 죄의식이 크게 부각된다.

이 서사시의 3부는 마제파가 최종적으로 러시아를 배신하게 된 새로운 동기를 제시한다. 사라진 마리야로 인한 슬픔, 전에 표트르 대제에게 겪은 자존심의 손상,[45] 우크라이나에 대한 사랑, 그리고 마지막으로 돈에 대한 욕심이다. 푸시킨이 마제파를 '유다'로 부르는 이 부분에서 그의 러시아 애국주의가 분명히 나타난다. 이 마제파는 개인적 영달을 위해 러시아를 배신한 것이다. 그러나 이야기는 정치적 언급보다는 개인적 이야기로 결말을 맺는다.

미쳐서 한밤중에 스텝을 떠도는 마리야는 마제파가 악몽에 뒤척이는 동안 그에게 나타난다. "마제파는 악몽에 시달렸다"(V:61, I, 6). 고뇌하는 남편과 헛소리 같은 대화를 나눈 후 마리야는 어둠속으로 사라지고, 혼자 남겨져 마음이 무거워진 마제파는 칼 12세의 제안에 귀를 기울인다. 마제파는 "조국에 작별을 고하고"(V:63, I, 424행) 외국 왕을 따라 나선다.

마지막 연은 본 텍스트와 분리되어 100년을 건너뛰어 푸시킨 시대로 옮겨오고, 현재 시제로 이야기가 이어진다. 당대 사람들은 "자유를 향한 열정에 가득 찬 강하고 자신감 넘치는 남자들"(V:63-64, II, 426-27행)을 기억한다. 이 종결부는《폴타바》의 '역사적' 목소리가 제시한 몇 가지 사실에 대한 애매한 해석에 의문을 제기한다. 예를 들어 우리가 알기로 마제파는 스웨덴 왕과 함께 매장되어 영원히 동포들로부터 소외되고 잊혀졌다. 그는 매년 정교회가 그의 파문을 확인할 때 한 번 회상이 된다. 그러나 푸시킨은 이러한 사실에 사실상 반론을 제기한다. 그는 우크라이나의 맹인 유랑시인, 즉 전래 서사시의 시인들이 그의 노래를 계속 부를 것이라고 선언하며 자신의 시를 마무리한다.

푸시킨이 마지막 연에서 과거는 사라졌다고 선언하기는 하지만, 유랑시인에 대한 언급은 코자크의 불멸성을 강조한다. 서사시의 시작 부분에 푸시킨이 언급한 시, 즉 마리야에게 큰 영향을 미친 시는 우크라이나 민요에서 따온 것이라고 그가 주석에 언급한 것은 이것이 후

세 세대에게 미칠 영향을 확언한 것이다. 푸시킨이 아직 어렸을 때, 즉 바이런이 자신의 시에서 이 낭만적 젊은이를 찬양한 시기에 만들어지고, 그의 생애 중에 불린 이 민요들은 스텐카 라진에 대한 민요의 명성을 푸시킨에게 전달했다. 푸시킨이 쓴 〈스텐카 라진의 노래〉는 여기 언급된 다른 민요와 마찬가지로 꼭 마제파에 의해 쓰였다고 볼 수는 없지만, 주제와 시학에서 우크라이나 민요 '두미'와 밀접히 연관되어 있다.[46] 역사적 글에 나타난 마제파의 의문스러운 애국주의와 도덕성에서도 불구하고《폴타바》의 한 층위에서 그는 코자크의 이상을 나타내고 있다.[47] 푸시킨 서사시의 첫 부분과 마지막 부분에 언급된 그의 서정적이고 낭만적인 노래들은 역사적이고, 어떤 의미에서는 산문적인 텍스트(주석을 포함해서)의 느낌이 나기도 하고, 이것을 신화로 전환시킨다. 마제파는 자신의 이미지에 걸맞게 살지는 않았지만, 그럼에도 불구하고《폴타바》에서 코자크의 이상을 실현했다고 말할 수 있다.

마제파가 러시아를 배반한 동기는 불분명했지만 마제파가 이끌다가 버린 젊은 코자크들의 태도는 그렇지 않았다. 이들은 모두 '루스'와 '고대 모스크바'와 우크라이나를 방어하기를 원했다. 그리고 이 집단도《폴타바》에서는 선명하고 이상적으로 그려졌다. 왜냐하면 아마도 러시아를 옹호하는 푸시킨의 생각과 가장 가까운 서사시의 강한 목소리는 통합된 러시아를 주장하는 표트르 대제의 주장을 지원하고, "젊은 우크라이나"를 비난했다. 코자크들은 좋게 보아야 마제파에 속임을 당할 정도로 순진했고, 나쁘게 보면 단순히 잘못 행동한 것이다.

이 작품에는 이것 말고도 세 번째 코자크 이미지가 나타나서 전체

그림을 더욱 복잡하게 한다. 그는 마리야에게 구애를 한 이름 없는 코자크이다. 그는 사랑에는 실패했지만, 바이런 스타일로 야생마를 타고 마제파를 비난하는 글을 표트르 대제에게 전하러 가는 역할을 맡는다. 이런 주변적 인물을 등장시킴으로써 푸시킨은 바이런 스타일의 비정치적이며 낭만적인 코자크와, 우크라이나 민요에 나오는 정치적이며 낭만적인 코자크를 통해 러시아의 대의를 내세운다.

서유럽의 문학작품과 고국의 민요를 폭넓게 섭렵한 푸시킨은 서사적이거나, 허구와 연결된 역사 장르에 큰 관심을 갖게 된다. 역사적 주제에 천착한 다른 작가들처럼 푸시킨은 월터 스콧(Walter Scott)의 작품들을 읽었고, 최소한 한 연구가는《폴타바》에서 바이런뿐만 아니라 월터 스콧과의 유사점을 지적했다.[48] 월터 스콧이 1814년에 쓴 소설《웨이벌리(Waverly)》*는 1815년에 러시아에서 비평글이 나왔고, 1820년부터 1830년 사이 최소한 40개의 번역본이 등장했다.[49] 러시아 문예지와 출판사들은 월터 스콧의 작품을 모방한 많은 작품들을 출판했다. 1828년 상트페테르부르크를 방문한 한 영국인은 월터 스콧에게 "당신의 작품은 트위드나 템스강변에서만큼 네바강변과 볼가강변에서 높이 평가받고 있습니다."[50]라고 썼다. 보수적 문예지인《독서 도서관(Library for Reading *Библиотека для чтения*)》의 편집자인 센콥스키(O. I. Senkovskii)**를 포함한 몇몇 작가들은 스콧이 문학적 취향을 변질시킨 것에 대해 불평

* 웨이벌리(Waverly) — 1814년 월터 스콧이 쓴 역사 소설로, 월터 스콧은 이 작품으로 큰 문학적 명성을 얻었다.

** 센콥스키(O.I. Senkovskii 1800-1856년) — 상트페테르부르크대학 동방학 교수로 재직하며 당대 작가들로부터 니콜라이 1세의 강압적 통치를 돕는 작품을 쓴다는 비판을 받았으며, 러시아의 민중성(narodnost')에 대한 논란을 일으켰다.

했지만,[51] 벨린스키, 푸시킨, 고골을 비롯한 영향력 있는 평론가들은 이 스코틀랜드 작가를 옹호하고 나섰다. 월터 스콧에게 영향을 받은 많은 러시아 작품들은 배경으로 등장하는 역사적 격변에 참여하는 전혀 중요하지 않은 가상의 주인공 1인칭 시점으로 전개된다. 독자는 이 사건들을 역사를 주도하는 인물들과는 동떨어진 상대진영 인물의 나이브한 시선을 통해 관찰한다. 대개 연정에 사로잡힌 주인공의 성장 과정이 스토리 라인을 이루고, 이 라인을 따라 그는 양측에서 서로 싸우는 역사적 주인공들과 만나게 된다.

당대의 많은 작가들과 마찬가지로 푸시킨은 스콧의 장르를 차용하여 러시아 땅에 러시아 산문을 발전시키려고 하였다. 그러나 푸시킨은 다른 작가와 달리 자신의 소설의 배경이 되는 사건에 대한 세밀한 역사적 연구를 시도했다. 1820년대 우크라이나와 돈 코자크에 대한 연구, 특히 스텐카 라진에 대한 연구와 더불어 그는 에멜리얀 푸가초프에 대한 고문서 자료를 조사했다.[52] 그는 푸가초프의 활동 무대였던 카잔과 오렌부르그로 가서 자료 조사를 하고, 나이든 푸가초프 난의 목격자들을 면담했다. 푸시킨은 푸가초프와 그의 반란에 대한 역사적 연구의 결과를 1834년《푸가초프의 역사》라는 제목으로 출간하려고 했다. 당시 황제 니콜라이 1세는 푸가초프는 고유의 역사를 가질 권리가 없으므로 제목을《푸가초프 반란의 역사》로 바꾸도록 직접 지시했다. 2년 뒤 푸시킨은 이 자료를 이용해《대위의 딸》을 썼다.[53]

니콜라이 1세는 반란이 야기하는 혼란을 통제하는 자신의 생각을 확인한다는 단순한 판단으로《푸가초프의 역사》를 읽고, 시간이 오래

걸리는 검열도 단축하여 책을 서둘러 출판하도록 했다.[54] 그러나 푸시킨은 이 작품에서 푸가초프와 그의 반란의 여러 상반된 양상을 그려냈다. 푸시킨이 푸가초프의 잔혹성을 잘 묘사하였지만, 그럼에도 불구하고 독자들은 영리하고 강력한 이 코자크의 매력에 끌려들어가게 된다.

푸시킨은 러시아군 사령관도 놀라게 한 푸가초프의 군사적 기술을 인정하는 것을 주저하지 않는다. 그는 "푸가초프가 군사적 전술에 대해 그 정도의 지식을 가지고 있을 줄을 생각하지 못했다."[55] 그러나 코자크의 군사적 성공은 푸가초프의 뛰어난 작전에만 기인한 것이 아니다. 불만에 찬 많은 러시아군 병사들이 장교를 떠나 탈영을 했기 때문에 사령관들은 병사들의 충성에 대한 확신을 가질 수 없을 정도였기는 하지만, 푸가초프 측에 가담한 수많은 무리 때문에 반란이 성공적으로 진행된 것도 아니다. 러시아 장교들이 저지른 실수와 작전의 지연도 큰 문제였다. 러시아군의 실책을 사실 그대로 묘사함으로써 푸시킨은 푸가초프의 성공이 행운에 힘입은 바 크다는 것을 밝히고 있다.

체포된 푸가초프가 모스크바로 압송되는 과정에 대한 묘사도 전체적으로 동정적이다. "그는 차꼬에 묶여있었고, 병사들은 손으로 그에게 음식을 먹이며, 썰매 주변에 몰려든 아이들에게 이렇게 말했다. '애들아, 너희들이 지금 보고 있는 사람이 푸가초프라는 것을 잘 기억해 두어라.' 나이든 사람들은 지나가는 사람들이 그에게 던진 질문에 대해 그가 얼마나 담대하게 답을 했는가를 얘기한다. 그는 압송 과정 내내 쾌활하고 침착했다."[56]

조심스럽게 푸가초프의 매력에 끌린 푸시킨은 코자크를 묘사하면서 더욱 그에게 끌린다.[57] 《대위의 딸》에는 눈을 뜰 수 없을 정도로 몰아치는 눈보라가 치는 날 낯선 농부에 의해 구조된 러시아인인 그리뇨프(Grinev)가 등장한다. 다음날 아침 그리뇨프는 감사와 젊은 혈기로 자신을 구해준 농부에게 자신이 입고 있던 토끼털 코트를 선사한다. 후에 그리뇨프는 자신을 구해준 농부가 모두가 무서워하는 코자크 수괴 푸가초프였다는 것을 알고 크게 놀란다. 푸가초프는 그리뇨프가 충성을 바치는 러시아 황제에게 대항하는 반란자였지만 자신에게 선의를 베푼 사람의 호의를 몇 배로 갚는다. 그는 그리뇨프의 목숨을 살려줄 뿐만 아니라, 그가 주둔하는 요새를 점령한 후에 그의 연인을 구해준다. 푸가초프는 이 젊은 러시아 장교를 그의 중대로 되돌아가게 해주어 그가 코자크와 계속 싸우도록 해준다. 그리뇨프 자신이 선언한 대로 "나는 신비한 운명의 전개에 대해 놀라지 않을 수 없다. 내가 노숙자에게 건넨 아이의 코트 하나가 나를 감옥에서 구해냈고, 술집을 전전하던 술주정꾼이 요새들을 정복하고 이 나라의 근간을 흔들어 놓았다!"[58]

그리뇨프가 푸가초프의 모순된 성격을 처음 접한 것은 아버지의 죽음에 대한 꿈에서였다. 아직 코자크 아타만인줄 몰라봤던 농부는 그리뇨프의 아버지에게 임종 축복을 해준 대리인으로 나타난다. 꿈속에서 이 농부는 친절하면서도 동시에 위협적인 존재로 나타난다. 그의 시선은 '명랑(veselo)하고', '따뜻했지만(laskovo)', 그는 '무서웠고(strashnyi)', 도끼로 절단된 신체들로 방을 채운다. 독자들은 후에 푸가초프의 여러 면모가 잔인한 성격에 상반되지 않는다는 알게 된다. 그는 그리뇨프의 연인의 아버지를 교수형시켰으며, 그녀의 어머니가 잔혹하게 강간당하고 살해당하는 것을 방관한다.(VIII: 331) 푸시킨이 제시하는 푸가초프는, 귀족인 그리뇨프가 표상하고 있는 선한 러시아 영혼에서 완전히 결별한 악의 단순한 화신이 절대 아니다. 오히려 이국적인 파괴 행위와 친근한 동정은 이 무서운 코자크 반란자 내부에서 서로 일치한다.

푸가초프는 완전히 신화화된 코자크는 아니었다. '민중(narod)'를 대표하는 존재로서 아타만은, 그리뇨프라는 인물로 나타나는, 서구화되었지만 그럼에도 불구하고 완전한 러시아 귀족과 대비된다. 두 인물은 우정을 공유하고 서로를 존중하지만, 최종적으로 푸시킨은 연합이 아닌 갈등을 그린다. 작가는 코자크를 동정하기는 하지만, 그와 독자들은 그리뇨프와 연대한다.

은근히 아이러니하게도 우리는 푸가초프의 가슴에 새겨진 '황제의 표식'은 단순히 끓는 물에 덴 상처라는 것을 알게 되고, 그가 엄청난 양의 음식을 먹어대고, 사우나의 참을 수 없는 열기를 견딘 것은 추종자들의 착각이었다는 것을 깨닫게 된다(VIII: 329). 그러나 착각이 아닌 것은 푸가초프가 민담을 인용하여 말한 것처럼 코자크는 굵고 짧은 생을 선택한다는 것이다. 다시 말해 썩은 고기를 뜯어먹으며 300년을 사는 갈가마귀가 아니라, 산고기를 먹으며 짧게 사는 독수리를 택해 마음껏 먹고 마시는 삶을 즐기는 것이다.[59] 푸가초프는 죽음을 피할 수 없지만, 도덕적 결과에 구애받지 않는 영웅적 삶의 길을 택한다.

푸가초프의 능력을 경외심으로 바라보는 그리뇨프는 코자크의 영웅주의에 회의적 시각을 갖는다. 이야기에 대한 그의 해석은 푸가초프와는 다르다. 소위 '독수리'의 양식라고 불리는 코자크의 전쟁 노획물은 독수리가 씹어 먹는 죽은 고기와 전혀 다르지 않다. 그리뇨프의 연인 마리야의 부모를 잔인하게 죽이는 행위는 전혀 영웅적이지 않다. 푸가초프의 입장에서 보면, 러시아의 영웅주의는 명예에 대한 맹목적 헌신으로 정의된다. 자신과 타인, 폭력과 인간성은 마제파에서와 마찬가지로 푸가초프라는 인물 안에 공존할 수 있다. 그러나 이것들은 코자크와 그들의 생활환경(milieu)을 신화의 수준으로 올려놓지 못한다.

《대위의 딸》의 14장 중 5장에서 민요의 일부가 첫 줄을 장식하고, 속담이 나머지 두 장을 장식한다.(이것들은 푸시킨이 직접 만든 것으로 종종 추측된다) 그러나 민간전승과 문학을 대비시키는 것은 이 작품과 민중의 생활환경과의 거리를 보여줄 뿐이다. 코자크들 자신이 민요를 부를 때에 우리는 이상적 코자크를 실체로나마 느끼게 된다. 그리네프는 이러한 코자크의 노래에 끌리기도 하면서 혐오를 느끼는 상반된 감정을 표현한다.

> 교수대로 향하는 사람들이 직접 부르는 교수대에 대한 이 단순한 민요가 내게 어떤 영향을 끼쳤는지를 설명하는 것은 불가능하다. 이들의 험악한 얼굴과 듣기 좋은 노랫소리, 가사에 담긴 애도하는 표현은 그 자체로 표현력이 충분하지만, 이 모든 것을 듣고 나는 시적 공포에 몸을 떨었다.

겨우 두 페이지가 지나면 푸가초프가 국가의 근본을 '흔들었고

(potriasal)' 코자크 노래와 가수들이 러시아 귀족의 시적 감수성을 온통 '흔들어놓았다(potriasalo)'는 표현이 나온다. 《폴타바》에서 마제파의 노래는 코자크 전쟁의 배신을 신화로 바꾸어 놓으면서 마리야뿐만 아니라 독자들에게 강한 흔적을 남겨놓는다. 《폴타바》에 삽입된 코자크 노래는 코자크 이상의 유령(spectre)을 고양시킨다.

이런 배경에도 불구하고 《대위의 딸》은 스콧의 역사적 낭만성을 더욱 밀접하게 반향하여 가공의 주인공들은 역사적 인물들과 넓은 극적 무대에서 상호 작용한다.[60] 이 소설의 중심 초점은 결코 그리뇨프를 벗어나지 않는다. 그래서 푸시킨은 곧 푸가초프가 지배하게 될 지역으로 여행하는 젊은 러시아 귀족을 통해 이야기를 풀어나간다. 코자크가 아닌 사람이 코자크의 생활에 발을 들여놓은 것이다. 이야기는 코자크 자신들에 대한 것이 아니라, 그리뇨프를 대상으로 전개되고, 그가 어떻게 코자크들에게 반응하는가를 보여준다. 그리고 그리뇨프와 대위의 딸 사이의 사랑이야기가 이야기의 중심을 이루는 구조는 이 짧은 소설을 러시아 향토적 근원으로부터 분명히 분리시킨다. 그리뇨프와 농부 옷을 입은 푸가초프의 첫 만남 이후, 푸가초프는 소설이 중간까지 진행된 6장까지 나타나지 않는다. 이때가 되면 그리뇨프는 이미 마리야 이바노브나와 사랑에 빠져 그녀의 명예를 지키기 위해 두 번이나 결투를 치를 뻔하게 된다. 그리뇨프와 푸가초프의 우정은 두 사람 사이에 가까운 관계가 형성되었다는 것을 보여주고, 푸가초프가 대리인으로 나오는 꿈(proxy dream)은 그가 이 젊은이의 상징적 아버지라는 것을 보여준다[61]. 그러나 그리뇨프는 자신의 친구가 되기 어려운 푸가초프의 중요한 성격을 닮지 않는다. 코자크의 전통은 전쟁을 하는 것이지, 사랑을 하는 것이 아니다.

신화의 핵심인 자아와 타자 또는 매력과 혐오 사이의 역설에도 불구하고 푸시킨의 작품은 고골이나 그에게 영향 받은 다른 작가들의 좀 더 신화적 이야기와 다른 면을 보여준다. 역사적 핍진성(verisimilitude)의 지원을 받은 한 명의 역사적 코자크로서 푸가초프의 이야기는 서사시로서는 충분한 용량이 담겨있지 않다. 위대한 작가들에게 모두 해당되는 이야기이지만, 푸시킨에겐 여러 중요한 의도가 있었다. 월터 스콧식의 이야기 전개, 러시아 산문의 틀을 다듬는 것, 소설 끝에 또 다른 선행가로 나타나는 (부모 역할을 대신하는) 예카테리나 2세의 제국주의에 대한 평가, 그리고 궁극적으로는 코자크 에토스를 다시 만드는 것이다.

푸시킨은 민속적 변모를 거쳐 여과된 민족-역사적 주제를 선택했지만, 그의 관심은 다른 곳을 향하고 있다. 푸가초프의 인물형을 둘러싼 모호성은 신화적 중재보다는 아이러니를 자아낸다. 그리뇨프의 따뜻한 사랑과 잔인한 코자크 반란의 대비에서 빚어지는 유머가 훨씬 더 핵심에 가까운 것 같다. 궁극적으로 푸시킨은 자신의 낭만주의적 풍자에서 낭만성을 뛰어넘어야 한다는 미학적 의도를 품고 있었다. 푸시킨이《대위의 딸》말미에 밝힌 것처럼 다른 사람의 원고를 그대로 출판하는 '편집자'적인 스콧식의 관행은, 이 경우 우리를 다시《벨킨 이야기》와《폴타바》로 데려간다. 이 작품들에는 '소개되는 이야기가 사실일 것이다'라는 독자들의 전제에 작용하는 각각 희극적이고 비극적인 유희 작용이 있었다. 푸시킨은 그리뇨프와 마리야 사이뿐만 아니라 그리뇨프와 푸가초프 사이에도 '로맨스'를 만들어냈다.

니콜라이 고골은 작가로서의 명성을 확립한 후,《검찰관》과《죽은 농노》를 포함한 자신의 유명한 몇 작품에 동기를 제공한 일화에 대해 푸시킨에게 빚을 지고 있다고 인정했다. 그러나 고골이 코자크 주인공을 이용한 것과 이 주인공을 민족적 신화로 고양시킨 것은 그가 문학적 아버지라고 부른 푸시킨에게 작용했던 요소에 영향을 받았을 수 있지만, 직접적인 연관성은 거의 보이지 않는다. 푸시킨의 코자크 소재 작품은 고골이 확장시킨 토포스의 일부를 보여주지만, 역설적이게도 그는 신화의 잠재력을 발전시킨 만큼 이를 허물어트리는 데도 시간을 쏟았다. 곧 알게 되겠지만 아이러니는 고골이 자신의 코자크 주인공을 만들어내는 주된 기제(mode)가 아니다. 그래서 코자크에 대한 그의 작품들은 다른 작품과 선명하게 구별되어 나타난다. 다음 장들에서 고골이 코자크를 영웅화한 이유를 제시하고, 더 나아가 고골의 코자크 토포스를 선명하게 살펴볼 것이다. 코자크에 대한 완전한 신화는 어느 한 작품에서 완전히 표현될 수 없지만, 우리가 보다시피 그래도 고골의《타라스 불바》는 이에 가장 가깝게 근접한다.

# 3장 고골의 코자크와 '러시아 영혼'

코자크 주인공의 외형적 특징은 특정한 역사적 집단들의 요소로부터 나온다. 밀어버린 머리, 변발, 투르크 바지, 쿠반 코자크와 테레크 코자크의 승마 기술 등이 대표적 예이다. 지역적 특성과 코자크 고유의 군대 용어는 바로 등장인물의 성격을 규정하고 추프(chub 변발) 또는 오셀레데츠(oseledets 변발), 쿠렌(kuren 자포로지야 군사 조직 단위), 우스트루그(ustrug 스텐카 라진 시기 볼가강에서 사용된 보트) 등의 용어는 독자로 하여금 주변의 상황이 코자크 세계의 일부임을 바로 알아차리게 해준다. 이야기에 나오는 10갤런 모자(ten-gallon hat)가 카우보이 이야기에 대한 우리의 지식을 불러오도록 하는 것과 마찬가지로, 추프는 러시아 독자들에게 현대의 작품을 과거의 코자크 작품과 비교하게 만들고, 그 작품들이 발전시킨 문학 코드를 사용하게 만든다.

그러나 등장인물을 신화의 수준으로 끌어올리는 것은 이보다 더 중요한 요소들이다. 이 장에서 우리는 코자크들을 러시아 문화 정의의 일부로 변형시킨 토포스 분석을 시작할 것이다. 우선 분석되어야 할 코자크들의 첫 양상은 진보적 러시아화이다. 이 과정은 또 다른 중요한 민족적 신화인 '성스러운 루스(holy Rus')' 개념과 연관되어 발전되어 왔고, 코자크들이 '성스러운 러시아 영혼'을 구현한 역할을 맡도록 해 주었다.

민간전승이 제일 먼저 코자크를 '성스러운 루스'와 연관시켰다. 17세기에 쓰인 〈아조프 요새 정복 이야기(Tale of the Taking of Azov)〉, 소위 〈1642년 아조프 요새 정복에 대한 시적 이야기(Poetical Tale about the Azov siege 1642)〉의 여러 버전 중 하나는 코자크들을 '거룩한 러시아 영웅(holy Russian heroes)'이라고 부름으로써 코자크의 대중적 이미지를 반영했다.[1] 코자크들은 거룩한 러시아의 방어자이고, 이 나라의 순결성이 '이교도'인 투르크들, 다른 작품에서는 '이교도'인 타타르들과 '거룩하지 않은(unholy)' 유대인들의 지원을 받는 '이교도'인 폴란드인들의 공격을 받은 것이다. 우리는 똑같은 용어를 우크라이나 코자크 이야기에서도 발견한다. 〈투르크인들에게 잡힌 포로들에 대한 탄식(Lament of the Captives of the Turks about Ransom)〉은 거룩한 러시아 연안으로 돌아온 영웅들을 노래하고 있다.[2]

성스러운 러시아의 수호자로서의 코자크는 이 장에서 논하는 바와 같이 니콜라이 고골의 작품을 통해 코자크 문학의 상표(staple)가 되었다. 이후의 작가들은 이러한 토포스를 지속적으로 반복하여, 다니엘 모르돕체프는 《사가이다치니》에서 자포로지야 코자크 전체를 루스 개종의 아버지인 성 블라디미르가 세례를 받은 크림반도로 이주시키려는 코자크 주인공의 열망을 묘사하고 있다.[3] 사가이다치니의 희망은 코자크(Cossackdom)와 러시아 민족의 기원의 밀접한 관계를 표현하고 있는 것이다. 모르돕체프의 작품을 모아 편집한 편집자가 이 작가를 "러시아의 월터 스콧"이라고 부른 것도 이 소설의 이러한 성격 때문이다. 그의 말에 따르면 이 작가는 "영국의 특성(스콧의 장르를 활용한 그의 솜씨)"과 "사랑할 줄 할고, 고통 받을 줄 알며, 위대해지는 방법을 아는 고귀한 러시아의 영혼"을 조화롭게 결합했다.[4] 모르돕체프는 우크라이나 코자크의 후손이었지만 '러시아 영혼(russkaia dusha)'에 대한 그의 주장은 그의 선조들의 민족이나 그의 '민족적' 시적 재능보다 코자크 등장인물들에서 따온 것이다.

고골 이후 코자크를 러시아 영혼과 결합하는 전통은 아주 확고해져서, 섬세한 비평가들은 작품 자체가 제공하지 않은 코자크 인물들의 특성도 주의 깊게 살핀다. 푸시킨은 자신이 만든 푸가초프 인물상에서 진정한 러시아적 성격을 구현했다고 종종 주장된다. 반란자 코자크는 살인자일 수도 있고, 왕위 참칭자일수도 있고, 겁쟁이거나 신성모독자일 수도 있지만, 《대위의 딸》에서는 이 모든 성격들이 '러시아 영혼'이라는 강력한 특성 아래 복속된다. 소비에트 시기 한 푸시킨 비평가는 다음과 같이 주장한다.

> 《대위의 딸》에서 푸가초프는 이 모든 자질을 부여받았다. 지칠 줄 모르는 창의적 에너지, 러시아 민중의 고매한 도덕적, 지적 자질인 순수한 마음, 자유에 대한 사랑, 관용, 공정, 두려움을 모르는 마음, 임기응변, 대담성, 너그러운 마음(breadth of nature *щедрая душа*)을 갖

추었다.[5]

서구의 비평가도 푸시킨의 코자크 주인공에서 러시아 영혼을 보았다.

> 푸시킨의 《푸가초프의 역사》에도 마지못해 그럴 수도 있지만 감탄할 만한 요소가 있다. 그러나 푸시킨은 자신의 소설 《대위의 딸》에서 푸가초프가 개인적 차원에서는 예측할 수 없기는 하지만, 따뜻하고 통찰력 있고, 이해심 많은 사람이라는 것을 보여줄 때까지 기다린다. 아마도 어떤 의미에서는 그는 러시아 민족 성격의 경탄할 만하면서 동시에 염려스러운 많은 특성을 혼합적으로 가진 인물이다.[6]

《대위의 딸》이 나오기 전, 푸시킨이 쓴 《푸가초프의 역사》에도 아쉽기는 하지만 나름대로 푸가초프의 자질에 대한 감탄할 만한 요소가 있기는 하였다. 《대위의 딸》에서는 푸가초프가 개인적 차원에서 예측하기 힘든 면이 많기는 하지만, 그럼에도 불구하고 따뜻하며 지적 능력이 뛰어나고, 이해력 많은 존재로 나타난다. 어떤 의미에서 그는 찬양받을 만하면서 동시에 염려를 끼치는 러시아 국민정신의 여러 특성을 복합적으로 가지고 있다.[7]

독자들이 코자크를 러시아 정신의 체현으로 받아들이도록 푸시킨이 의도했건 의도하지 않았건을 떠나서, 위에 인용한 말들은 독자들이 기꺼이 그렇게 할 준비가 되어 있었다는 것을 암시한다. 그리고 이러한 영혼은 러시아인 내부에 감추어져 있기는 하지만, 분명히 존재하는 이상적 신의 이미지를 어느 정도 표현하는 성스러운 것이라는 사실은 러시아 민족 문학의 전통에서 오랫동안 지지되어 왔던 사상이다.

'성스러운 코자크'라는 표현은 이단적은 아니더라도 모순어법(oxymoron)처럼 들린다. 살인과 약탈은 그리스도의 겸양과 거리가 멀다. 그럼에도 불구하고 이것은 코자크의 이중적 성격에 대한 최초의 암시이다. 보통 사람보다 크고, 강하고, 덜 약한 그들은 죽을 수밖에 없는 존재들에게 부과된 경계를 뛰어넘는다. 그 제약은 공간의 제약을 받거나, 일시적이거나 도덕적이거나 형이상적일 수 있다. 다른 각도에서 보면 이들은 경계적이고 모호한 존재로서 신성모독적이고 금기화된 특징을 흡수하여 이것들로부터 나름대로 성인전을 만들어낸다.

## 고골과 코자크

코자크는 니콜라이 고골(1809-52)의 초기 작품에도 자주 나타났지만《타라스 불바》(1842)의 재창작 본에서 그 최고의 모습을 보인다. 이 장의 후반부에서 이것을 심층적으로 분석할 것이다. 고골의 초기 소설 모음인《지간카 부근 마을의 저녁》(이하 '지간카')과 작품집《아라베스크》에 실린 두 논문(〈소러시아의 구성에 대한 소고〉, 〈소러시아 민요에 대해〉)에도 코자크가 나온다. 《미르고로드》의 두 작품(〈유령(Vii)〉과《타라스 불바》의 1835년 초본)과 "헤트만"이라는 제목으로 출간된 네 작품에도 코자크 주인공을 그리고 있다. 코자크는 고골의 서신의 중요한 구절 많은 부분에도 언급된다.

코자크는 단순히 고골이 청소년 시절 이국적이고 자유분방한 인물에 이끌린 대상이 아니다. 다른 사람이 아닌 블라디미르 나보코프 같은 유명한 작가가 이런 주장을 했다.[8] 코자크는 고골과 거의 같은 시기에 러시아의 중심부에 사는 주인공들을 통해 러시아인의 정수를 정의하려고 한 그의 대표작인 《검찰관》과 《죽은 농노》에서와 마찬가지로 중요한 대상이었다.

고골의 인간적 면모는 한 세기 이상 그의 전기들에서 제대로 다루어지지 않았지만, 편지나 동시대인들의 회상에 나타난 고골의 고향땅*에 대한 조숙한 열정을 낭만적 관점에서 서술한 글들은 고골 연구가들에게 반복적으로 나타났다. 이러한 주장들은 자신의 감정적 면이나 문학 또는 학문적 성과에 대해 거짓된 사실을 말하기를 즐겨하는 작가의 성향에 의해 빛이 바랬다. 그럼에도 불구하고 고골은 수많은 중요한 상황에서 코자크 자료를 다루고 있다.[9]

고골 자신이 유서 깊은 코자크 가문의 후손이고, 또는 후손이라고

---

* 니콜라이 바실리예비치 고골(N.V. Gogol)은 1809년 3월 우크라이나 폴타바주에 있는 소로친츠이 마을에서 태어났다. 그의 집안은 우크라이나의 코자크 출신이었고, 부친은 소지주이자 아마추어 극작가였다. 1820년에 그는 니진의 중학교에 입학하여 첫 습작품을 썼다. 1828년 학교 졸업 후 작가가 되겠다는 야망을 가지고 상트페테르부르크로 가서 〈한스 퀴헬리가르텐〉이라는 시로 데뷔하였으나 혹평을 받았다. 환멸에 차서 외국 여행을 떠났다가 다시 상트페테르부르크로 돌아와 작품을 썼다. 1831년 쓴 《지간카 부근 마을의 저녁》 1부가 큰 성공을 거두며 문학적 성공을 거두었고, 1832년에 《지간카 부근 마을의 저녁》 2부, 1835년에는 《미르고로드》라는 제목으로 두 권의 이야기집(〈비이〉, 〈타라스 불바〉, 〈옛 세계의 지주들〉과 〈이반 이바노비치와 이반 니키포로비치〉가 수록됨), 《아라베스크》 산문 모음집(여기에 〈넵스키 거리〉, 〈광인 일기〉, 〈초상화〉의 초고가 수록되었음)을 출간했다. 그는 모든 작품을 러시아어로 썼으나, 초기 작품들은 우크라이나의 전승, 민담에서 작품의 소재를 많이 따왔고, 우크라이나가 작품의 배경이 된 경우가 많았다.

믿어질 뿐 아니라,[10] 어려서 같이 자란 농부들과의 편지에서도 오래된 코자크 전통을 발견할 수 있다. 자포로지야 세치가 파괴된 것은 그리 오래전의 일이 아니며, 무장 해제된 코자크들은 아직도 여전히 세치에 애착을 느끼고 있었다.

고골은 소년 시절 역사, 특히 우크라이나 고향땅의 역사에 대해 큰 관심을 가졌다. 이런 관심은 먼 친척 트로쉬친스키(D. P. Troshchinskii)의 도서관과 고향 네진(Nezhin)의 학교 선생님들에게 고무된 바가 컸다. 1828년 상트페테르부르크로 이사한 후에도 포고딘(M. P. Pogodin)*이나 막시모비치(M. A. Maksimovich)** 같은 역사학자와 민속학자와의 교분을 통해 그는 '소러시아'의 풍습과 역사에 대한 관심과 환상을 키워나갔다. 고골이 푸시킨을 처음 만났을 때, 푸시킨은 우크라이나에 대한 조사를 비롯한 역사 연구를 진행하고 있었다. 우리가 앞 장에서 본 바와 같이《폴타바》와《푸가초프의 역사》는 이런 연구를 바탕으로 쓰인 것이다.

고골은 1826년부터 이미 자신의 학교 노트에 민속학 자료를 모으기 시작했고, 그는 1830년대에는 가족들에게 우크라이나의 전통에 대한 자료들을 보내달라고 요구했다. 이러한 작업은 이후 1830년대와 1840년대 내내 해외에 있는 친구들에게 러시아와 러시아인에 대한 자료를 요구한 것과 병행해서 지속되었다. 이러한 요구들은 고골이 자신의 작품을 쓰는 데 민속학적 자료를 얼마나 중시했는지를 잘

---

* 포고딘(Mikhail Petrovich Pogodin 1800-1875) — 러시아의 역사가 겸 문인으로 카람진 사후 러시아 역사학계를 주도했다. 러시아의 기원에 대해 노르만이론을 주창한 것으로 유명하다.

** 막시모비치(M. A. Maksimovich 1804-1873) — 모스크바대학 식물학 교수였다가 키예프대학으로 옮겨가 러시아문학 강의를 담당했다. 우크라이나의 민요를 집대성한 〈소러시아 민요(Malorossijskie pesni)〉와 〈키예프 서한과 타브리다 회고(Pis'ma o Kieve i vospominanie o Tavride)〉가 유명하다.

보여준다. 그는 자신의 연구가 제공하는 자료(statistika) 없이는 작품을 쓸 수 없다고 생각할 정도였다. 그러나 우리는 고골은 먼 곳에서 제공하는 2차 자료, 소위 '풍문'으로 접한 현실인 타인들의 해석이 가미된 자료를 받아왔다는 것을 잊지 말아야한다.[11]

푸시킨과 달리 고골은 역사적 사건이 일어난 장소를 방문하거나 이에 참여한 경험자나 목격자를 인터뷰하지도 않았다. 푸시킨은 역사 자료의 신빙성에 대한 회의를 가지고 있었고, 우리는 그가 역사에서 소설로 본원적으로 이동해 간 것을《대위의 딸》을 통해 알 수 있다. 그러나 고골은 처음부터 증거보다는 신화에 더욱 관심이 있었고, 실제 코자크보다는 '코자크(THE COSSACK)'라는 개념에 관심이 있었다.

고골은 역사학자들이 과거를 너무 무미건조하게 다룬다고 비판하고, 실제적 역사적 이야기에 접근하기 위해 민요나 '두미'에 주목했다. 그는 민요들이 "살아있고, 실제를 이야기해주며 과거에 공명하는 연대기다"라고 말했다.[12] 그는 전통적 역사와 민요 모음집을 대비시키며 막시모비치(Maksimovich)에게 다음과 같이 썼다. ― "이렇게 소리를 내며 살아있는 연대기들을 만나보니, 내가 그간 머리를 싸매고 공부한 케케묵은 연대기가 무슨 소용이 있었는가라는 생각이 듭니다."(1833년 11월 9일, X:284)[13]

자신이 쓴 '러시아 민요에 대해'라는 논문에서 고골은 민요가 과거를 부활시킨다고 거듭 주장했다. "이것들은 과거의 묘비이다. 아니 단순한 묘비 이상의 것이다. 멋진 양각(陽刻)으로 새겨 넣은 역사적 비문은 이 살아있고, 말을 하고, 과거에 공명하는 연대기에 도저히 비교할 수 없다.(VIII: 90-91) 역사학자는 그것들을 뒤지며 헛되이 날짜와 정확한 자료를 찾으려고 한다"고 고골은 말했다.

> 그러나 역사학자가 서술하고자 하는 사람들의 진정한 생활 방식과 인물의 요소들, 감정, 염려, 고통, 기쁨의 모든 굴곡과 그늘을 발견하고자 한다면, 그리고 지나간 시대의 영혼과, 국가 전체와 각 개인의 일반적 성격을 다시 불러내려고 한다면, 그는 (민요 연구로) 완전히 만족할 것이다. 그 앞에 한 민족의 역사는 크리스털 같이 맑은 광휘로 나타날 것이다.(VIII:91)[14]

고골이 지속적으로 칭찬한 유일한 역사책은 코니스키가 쓴《루스의 역사》이다. 고골이 이 책을 높이 평가한 것은 이 책이 과거를 낭만적 관점에서 해석했기 때문이다. 고골의 작품에 대한 중요한 초기 연구를 수행한 티호라노프(N. S. Tikhoranov)에 따르면, 이 책은 고골에게 역사적 사실뿐만 아니라 영감도 제공해 주었다. 왜냐하면 고골은 이 책에서 "그를 종종 정확한 사실의 경계를 넘어 이끈 조국에 대한 사랑"을 발견했기 때문이다.[15]

고골은 코자크 작중 인물을 위한 문학적 자료로 사용할 수 있는 최근에 우크라이나어로 간행된 작품들도 잘 알고 있었다. 고골의 아버지도 우크라이나어로 희극을 썼고, 고골도 직접 희극을 써서 그 중 일부는 네진의 학교 재학 시절 공연한 것으로 보인다. 당대의 가장 중요한 작품인 이반 코틀랴렙스키(Ivan Kotrialevskii)*의《에네이다(Eneida)》의 일부

---

* 이반 코틀랴렙스키(Ivan Kotrialevskii 1769-1838) — 우크라이나 폴타바 태생의 작가, 시인, 극작가로 우크라이나 근대문학의 아버지로 여겨진다. 1798년 베르길리우스의《아이네이스(Aeneid)》를

를 자신의 《지간카 부근 마을의 저녁》에 포함된 〈소로친츠이의 장날〉의 각 장의 도입문으로 인용했다.

그러나 고골은 당대의 러시아 문학과 유럽 문학 작품 중 어떤 작품들을 읽었는지에 대한 기록을 전혀 남기지 않아서 일부 비평가들은 그가 폭넓은 독서를 했는지에 대해 의문을 제기하기도 한다.[16] 그러나 1820년대와 1830년대에 상트페테르부르크에 거주한 그가 러시아 문학 장면에 새롭게 등장하여 자라나는 중요한 인물들에 대해 알지 못하고 있었다는 것은 불가능하다. 우리는 고골이 푸시킨의 작품에 관심을 가졌고, 《타라스 불바》의 초판과 개정판 사이의 기간 동안 《대위의 딸》을 읽었다는 것을 안다. 또한 나레즈니이의 작품과의 병렬관계도 쉽게 찾아낼 수 있으니, 나레즈니이의 《신학생》이 고골의 〈비이〉에 소재를 제공했으며, 또한 그의 〈두 명의 이반 또는 송사에 대한 열정〉은 고골의 〈이반 이바노비치와 이반 니키포로비치가 싸운 이야기〉에 분명한 영향을 주었다.[16]

## 고골의 코자크의 러시아화

고골은 자신의 모든 작품에서 러시아인과 우크라이나인을 넓은 의미에서 구별하지 않았고, 좀 더 구체적으로는 러시아인과 코자크를 구별하지 않았다. 그는 자신의 우크라이나 유산과 러시아 소속 사이에 선명한 경계선을 만들지 않았다. 그는 자신의 친구인 스미르노프(A. O.

---

우크라이나 상황에 맞게 모방한 《에네이다(Eneida)》를 썼다.

Smirnov)에게 이렇게 썼다. "나는 내 자신이 호홀의 영혼과 러시아 영혼 중(khokhlatskaia ili russkaia) 어떤 영혼을 가지고 있는지도 잘 모른다."(1844년 12월 24일, XII: 418-19) 그는 이 편지에서 두 민족 사이에 진정한 차이가 있다는 것을 부정했다. 두 민족은 역사적으로는 서로 구별되지만, 둘은 서로를 강화시키며 하나로 융합되었다. 또한 고골은 초기 작품(코자크 소재 이야기들)에서 자신의 인종적 계보에 대해 밝히지 않았다는 것을 강조했다. 그래서 이것은 러시아만도 아니고 우크라이나만도 아닌 둘 다였다. 앞의 서한에서 고골은 10년 전 소설에서 제시한 것을 계속 주장했다. 그는 '그들'과 '우리' 사이, 자신과 코자크 사이의 상반성을 인정하지 않았다.

고골은 표면적으로는 코자크의 이국적 요소를 발전시켰다. 시간적으로 코자크들은 폴란드인들이나 유럽화된 러시아인들과 동화되었기 때문에 이미 사라진 과거 시대에 산다. 공간적으로는 너무 멀리 떨어진 우크라이나 시골 지역에 살기 때문에 독자들은 이들의 생소한 어휘를 만나게 된다(지간카에서처럼). 벨린스키가 《타라스 불바》를 지칭하여 "고골의 이야기는 세세한 면까지 현실 생활과 같고, 고골이 묘사한 생활은 놀라울 정도로 사실과 근접하다"[17]라고 주장했지만, 우리가 앞으로 보는 바와 같이 고골이 묘사한 코자크는 역사나 고골 시대의 코자크와 크게 달랐다.

《타라스 불바》에서 고골은 코자크에게 실제보다 훨씬 큰 역할을 부여한다. 예를 들어 코자크들은 전투를 준비하면 "한계를 모르는 지도자가 되기 위해 코자크 대장은 1야드만큼 키가 커진다"(II: 80)라고 묘사했다. 자신의 모든 소설에서 고골은 은유와 환상의 경계를 지워버렸다. 주인공들과 성스러운 주체가 서로 작용하여 죽은 코자크의 영혼들이 천사의 팔에 안겨 하늘로 올라가고, '무서운 복수'를 할 때면 시체가 땅속에서 솟아 나오기 위해 엄청나게 큰 존재로 커진다. 코자크를 종종 새와 비유하여 초인간적 서사시적 관계를 주술로 불러낸다. 오스타프는 "하늘로 솟아오른 매처럼" 전쟁터로 날아갔고(II:119), 전사들은 "높고 가파른 산꼭대기에 앉은 독수리처럼" 들판을 둘러보았다(II: 131) 젊은 매처럼 (자신들의 날개를 흔들면서) 사기를 돋운 젊은 코자크들은 "세치를 위하여!"라는 함성을 반복했다(II:131).

환상적 요소에 집중한 독자들은 이야기가 역사나 당대의 현실에서 벗어난 것을 제대로 인식한다. 이들에게 코자크는 사회학적 비평가인 페레베르제프(V. F. Pereverzev)가 주장한 것처럼 트리데바토에 차르스트보(*тридевятое царство*)* 나 네버랜드(never-never land)** 같은, 우리가 도달할 수 없는 '다른' 세계의 낭만적인 동화이야기처럼 작동한다.[18]

그러나 이러한 독자들은 고골의 코자크의 일반적 측면을 인식하지 못한다. 가장 명확한 차원에서 고골은 코자크들을 '러시아인'으로, 즉 그가 쓴 작품을 읽는 독자들과 동일시한다. 독자들에게 '러시아의 영혼', '러시아의 부드러움', '러시아의 용기'를 제시한 것이다. 그리고 푸시킨의 《대위의 딸》과 다르게 고골은 자신의 고향을 떠난 후 이국적인 코자크 땅을 여행하여 길들여지지 않은 전사들에게 노출되어 다양한 경험을 한 후, 다시 러시아 고향으로 돌아오는 러시아 주인공을 묘사하지 않는다. 그는 러시아인과 대비되는 코자크를 제시하지 않

* 트리데바토에 차르스트보(*тридевятое царство*) — 러시아 민담에서 아주 먼 낯선 이국 땅을 말함.

** 네버랜드(never-never land) — 동화 《피터팬》에 나오는 나라로 비현실적인 상상 속의 나라를 뜻함.

고, 러시아인인 코자크를 제시한다.

고골은 자포로지야 코자크들을 러시아인과 왜곡되게 동일시하는 것으로부터 이야기를 시작한다. 고골은 이들을 우크라이나 일부 지역의 거주자가 아니라 우크라이나 민족 전체를 대표하는 것으로 여겼다. 〈소러시아의 구성에 대한 소고〉에서 고골은 코자크를 "변경 거주 민족 중 가장 절망적 상황에 처한 다양한 사람들의 조합"이라고 묘사했지만, 그들의 언어와 신앙에서 이들 대부분이 소러시아의 원 토착 주민이었다는 증거를 찾는 작업을 한다. 그는 논문의 나머지 부분에서도 자포로지야 코자크에 대해서만 논하면서(VIII:47-49), 이 코자크들을 우크라이나 과거 전체와 동일시한다. 〈소러시아 민요에 대해〉라는 논문에서도 '코자크'를 '우크라이나인'과 동일한 용어로 사용한다. 그는 "코자크 생활의 광범위한 자유는 소러시아 민요의 모든 곳을 관통하여 숨쉰다"(VIII:91)라고 하고, 코자크 민요 이외의 다른 민요는 언급하지 않았다.

고골이 코자크를 러시아인과 동일시한 다음 단계는 그가 '우크라이나'라는 말 대신 '소러시아'라는 말을 반복해서 사용한 데에도 나타나는데, 이것은 그의 시대의 일반적 관행이었다. 그는 결국에는 '소(Little)'라는 형용사를 거의 버리고, 코자크가 별개의 집단이나 우크라이나인이 아니고 러시아인이라고 말한다.[19] 《타라스 불바》에서 그는 자신의 주인공들을 "비범한 러시아의 힘을 보여주는 존재"라고 묘사하고, 이들은 "오직 러시아인만이 할 줄 아는, 여기저기 돌아다니며 무모한 주연과 장난"을 칠 줄 아는 존재라고 자랑했다.(II:47)

여기서 고골은 '로시아(Rossiia)'가 아닌 '루스(Rus)'에서 파생된 '루스키

(russkii)'라는 형용사의 풍부한 신화적 외연을 활용한다.[20] 그는 코자크들이 '러시아 땅(russkaia zemlia)'에 살며 '러시아 감정의 핵심(krupitsa russkogo chuvstva, II:134)'을 간직하고 있다고 주장한다. 고대 러시아 서사시와 민담의 텍스트에서와 마찬가지로 '러시아 땅'이란 용어를 사용한 것은 자신의 주인공들을 역사 속의 루스와 연관시키고, 코자크들과 러시아 문명의 근원이라고 여겨지는 것과의 관계를 암시한 것이다.

고골은 '루스'를 매개로 코자크와 러시아인의 환유적(metonymic) 관계를 설정한 후 두 대상이 상호모순을 조화시킬 수 있는 능력을 가졌다는 것을 반복적으로 강조한다. 그는《타라스 불바》에서 코자크 세치를 서쪽의 폴란드인들과 동쪽의 투르크나 타타르들의 중간 장소에 위치시킨다. 코자크들의 모험은 육지와 바다, 서로 대립되는 지리적 지역과 문화적 대상의 중간을 움직이는 것을 의미한다. 〈지간카〉에서 코자크는 서로 반대되는 지점인 북쪽과 남쪽을 모두 여행하는데, 〈크리스마스 이브〉의 바쿨라(Vakula)와 〈잃어버린 편지〉에 나오는 할아버지는 상트페테르부르크로 여행하고, 악마와 마녀들이 농민들과 함께 거리를 걷는 이국적인 남쪽을 여행한다. 이에 대해 고골은 〈소러시아의 구성에 대한 소고〉에서 코자크들을 다음과 같이 묘사했다.

> 신앙과 지리로는 유럽에 속하지만, 생활양식, 풍습, 의복에서는 완전히 아시아적인 사람들이다. 이들은 세계의 두 반대되는 지역, 두 가지 서로 대비되는 본질이 기묘하게도 하나로 합쳐진 사람들이다. 유럽적인 조심성과 아시아적인 방임, 순진한 심성과 교활한 마음, 강한 활동력과 아주 느긋한 게으름과 만족, 발전과 완벽을 지

향하는 노력과 동시에 어떠한 완성도 경멸적으로 만들어버리고자 하는 욕망이 혼합되어 있다.(VIII:49)

전통적으로 러시아인들도 자신들이 서양과 동양의 어느 한 곳이 아닌 둘 사이의 중간에 위치해 있으면서 두 지역을 조화시킨다고 생각해 왔다. 러시아인들은 자신들이 동양의 몽골 침입의 충격을 흡수하여 유럽을 구했다고 통상적으로 믿는다. 그러나 19세기 서양의 관점에서 러시아는 거의 아시아였다. 고골이《타라스 불바》에서 쓴 것처럼 외국인들은 폴란드를 '유럽의 반아시아적인 구석'이라고 보았고, 모스크바대공국과 우크라이나는 아시아 본토에 속해 있다고 보았다(II:160) 그러나 러시아는 특히 표트르 대제가 소위 "유럽으로 향한 창"을 연 후부터 유럽 문화에 적극 동화되었다. 고골을 포함한 러시아인들은 독일, 프랑스, 이태리를 자유롭게 여행할 수 있고, 좀 더 "동양적인" 땅에서도 집처럼 편하게 느낄 수 있었다. 이렇게 러시아인들은 이 두 문화를 결합하고, 더 나아가 조화시킬 수 있는 것이다. 고골의 시대에 이러한 러시아 영혼의 결합 능력이 서구주의자들과 슬라브주의자들 모두에게 인기를 끌었다. 두 그룹은 러시아의 문제를 해결하는 방법에 대해 다른 견해를 보이기는 했지만, 두 집단 모두 러시아 국민의 우수성과 그들에게 부과된 역사적 과제에 대해서는 동의했다. 러시아인은 동양과 관련된 순수하고 원초적인 요소를 간직하고 있고, 그래서 부패해가는 서구에 생명력을 불어넣을 수 있는 위치에 있었다.

고골의 환유는 이렇게 여러 층위를 갖는다. 코자크는 우크라이나인이고, 우크라이나인은 러시아인이며, 우크라이나인은 동양이자 동시에 서양이다.[21] 코자크가 '자아'와 '타자'의 모순을 조화시킬 수 있는 것처럼 러시아인은 아시아와 유럽의 서로 다른 특성, 야만성과 문명, 알려진 것과 알려지지 않은 것을 결합할 수 있고, 앞으로 더 드러나는 것처럼 모든 종류의 반대되는 것을 결합할 수 있다고 믿었다. 그들은 늙은 동시에 젊고, 선한 동시에 악하며, 고상한 동시에 술주정뱅이이다. "반은 타타르식이고 반은 폴란드식인 변경 수비대의 특이한 복장에도 변경 지역이 선명하게 드러난다"고 고골은 쓰고 있고, "코자크는 한 순간에는 맹렬하게 싸우지만, 바로 쟁기를 던져버리고 술에 취해 놀 수 있다"고 묘사한다(VIII:48)

서로 상반되는 성질을 감쪽같이 결합하는 것이 코자크 신화의 대표적 특징이다. 이것은 독자들이 발을 딛고있는 여러 다른 조각으로 갈라진 인간 세상 차원 위로 주인공을 끌어올린다. 코자크는 덜 부패된 원형적 형태의 러시아인인 '성스러운 루스'의 "러시아인들"을 표상하기 때문에, 러시아 독자 자신도 세속을 초월했다고 주장할 수 있는 것이다.

## 코자크의 "러시아 영혼"

고골이 쓴 〈소러시아 구성에 대한 소고〉는 그가 생각하기에 코자크 민족이 발생하기 이전인 13세기 루스의 생활에 대한 분석으로 시작하고 있다. 첫 몇 페이지에서 그는 곧 코자크적인 생활과 다른 시대의 양상을 강조한다. 사람들은 모두 서로 닮았고, 그래서 그는 "단일한 신앙", "한 종족", "한 언어", "하나의 보편적 성격이 특징인" 같은 말을 쓰고있다(VIII:40). 그러나 그가 설명하는 코자크는 다양한 사람들의 모임(pestroe sborishche)이다(VIII:47) '다양한(pestora)' 혹은 여러 색의 다양성은 코자크 신화를 통해 변하지 않고 남아있다.

코자크 시대 이전의 단일한 모습의 사람들이 작은 영역에 모여있고, 이들의 단일성에도 불구하고 "서로 분열되었지만 이들에게서 크게 다른 특성을 발견하기는 힘들었다."(VIII:40) 형제가 형제를 대항하여 싸우고, 아버지가 아들과 싸웠다.(VIII:41) 13세기에 나타난 그림은 강제적인 연합 안에서 발생하는 분열이다. "친척들은 자신들의 의사에 반해 한군데에 모이게 되었다" 그러나 코자크들은 상반된 것들을 통합할 수 있는 유기적 집단이었다. "주민들의 다양성에도 불구하고, 여기에는 서로 싸우는 내전 같은 것은 없었다."(VIII:43)

코자크 시대 이전의 주민들은 "다른 무엇보다도 민족들을 결합하고 발전시킬 수 있는" 종교의 지원을 받지 못했다. "종교가 법이나 생활과 밀접하게 관련되어 발전하지 못했기 때문에 군사적 노력의 실패를 불러왔다"는 말로 고골은 종교의 무력함을 서술했다. 수도사들과 사제들은 "강력한 무기인 신앙을 이용하여 주민들에게 영향력을 행사하는 방법을 알지 못했고, 이로 인해 이 신앙을 이용해서 불꽃과 열의를 열정으로 발전시키지는 못했다…"(VIII:40)[22] 이와 반대로 효과적인 군사력은 코자크들의 상징이 되어서 "단결력으로 인해 강력한 군사 집단"이 되어 "이교도와의 영원한 전쟁이라는 목표에 전적으로 헌신"하게 되었다.(VIII:46, 47)

고골은 초기 주민들이 열정을 갖지 못한 것을 세 번이나 강조해서 비판했다. — “이곳에서는 강력한 열정은 보이지 않았다”(VIII:41), “아무런 증오와 열정도 이들을 자극하지는 못했다.”(VIII:41) “어떠한 감정이나 광신주의, 미신, 심지어 편견조차도 이들에게 불꽃을 일으키지 못했다.”(VIII:41) 고골은 이렇게 계속 말한다. “모든 인류의 강하고 고귀한 열정이 이들 안에서는 사멸한 것 같았다.”(VIII:41) 여기서 말하는 열정은 생명력과 긍정적으로 연결된다. 타타르 시대 이전과 코자크 시대 이전 러시아 땅의 주민들은 단지 분열되었을 뿐만 아니라, 창백하게 빛바래고 정체되어 있었다. 이들은 “서로 각각 분리되어 움직이지만, 전체로서는 전혀 움직임이 없는 단순한 삶”을 살고 있었다(VIII:41).

초기 키예프 루스 시기를 마땅치 않게 다루는 고골의 태도는 독자들에게 생소하게 느껴진다. 러시아 문학에서 일반적으로 루스의 신성함은 건드릴 수 없는 주제였다. 그러나 점점 영향력이 커지는 코자크 신화의 관점에서 보면 그 목적은 분명해진다. 고골이 생각하기에 몽골 침입 이후 남부 러시아의 재정착 과정에서 발생한 코자크는 이전 시기의 이곳 거주자들이나 러시아 북부의 주민들이 갖지 못한 특성을 가지고 있었다. 우선 무엇보다도 ‘새로운’ 러시아인들은 “이전의 온전성과 원시 신앙, 어린애 같은 편견, 민요, 민담, 슬라브 신화 등이 기독교와 단순하게 결합된” 슬라브 혈통의 순수성을 보존하고 있었다(VIII:43). 역설적이게도 이 사람들은 다른 민족과 연합한 상태에서도 순수성을 간직하고 있었다. “야생적 산악 거주자들, 약탈당한 러시아인, 주인의 학정을 피해 도망한 폴란드인, 그리고 이슬람을 피해 도망친 타타르까지도 이 이상한 사회를 구성하고 있었다.”(VIII:47) 고골은 이 러시아인/코자크가 어디에서 순수한 슬라브 혈통과 문화를 얻었는지는 분명히 밝히지 않고 있지만, 이러한 모순으로 인해 이들이 가진 피는 너무 진해 외국 요소를 흡수한 후에도 전혀 그 순수함이 묽어지지 않았다. 그러나 실제는 이와 정반대였다. 비슬라브적인 요소가 변형되어 코자크의 온전성을 더욱 강화시킨 것이다.

고골은 진정한 평등사회가 나타났다고 주장한다. 코자크들은 이전의 키예프 루스 시대와 같은 강요된 거친 연합이나, 서유럽의 교황의 중앙적 통제를 받는 고행적인 가톨릭 기사단과 전혀 다른, 진정으로 친밀한 형제애를 형성하였다. 코자크들은 "드네프로강의 급류와 같이 길들일 수 없었고, 이들의 미친 듯한 축제와 흥청망청한 주연 때에는 모든 세상을 잊었다."(VIII:94) 아무런 간섭을 받지 않는 자연의 힘만이 이들의 모델이었다.

〈소러시아 민요〉에서 고골은 코자크와 이들을 둘러싼 자연이 사실상 하나라는 것을 제시한다. 지리와 내적 핵심을 동일시하는 것은 러시아 땅에 거주하는 사람들의 영혼을 설명하는데 도움을 준다. 그는 "이들은 단지 자신들의 영혼에 들어있는 감정을 표현하기 위해 자연으로 달려간다… 동일한 현상이 외부 세계와 내부 세계에서 동시에 자신을 나타낸다"(VIII:94)라고 고골은 썼다.

> 교사는 민족들을 나열할 때 각 민족의 외형적 특징뿐만 아니라, 지리적 영향에 의해 그 사람들이 획득한 특징도 꼭 설명해야 한다. 선생님은 세계의 모든 민족들을 큰 집단으로 그룹을 만들어서 각 민족으로 세세하게 나누기 전에 이 집단의 일반적 특징도 설명해야 한다. 그런 다음 교사는 각 민족의 물리적 역사, 즉 이들 성격의

> 변화의 역사를 설명해야 한다. 이렇게 해야만 모든 게르만계 종족 중 어떻게 튜턴 부족이 게으른 종족들 중 단호한 부족이 되었는지를 설명할 수 있고, 이와 반대로 게르만계 종족들은 알프스 산맥을 넘어가기만 하면 유희를 즐기는 경박한 성격을 갖게 되었는지를 설명할 수 있다.(VIII:105)

이런 식으로 고골은 두 세계 사이에 경계가 없는데도 불구하고, 외부 세계가 내부를 정의하고 설명한다는 자신의 이론을 발전시켰다. 외부와 내부는 서로 조화된다. 광대한 러시아 땅과 모든 것을 포용하는 코자크/러시아 영혼은 하나가 되는 것이다.

코자크의 영혼을 러시아의 지리와 동일시함으로써 고골은 땅을 가장 자유롭고, 가장 분명한 초인간적 존재로 가치 부여를 하는 잘 조직된 체계를 만들어낼 수 있었다. 현생의 삶을 초월하는 주인공을 만들어 내는 노력의 일환으로 고골은 다른 문화적 신화에서 이에 대한 증거를 찾았다. 절대 나이를 먹지 않는 피터 팬이나 시간의 제약을 초월하여 여행하는 외계인처럼 코자크들은 죽을 수밖에 없는 인간을 이 평범한 세계에 묶어 놓는 제약을 뛰어넘을 수 있는 것이다.

## 타라스 불바와 코자크 영혼의 온전성

《타라스 불바》에서 코자크는, 정교회 신의 이미지에 대한 고골의 낭만적이고 독특한 해석이 가미된 종교성이기는 하지만 결정적으로 종교적 영기(靈氣)를 입게 된다. 신기하게도 고골 작품의 영향은 너무 강해서 코자크의 성스러움은 소비에트 시대까지 살아남았고, 특정한 종교적 용어는 이 시기에도 삭제되지 않았다. 고골의 코자크는 '거룩한 러시아 교회'를 수호하고《타라스 불바》에서는 폴란드인들을 격파하는 '거룩한' 임무를 수행하기 위해 말을 타고 달리기 전에 기도 시간을 갖는다. 그러나 그가 묘사한 코자크는 다양성에도 불구하고 단합성을 보이고, 고골에게는 신성한 생명력을 대표하는 춤과 노래를 즐긴다. 고골은 후에 정교회에 대한 사실적 글에서 겸양과 복종을 강조하지만, 초기 소설에서는 이것이 아니라 열정을 찬양한다. 고골이 그리는 코자크는 온전하고 자발적이며 살아있기 때문에 폭력성에도 불구하고 이상적으로 그려진다.[23]

고골은 집단에서 분리된 개인적 자아로 인해 발생하는 손실을 보여주고, 남성적 코자크 집단에 대한 대응적 존재인 코자크를 둘러싼 환경은 여성으로 의인화시킴으로써 코자크의 유기적 단일성을 보여준다.

《타라스 불바》는 16세기 또는 17세기 어느 시점에 불바의 두 아들인 오스타프(Ostap)와 안드리이(Andrii)가 키예프 신학교에서 공부를 마치고 막 집으로 돌아온 장면으로 시작한다. 아버지 타라스는 아들들을 학교로 보낸 장본인이 자신이고, 자신도 젊었을 때 신학교에서 공부를 했지만, 아들들이 학문에 쏟은 노력을 놀리며, 실제로 유용한 무언가를 배우기 위해서는 자포로지야 세치로 가야 한다고 주장한다. 세 사람이 자로포지야의 코자크 요새에 도착한 후, 타라스는 자신의 이전 전우들 중 많은 수가 이미 죽거나 투르크의 감옥에 갇혀있고, 나머지 코자크들은 코자크의 '거룩한' 과업인 전쟁, 약탈, 침략을 감행하지 않고 무위도식하고 있는 것을 발견한다. 타라스는 코자크 전사들의 불만을 자극하여 코자크들은 서부 우크라이나로 가서 이교도 폴란드인들과 전투를 벌이기로 결정한다. 때마침 도착한 수색대는 거룩한 어머니 러시아 정교회에 가해진 잔혹한 행위에 대해 보고를 한다. 결국 불바의 아들들은 완전한 코자크 전사로 성장할 기회를 얻게 된 것이다.

그러나 오스타프와 안드리이의 다른 성격으로 말미암아 상황은 복잡해진다. 화자가 안드리이를 처음 소개할 때, 그는 형과 크게 다르지 않았다. 그러나 화자가 이들의 학창 생활을 소개할 때 오스타프는 "최고의 동료로 여겨졌다"라고 묘사된다(II:55). 그는 여간해서는 리더의 역할을 맡지 않고, 친구들의 장난에 늘 동참한다. 그는 가장 심한 벌을 받는 상황에서도 동료를 배신하지 않고, 언제가 동료들에게 솔직했다. 한 마디로 말해 오스타프는 학생 그룹의 이상적 멤버였다.

그러나 안드리이는 학생들 사이에서 두드러진 존재였다. 그는 다른 학생들보다 영리하고 일을 잘 꾸몄으며, 스스로 활동을 만들어 다른 학생들이 이를 따라오게 했다. 불행하게도 안드리이는 다른 학생들과 다른 집착을 가졌는데, 그것은 여자에 대한 관심이었다. 이것은 코자크가 전투를 하기 전 가지면 안 되는 불명예스러운 태도였다. 이런 습성은 안드리이를 다른 코자크들로부터 고립시켰다. 안드리이는 이런 자신의 집착을 동료들로부터 감추기 위해 키예프 거리를 돌아다니며 홀로 시간을 보내는 경우가 점점 많아졌다. 혼자 길을 걷다가 그는 한 폴란드 소녀를 발견하게 되고, 그녀에 대한 사랑 때문에 동료 코자크들을 배신한다.

두 소년이 세치에 도착하자, 화자는 둘 사이의 차이에 대해 얘기하지 않는다. "오스타프와 안드리이는 젊은 열기를 모두 바쳐 주연에 몸을 던졌다."(II:67) 그러나 같은 구절에서 화자는 살인에 대한 코자크의 전통적 징벌에 강한 반감을 보이는 안드리이를 별도로 묘사한다. 독자들은 안드리이가 자신의 형을 포함한 다른 코자크들과 다르게 강렬한 감정에 휩싸인 것을 보게 된다.(II:56) 오스타프는 늘 '전형적인 코자크답게 냉정하고 침착했다.' 코자크는 영혼 안에서는 타오르는 힘을 느끼는 상황에서도 겉으로는 침착함을 보여야 했다.

다시 한번 화자는 두 아들이 전투에 임할 때 둘을 같은 시선으로 묘사한다. 그는 "우리의 젊은 코자크들"이라고 그들을 지칭하고, "타라스는 자신의 두 아들이 전투에 가장 먼저 나서는 것을 보고 만족했다."(II:84) 그런 다음 화자는 둘의 성격의 차이를 말한다. 오스타프는 "평정심을 가지고(이것도 코자크의 전형적 특징이다) 행동하고, 전체적 위험과 상황을 한 눈에 판단할 수 있었다."(II:84) 이에 반해 안드리이는 술에 취한 사람처럼 행동한다. 그는 평점심을 잃고, 물불가리지 않고 "침착성을 잃고, 합리적 사람이라면 조심할" 상황으로 바로 뛰어든다. 오스타프가 전체 상황을 이해할 수 있는 반면, 안드리이는 "이 상황이 무엇을 뜻하는지 생각해보거나 적들의 힘을 미리 계산해보지 않았다."(II:85)

두브노(Dubno) 전투를 시작하기 전 코자크들은 폴란드인들을 굶어 죽게 하려고 성을 포위한다. 안드리이가 진영을 이탈한 그날 저녁, 코자크 부대에 진작 합류한 오스타프를 포함한 모든 코자크들은 별 아래서 잠을 잔다.(II:87) 그러나 안드리이는 "부대에 합류하지 않음으로써" 오스타프의 집단 우선주의와 정반대되는 행동을 취한다. 다른 모든 코자크들이 잠을 자는 동안, 안드리이는 누워서 밤하늘을 쳐다보며 깨어있다. 화자는 드넓은 밤하늘을 보며 "이 모든 것이 그 앞에 열려 있었고, 공기는 맑고 깨끗했다. 짙은 은하수가 띠처럼 하늘을 가로지르고, 모든 것이 빛으로 넘쳐나고 있었다"(II:88-89)라고 묘사한다. 빛으로 가득 찬 하늘은 안드리이의 외로움을 강조하고, 코자크 집단과 떨어진 그와 극명하게 대조된다. 안드리이가 우주에서 고립된 바로 그 순간 타타르 하녀의 유령이 나타나 그를 폴란드 소녀에게로 이끌고 간다.

안드리이가 폴란드 소녀에 대한 사랑의 유혹에 굴복할 때, 그는 자신이 속한 집단과의 모든 연계를 끊고, 조상 대대로 내려오는 계보의 일부가 된 자신의 자리를 포기한다. 머리를 심하게 흔들고 검은 포플러 나무처럼 몸을 곧추세우며 안드리이는 이렇게 묻는다 — "아버지와 동료와 조국은 나에게 무엇이란 말인가? 이것이 현실이라면 나는 이렇게 말해야 한다. 나는 아무것도 가지고 있지 못하다. 아무것도, 아무것도…"(II:106)

안드리이는 자신이 속한 집단의 단결과 코자크 본성을 포기하고, 내부의 근본적 요소였던 모든 것이 사멸되었기 때문에 그는 생애의 마지막 몇 날을 외국인들 사이에서 보낸다. "이제 한 코자크가 사라졌다. 그는 코자크 기사 정신 전부를 잃은 것이다!"(II:107) 이러한 상징적 죽음은 곧 비통해하면서도 결연한 아버지의 손에 의해 죽는 실제적 죽음으로 이어진다. 이에 반해 오스타프는 전투에서 뛰어난 공을 세우고 아타만으로 선출된다. 그러나 그도 결국은 폴란드군에 체포되어 죽임을 당한다. 그는 고통이나 두려움으로 울지 않으며 마지막 순간까지 영웅으로 남는다. 그는 아버지를 부르며 죽음으로써 코자크 형제들과의 결합을 영원히 굳게 한다.

1842년 고골의 전집에 포함된 개정되고 확장된 《타라스 불바》는 《미르고로드》에 실린 첫 버전보다 통일성 면에서 섬세한 시각을 보여준다. 고골은 자신이 그리는 코자크를 단순한 단일적 존재와 연계시키지 않고, 이것을 다면적이고 공생하는 부분들로 구성된 단일체로 설명함으로써 생명력을 보여준다.[24]

고골은 1835년 버전에서는 코자크를 다양한 몸체들의 집합으로 형성되지 않고, 단일하고 통합된 유기적 힘인 말의 대열(konnaia kolonna)과 같은 단일한 집단으로 설명한다. 이들의 힘과 기술은, "마치 이들의 심장과 열정이 하나의 소리가 되어 통일된 하나의 생각의 템포에 맞춰진 것 같은"(II: 329) 단결성으로부터 나온다.

고골은 전투 장면을 다시 써서 길게 서술하면서 이 구절을 바꾸고, 역사적으로 보아 좀 더 정확한 서술을 했다. 획기적인 변화는 전투에 참가한 많은 코자크들의 이름을 언급하고, 각각의 다른 인물상을 부여하며 주인공들의 짧은 전기를 추가한 것이다. 쿠쿠벤코(Kukubenko), 모시이 쉴로(Mosii Shilo), 발라반(Balaban), 보로다티이(Borodatyi)와 기타 인물 등 각각의 전사들은 마치 한 몸처럼 서로 유기적으로 연결되었다. 고골은 이들 연합의 공생적인 관계를 군대의 안무를 하는 것과 같은 움직임으로 표현했다. "모든 자포로지야 코자크들은 뒷줄에 있는 코자크들이 총탄을 장전하여 앞줄로 전달하면서 숨 쉴 틈도 없이 사격을 해

댔다. 코자크들이 총탄을 재장전하지도 않고 계속 사격을 하는 것을 본 적들은 크게 당황했다."(II:135) 또 마치 안무를 하듯 한 코자크가 쓰러지면 바로 뒤에 있던 코자크가 그 자리를 대신하거나 동료에게 접근하는 적을 발견하면 바로 동료에게 경고를 했다. 코자크들은 타라스의 전투 명령에 합창을 하듯이 해서 다음 구절의 화답은 전투 장면과 일치한다.

> "전우들, 무슨 일인가?"하고 부대를 향해 외치며 타라스가 말했다. 아직 화약통에 장약이 있는가? 코자크의 위력은 약해지지 않았지? 코자크는 흔들리지 않았지?"
>
> "대장님, 그렇습니다. 우리 화약통에 아직 장약이 있습니다. 코자크의 위력은 약해지지 않았습니다. 코자크는 흔들리지 않습니다."

고골은 1842년 버전에서 코자크 부대를 폴란드군 부대와 비교하면서 중요한 복합성을 추가했다. 폴란드군도 보이스코(voisko)라고 불리는 강제적으로 편성된 부대 대형을 갖추었지만, 이들은 서로 유기적으로가 아니라 기계적으로 분할되었다. 이들은 '외국 공학자(inozemnyi inzhener)'에 의해 구성되었다(앞의 형용사는 '외국 땅에서 온'이라는 뜻을 가지고 있고, 명사는 프랑스어에서 차용된 단어로 이중적인 조소를 담고있다). 이들은 코자크 전사들의 '솔직함(neiskusstvo)'을 도저히 이해를 하지 못했다.

고골은 폴란드군이 얼마나 경직된 대열을 이루고 전투에 임하는지를 상세하게 기술한다. 먼저 말에 탄 화려한 복장의 경기병을 묘사하고, 쇠사슬 갑옷을 입는 병사들, 다음으로 창을 든 중기병, 황동 헬멧을 쓴 전사들, 다음으로 각자 자기 방식대로 옷을 입은 시종들을 서술했다.(II:117) 그러나 폴란드군 대열은 인위적이고 쉽게 무너질 수 있었다. 첫 교전 후 "많은 병사들이 대열에서 사라졌지만, 코자크는 백 명 중 두세 명만이 전사했다."(II:135)

이 구절들에서 군복과 무기에 대한 상세한 설명은 도시 안에 거주하는 폴란드인들에 대한 유사한 묘사와 평행을 이룬다. 화자는 스스로 '살아있는 그림'이라고 부른 것을 위해 아주 상세한 묘사를 이어간다.

> 백조처럼 흰 깃을 꽂은 황동 헬멧은 태양처럼 빛났다. 다른 병사들은 모자 끝이 옆으로 내려 온 분홍색이나 하늘색 모자를 쓰고 있었다. 이들의 카프탄에는 황금 장식 솔기가 있고, 금줄이 붙은 소매는 걷어 올려 있었다. 비싼 값을 치르고 산 윗도리에 둘려 있는 값비싼 테에는 무기와 칼들이 매달려 있었고, 그 외에도 가지가지 장식이 얼마나 많은가! 부대 선두에는 붉은 모자를 쓰고 황금으로 몸치장을 한 연대장 부드쟈크 대령이 거만하게 서 있었다. 연대장은 누구보다도 키가 크고 몸이 뚱뚱해 보였다. 그래서 큼지막한 카프탄 상의는 간신히 배를 덮고 있었다. 다른 대령 한 명이 다른 성문 가까이 반대편에 서 있었다. 키가 그리 크지 않고 바싹 마른 그는, 비록 키가 작기는 했지만 진한 눈썹 밑에서 반짝이는 두 눈은 날카롭게 이쪽을 노려보고 있었다. 그리고 가늘고 말라빠진 손을 민첩하게 놀리면서 사방으로 부지런히 몸을 움직이며 여러 명령을 내리고 있었다.

이와 대비해서 화자는 코자크군에 대해 다음과 같이 단순히 서술한다. ― "칼자루와 총케이스 여기저기서 빛이 나는 것 이외에 누구도 금으로 치장한 병사가 없다. 코자크들은 전투에서 자신들을 화려하게 장식하는 것을 싫어했다."(II:115)

두 군대의 대비는 내용뿐만 아니라 서술의 길이와 상세함에서도 드러난다. 고골은 코자크의 외양을 묘사하는 데 신경을 쓰지 않는다. 단지 타라스의 턱수염, 코자크 변발, 그리고 앞에 언급한 전사들의 평온한 표정 등 몇 가지 특징만을 언급할 뿐이다. 고골이 코자크를 서술하는데 시간을 쏟지 않은 것은 독자들에게 코자크들의 물질적 소유에 대한 무관심을 강조함으로써 폴란드인들의 화려한 치장과 대비되게 만든다. 이것은 독자들이 주인공들에 대한 상상적 그림을 만드는 것을 방해한다. 폴란드인들은 화려하게 장식된 단지 2차원적 그림으로 제시되는 데 반해, 코자크는 특정한 서술을 거부한다.

고골은 코자크의 환경과 폴란드인들의 환경도 이와 유사하게 대비시킨다. 폴란드인들이 비유기적인 조직들로 구성된 것처럼 이들이 사는 도시도 서로 분리된 생명이 없는 부분들로 구성되어 있다. 화자는 사랑에 눈이 먼 안드리이가 도시에 갇혀있는 폴란드 소녀를 찾아 내부로 잠입한 후, 그의 시선을 통해 폴란드 성당과 주거지를 묘사한다. 그는 마치 죽음의 세계로 내려가듯이 관들과 흩어진 사람 뼈를 지나며 어둡고 좁은 지하 통로를 통해 안으로 들어간다. 안드리이가 거리로 올라서자, 화자는 텅 빈 광장을 우리에게 보여주고, 광장을 둘러싸고 있는 벤치, 건물, 벽을 깔끔하게 묘사한다. 도시는 사물이 없는 것이 아니라 생명 자체가 없는 것처럼 보인다. 이미 죽거나 죽어가는 사람들이 흩어져 있는 "광장은 죽어있는 것처럼 보였다"(II:97)라고 화자는 말하며 무서울 정도로 자세하게 도시를 서술한다. 그 다음 화자는 한 단락에 걸쳐 한 집의 여러 부분을 서술한다. — "경비병은 살아있는 존재라기보다는 조각처럼 보였다."(II:99) 굶어 죽어가는 폴란드 도시에는 사물과 사람 간에 유사성(pseudo-unity)이 드러난다. 모든 것이 생명이 없고 비생명체적인 사물일 뿐이다.

고골은 코자크 세치에 대한 묘사도 거의 하지 않는다. 그 대신에 화자는 세치에서 삶이 영위되는 모습에 대해 설명한다. "끝없는 주연, 시끌벅적하게 시작되어 끝을 모르는 잔치…. 이런 동지애가 가득한 주연은 그 자체로 사람을 사로잡는 뭔가를 가지고 있다. 이것은 슬픔에 사로잡혀 술에 취한 주정뱅이들의 모임이 아니라, 단지 즐거움이 넘치는 흥청망청한 법석이다."(II:64). 이 단락에서 고골은 단지 개인들이 모인 집단과 '주연(razgul'e)'이라는 추상 명사로 표현하는 서로 분리될 수 없는 전체적 집단의 차이를 이야기한다. 이렇게 함으로써 고골은 코자크의 환경은 그들을 둘러싸고 있는 담(이런 담은 실제 있지도 않다)이 아니라, 그 안의 전체성과 행동에 의해 정의된다는 것을 암시한다.

고골은 코자크와 다른 자연 환경인 스텝을 묘사하고 의인화한다. "여러 색이 넘치는 스텝의 광활함을 태양의 마지막 광선이 품에 담고 있다…"(II:59) "태양빛은 모든 나무 위에 쏟아진다. 경계가 없고, 자유롭고 아름다운 똑같은 스텝 이외에 다른 아무것도 없다."(II:60)

러시아어의 구조 덕분에 고골은 단수 여성 대명사와 어미를 사용하여 '세치'와 '스텝'을 동시에 지칭할 수 있다. 이렇게 함으로써 고골은 이것들을 단수 남성 명사인 코자크 집단의 파트너로 만든다. 우리가 다음 장에서 보는 것처럼, 여성은 코자크 생활에서 아무 역할도 하지 못한다. 대신에 고골은 코자크의 고향땅을 어머니와 연인이라고 부른다. 불바가 말을 타고 스텝을 달릴 때, '스텝'은 "푸른 처녀와도 같은 광활한 곳"(II:58)이라고 묘사된다. 스텝을 코자크의 여성 상대역으로 의인화한 가장 좋은 예는 화자가 폴란드 소녀의 팔에 안긴 추억을 회상하는 것을 말할 때이다. 화자는 현재 시제를 이용하여 이렇게 말한다. "그러나 스텝은 오래전 그들을 그녀의 푸른 품안으로 받아들였다…"(II:58) 소외된 안드리이를 사로잡아 그를 더욱 고립시킨 폴란드 처녀와, 집단을 포용하되 가두어두지 않고 생명을 키우는 스텝의 대조는 고골의 코자크와 그들의 환경을 연합시키는 유기적 전체성을 더욱 강조한다.(54쪽 하)

## 음악과 춤으로 나타난 코자크 영혼

고골의 코자크는 온전할 뿐만 아니라 생명력이 넘친다. 첫 장에서 두 아들은 키예프 신학교에서 집으로 돌아온 후, 세치에 가기 전까지만 잠시 머문다. 이야기의 다음 두 장은 소년들이 학교에서 배운 것과 이들이 성년 코자크로서 경험하게 된 활동에서 배우는 것을 대비시킨다. 타라스는 아들들에게 이렇게 말한다:

> 그 사람들이 너희들 머릿속에 쑤셔넣는 것들, 신학교, 그 모든 책들, 문법, 철학, 이 모든 것은 쓰레기다. 이것들은 아무 쓸모없는 하

찮은 것들이라, 나는 그것을 거들떠보지도 않는다!… 내게 더 좋은 계획이 있다. 이번 주에 바로 너희를 자포로지야 세치로 보내려고 한다. 거기야말로 제대로 된 것을 배울 수 있는 곳이야! 거기가 너희 학교다. 거기를 가야 너희들은 지혜를 배울 수 있다.

학문적이고 논리적인 배움(키예프의 유럽적 라틴 교육 방식)과 실제 인생 경험의 대비는 낭만주의 문학에서 통상적으로 사용하는 장치이다. "책을 통해 배우는" 것은 정적이고 부분적이고 죽은 것이다. 《타라스 불바》의 화자는 코자크들의 학문적 교육에 대해 다음과 같이 설명한다.

그 당시의 교육은 실제 생활과 너무 동떨어져 있었다. 스콜라 철학, 문법, 수사학, 논리학이라는 세부 과목은 시대와 괴리되어 있었다. 현실에 맞지도 않았고, 일생 동안 한 번도 되풀이되지 않는 것이었다. 그런 교육을 받은 사람들은 스콜라 철학의 냄새가 덜한 것일지라도 자신의 지식을 어디에도 응용할 수 없었다. 실제 경험과 완전히 동떨어져 있었기 때문에 그 당시의 학자는 보통 사람들보다도 오히려 더 무식했다.

그러나 세치에서는 경험이나 위에 언급된 '체험'을 통해 배운다. "세치는 군사훈련을 하느라 시간을 낭비하지 않는다. 젊은이들은 수많은 전투에서 얻은 체험을 통해서만 배운다. 그래서 전투가 지속적으로 벌어지는 것이다."(II:64)

책을 통한 정적인 교육과 활발한 생활을 대비시킴으로써 앞의 것이 아무 쓸모없다고 비난한다. 그러나 고골은 배움의 형태로 전자가 아니라 후자를 단순히 택한 것은 아니다. 다른 분야에서와 마찬가지로 이 분야에서도 코자크들은 상호 모순되는 것을 포용할 줄 안다. 이야기의 초반부에 엘리트 코자크들은 아들들을 키예프로 보내 교육시키는 이야기가 나온다. 타라스는 로마 시인 호라티우스(Horace)를 언급하여 오스타프를 놀라게 하고, 수사학의 중요성을 믿고있다는 것을 보여준다. — "타라스는 오래된 강한 술이 나름대로 아무리 좋고, 이것이 사람의 영혼을 강하게 해도, 만일 네가 여기에 적당한 단어를 덧붙인다면, 술과 영혼의 힘은 두 배로 강해진다는 것을 알고 있었다."(II:130). 타라스는 자신의 유럽식 교육을 잊지 않고 있었다. 분명한 것은 고골의 코자크는 합리적 배움을 완전히 거부한 것은 아니다. 단지 진정한 지식은 배움과 실제적 경험의 정반합적 결합에 의해서만 얻을 수 있는 것이다.

고골은 자신의 친구 막시모비치에게 보낸 편지에 이렇게 쓴 적이 있다. "내가 맹세하건대, 우리는 원초적 요소로부터 너무 멀리 떨어져 나왔소. 우리들, 특히 당신은 코자크들처럼 누가 신경을 쓰든 말든 하는 식으로 생을 바라보는 것에 익숙하지 않을 것이오. 당신은 아침에 잠자리에서 일어나 셔츠만을 걸친 채 트레파크(trepak) 춤*을 추며 온 방안을 돌아다녀 본 적이 있소?"(X:357)

근본적이고 태초의 요소라는 말로도 표현할 수 있는 "우리의 원초

* 트레파크(trepak, 우크라이나어 tripak, tropak) 춤 — 코자크들이 즐겨 추던 춤으로 차이콥스키의 '호두까기 인형' 2막에 초코렛(스페인 춤), 커피(아라비아 춤), 차(중국 춤)와 함께 등장한다.

적 요소"는 행동을 할 줄 아는 코자크들의 단순한 능력 때문에 코자크들에게 잘 적용된다. 이 요소들은 역사적으로 오래 전 시기에 존재했기 때문이 아니라, 최초의 인간, 신의 이미지를 보여주기 때문에 원초적인 것이다.

《타라스 불바》에서 고골은 춤과 노래를 코자크의 활동력의 은유로 자주 사용한다. 1835년 버전의 한 단락은 음악과 춤이 남자의 핵심적 상태라는 것을 감추지 않는다.

> 사람은 음악 안에서만 자유를 얻을 수 있다. 그는 어디를 가도 족쇄에 채워져 있다. 생활과 부딪힐 때마다 사람은 사회나 정부가 씌우는 것보다 더 속박하는 족쇄를 채운다. 그는 노예이다. 그는 격렬한 춤을 추면서 영혼이 육체를 무서워하지 않을 때만 자유로울 수 있다.(II:300)

오스타프와 안드리이는 격정적으로 춤을 추는 춤꾼을 보면서 세치와 코자크 생활을 처음 접한다. 춤꾼은 얼굴에 비오듯 땀을 흘리면서도 연주가들에게 음악을 더욱 '신나게 연주할 것'을 요청한다.(II:63) 그는 춤추는 것 못지않게 술도 거침없이 마셔서 겨울 코트를 걸친 채로 춤을 춘다. 왜냐하면 그가 코트를 벗는 순간 보드카와 바꿔 마실 게 분명하기 때문이다. 화자는 "이 세상 어느 춤보다 자유롭고 격정적인"이 춤의 명칭은 '코자촉(kozachok)'이라고 말한다. 이 단어는 우크라이나 단어 코자크(kozak)에서 나온 지소형(指小形)이다. 이렇게 해서 고골은 코자크의 춤, 음악, 음주의 자유와 열정을 코자크 자신들과 결합시킨다.

고골은 코자크의 전투를 음악과 비교한다. "안드리이는 총알과 검이 난무하는 아름다운 음악에 자신을 던져 넣었다."(II:85) 전투도 코자크 춤과 마찬가지로 격정적이고 자유분방하다. 《타라스 불바》 첫 버전의 다른 단락에서 코자크들은 총알이 스쳐지나가는 소리를 들으며 전투로 뛰어드는데, 그는 이 소리를 결혼식 음악으로 비유하기도 했다.(II:328)

1842년판의 같은 전투 장면에서 고골은 이 음악과 비유된 장면을 한 걸음 더 발전시켜서 은유로 만든다. 코자크들은 음악적 리듬에 맞추어 행진할 뿐만 아니라, 이들의 전투 행위도 음악이 된다. 코자크들은 자신들의 춤과 같은 움직임을 앞에 언급한 음악적 절제를 가지고 실행하고, 이런 식으로 코자크 전투의 음악성은 타라스와 그의 동료들이 음악과 춤으로 정의된 행동을 구현한다는 것을 보여준다.

세치에서의 코자크 춤과 두브노 성 밖에서의 야외 전투와 마찬가지로 광활한 스텝도 음악과 하나가 된다. 스텝을 묘사하는 한 단락은 다음과 같은 표현으로 시작된다. ― "낮 동안 울리던 모든 음악은 조용해지고, 다른 음악이 대신 자리를 잡았다." 그리고 다음과 같은 특징적인 구절들로 이어진다. "메뚜기의 찍찍 소리가 더욱 커졌다", "동물의 울음소리가 들린다", "그들은 자신들의 귀를 가지고 무한한 온 세계의 소리를 들었다" ― 코자크들은 이러한 소리를 듣기만 한 것이 아니라, 궁극적으로 그것들과 하나가 되어서, "밤하늘 별들이 바로 그들을 내려다보았다."(II:59-60) 자연의 소리에 둘러싸여서, 코자크들은 하늘과 대화를 나눈다. 음악은 코자크의 진정한 본질을 우주의 본성과 연합시킨다.

《아라베스크》에 실린 우크라이나 민요에 대한 논문에서 고골은 코자크 음악이 사람의 손에서 작곡된 것이 아니라, 자유의 순간에 탄생한 것이기 때문에 칭송받아야 한다고 썼다. 이 음악은 생명을 적극적으로 경험하는 자질인 힘, 환희, 위력을 방출한다.(VIII:90-97) 우크라이나의 역사에 대해 쓴 논문에서 고골은《타라스 불바》의 시대를 모든 사람이 칼을 들고 관람자가 아니라 배우가 되기를 원했던 '시와 같이 멋진 시대'라고 불렀다.(VIII:48) 행동으로 시를 정의하는 것은 고골 자신의 작품과 일맥상통한다. 그의 편지들과 비창작글은 자신이 신에 의해 봉사하는 삶을 살도록 소명받았다는 자신의 확신과 배치된다. 그는 처음에 정부 관직에 봉직하는 것을 천직으로 생각했던 것 같다. 그러나 그는 성숙해지면서 자신의 소명은 관료로서의 봉사가 아니라 문학 분야에 있다는 것을 점점 더 분명히 깨달았다. 그는 자신의 진정한 본질을 실현할 수 있는 협동적 노력에 적극 참여하면서, 자신의 시를 말과 행동의 궁극적 연합으로 보았다. '시'를 씀으로써 그는 생의 배우가 될 수 있고, 세계의 성스러운 움직임의 참여자가 될 수 있었다.

음악과 춤과 대비하여, 예술 형식(artforms)은 움직임과 가장 밀접히 연결될 수 있다. 고골은 적군인 폴란드군의 특성을 묘사하며 정적인 시각적 환상을 사용한다. 그는 이들의 복장과 무기를 아주 상세하게 묘사하지만, 이들의 움직임에 대해서는 말을 하지 않는다. 대신 고골은 폴란드군을 '살아있는 그림(zhivaia kartina)'이라고 부른다. 이들은 살과 뼈로 된 조각상에 불과하다. 오스타프가 바르샤바에서 처형되는 이야기의 끝부분에 가서 고골은 폴란드 군중들의 회화적 양상에 세심한 주의를 기울인다. 그는 그들의 옷과 장식품을 자세히 묘사하고, 특히 그림의 액자 안에 움직임 없이 존재하는 듯한 젊은 처녀와 '앞마당'에서 있는 그의 애인(beau)에 집중한다.(II:62) 폴란드인의 '정지'와 코자크의 '움직임'을 대비시킴으로써, 고골은 자신의 주인공들에게 선사한 중요한 자질을 강조한다. 그것은 행동을 취하는 능력과 생을 경험하고, 자신들 내부의 살아있는 혼을 보여주는 것이다.

## 뒤바뀐 러시아의 영혼

《타라스 불바》가 성장 모험 이야기인 것은 분명하지만, 이것이 고골의 문학적 작품세계(oeuvre)와 딱 들어맞는다는 것을 인정한 비평가는 거의 없다. 비평가들은 그의 문학적 성과를 러시아의 역할과 임무와만 연계시켰다. 불행하게도, 러시아와 소련의 학생들은 러시아의 민족적 힘에 대한 증거로 그의 이야기들을 주입받았고, 서방의 독자들은 서사적 성격이 약한 페테르부르크를 배경으로 한 고골의 좀 더 풍자적인 이야기들에 관심을 가져서, 소위 '눈물이 날 정도의 웃음'으로 유명한《죽은 농노》와《검찰관》에 더 관심을 갖는다.《타라스 불바》를 완전히 이해하고, 이것을 러시아의 영혼에 대한 고골의 관심과 러시아 문학 전체로 접목시키기 위해서는 코자크 신화에 대한 지식이 필수적이다.

고골의 코자크의 신화적 성격을 이해하는 것은 그 반대되는 현상을 연구하는 것으로 큰 도움을 받을 수 있다. 고골이 멋지게 묘사한 이 세상의 저속함(poshlost' 혹은 고골이 더 선호한 표현인 zemnost')들이 그것이다.[25] 역으로 코자크 주인공을 제대로 이해하는 것은 신화적 에토스(ethos)가 거꾸로 뒤바뀐 고골의 비코자크 주제 대작들의 새로운 의미를 드러내줄 수 있다. 《죽은 농노》를 포함한 대부분의 고골 작품이 같은 역할을 할 수 있기는 하지만, 《타라스 불바》 초본이 포함되어 출판된 《미르고로드》에 들어있는 두 가지 예가 그러한 비교를 가능하게 해준다. 《미르고로드》에 포함된 첫 작품인 〈옛 세계의 지주들〉은 영지에 대한 상세한 묘사로 시작되고, 영지를 둘러싼 벽과 담, 나무들에 대해 반복적으로 강조하여 설명한다.[26] 몰려다니며 약탈을 하는 코자크들과 다르게 지주들은 자신들의 고립되고 막힌 자리를 떠나지 않는다. '구세계'인 영지와 《타라스 불바》에 나오는 성벽과 담으로 둘러싸인 요새화된 폴란드 도시 사이에는 큰 유사성이 있다.[27] 폴란드인들은 용감하고 세상으로 나와 코자크와 정면으로 싸울 생각을 하기 보다는 포위된 성에 남아 굶어죽는 길을 택한다. 마찬가지로 지주들도 자신을 둘러싼 숲과 세상의 실제적 삶의 공포를 맞서기보다 수동적으로 죽는 길을 택한다.(이들의 고립된 삶은 죽음을 닮았다) 〈옛 세계의 지주들〉의 마지막 페이지는 결핍을 의미하는 많은 단어들(pusto, otsutstvie, tishina, pustynia, nichego ne ostalos', opushchenie)이 쏟아져 나온다. 이러한 표현들은 아무것도 가지고 있지 않은 세심하게 방어된 막힌 장소의 의미를 강화한다. 코자크들과 그들의 땅에서 발견되는 성스러운 생명력의 존재는 이것에 존재하지 않는다.

통찰력 있는 고골 연구가인 벨르이(Andrei Belyi)와 구콥스키(G. A. Gukovksii)는 《타라스 불바》와 고골이 비우크라이나 이야기로 넘어가는 단계에 쓴 《미르고로드》에 포함된 〈이반 이바노비치와 이반 니키포로비치가 싸운 이야기〉의 역전적 관계를 지적한 바 있다.[28] 두 이반은 자신들의 코자크 조상과 표면적인 유사함을 공유하고 있지만, 이들의 싸움은 전쟁터나 은유적인 인생의 들판이 아니라 법정에서 진행이 된다. 이들이 무기는 능숙하게 휘두르는 칼이나 총이 아니라 서투르게 내뱉어진 말들이다. 실제 이들의 바보 같은 싸움은 한 번도 사용되지 않은 총을 누가 갖느냐를 놓고 벌어진다. 이야기는 은유적으로 애욕적이건, 군사적이건을 떠나 근본적 생명력을 보여주지 못하는 남자들을 묘사하고 있다.

이들이 다툼을 시작하기 전, 이반 이바노비치는 건초 꺼끄러기 밑에 누워서 마치 자신의 가치가 가진 것에 의해 결정된다는 듯이 "내가 가지고 있지 못한 것이 뭐지?"(II:228)라는 생각을 한다. 이와 정반대로 《타라스 불바》의 주인공들은 소유에 전혀 관심을 보이지 않는다. 이들은 자신들의 노획물을 술을 마시는 데 다 써버리고, 자신들의 부를 과시할 욕망을 전혀 가지고 있지 않다(II:115)

〈이반 이바노비치와 이반 니키포로비치가 싸운 이야기〉의 화자는 이반 이바노비치를 아주 동정하는 입장에서 이야기를 시작하지만, 이반이 자신의 세계를 채우고 있는 물건들에 의해서만 자신의 성격을 규정하려는 듯, 자신의 좋은 자질을 설명하면서 그가 가지고 있는 소유물 이상의 것을 언급하지 않는다. 그의 세계가 결코 충일하지 않다는 것은 이웃인 이반 니키포로비치가 가지고 있는 총이라는 또 하나의 물건을 소유하기를 갈망한다는 사실로 잘 드러난다. 첫 이반보다 좋은 옷과 물건에 대한 욕심이 덜해 보이는 두 번째 이반은 다른 면에서 탐욕을 드러낸다. 그는 자신의 텅 빈 내부 세계의 껍질을 채우기 위해 늘 자기 배를 가득 채우고 싶어 한다(〈옛 세계의 지주들〉의 아파나시 이와 마찬가지로) 그는 너무 먹어 대서 그의 코자크 자켓은 바느질한 데가 터져버린다. 고골은 내부적으로 텅 빈 전직 코자크들을 무생물적인 대상의 수준으로까지 축소시킨다. 그는 여자 하인이 공중에 들어 보이는 그의 소유물들과 함께 그의 이름을 언급함으로써 이렇게 한다. "얼마나 멍청한 여자인가! 다음에는 이반 니키포로비치를 공중에 들어보이겠구나"(II:229)라고 이반 이바노비치는 생각한다. 두 이반은 자신들이 소유한 물건들과 전혀 다를 바 없는 존재임을 보여주는 고골의 제안은 코자크들이 진정한 존재임을 보여준다는 그의 주장과 선명히 대비된다.

《타라스 불바》에 유머가 없고, 국수주의가 드러나는 것이 독자들을 멀리하게 할 수도 있지만, 고골의 작품 세계는 무시될 수가 없다. 그의 코자크는 가장 생명력이 있는 사람을 표상한다. 고골이 막시모비치에게 쓴 편지에서처럼, 코자크들은 자신들을 범속한 세계에 묶어놓는 모든 속박을 거부한다는 점에서 이들은 "본질적 요소들"을 보여준다. 타라스 불바는 지주인 아파나시이 이바노비치나 이반 니키포로비치, 고골의 다른 저속한 주인공들이 자신들의 몸과 생명의 공허함을 채우기 위해 계속 먹어대는 모든 단 음식을 거부한다.(작품 속의 여러 단 음식들은 모두 애착을 나타내는 지소형으로 표현된다) 타라스와 그의 동료들은 충일(充溢)을 위한 이런 외부적 수단을 전혀 필요로 하지 않는다. 고골의 열정적인 이상이 주입된 이 주인공들은 온전하고 생동적인 러시아 영혼을 대표한다.

적어도 고골에게는 이런 모든 것이 남성들에게만 해당된다는 것으로 명시되지는 않았어도, 최소한 암시는 되었다. 시몬 칼린스키(Simon Karlinsky)는 고골의 작품에서 인기를 끄는 남성들 간의 유대의 중요성을 너무 강조하기는 했지만, 그럼에도 불구하고 이것을 도발적으로 지적했다. 칼린스키에 의하면 두 이반의 이야기에서 여성(아가피야 페도셰브나)이 끼어드는 것은 이반 이바노비치와 이반 니키포로비치의 관계를 불안하게 만들고, 이들의 우정과 세계를 파괴하는 결과를 가져온다. 이것은 작품 끝에 나오는 주석으로 정점에 이른다. "신사들이여, 이 세계에 있는 것은 지루한 일이다."(II:275)[29]

《타라스 불바》는《미르고로드》에 나오는 남성의 유대의 고골식 변형이다. 안드리이는 여자와의 관계로 인해 죽지만, 코자크 전체는 살아난다. 그들의 세계는 파괴되지 않고 신화 속에 영원히 지속된다. 칼린스키가 이 작품을 분석하면서 지적한 바와 같이 코자크의 형제애가 전쟁과 잔인함 속애 만들어진 것이기는 하지만, 고골은 이들의 난폭성을 찬양하고, 이를 비난하지 않는다. 다음 장에서 여성과 난폭한 존재의 토포스를 분석하면서 제시되는 바와 같이 이것에 대한 근거가 고골에게만 타당한 것이 아니라, 코자크 신화 전체의 중심이 된다.

# 4장 초월된 죽음과 여성 위협

모르돕체프의 코자크 소설인 《사가이다치니》는 코자크의 불신의 표현을 우리에게 보여준다. 이 소설의 한 부분에서 코자크 전사들이 밧줄에 묶인 채 춤을 추는 들소들을 보고 놀라는 장면이 나온다.[1] 한 코자크는 다음과 같이 생각한다. — 아마도 "모스크바 놈들이 곰이 춤추는 것처럼 소들도 춤추게 가르쳤을 거야." 다른 코자크가 믿어지지 않는다는 듯이 맞받아친다. "흥! 네가 여자가 코자크가 되도록 가르칠 수 있는 것처럼 말야!"[2]

이런 말대꾸는 신화적 코자크 전통(Cossackdom)의 기본 전제를 반영한다. 그것은 여자는 코자크가 될 수 없다는 것이다. 코자크는 남자다. 세치에는 여자가 들어올 수 없다. 여자에 대한 생각조차도 불명예스러워서 이런 생각을 가진 사람과 함께 요새에서 쫓아내야 한다. 부대원 한 명도 결혼하겠다고 이탈하지 않은 부대가 뛰어난 코자크 부대이다.[3] 왜냐하면 고골이 우리에게 말하는 것처럼 "코자크는 계집애들 꽁무니를 쫓아다니지 않는다."(II:43) 모르돕체프도 《사가이다치니》에서 이 원칙을 반복한다. "자포로지야 코자크 관습에 의하면, 여자는 세치에 들어올 수 없었다."[4]

푸시킨은 《푸가초프의 역사》에서 코자크의 남성 유일주의에 대한 열렬한 믿음에 대해 쓰고, 일부 코자크들이 자신의 아이들을 죽이고 부인을 버리자고 제안한 것을 기록하고 있다. 신화 만들기가 그의 역사서의 목표는 아니었다. 푸시킨은 문명을 호의적으로 생각하고 여자들이 살인을 막는다는 점을 찬양한다. 고골과 후대의 코자크 주인공의 신화화 옹호자들은 이러한 반가정주의를 서둘러 비난하지는 않을 것이다.

반복해서 말하지만, 우리가 살펴본 작품에 나오는 코자크들은 세치나 스텝을 자신들의 어머니라고 선언한다. 드네프로강이나 볼가강도 어머니라고 부른다. 신부를 위해 남자는 자신의 칼을 들고 말에 올라타 싸우러 가고, 이것은 스텝이나 세치를 위해서도 마찬가지이다. 코자크들은 자신의 생활방식과 이것을 표현하는 광활한 자연과 결혼을 한 것이다. 이들은 자신들의 싸움을 결혼식이라고 하고, 죽는 것을 결혼하는 것이라고 하는 고유의 전통을 가졌다.

> 한 코자크 전사가 결혼하여 예쁘장한 여인을 얻었네.
> 처녀지에 그는 흙으로 된 오두막을 얻었네.
> 그러나 그곳으로 자유로운 바람이 들어오지 않고,
> 세상의 태양빛이 쏟아 들어오지 않네.

거기 와인 상자 안에, 스텝의 우마차 마부는
자신의 뼈를 땅속에 묻었네.[5]

코자크 생활양식과의 결혼과 어머니 코자크 땅의 주제는 민요에 기원을 두고 있다. 어머니-볼가(Volga-matushka)라는 경구는 코자크 노래에 특히 널리 퍼져있고, 이는 "습한 어머니 토지", "어머니 러시아"라는 표현처럼 러시아 땅을 여성으로 생각하는 전통적 이미지와 연관되어 있다. 그리고 전투를 결혼식으로 은유하는 것은 모든 민족들이 서사시에서 오랜 전통을 가지고 있다. 그러나 코자크를 소재로 하는 토포스는 여기서 더 나아간다. 이 주제가 널리 퍼져 있고, 그 형태가 다양하다는 것은 우리로 하여금 이 잦은 반복이 코자크 자신들에 대해 무엇을 말하는지를 좀 더 깊이 들여다보게 만든다. 남성다움의 과시(machismo)뿐만 아니라, 여성을 거부하고 칼과 스텝을 선호하는 코자크의 압도적 남성성은 코자크 주인공들이 신화가 되는 또 다른 길을 보여준다.

실제 현실에서 코자크들은 자기 마을의 집이나, 원정, 공격에서 여자들과 관계가 있었다는 사실을 잊지 말아야 한다. 노획물로 여자들을 잡았고, 이들은 종종 잡아간 사람과 결혼을 했다. 좀 더 중요한 것은 코자크에 새로 가담한 사람들 중 다수는 가족을 데려오거나, 아니면 현지 여자들과 결혼을 했다. 이러한 코자크들이 후계자를 만들어내고, 여자와 남자로 구성된 종족을 만들어낸 것이다. 문학 신화와 다르게 민요는 남자뿐만 아니라 코자크 여자도 찬양한다.

그러나 19세기 문학에서 남자와 여자의 관계가 묘사될 때, 이것은 거의 대부분 재앙, 배신 혹은 죽음으로 이어진다. 《사가이다치니》는 이에 대한 설명을 제공한다. 한 코자크가 원정 중에 '노획한' 타타르 소녀를 옹호하는 말을 하면서 반역적인 말을 하자, 이에 장난으로 대답하는 동료들은 그녀가 세치에 머물 수 없는 근거로 다음과 같이 말한다. "그녀는 여자이고 소녀나 마찬가지다. 자포로지야 관습법에 의하면 여자는 제단 근처에 갈 수 없기 때문에 세치로 데려갈 수 없다."[6] 여기서 공개적으로 말해지지 않는 전제는 제단이 신성한 것처럼 코자크 집단도 신성하다는 것이다. 제단에서 봉사하는 사제는 남자이고, 그래서 남자는 신성해야 한다. 코자크는 남자다, 그래서 코자크도 신성해야 한다. 그리고 여자는 신성하지 않은 존재인 것이다.

몇 작품은 명시적이건 묵시적이건 이에서 몇 발짝 더 나아가서 코자크 공동체에 가입한다는 것은 출가를 하는 것과 유사하다는 것을 보여준다. 역사적으로 코자크에 가입하는 의식은 신성한 맹세를 취하는 것과 닮은 점이 많다. 나레즈니이가 쓴 《자포로지야 코자크》의 주인공은 새로 코자크가 되는 사람은 이전의 모든 명칭을 버리고, 새로운 식별의 증표로 새로운 이름을 받고, 머리를 삭발한다(변발을 빼고). 그리고 당연히 "단 한 명의 여자도 이들의 마을의 대문을 넘어 들어오지 못했다." 우리가 수도원 생활과의 연계를 놓쳤다면, "이 평신도는 자포로지야 코자크의 신비로운 생활에 절대 가입할 수 없다"[7]고 계속 서술한다. 코자크 관습은 교회를 닮았을 뿐만 아니라, 코자크 공동체 전체도 신의 생활에 자신을 성화한 사람들의 비현세적 분위기와 비슷한 점이 많다. 코자크들이 거룩한 기독교적 형제회(brotherhood)를 만드는 경우 여자를 거부한 것은 놀라운 일이 아니다. 동방 교회는 결혼한 사제를 인정하기는 했지만, 기독교 역사를 통해 성적 구별(sexuality)은 계속 문제가 되어 왔고, 동방과 서방 교회 모두 이 문제에 개방적 태도를 보이지 않았다. 그러나 놀라운 것은 이 경우 여자를 대신하는 것은 교회나 거룩한 어머니 신으로 구현된 이상적 여성성이 아니라, 원초적 땅과 그것과 관련한 코자크의 새로 만들어진 폭력성이다.

코자크 문학에서 자주 선언되는 "어머니-세치", "어머니-볼가"라는 표현은 단지 민간전승을 흉내 낸 것이 아니라 그보다 훨씬 더 큰 의미가 있다. 수도사가 독신주의를 서약하고 교회와 결혼하듯이, 코자크도 이성이 있고, 모계적이고 결혼의 결합이 있는 통상적 생활을 떠난다. 그리고 이 결합은 신성화된다. 전사는 거룩한 수도사이고, 그가 죽으면 그는 성인화된 순교자가 된다.

코자크의 업적은 자주 '위대한 업적'(podvig)이라는 말로 포장되는데, 이 단어는 성인의 행위를 지칭하는 단어이다. 오스타프 불바는 오랜 예전의 순교자와 같이 자신의 죽음을 준비한다. 화자는 오스타프 불바가 처형당할 때 고문에 굴복하지 않았고, "이 고통의 잔을 마신 최초의 사람"이라고 묘사한다.[8] 이미 설명한 대로 그의 마지막 외침은 어머니가 아니라 아버지를 향한 것이었다. 남성 유대는 죽을 때까지 변하지 않은 것이다.(이와 대조되게 배신자인 안드리이의 마지막 외침은 "아름다운 폴란드 소녀의 이름이었다")(II:1444) 진정한 코자크가 되기 위해 코자크는 여자를 필요로 하지 않는다.

코자크 주제 문학 작품은 바이런에서 시작된 서구 유럽의 낭만주의적 모델과, 이를 모방해서 러시아화된 작품과 대조를 이룬다. 바이런은 시의 핵심이 되는 낭만주의적 요소를 보여준다. 한 소녀가 마제파를 발견하고 그를 보살펴서 건강을 회복하게 만들고, 두 사람은 사랑에 빠진다. 서구 모델에 강한 영향을 받은 릴레예프는《보이나롭스키》에서 코자크 소녀가 죽음에 처한 주인공을 구하는 장면을 넣음으로써 이 모티프를 반복한다. 대부분의 러시아 작품에서 여자들은 순수한 구원자의 역할을 하는 대신 악마의 편을 든다. 그리고 여자들이 양성의 관점에서 활동을 하는 경우, 이들은 코자크 세계에 위협이 된다. 코자크 세계는 자신들을 보호하기 위해 이 위협을 조심해야 했다.

'여자-악마'라는 토포스는 고골의 〈지간카〉와《미르고로드》에 포함된 〈비이〉에 가장 선명하게 나타난다. 〈오월의 밤 또는 물에 빠져 죽은 소녀〉의 계모는 사악한 마법의 전통적 상징인 고양이로 변신을 한다. 〈잃어버린 편지〉에서 카드로 코자크에게 점을 쳐주는 여인의 속임수를 알아챈 코자크는 "이것은 무슨 악마적 술수인가!"(VII:189)라고 소리친다. 〈크리스마스 이브〉에서는 '마녀-유혹자'라는 등식을 강조하고, 〈비이〉의 코자크인 호마(Khoma)는 늙은 하녀를 올라타지만 자신의 고통과 죽음을 재촉할 뿐이다. 여자와 악마를 연결시키는 관점은 다음과 같은 전형적인 선언에 잘 나타난다. "악마가 늙은 여자 안에 앉아 있다."(I:33) 〈비이〉에서 호마가 마녀에게 성적으로 끌리고 역겨움을 느낀 것에도 "그는 악마와 같은 달콤한 감정을 느꼈다"(II:187) 같은 관점이 나타난다. 고골의 이야기들은 악마에 대한 언급이 넘쳐나는 것으로 유명하지만, 이야기의 상당 부분에서 성, 여자, 악의 힘을 결합시킨다.[9]

여성과 성에 대한 고골 자신의 왜곡된 관계는 이전의 연구에서 폭넓게 다루어졌기 때문에 여기서 그것을 반복할 필요는 없다. 코자크 신화는 자신이 성적 태도를 정당화시키기 위해 재단된 것일 수도 있다. 심리적 고려는 논외로 하더라도, 고골의 코자크 이야기에서 배신을 일삼는 여자 인물들은 비코자크나 반이상의 상징이고, 여자를 사실적 관점에서 다루는 면에서는 완전히 실패한 시도이다. 여자의 성적 매력은 코자크의 신화적 단일성과 스텝과 결혼한 이들의 '온전성'을 위험하게 한다.

《타라스 불바》에서는 환상적 이야기에서보다 '여자-악마' 등식의 토포스를 좀 더 교묘하게 다룬다. 이것은 폴란드 소녀에 대한 묘사에서부터 시작한다. 그녀의 웃음은 안드리이를 돌처럼 굳어지게 만든다. 그녀의 아름다움, 특히 그녀의 눈은 안드리이의 눈을 멀게 만든다. 이것은 이 소녀와 〈비이〉에서 눈꺼풀이 열리면서 호마를 파괴시키는 악령을 연결시킨다. 〈비이〉에서 코자크 호마는 자신의 등에 늙은 여자를 태우고 야간 비행을 하도록 마법에 걸린다. 호마는 결국 자신에게 마법을 건 노파를 제압하고 성행위와 유사하게 그녀 위에 올라타지만 노파가 아름다운 소녀로 변신한 것을 목격할 뿐이다. 그녀를 거의 죽도록 때린 후 호마는 사라진다. 소녀의 마지막 부탁은 코자크를 찾아서 자신의 몸 위에서 죽은 자들에게 축복의 말을 하게 해달라는 것이었다. 호마는 거의 죽을 듯이 겁을 먹은 상태에서 다시 등장하지만, 비이가 등장하여 마녀 소녀와 같이 있도록 한 악령의 힘을 유지한다. 비이는 이름으로는 남자이지만, 여자 시체와 그 시체가 솟아나는 여자 대지와 연관된 자웅동체의 지하세계의 악령이다. 비이가 호마를 보고, 호마가 비이를 볼 때 그는 죽는다. 소녀와의 성적인 만남에 정신을 빼앗기면서 호마는 지하세계와의 만남과 그 결과로 인한 자신의 죽음을 불러온 것이다.《타라스 불바》에서 안드리이가 소녀에게 정신을 빼앗긴 것도 죽음에 이르는 단초가 되었다.

《타라스 불바》의 폴란드 소녀는 두 번째 만남에서 마법을 건다. 그러나 이것은 안드리이가 열린 관과 시체들의 드러나 뼈가 흩어진 섬뜩한 수도원과 뚜껑이 열린 관과 드러난 시신 뼈를 지나고, 다음으로 "유령과 같은 여인들이 무릎을 꿇고 있는"(II:96) 성당을 지난 다음에야 일어난다. 안드리이는 죽은 자들의 세계로 들어선 것이다. 소녀의 집 앞에 있는 광장도 죽음과의 연관성을 불러낸다. "이 광장은 죽은 듯이 보인다… 그는 죽은 여자를 보았다. 그녀 옆에는 아기가 누워있지만… 더 이상 울지 않는다. 그러나 아기의 배가 조용히 오르락내리락 하는 것을 보면 아기는 아직 죽지 않았지만, 이제 마지막 숨을 내쉬는 것 같았다."(II:97-98) 광장에서 안드리이는 세 번이나 '미쳤다'(besnuiushchiisia, beshenstvo, kak beshenaia sobaka)'고 말하는 사람을 만난다. 이 모두 'bes' 또는 악마와 관련이 있는 러시아어 어휘이다. 광장과 소녀의 방을 묘사하면서 안드리이는 '인 듯 하다'라는 표현을 내내 쓰는데, 이것도 저승에서와 같은 소녀와의 섬뜩한 만남을 묘사한다. 단순히 은유적으로 보아도 안드리이의 정신을 빼앗은 소녀 자신이 마녀와 같은 것이다. 안드리이는 자신을 죽음에 이르게 하고, 자신의 모든 코자크 피를 쏟아내고 종국에는 이를 부정한다.

고골 작품의 양성의 문제를 보고 비평가들은 남성, 여성 인물이나 상징의 구별이 흐린 점을 항시 언급한다. 분석의 결론은 남성과 여성 가치의 투쟁에서 남성과 그들이 표상하는 것은 사소한 것으로 여겨지고, 극복되어 버리고, 무력화된 것으로 끝난다.[10] 그래서 이런 면에서 타라스가 이야기 끝부분에서 죽음을 맞기는 하지만, 남성적 성격으로 충만한 코자크 정신은 분명히 질식되지 않기 때문에《타라스 불바》는 비정상 지위를 갖고 있는 것으로 여겨진다.[11] 고골은 자신의 창작력이 절정에 이른 시기(1835-42)에《타라스 불바》를 썼고, 신화적 주제나 이것이 뒤바뀐 것에 대한 언급은 그의 다른 작품 여러 곳에서 발견된다. 코자크 주제 소설은 전적인 예외가 아니고, 코자크 신화 전체의 관점에서 보면 고골의 모든 작품 세계의 중심이라고 볼 수 있다. 고골의 작품에서 여성과 성의 문제에 대한 의문은 아마도 다른 식으로 답할 수 있다.

우리는 여기서 사회적 설명을 감히 시도해 볼 수 있다. 코자크 주제 작품에서 위협을 주는 여자라는 토포스는 러시아의 성적 편견을 표현하는 것으로 볼 수 있고, 좀 더 넓은 의미에서 남성이 주도하는 러시아 사회에서 여성이 이국적 존재라면 '이방인 혐오(xenophobia)'로도 볼 수 있다. 마찬가지로 심리적 설명도 가능하다. 코자크 등장인물들은 남성 지배와 남성우월주의의 성적 환상에 숨을 불어넣을 수 있다.[12] 그러나 신화적 분석은 좀 더 깊은 대안을 제시한다. 남성과 여성 사이의 경계가 불분명해지는 것은 신화적 존재에서 모든 경계가 초월되는 다른 하나의 예로 해석될 수 있다. 코자크들은 스스로 충일하고, 가장 중요한 것은 스스로를 재창조하는 개인들이기 때문에 여자를 무서워하거나 거부하지 않는다. 이들이 여성적 대지와 결합하는 것, 그리고 러시아어에서 세치, 스텝, 칼은 모든 여성 명사인데, 이것들이 이들 자신의 본질과 상호침투하는 것이다. 러시아 문학에서 코자크는 남성의 원칙을 억압하는 것이 아니라 오히려 남자를 위해 대지를 회복한다.

이들은 자유롭고, 경계가 없으며, '여성적인' 공간과 하나가 되면서 대지를 되찾는 것이다. 이런 식으로 그들은 자신 내부의 남성적 기질과 여성적 기질을 조화시키고, 남성 아마존(Amazons)처럼 여성에게 의지할 필요 없이 자신들의 성정을 발전시키는 것이다.

우리에게 고골은 이렇게 말한다. "이 민족은 영원히 존재할 것 같다. 새로운 코자크들이 떠난 사람, 전투에서 죽은 사람, 물에 빠진 사람을 계속해서 대체하기 때문에 이들의 크기는 줄어들지 않는다."(VIII:48). 영속적 존재 가능성에 대한 언급은 신참 코자크들이 코자크 집단에 넘치게 들어오는 역사적 사실보다 더욱 강력한 것이다. 이것은 신화적 양상을 강조하고 논리적 추론을 무시한다. 고골은 창조의 과정에서 여성의 간섭 없이도 집단이 지속될 수 있는 가능성을 우리에게 말하고 있는 것이다. 실제로 보면 코자크는 결혼을 하고 애를 낳고, 이들은 자라면 자신의 선택이 아니라 혈통에 의해 코자크가 된다. 그러나 진정한 코자크를 만드는 것은 선택 그 자체이다.

이것은 코자크 세계에서 성적 문제가 전혀 아무 역할도 하지 못한다는 것을 의미하지 않는다. 코자크들의 육체적 면모, 이들의 남성 동지애, 단결력 자체가 우리가 통상적으로 성(性)과 연결할 수 있는 고도로 강렬한 관계의 모습을 만들어낸다. 이런 함의는 진정한 코자크의 성은 보통 인간의 그것보다 훨씬 거대하고, 훨씬 성스럽고, 훨씬 신화적인 방법으로 표현된다는 것을 말하는 것이다.

코자크의 성적 에너지는 다른 무엇보다 이들의 난폭성으로 나타난다. 이것은 이런 이야기에 익숙한 독자들에게는 새로운 사실이 아니다. 전사들은 남성이고, 이들의 남성성은 전쟁에 의해 시험된다. 코자크와 관련하여 특히 흥미로운 것은 폭력성과 그 결과로서의 부활의 관계이다. 놀라울 만한 법칙성으로 코자크 주인공들은 삶과 죽음을 넘나드는 경험을 한다. 이들은 자기 자신을 부정하거나 다른 사람을 죽음에 이르게 함으로써 이런 경험을 하는데, 이로부터 이들은 새로워지거나, 새로운 육신을 입거나 다시 태어나게 된다.

우리는 재탄생의 토포스가 20세기 코자크 주제 문학에 특히 넓게 퍼져있는 것을 발견한다. 그리고 이것이 널리 퍼진 이유는 2부에서 다루어질 것이다. 그러나 19세기 문학에서의 전례도 이에 못지않게 강렬하다. 한 명의 코자크의 죽음은 생의 종말이 아니라 생의 재탄생을 거듭 의미한다. 그리고 그에게 주어진 새로운 생명은 여자로부터 부여받은 것이 아니고, 자신의 원기 왕성한 모험으로 얻은 것이다.

재탄생의 형상화는 바이런의 《마제파》에도 이미 나온다. 마제파는 야생마의 등에 묶여 거의 죽음에 이르렀다가, 보살핌을 받아 다시 살아나 후 위대한 코자크 헤트만이 된다. 바이런의 영향을 받은 스워바츠키의 《마제파(Mazeppa)》에서도 같은 이야기가 전개된다.[13] 이 폴란드 소설에서 주인공은 '무덤'이라고 불리는 성소의 벽에 갇혀 있던 주인공은 다음 장면에서 부활한 성경의 나사로처럼 나타난다.[14] 《보이나롭스키》에서는 주인공이 탄 말이 죽음을 상징하는 스텝의 공중묘지에서 쓰러지고, 그의 목소리조차 죽어간다. "겨우 다시 목소리를 찾았지만, 거의 죽어가고 있었다." 주인공은 이렇게 회상한다. "나는 아마 죽는가 보다." 그러나 바이런의 마제파처럼 그는 다시 살아난다. "나는 죽음의 침상에서 새롭게 태어나 다시 일어났다."[15]

코자크 주제 작품에서 삶과 죽음을 넘나드는 형상화는 바이런의 시의 영향을 직접적으로 받은 작품의 범위를 넘어서서 발견된다. 불가린이 쓴《마제파(Mazepa)》의 주인공인 팔레이(Palei)는 3중의 벽이 처진 수도원 지하실의 관에 갇혀있었다. 나레즈니이의《신학생》의 주인공인 네온(Neon)은 큰 부상을 입고 죽음과 같은 깊은 잠에 빠져 있다가, 봄과 새 생명의 기호인 새들이 짹짹거리는 소리를 듣고 결국에는 깨어난다.

고골의 〈이반 쿠팔라 전야〉에서도 "죽음과 같은 잠"에 빠진 페트로가 삼 일째 되는 날 깨어난다. 이것은 그리스도의 부활을 바로 은유한 것이다. 〈크리스마스 이브〉에서 자살을 했다는 소문이 돌던 주인공 바쿨라(Vacula)가 다시 나타나자 그는 '부활한' 것으로 받아들여진다. 〈잔인한 복수〉에서 수도사는 관에서 잠이 든다. 타라스 불바도 치명적 부상을 입고 "쓰러진 너도밤나무처럼 땅에 떨어진다. 안개가 그의 눈을 가리고, 그는 깊은 잠에 떨어진다… 마치 영원한 잠을 자는 것처럼"(II:146). 그러나 그는 남자 전우들의 보살핌을 받아 다시 살아나고, 마치 다시 태어난 것처럼 자신의 코자크 역할을 수행한다.

소설의 후반부에서 타라스는 상징적 죽음과 부활의 과정을 겪는다. 그는 자신의 아들을 만나기 위해 폴란드인과 유대인들에게 일시적으로 항복한다. 이것은 그의 고유한 신화적 본질에 정면으로 대치되는 것이다. 타라스는 무덤과 같은 벽돌더미 속에 갇힌 채 바르샤바로 달려간다. 그는 유대인들에게 계약을 맺자고 제안하고, 독일인처럼 옷을 입는다. 그는 아들이 갇힌 폴란드 감옥의 간수들을 매수한다. 이 모든 것은 '코자크 답지 않은' 행동이다. 이 결과로 그의 코자크 정신은 죽은 것처럼 보인다. "그는 더 이상 떡갈나무처럼 강인하고, 굽힐 줄 모르는 이전의 그가 아닌 것처럼 보였다. 그는 겁 많고 나약해 보였다." 그리고 최종적으로 "타라스의 심장은 뛰지 않았다."(II:156) 그러나 타라스는 자신의 코자크 심장이 죽은 후에 다시 살아나 이전보다 훨씬 강해졌고, 어느 젊은 전사보다 더욱 용감하게 아들의 죽음에 대한 복수를 한다. 그리고 한층 고양된 코자크 지도자는 "번개에 의해 쪼개진 나무에"(II:170) 못으로 손이 박힌 채 소설의 대미를 장식한다. 우리는 이 '십자가형'이 곧 있을 타라스의 부활을 상징한다는 것을 바로 알 수 있다.

〈잔인한 복수〉에서는 흥미로운 모티프의 역전이 일어나 시체들이 무덤에서 일어나고, 죽은 마법사가 눈을 뜬다. 〈비이〉에서는 여자 시체들이 완전히 죽지 않는다. 이러한 인물들은 '생명 안의 죽음(life-in-death)'이 아니라 다시 생기가 살아난 '죽음 안의 생명(death-in-life)'이 된다. 형상의 역전은 등장인물의 역전과 평행하게 전개된다. 마법사와 그의 조상들은 성스럽게 신화화된 코자크와 반대로 악마적으로 신화화된 존재이다. 자신의 관 안에 그대로 있으려고 하지 않는 〈비이〉의 소녀는 코자크들의 정반대 형상이다. 그녀는 성적으로 유혹을 하는 여성이다. 지하에서 올라온 후에도 계속 땅에 집착하는 '비이' 자체가 '죽음 안의 생명'의 탁월한 상징이다. 그리고 악령은 코자크인 호마에게 생명력이 아니라 파괴를 가져온다.

타라스 불바의 아들로 진정한 자아와 동료들을 배신하게 운명 지워진 안드리이의 시선을 사로잡은 코자크 관습은 살인에 대한 징벌이다. "코자크들은 땅을 판 후, 살인자 위에 죽음 사람의 시신을 얹은 채 그를 땅속에 묻고 두 사람 위로 흙을 뿌린다."(II:67-68) 이런 관습은 긍정적인 코자크들의 '생명 속의 죽음'이나 재탄생의 형상이 아니라 잔인한 '죽음 속의 생명'을 보여준다. 코자크 에토스를 공유하지 않은 안드리이가 이 관습에 특별히 주목한 것은 아주 적절한 묘사이다.

폭력에서 나온 탄생이나 재탄생은 신화에서 널리 알려진 주제이다. 디오니소스는 자신의 어머니가 파괴되는 불꽃에서 탄생했다. 폭력성은 꼭 파괴적인 것만은 아니기 때문에, 창조는 죽음과 뗄 수 없게 연관되어 있다. 파괴된 잿더미에서 위대한 영웅들이 탄생한다.[16] 폭력의 창조성과 긍정적인 면을 주장함으로써 도덕적 구조를 피해갈 수 있는 것이다. 이것은 고골의 경우 더욱 분명하다. 왜냐하면 많은 독자들은 코자크의 절제 없는 폭력성에 분노를 나타내지만, 고골 자신은 이에 대해 아무 판단도 내리지 않기 때문이다. 사실 고골의 경우에 코자크에 대해 아주 긍정적이고, 심지어는 불가사의한 무언가가 있는 듯하다. 코자크들의 전투는 축제이고(전형적인 서사적 언급이다), 싸움은 음악이고, 살인하는 것은 춤을 추는 것이다.[17]

고골이 코자크의 폭력적 힘과 행동에 대해 감탄을 하는 것은 그가 쓴 어휘 전체에서 잘 드러난다. 그는 다른 작품에서도 코자크와 관련된 일정한 긍정적 자질을 전하기 위해 풍성한 이미지를 발전시켰다. 세계를 변화시키고, 고대와 현대를 결합하고, 인간 몸의 심장처럼 보이는 시대(VIII:14)라고 주장한 중세 시대를 서술하면서 고골은 '다양성(pestrota)', '살아 있는 활동(zhivoe deistvie)', '극명한 대비(rezkie protivopolozhnosti)', '신비한 밝음(strannaia iarkost)' 같은 어휘를 썼다. 이 모든 어휘는 코자크를 서술할 때도 썼던 말들이다. 그는 중세 시대는 "거대하고, 거의 기적과 같은 거대한 자연"(VIII:27)이라고 주장했다. 고골은 역사의 '엄청난 위대성'과 지하 세계의 지리의 엄청난 성격에 대해 서술할 때도 같은 이미지를 사용했다.(VIII:102) 작가는 전투에서 거인과 같은 위상을 차지한 자신의 코자크들을 서술할 때도 같은 단어를 쓸 수 있었고, 실제로 썼다. 코자크는 다양성과 활동성, 폭넓음을 구현한다.

《아라베스크》의 시작 부분에 실린 고골의 논문 "조각, 미술, 음악"은 더욱 강렬한 인상을 준다. 고골은 이 세 가지 예술 형식을 다양한 척도로 본다. 그는 헤겔과 같은 진보적 시각으로 야만(조각), 기독교(회화), 현대(음악)를 본다. 이러한 발전은 정지에서 움직임으로, 관람자로서의 수동적 수용에서 실제적 참여로, 실제에서는 음악과 인간 영혼의 상호침투 과정으로 본다, 중간 단계인 화화는 코자크와 마찬가지로 경계를 넘어가는 예술 형식이다. "이것은 조각상처럼 단순히 한 순간을 포착하는 것이 아니라, 그 순간을 연장하고, 물리적 경계를 넘어 생명을 연장하는 것이다. 이것은 다른 경계 없는 세계에서 현상을 납치하는 것이다…" 실제로 그것은 물리적인 것을 영적인 것과 결합한다.(VIII:11)

가장 높은 단계인 음악에 대한 고골의 묘사는 코자크 토포스를 이해한 우리에게는 더욱 친숙하게 들린다. 음악은 다양한 반대 이미지를 불러온다(예를 들어, 따분함과 폭풍). 그리고 이것을 설명하는 모든 어휘는 격렬하고 강력한 성질을 공유한다.

> 더 강하게 부글부글 거품이 이는 나의 세 번째 잔이여! 공명하는 거품, 더욱 환한 광채, 금테에 부딪치는 물보라 — 너는 음악을 영예롭게 하며 광채를 빛내는구나. 음악은 자신의 두 자매보다 더욱

> 야단스럽고, 더욱 충동적이다. 음악은 한바탕의 돌풍 자체이다. 별안간 그리고 순간적으로 음악은 사람을 땅에서 튀어 오르게 만들고, 천둥같이 강력한 소리로 그의 귀를 멀게 하고, 즉각 그를 다시 그의 세계로 되던져 버린다. 위엄 있게, 마치 건반을 두드리듯이 음악은 사람의 감각을 때리고, 그를 전율하게 만든다. 그는 더 이상 조각에서처럼 단순히 즐거워하고, 회화에서처럼 단순히 동정을 느끼지 않는다. 그는 자신을 고통 자체로 전환시켜버린 것이다. 그의 영혼은 단지 수동적으로 이해할 수 없는 현상을 심사숙고하지 않고, 그것 자체를 살아내며, 그 자체 생명을 살고, 격렬하고, 파괴적이고, 반항적으로 산다.

이 구절들에서 우리가 주목하는 고골의 미학은 전체적으로 여성적이다. 그의 세 번째 성배인 음악은 세 자매 중의 하나이다.[18] 그러나 음악의 행동은 천편일률적인 남성 집단에서 나온다. 음악은 벗겨내고, 굉음을 울리며 강하게 친다. 그리고 음악은 역으로 남성 관람자의 영혼을 비슷하게 행동하게 만든다. 격렬하게 부딪치며 반항적으로 살도록 한다. 음악은 다른 존재들을 자신의 이미지 안에 다시 태어나게 한다. 다른 말로 말하면, 예술의 가장 높은 형태는 코자크와 같이 행동한다. 그러나 이것도 역시 여성이다.《타라스 불바》에 자주 등장하는 코자크에 대한 음악적 언급과 이에 대비되는 적군 폴란드군에 대한 정적이고 회화적 언급을 기억하면, 우리는 폭력, 예술, 우리의 주인공들 사이의 관계를 인정하기 시작한다. 진정한 예술은 파괴적이지만 동시에 창조를 한다. 코자크도 마찬가지로 파괴하지만, 이들의 격렬한 영혼은 고골의 미학에 참여한다.

〈소러시아 구성에 대한 소고〉에서 고골은 코자크 시대를 단일성, 행동, 성장이 두드러진 "시적 시간"이라고 불렀다. 이 시기에는 "칼과 쟁기가 친구가 되어 모든 농부 옆에서 발견된다."(VIII:49) 이러한 형식화는 성격 구절에 대한 고골식의 변형이다. "그들의 칼을 쳐서 보습을 만들고, 그들의 창을 쳐서 낫을 만들 것이며"(이사야 2:4, 미가 4:3).

고골에게 있어서 코자크의 파괴는 길들여지지 않는다. 오히려 칼의 폭력성과 보습의 창조적 잠재력은 코자크의 경이로운 신화적 영기 안에서 유기적 단일체가 된다. 그리고 이것은 여성적 원칙이 코자크 세계에 자리를 차지할 수 있는 한 방법이 된다. 즉 여자로서가 아니라 격렬한 창조성으로 존재한다. 고골은 코자크를 포함한 세상의 공격적 측면을 단순히 무시한 것은 아니다. 오히려 이것들을 미적 이상으로 고양시킨다. 그는 코자크의 폭력성을 비난하지 않고, 이것을 그들이나 다른 이들의 선한 잠재력과 대비시키지도 않는다. 사실상 코자크를 주제로 한 많은 이야기의 도덕적 대의에도 불구하고, 악과 선은 서로 상반되는 쌍으로 나타나지 않는다. 다른 상반성과 마찬가지로 둘은 주인공들안에서 서로 화해를 이룬다. 도덕적 경계를 초월할 수 있기 때문에 코자크들은 파괴할 수 있고, 주요 장면에서는 그렇게 한다. 이들은 도덕을 초월한 음악이나 시가 될 수 있다. 코자크 신화에서 윤리학은 미학에게 자리를 내준다.

# 5장 제약이 없는 공간과 시간

드미트리 치젭스키(Dmitrii Chizhevskii)는 자신이 쓴 유명한 논문에서 고골이 '반대의 일치(coincidentia oppositorum)'를 광범위하게 쓴다고 주장했다. 이것은 대극적인 것이 진정한 존재로 연합된다는 교부철학적 개념이다.[1] 여기에서 치젭스키가 말하고자 하는 것은 고골이 범속한 인물에게 황당할 정도로 거대한 의미를 부여하는 풍자적 기법을 말한다. 그러나 《타라스 불바》의 경우에는 이 기제가 풍자적이 아니라 직접적으로 작용한다. 코자크들의 정통성은 이들이 경계를 넘어서서 상반되는 것을 조화시키는 능력에서 나온다.

신참이 코자크에 가담하면, 그는 과거와의 모든 연결을 완전히 버려야 한다. 《타라스 불바》의 화자는 다음과 같이 말한다.

새로 도착한 사람은 이곳에서 과거를 잊어버리고, 한때 그를 번잡

> 하게 했던 모든 것을 던져버린다. 그는 자신의 과거에 침을 뱉고, 자신과 같이 친척도, 집도, 가족도 없는 방랑자 같은 사람들의 뜻과 동지애에 마음을 바친다. 그는 오직 자유로운 하늘과 영혼의 영원한 잔치를 즐길 뿐이다!(II:65)

《자포로지야 코자크》에서 네스토르 쿠콜니크(Nestor Kukol'nik)(1809-68)는 신참이 코자크 집단에 가입하면 이전 생활과의 유대는 제거되고, 새 코자크가 어디 출신인가를 묻는 것은 코자크 법에 어긋난다고 우리에게 알려준다.[2]

과거와의 이런 극단적 단절은 코자크 집단이 경계적(liminal) 영역에 영원히 존재하고, 이것은 1장에 소개된 지도자를 뽑는 과정에만 한정된 것은 아니다.[3] 코자크 형제단에 가입하는 것은 제한된 세계를 벗어나는 것을 의미한다. 코자크는 문명화된 사회의 규칙들을 무시함으로써 어려지고, 어른이 '학교 학생처럼' 행동한다.(《타라스 불바》 II:65) 코자크는 집단에 대한 어떠한 물리적 속박도 받지 않는다. "우리는 아무도 강제로 붙잡지 않는다. (코자크들이 모이는 곳은) 언제나 문이 열려있다."[4]

이 장에서는 코자크 주인공들의 공간과 시간의 관계에서 나타나는 경계적 성격을 강조하는 토포스를 분석할 것이다. 전선, 서사, 환상, 그리고 일시적으로 불분명한 화자와의 연계 모두가, 코자크는 지상과 시간에 묶여 있는 개인을 방해하는 모든 제약에서 자유롭게 이곳과 저곳에 모두 존재하며, 그때와 지금 모두에 존재한다는 것을 강조한다.

## 경계가 없는 전선

모르돕체프의《사가이다치니》는 공간적 무제약성의 중심적 모티프를 제공한다. "코자크는 갇힌 초막집에 살기를 좋아하지 않았다. 자유로운 코자크 영혼은 어떠한 지붕 밑 장소도 비좁고 혼잡하게 느낀다. 여름, 봄, 아니면 건조한 가을 날 이들은 넓은 하늘 아래 자는 것을 좋아했다…"[5] 코자크들은 "신비로운 먼 곳이고", "뭔가 불가사의하고 거대하며", "대지가 끝나고 하늘에 닿은 한량없는 황야"[6]인 드넓은 스텝에서 사는 것을 훨씬 편하게 느꼈다. 코자크들이 "노를 저어 나아가는 바다는 끝도 없고 경계도 없다." 코자크는 아래와 같은 끝이 없는 세계에 산다.

> 전에 한 번도 보지 못했던 색으로 빛나는 한없는 바다… 아무리 멀리 시선을 뻗어 보아도 끝이 없는 곳에 점점 더 빠지는 것 같다. 당신은 세상에서 철저히 분리된 것 같은 무서운 난감함을 느낀다. 당신은 더 이상 하늘과 땅 사이에 있는 것이 아니라, 하늘과 밑도 끝도 없는 심연 사이에 있는 것 같다. 이 심연은 땅 자체를 삼켜버리고, 무덤처럼, 죽음처럼 벙어리이고 귀머거리이다.[6]

코자크 대지와 바다의 무한성은 공포를 불러일으키지만, 이것은 동시에 "신의 스텝"이고, "낙원"이며[7] 아담이 살던 시대와 마찬가지로 텅 비어있다.[8] 코자크의 공간은 에덴과 같이 원시적이고 순수하고, 아무 제한이 없는 곳이다.

코자크를 소재로 글 쓴 모든 작가들 중에서 고골은 가장 분명하게, 주인공들이 어느 한정된 공간적 지역 바깥에 존재한다는 것을 보여주었고, 감정적으로 국경의 개념이 가득 찬 공간과 연계지음으로써 이를 달성했다. 문자적으로 보면 '국경(granitsa)'은 두 국가 사이를 가르는 장애나 경계를 뜻한다. 미국의 국경에 대한 비유는 이 연계가 훨씬 확장되는 것을 보여준다. 러시아/우크라이나나 미국은 너무 광활한 나라였기 때문에 18세기, 19세기 주민들은 이 국토가 한없이 뻗어나가는 것처럼 느꼈다. 다른 말로 하면 국경은 무한하게 밖으로 뻗어나간다. 그래서 국경 지역에 사는 주민들, 미국의 경우는 서부개척자와 인디언들, 다른 한편으로는 코자크들은 역설적으로 경계가 없는 장소인 아무 국경이 없는 곳에 살고 있는 것이다.

역사적으로 변경 지역은 열정이 넘치는 사람들을 끌어들였다. 예를 들어 미국 역사 초기의 개척자들은 유럽의 가치관이 지배하는 동부 식민지의 문명을 떠나 마차나 카누를 타고 황야를 향해 떠났다. 그는 처음에는 자신이 만나는 새로운 열린 세계에 압도당하지만, 일단 이 환경에서 살아남으면 그와 새로운 세계는 변화하게 된다.[9] 야만과 문명이라는 두 상극적 상황이 변경에서 만나고[10], 이 만남은 이 땅을 새롭게 가꾸려는 사람들이 들어오면서 그곳에 정착하는 사람도 새롭게 만든다. 이것은 미국 서부개척자와 코자크 모두에게 적용되는 진실이다.

이렇다 할 변경을 가지고 있지 못한 서유럽 국가들에서는 전혀 다른 세계관이 형성된다.[11] 18세기 말과 19세기 초의 유럽 사람들은 프랑스 혁명, 나폴레옹 혁명, 새롭게 시작된 산업혁명 등에 의해 동요된 자신들의 사회에 큰 혼란을 느꼈다. 자신들의 집을 다시 세우기 위해 주변을 돌아보던 유럽인들은 전통적 가치를 불러오고, 질서의 비전을 다시 확인하기 위해 신화적 전통에서 끌어낸 낭만주의적이면서도 전통적인 영웅의 이미지를 포착했다. 유럽 사람들에게 미국 서부나 (바이런이나 위고의 시에 나온) 러시아는 이성과 열정의 대결의 드라마가 펼쳐지는 이국적 무대였다. 여기에서는 이성을 지닌 사람, 즉 전통적 유럽의 문화 가치가 계속 살아남고 지배할 수 있었다. 그러나 이러한 시각으로 보면, 열정은 먼 이국적 상황에 갇혀 있기는 하지만 여전히 존재할 수 있었다.[12]

소위 야생의 변경 지역에 가깝게 사는 러시아나 미국의 작가에게 상황은 좀 더 복잡했다. 유럽적 문학 모델에서 차용되거나 모방된 주제는 고도의 예술적 기교를 취했다. 여기에서 우리는 전체적으로 러시아와 미국 문학이 왜 그렇게 놀라울 정도의 유사성을 보이는지에 대한 해답을 찾을 수 있다(도스토옙스키와 허먼 멜빌이 자신들의 도시의 도서관에서 쓴 작품에서 어떻게 "야만성"을 포함할 수 있었겠는가?). 그리고 이들이 자신들이 자란 "문명화된" 서유럽적 문학 전통에 대한 도전에 대한 답도 얻을 수 있다. 이 "변경지역" 문학 작품들에서 종교적 주제가 자주 채용되는 것은 이러한 변경을 거룩한 장소로 보고, 대지 자체를 거룩한 민족 영혼의 전형으로 보기 때문이다. 또한 거기에 살고 있는 주민들을 더 이상 새로운 아담의 경험을 대표할 수 없는 지배적인 유럽 문화에 반란을 일으키는 거룩한 전사들로 보기 때문이다.[13]

19세기 미국 작가는 고정된 가치 확인 이미지에 안주할 수 없었거나 아니면 반어법을 통해서만 이를 표현할 수 있었다. 대신에 그의 주인공들은 종말론적인 성격을 갖는다. 미국의 영웅을 가장 잘 표현한다고 평가받는 제임스 페니모어 쿠퍼(James Fenimore Cooper)의 소위 《가죽스타킹 이야기(Leatherstocking tale)》*의 주인공은 아주 수수께끼 같은 인물이지만, 절대로 일부 사람들이 그에게 덮어씌우려는 자연적 충동에 따라 행동하는 선명한 상징은 아니다. 상반된 것을 돋보이게 하는 사람이 아니고, 교육받은 유럽인이나 도시인로서 그는 문명 세계의 자질과 그의 영적 형제인 인디언으로부터 배운 다른 자질을 가지고 있다. 러시아의 변경지역 거주자인 코자크도 유럽 낭만주의 문학에 등장하는 '고귀한 야만인(noble savage)'으로 쉽게 분류하기가 어렵다. 타라스 불바는 호라티우스를 인용할 수 있을 정도의 교양을 갖고 있다. 변경의 주인공은 야만인도 아니고 문명인도 아니다. 다만 그는 서로 상극인 문명과 야만 두 영역의 중재자이다. 미국 문학에서 이 주인공은 유럽의 과거와 인디언의 현재의 간극을 연결한다.[14] 이와 대비하여 코자크는 유럽의 현재를 러시아의 과거나 타타르의 과거와도 결합한다고 말할 수 있다. 코자크 자신이 경계에 있는 것이다.[15]

고골은 그의 주인공들이 경계가 없는 공간에 산다는 것을 우리에게 끊임없이 알리기 위해 코자크와 국경의 역사적 연관성을 언급한다.[16] 이미 언급한 다른 코자크 주인공과 마찬가지로 타라스는 코자크는 "침대가 필요 없고, 우리는 야외에서 잠을 잔다."(II:49) 〈헤트만〉이란 작품에서 오스트라니차(Ostranitsa)는 다음과 같이 말한다. "자, 자러 갑시다. 후덥지근한 오두막이 아니라 자유롭고 속박이 없는 하늘 아래 대

* 모두 다섯 개의 이야기로 구성되어 있으며, 주인공 네티 범퍼(Natty Bumper) 또는 호크아이(Hawkeye)는 문명과 멀리 떨어진 곳에서 살아남기 위해 온갖 방법을 동원하고 고안한다.

지 위에서"(III: 295) 〈잔인한 복수〉에서도 "코자크는 자유로운 하늘 아래 부드러운 대지 위에서 자는 것이 좋다"(I:250)라는 표현이 나온다. 코자크의 자연의 집인 스텝도 이와 마찬가지로 자유로운 공간이다. "흑해까지 뻗친 남쪽 지역은 푸른 야생의 처녀지이다."(II:58) 이 스텝은 "다양한 색의 광활한 지역(pestroe prostranstvo)"이고 "똑같이 무한하고, 무속박의 아름다운 스텝이다."(II:59-60)[17]

코자크 진영을 가리키는 '세치'라는 용어는 자포로지야 코자크의 조직과 코자크가 주둔하는 장소 모두를 지칭하는 중의적 명칭이다. 고골은 이러한 모호성을 이용하여 고정된 지리적 대상으로서의 세치의 역할을 부정하며 세치를 의인화한다.

> 세치는 흥청거리는 술잔치와 총을 쏘아 대는 것 외에 다른 것은 아무 것도 몰랐기 때문에 (주변 지역이) 세치를 먹여 살렸다.(II:62)

> 세치 사람들은 고생스럽게 군사 훈련을 하는 데 시간을 낭비하지 않았다.(II:64)

> … 그리고 세치 전체가 잠에 떨어졌다.(II:73)

> 부대 이동이 시작되어 세치를 출발하면 모든 자포로지야 코자크들은 머리를 돌려 "잘 있거라, 우리의 어머니여!"라고 거의 한 목소리로 외친다. "신이 당신을 모든 위협으로부터 지켜주기를!"(II:81-82)

세치는 새로 오는 사람 모두를 받아들이는 장소이다. 이들은 마치 "자신의 집으로 돌아오는 것처럼"(II:66) 세치로 온다. 그러나 세치는 이들을 붙잡아두지 않는다. 이것은 "자랑스럽고 자유로운 코자크들이 사자처럼 날아갈 수 있는 둥지"이고, "거기로부터 우크라이나 전역으로 자유와 코자크 정신"(II:62)이 흘러들어갈 수 있다. 코자크들은 학교 아이들과 같이 행동하지만, 고골은 이들이 운동장에서 뛰노는 것이 아니라, "이들을 학교에 묶어놓는 억압적 힘 대신에 방어되지 않고, 자유로운 국경지역"을 가지고 있다. 이들은 스스로 자신들의 아버지와 어머니를 버리고, 부모의 집으로부터 도망쳐 나온 것이다.(II:65)[18]

세치의 외양에 대한 고골의 묘사를 보면 세치를 사방으로 둘러싼 담장이 없다는 것을 강조한다. "어디에도 울타리나 인근 지역 농가에서 발견되는 짧은 나무 받침이 있는 차양을 발견할 수 없다. 아무도 지키지 않는 작은 보루와 방책은 경악할 정도의 부주의를 보여 준다."(II:62) 이와 대조적으로 폴란드 마을은 완전히 포위된 이미지가 넘쳐난다. "흙으로 만든 높은 성곽(보루)이 도시를 감싸고 있었다. 성벽이 낮은 곳은 돌로 된 탑이 솟아 있고, 다음으로 무기고로 쓰이는 건물이 나타나고, 마지막으로 참나무 말뚝 울타리가 가로막고 있었다."(II:85)

안드리이가 배신을 하기 전에 폴란드 도시로 잠입하기 위해서는, 개방된 코자크 진영을 떠나 들판이 보이지 않을 정도로 깊이 파인 협곡으로 내려가야 했다. 그리고 그 이후에는 더욱 꽉 막힌 포위된 환경이 서술되고 제시된다. 안드리이와 길잡이는 시야가 막히고 아무 소리도 듣지 못하게 된다. 둑이 절벽과 같이 앞을 막아선다. 이 지점에

요새는 견고하게 지어졌다. 아무도 수도원 벽이 솟아 있는 흙으로 만든 벽 너머를 볼 수 없다. 둑 뒤에는 한때 채소밭을 둘러쌌던 울타리의 잔해가 남아있다. 마지막으로 안드리이는 "간신히 들어갈 수 있는 어둡고 좁은 복도 같은"(II:93-94) 지하 통로를 지나가야 한다. 안드리이가 코자크에서 이방인으로 변신하는 과정은 이 벽들과 절벽으로 잘 나타난다. 고골은 이 변신을 그의 배신을 서술하는 짧은 단락에서 '넘어갔다(pereshel)'라는 단어를 일곱 번이나 반복해서 표현했다(II:112-13). 일단 폴란드 성벽 안으로 들어간 안드리이는 은유적으로 갇힌 몸이 되고, 더 이상 자신을 자유롭게 표현할 수 없게 된다. "그는 무언가가 자신의 입술을 막는 것을 느꼈다."(II:102)

코자크들이 인근 벌판에서 자유롭게 분탕질을 하는 동안 폴란드인들은 자신들의 성벽 안에 갇혀 있고, 성문을 열고 용감히 밖으로 나오기보다는 굶어죽는 것을 선택하는 장면으로 묘사되는 두브노 요새의 포위는 갇혀 있는 폴란드인들과 대비된 속박 없는 코자크 본질을 잘 나타낸다. 코자크들은 역설적으로 경계가 없는 변경에서 자유롭게 살며 근원적 자질을 공유한다. 이미 얘기한 대로 고골이 사람들과 지리 사이에 존재하는 것으로 믿는 관계에 비추어 볼 때,《타라스 불바》에서 코자크들과 경계 없는 환경의 연계가 강하게 드러난다. 많은 코자크 주제 작품에서 코자크가 스텝의 광활함을 공유할 뿐만 아니라, 스텝도 마찬가지로 코자크의 본성에서 무엇인가를 얻는다는 것을 보여준다. 자연도 때로는 "코자크처럼 된다."

## 시간의 경계를 넘어선 역사

경계가 없는 공간과 코자크의 관계는 이들의 항구적인 경계적 성격의 일부만을 설명할 수 있을 뿐이다. 이것과 마찬가지로 시간의 제약도 사라진다. 코자크 주제 문학 작품에서는 역사적 정확성을 주장하는 데 과도할 정도로 많은 주의가 집중되고, 대부분 잘 알려진 사건이나 인물에 대한 지칭이나 묘사를 포함한다. 우리가 이미 본 바와 같이 고골은 코자크 논문과 글을 쓰기 위해 상당한 연구를 하였다. 그러나 그의 소설에 역사적 자료가 많이 포함될수록 그의 코자크들은 더욱 비현실적이 된다. 역사학자로서 고골이 자주 비판받는 연대의 혼동은, 많은 경우 고골이 참고한 자료의 부정확성 때문에 일어난 것이다.[19] 그러나 고골이 자신의 작품에서 다른 시대를 병렬시키는 것은 창작적 결정이다. 역사성을 좀 더 자극적으로 만들면서 그는 자신의 작품에서 모든 역사적 근거를 파괴한다. 이러한 시간적, 역사적 양상은 궁극적으로 코자크를 시간이 아니라 서사와 연결시키고, 아니면 서사 이전의 신화적 무시간성과 연결시킨다.

코자크의 역사는 과거와 현재(아니면 가까운 과거) 사이의 정반합적 코자크 텍스트의 형태를 띠지만, 부자 대 가난한 자(독자들에게 역사에서 사회-경제적 요소를 일깨운다), 늙은 코자크와 젊은 코자크, 현재의 코자크와 자신의 유산을 배신한 이전의 코자크를 대비시킨다. 이 모든 예에서 대비는 단순히 코자크와 코자크 아닌 것의 대비가 아니라 "진정한" 코자크와 진정한 코자크가 될 수 있는 잠재력을 발휘하지 않고 사는 사람들 사이의 대비이다.

나레즈니이가 쓴《자포로지야 코자크》는 세치가 망하고 지리학자들이 혼자 힘으로 세치의 위치를 찾지 못하는 시기가 올 것이라는 주인공의 예언으로 끝난다. 이렇게 예언된 시대는 작가의 현재를 의미하고, 나레즈니이는 코자크 민족이 더 이상 존재하지 않을 것이라는 것을 우리에게 알려준다. 죽음을 앞둔 코자크가 소멸해가는 코자크의 영광에 대해 말하는 것은 코자크 작품에 반복적으로 등장한다. 〈지간카〉에서 화자(루디 판코)는 다른 사람이 자신에게 해준 이야기를 전하는데, 이 사람도 자기의 아버지의 아버지로부터 이 이야기를 들은 것이다. 이렇게 해서 코자크 화자를 '진정한' 코자크 인물로부터 최소한 두 세대 이상 떨어지게 한다.

불가린이 쓴《마제파》에서는 나이 든 코자크인 팔레이와, 그의 아들과 아들의 약혼녀 아버지인 마제파 사이의 선명한 대비를 보여준다. 팔레이는 코자크 민족과 가난한 농민들 그리고 정교회를 옹호한다. 그러나 젊은 시절을 폴란드에서 보낸 마제파는 폴란드와의 연계를 주장하고, 폴란드를 배신하지는 않더라도 화해는 해야 한다고 강조한다. 팔레이의 아들도 폴란드인들과 연계를 가지고 있었다. 아버지는 이렇게 탄식한다.

> 만일 내가 너를 자포로지야 진영으로 데려가고, 그 빌어먹을 폴란드 놈들에게 너의 교육을 맡기지 않았더라면, 너는 미친놈처럼 여자 꽁무니나 쫓아다니지 않고 오직 코자크 일만 알았을텐데! 아 그리운 시절이여! 코자크들은 스스로를 신사의 아들처럼 스스로를 애지중지하기 시작했다. 거기에서는 이제 좋은 것은 아무것도

나오지 않는다.[20]

이 예는 코자크와 역사적 발전의 관계는 정치적 양상을 가지고 있다는 것을 보여준다. 시대가 변했을 뿐만 아니라, 이전 세대 코자크들이 보여준 민족적 정신도 시간이 가면서 변질되었다. 이러한 추론은 코자크 텍스트를 단순한 정치적 선전으로 읽게 만들 수 있다. 왜냐하면 코자크는 좋은 편이자 국가이고, 배신자들은 나쁜 사람들이기 때문이다. 그러나 코자크 등장인물들은 작가의 의도에 따라 해당 정치 갈등에서 서로 반대되는 편을 대표할 수 있다.[21] 코자크 신화는 어느 특정 갈등이 아니라 역사 전체와 관련이 있다.[22]

고골은 자신의 코자크 관련 작품에서 역사적 차원을 폭넓게 다룬다. 그는 세 권짜리 우크라이나 역사책을 쓰고 있다고 밝혔을 뿐만 아니라,[23] 학문적 연구를 포기한 다음에도 그는 특정한(그러나 자주 부정확한) 사건, 4연대, 이름들을 거명한다.[24]

이러한 부정확성은 고골이 역사, 민속, 문학을 혼합한 데서 주로 발생하고, 이런 장르의 혼합은 신화의 특징이다. 고골은 자신의 연구에 대한 비판을 반박하면서 친구인 포고딘에게 이렇게 썼다. — "나의 소러시아 역사는 아주 야생적이다. 다른 방법은 없다. 나는 문체가 너무 격렬하고, 역사와 달리 격정적이고 살아 꿈틀거린다는 비난을 받았다. 그러나 따분하다면 이것이 무슨 역사가 되겠는가?!"(1834. 1. 11, X:294)

흥미, 흥분, 다양성이 전반적으로 고골의 교육 철학에서 큰 역할을 차지했다. 그는 지리 교사들에게 세계를 "전체적이고, 밝은, 회화적 시"로 보여주도록 가르쳤다.(VIII:27-8)

고골의 우크라이나 역사 저술 계획은 결코 실현되지 않았는데, 이것은 학문적 부정확성 때문보다는(이것을 실패의 원인으로 보는 학자가 절대 적지 않다), 자신의 의도를 실현하는 데 문학(belle lettres)이 더 좋은 수단이라고 생각했기 때문이다. 그는 역사 저술을 한다고 출발했지만, 문학 작품을 쓰게 되었으며, 이 둘 사이에 근본적 차이를 느끼지 못했다.[25]

고골은 작품을 쓰기 전 코자크 역사에 대한 사실(史實) 연구를 선행했지만(《타라스 불바》 개정판에서처럼 그 반대인 경우도 많았지만), 인과법칙 같은 것은 없었다. 문학 작품이건, 비문학 작품이건을 떠나서 고골은 코자크를 주제로 한 모든 글에서 삶과 생명력을 표현하는 방법을 찾는데 힘을 쏟았다.

코자크 주제 문학에서 역사적 연대를 사용하는 것은 역설적으로 코자크 신화의 시간적 지표가 없다는 것을 강조한다. 《타라스 불바》의 주인공의 여러 면모는 17세기 중반의 역사적 인물인 보그단 흐멜니츠키를 가리킨다. 그러나 고골은 그 이전이나 이후 시기에 일어난 사건들을 대비시키고, 한 곳에서는 "이러한 유형의 주인공은 난세인 15세기에 나타날 수 있다"(II:46)라고도 말한다. 최종적 결과로[26] 어느 세기에 일어난 일인지를 추론할 근거가 사라지게 된다.[27]

두 번째 예는 〈피 흘리는 반두라 유랑시인〉에서 고골은 역사적 소재를 민중 소재와 완전히 혼합하여 사실적 지표를 완전히 파괴한다. 이야기의 배경은 1543년 봄으로 분명히 설정되고, 다른 작품인 〈헤트만〉의 일부 부분과 연계되어 헤트만 오스트라니차(Ostranitsa)의 활동을 둘러싼 사건들과의 관계가 제시된다. 그러나 신비롭고, 사지가 절단된 목소리가 동굴 깊은 데서 울려나오고, 피부가 벗겨져 피를 흘리는 사람이 어깨에 반두라를 걸친 채 걸어 나온 후 이 부분은 연계를 잃어버린다.

큰 맥락에서 보면 〈지간카〉에서 고골이 여러 이야기를 대비시킨 것도 역사성을 기대하게 만들면서 동시에 역사적 실체와 확실히 연결할 수 있는 근거를 모두 파괴한다. 고골은 여러 다른 시대의 코자크들을 등장시키고, 자신보다 이전 시대에 산 화자를(고골이 어렸을 때 시기의) 등장시켜 훨씬 이전 시기에 산 코자크에 대한 이야기를 하게 한다. 〈소로친츠이의 장날〉은 19세기 초반에 일어난 일로 짐작되지만, 〈잃어버린 편지〉는 옐리자베타 여제 시기가 배경인 것이 분명하다. 〈잔인한 복수〉는 고대 시대를 배경으로 이야기가 전개되며, 그 이전 시대의 사건에 대한 기술도 포함하고 있다. 그러나 이 작품들의 코자크들은 서로서로의 역사적 관계에 대한 아무 설명 없이 등장한다. 〈지간카〉의 첫 두 이야기에서 고골은 "코자크 같이 행동한다(kozakovat')"라는 용어를 써서 코자크가 실제 행동하는 것과 다르다는 것을 보여준다. 여기서 의도한 것은 자포로지야 코자크와 농민들 사이의 대비이거나 아니면 과거의 코자크들과 길들여진 현재의 코자크들 사이의 대비일 수 있지만, 고골은 서로 대비되는 두 집단을 같은 명칭으로 부른다.

고골은 반복적으로 이전 방식과 새로운 방식의 대비, 자포로지야 코자크와 일반 농민의 대비, '진정한 코자크'와 외국인과 타협한 코자크들의 대비를 보여줌으로써 궁극적으로 역사성을 피하는 역사적 언급을 더욱 활용한다. 화자는 종종 "그 시대는 우리가 사는 시대와 달랐다"는 말을 한다. "현재의 결혼식과 오래 전의 결혼식은 비교할 수 없을 정도로 달랐다."(《이반 쿠팔라 전야》 I:147) "그 당시 여관들은 현재와 달랐다."(《잃어버린 편지》 I:46).

타라스 불바를 젊은 코자크들과 비교하며 화자는 이렇게 말한다.

> 타라스는 코자크 원로 연대장 중 한 명이었다. 그의 몸은 전쟁을 위해 태어난 것 같았고, 그의 성품은 남보다 월등히 용감하고 강직했다. 당시는 폴란드가 러시아 귀족들에게 많은 영향을 끼치기 시작하던 시기였다. 많은 귀족들이 폴란드의 사치스러운 풍속을 본받기 시작하면서 엄청난 하인들, 사냥 매, 사냥개, 궁정 같은 저택을 소유하고 잔치를 베풀었다. 타라스 불바는 이 모든 것이 마음에 들지 않았다. 그는 순박한 코자크의 생활을 사랑했다. 그래서 그는 폴란드의 수도인 바르샤바 쪽으로 기울어진 코자크들과 싸웠다.(II:48)

〈무서운 복수〉에서 다닐로는 카테리나에게 이렇게 말한다.

> 무언가 무서운 일이 이 세상에 일어나고 있어요. 악한 시대가 다가오고 있어요, 아, 나는 지나간 시절을 기억합니다. 그 시절은 절대 다시 돌아올 수 없어요… 그때가 황금 시대였는데… 지금 우리 귀족들은 모두 폴란드식 풍습에 물들어 현란한 생활방식을 이어갑니다… 그들은 연합교회에 자신들의 영혼을 팔아넘겼어요. 유대인들은 가난한 사람들을 못살게 굽니다. 아, 지나간 시절이여, 과거여!(I:256-66)

최소한 표면적 차원에서 역사는 퇴보하는 과정을 밟는다는 것을 분명히 보여준다. 과거의 순수함은 자주, 폴란드인의 형태로 나타나는 현재 세계에 의해 오염되고, 고골이 살았던 시대와 가까운 시기에는 코자크가 아닌 사람들이나 북쪽의 러시아인들에 의해 오염된다. 낭만적인 과거의 상실에 대한 통상적인 감상적 언급보다 고골이 얘기하려고 하는 것은 역사적 변화는 단선적 과정으로 현재까지 이어진 것이 아니라는 것을 계속 강변하기 위함이다. 역사는 현재나, 아니면 최소한 과거와는 다른 무엇이 과거로 끼어들거나 밀치고 들어오는 훨씬 복잡한 현상이다. 고골은 이전의 코자크들도 서로 대비되고, 자신들 사이에서도 분열을 일삼았다는 그림을 그림으로써 과거를 현재와 대비시킨다. 과거는 과거와 서로 대비되고, 더 먼 과거와 대비된다. 위에 언급된 예에서 다닐로는 젊은이지만 마치 자신이 훨씬 나이가 든 사람인 양 시간의 흐름을 한탄한다. 과거에 대한 그의 수사적 발언은 화자가 역사적 관점이 거의 없다는 것을 깨닫는 순간 역사에 대한 선언으로서의 무게를 잃는다. 최종적으로 메시지는 역사적 어휘로 논의되지만, 기본적으로 역사적 발전 과정(아니면 퇴보 과정) 외부에 존재하는 초월의 문제가 된다.

작품 〈헤트만〉의 한 부분에도 흥미로운 예가 있다. 화자는 어느 집을 길게 묘사하느라 플롯에서 이탈한다. 방은 "전혀 고대 물건이 없다는 점에서 이 나라에서 기념비적인 방이라 할 수 있다."(III:293) 짐작하건대 이 방은 과거의 흔적을 완전히 지워버린 격동 속에서 살아남은 것이다. "이 방의 존재는 하루살이 같아 보이지만, 그래도 50년 가까운 세월을 변하지 않고 있었다." 세월에 바랜 오스트라니차의 할아버지 초상화가 걸려있는 이 방을 화자는 아주 세세하게 묘사한다. 코자크 땅이 과거의 기억을 되살릴 만한 것을 아무것도 가지고 있지 못하다는 것을 말한 다음, 화자는 지금 사건이 일어나는 역사적 시대보다 훨씬 이전의 역사적 인물의 초상화를 언급하고 있는 것이다. 역사가 없는 것 같은 장소에 나타나는 역사의 일부를 보고 독자는 혼란을 느낀다.

고골의 모든 코자크 주제 작품은 독자로 하여금 시간 구조를 선택하게 만드는데, 이 구조에 사용되는 시간 지표는 그 시간 체계 밖에서 이야기를 이해하게 만든다. 이렇게 되면 역설적으로 역사적 모티프는 이면을 포함한다. 서사에 대한 반복되는 지적도 코자크들이 우리가 인식할 수 있는 인간적 시간 밖에 살고 있다는 것을 보여준다.《타라스 불바》에서 코자크 전사들이 참나무처럼 쓰러질 때 호머에 대한 인용이 나오고[28], 중세 작품인《이고르 원정기》의 특징인 새에 대한 비유가 자주 나온다.《이고르 원정기》에서처럼 날아다니며 노래하는 새는 썩은 고기를 먹는 "악마" 뇌조와 경쟁해야 한다. 이것은 이야기에서 긍정적인 주인공과 부정적 주인공과 상응한다.

이와 유사한 연관은 코자크 신화 전체에 걸쳐 나타난다.《보이나롭스키》에서 릴레예프는 누워 죽음을 기다리는 코자크 주인공 위를 선회하는 갈가마귀를 묘사한다. "나는 곧 죽을 것 같다. 벌써 탐욕스런 갈가마귀 한 마리가 내 눈을 쳐다보며 머리 위를 선회하고 있다"[29]라고 묘사하고, 유대인, 폴란드인, 리투아니아인, 연합교회 신도들(모두 비(非)코자크이다)을 까마귀에 비유하고 있다. 불가린도 진정한 코자크인 주인공 팔레이가 폴란드인들과 주연을 즐기는 마제파를 바라보는

장면에서 "갈가마귀 잔치에 간 독수리 같다"고 표현한다.[30]

봄을 알리는 전형적인 전령사인 새는 순환하는 시간의 흐름을 표상한다. 코자크를 매년 돌아와 무한한 창공을 자유롭게 솟아오르는 새와 연관지음으로써 작자들은 단선적 역사의 밖에 있는 코자크 전사들의 지구성을 강조한다.

일부 작가들은 새의 모티프를 좀 더 복잡하게 발전시킨다. 《타라스 불바》에서 고골은 비코자크 등장인물들을 날지 못하는 새인 닭에 비유하고, 폴란드 간수는 새를 잡아먹는 고양이로 비유한다. 코자크의 반대 유형인 도시화된 폴란드에 대한 마지막 은유로 이들을 황금 새장에 갇힌 매로 비유한다. 비코자크들은 남을 가두고 자신도 갇히지만, 주인공들은 자유롭게 창공을 난다.

위에 언급한 새 비유와 마찬가지로 서사 시인을 언급함으로써 코자크들을 서사시와 연관시킨다. 고골은 반두라를 연주하는 유랑시인을 이렇게 묘사한다.

> 이미 백발로 덮였지만 용기에 가득 한 노인은 예언자의 영기에 가득 차서 묵직하고 기운찬 말로, 《이고르 원정기》에 나오는 영광과 같은 코자크들의 영광에 대해 이야기할 것이다. 그들은 영광은 온 세상에 퍼져 나갈 것이고, 앞으로 태어나는 모든 사람은 모두 그것에 대해 이야기할 것이다.(II:131-32)

독자들이 유랑시인과, 《타라스 불바》를 노래하여 코자크 정신을 그가 죽은 후에도 보존하는 화자의 상관관계를 알아차리지 못하는 경우를 대비해서 고골은 대단원을 서사시의 모방으로 끝을 내서, 화자도 호머처럼 말할 수 있다는 것을 보여준다.

> 그들이 말은 멀리 넓게 퍼져나갈 것이다. 비싼 순은을 넣어 만든 명장의 구리쇠 종소리처럼 아름다운 소리는 저 멀리 떨어진 오두막집과 궁전과 도시까지도 울려 퍼져 모든 사람들을 성스러운 기도로 인도할 것이다.(II:132)

이러한 유형의 유랑시인, 특히 널리 알려진 장님 유랑시인들은 코자크 주제 작품에 아주 자주 등장하는데, 이들은 유구하고 영구적인 서사적 영광(slava)을 노래한다.

《타라스 불바》에서 화자가 스스로 취하는 서사시인의 오만은 독자의 시선을 벗어날 수 없다. 이야기 자체는 진정한 서사시라고 할 수 없지만, 코자크를 역사를 초월한 신화로 만들기 위해 과거에 대한 여러 연관과 함께 서사적 기법을 사용했다고 볼 수 있다.[31] 호머의 서사시는 신화적 의식을 가진 순수한 구비 문학과 후대의 선형적 내러티브(linear narrativ)의 경계 선상에 서 있다.《타라스 불바》에서 고골은 이러한 단절 이전으로 돌아가서 시간과 공간과 특정한 관계가 없는 신화적 초시간성을 되살리려고 시도한다.[32]

고골은 이에서 더 나아가 자신의 이야기에 서사적이거나 은유적 해결을 만들기를 거부함으로써 자신의 코자크들을 신화화한다. 타라스는 마지막 숨을 쉴 때까지 동료들을 도우면서 "번개를 맞아 갈라진" 나무 끝에 매달려 못이 박힌 채(자연스런 십자가형) 공중에 매달려 죽는다. 불길이 타라스의 다리를 삼키는 순간에도 화자는 타라스가 결코 죽지 않는 존재인 것을 수사적으로 강조하기 위해 이렇게 말한다. "이 세상에 러시아의 힘을 꺾을 수 있는 불길이나 고문, 힘이 존재할 수 있다는 말인가?"(II:172)

이런 상황에서 타라스의 동료들은 드네스트르 강물에 뛰어듦으로써 적군들로부터 도망쳐 목숨을 구한다. 이들은 추격하는 폴란드군이 절벽 강물로 떨어져 죽기 직전 간신히 추격을 멈추면서 추격에서 벗어난다. 고골은 코자크들이 경계가 없는 물을 통해 탈출하는 것을 이렇게 묘사한다.

> 드네스트르강은 작은 강이 아니다. 이 강에는 물굽이와 갈대숲, 여울목, 깊은 곳들이 수없이 많고, 쨍쨍 울리는 백조의 울음소리에 반쯤 미쳐버린 거울 같은 수면이 반짝인다. 수면 위로 거만한 오리가 재빠르게 헤엄쳐 가고, 황새와 가슴패기가 붉은 도요새 등 온갖 종류의 새들이 갈대숲 속과 강가에서 무리를 지어 살고 있다. 코자크들은 키가 두 개 있는 차이카보트의 노를 활기차게 젓는다. 새떼들을 놀라게 해 날아오르게 하면서 한 몸처럼 협력하여 노를 저어서 얕은 여울을 피해 가며 나아가며 자신들의 아타만에 대한 이야기를 하고 있다.(II:172)

온전하고 무한한 하늘과 풍요로운 삶을 비추는 거울과 같은 깊은 물과 얕은 물을 대비시키는 형상화[33]를 통해 장애가 없이 영속되는 풍요로운 세계를 표현한다.[34] 《타라스 불바》의 마지막 장면에서 고골은 다시 한번 코자크의 사건을 과거시제(plyli, grebli, minali, govorili)로 묘사하지만, 코자크들은 현재 시제를 써서 현재의 상황(blestit, nesetsia)에 위치시킨다. 러시아어 문법에서 훨씬 시제가 유연하게 사용된다는 점은 당연히 인정되어야 한다. 미국의 카우보이들이 석양으로 사라지는 것처럼, 코자크들은 과거를 이야기하면서, 미래의 더 큰 모험을 향해 노를 저어 간다.

마지막 단락에서 불완료체 과거형 동사를 쓴 것은 단순 과거 시간의 경계를 넘어 이야기가 전개되게 한다. 왜냐하면 이것은 이야기의 끝이 아니라 시작을 암시하기 때문이다. "코자크들은 갑자기 …할 때 노를 젓고 있었다"라는 문장에서처럼 일반적으로 불완료체 동사는 설명이나 이야기의 지속을 필요로 한다. 이 시점에서 이야기를 마치는 것은 시간이 지나면 이야기가 계속될 것이라는 것과 과거의 역사적 사건으로 이야기가 닫히지 않는다는 것을 의미한다.

고골은《타라스 불바》를 다시 쓰면서 마지막 부분의 이미지를 많이 바꾸었다. 1835년에 쓰인 첫 버전에서는 "코자크들은 돌아갈 수 있는 절벽에 다다랐다"라고 썼다. 이런 표현은 절벽이 피해갈 수 있을 정도로 대단치 않기 때문에 코자크들이 건넌 우주적 장소로서 절벽을 해석하게 허락하지 않는다. 1835년 버전에서 언급된 물은 드넓은 드네스트르강이 아니라 "드네스트르강으로 흘러드는 작은 흐름"이다. 1835년 버전에서는 코자크들은 강 한쪽에서 다른 쪽으로 쉽게 건너가 도망친다. 화자는 "드네스트르강은 작은 강이 아니다"라고 말하지만, 두 번째 버전에서처럼 이 강이 풍요와 무한성을 떠올리게 하는 서정적 구절로 계속 강을 묘사하지 않는다.(II:354-55) 첫 버전은 두 번째 버전에서처럼 완전히 새로운 영역으로의 탈출이라는 형상이 나타나지 않는다. 코자크의 탈출도 우리의 세계에서의 탈출이 아니라, 단지 한 장소에서 다음 장소로 넘어가는 기교로만 묘사되어 첫 버전에서만큼 기적적이지 않다.

최종 버전에서 코자크들이 바다를 통해 탈출하는 것은 이스라엘 민족이 홍해를 건너 이집트군의 추격에서 벗어나는 것과 같은 원형적 신화를 기억나게 한다. 두 경우 모두 적군들은 해안에 묶여 있거나 파도에 휩쓸려 죽는다. 이런 식으로 코자크들은 새로운 "엑소더스(출애굽)"에 참여한다.[35] 그러나 새 신화의 영향력은 원형을 뒤집는다. 유대인은 이집트를 탈출함으로써 역사로 들어오지만, 《타라스 불바》의 마지막에서 코자크들은 역사와 시간으로부터 뛰쳐나간다.

## 서사 전략 — 흐려지고 초월된 경계들

코자크 신화의 발전이라는 관점에서 볼 때 고골이 만든 큰 혁신은 다중적 화자를 등장시킨 점이다. 다양한 음성 사이를 빠르게 이동하며 그는 독자와 작중인물 사이의 경계를 불안하게 하고, 서사 수준에서 인물, 배경, 주제라는 관점에서 그때까지 봐 온 자아/타자의 역설에 관여한다.

후기 작품에서 고골은 한 이야기 안에 여러 서사 스탠스(narrative stance)들을 능숙하게 결합했다. 그러나 〈지간카〉에서는 다른 이야기나, 하나의 틀의 부분적 구조 안에서 각각 알아볼 수 있는 다른 화자의 여러 음성을 배분하는 실험을 한다. 그래서 고골은 〈지간카〉에 실린 이야기들을 두 개의 독립적 부분으로 출간한다.[36] 그리고 그는 《미르고로드》를 이 작품집에 포함시키면서 "〈지간카〉에 이어지는 이야기들"이라는 부제를 달았다. 다양한 화자들은 각기 다른 목소리로 들릴 수도 있지만, 서로 연결되지 않거나 변덕스러운 스토리텔러로 꼭 볼 필요는 없다.[37]

〈지간카〉에 등장하는 화자들은 다음 식으로 분류할 수 있다. 첫 번째와 두 번째 장의 도입부는 우크라이나 고향땅의 작은 마을에 사는 반문맹의 화자인 루디 판코(Rudyi Pan'ko)인데, 그는 용감히 자신의 궁벽진 마을에서 넓은 세상에 관심을 보인다. 다음으로 고골은 〈소로친츠이의 장날〉에 좀 더 교육을 받은 개성이 적은 화자를 등장시키지만, 루디 판코는 〈이반 쿠팔라 전야〉에 잠시 등장하여 새 이야기꾼 포마 그리고리예비치(Foma Grigor'evich)를 소개한다. 포마는 자신의 이야기가 아닌 할아버지 이야기를 전한다. 교육을 받은 화자는 《오월의 밤》에 등장했다가 〈잃어버린 편지〉라는 제목이 붙은 〈진실된 이야기〉를 하는 포마에게 자리를 내준 후, 2부의 첫 이야기인 〈크리스마스 이브〉와 〈잔인한 복수〉에 살짝 변형된 모습으로 다시 등장한다. 〈잔인한 복수〉는 우리가 《타라스 불바》에서 자주 만나는 모호한 화자에 의해 이야기가 전개된다. 그러나 이 화자는 포마나 루디 판코보다는 교양 있는 화자와 더 밀접한 관계를 갖는다. 그리고 이야기는 〈먼 옛날의 이야기〉인 페트로와 이반에 대한 이야기는 물론, 과거의 코자크 영웅인 사가이다치니나 흐멜니츠키의 이야기를 하는 맹인 유랑시인에 의해 결말이 맺어진다. 〈이반 쉬폰카(Ivan Shpon'ka)〉는 구전 문학 스타일의 화자가 이야기를 끌고 나가는데, 이 화자는 다른 사람인 스테판 이바노비치 쿠로츠카에게 들은 이야기를 전하는 루디 판코라고 여겨지기도 한다. 그러나 그의 이야기는 완전히 구전적이 아니고, 아래 나오는 문학적 이야기의 여러 특징을 공유한다. 마지막으로 〈매력적인 장소〉는 포마에 의해 〈이반 쿠팔라 전야〉, 〈잃어버린 편지〉와 마찬가지로 "진짜 이야기"라고 포장된다. 포마는 이제 자신은 이야기꾼으로 말하는 것에 완전히 지치고 싫증이 났다고 주장하고, 실제로 이것이 그의 마지막 이야기가 된다.

고골의 다성적 음성의 결과는, 이것이 이야기에 따라 서로 대비되어 나타났건, 〈지간카〉 2부에서처럼 이야기 안에 하나로 통합이 되었건을 떠나서, 화자와 등장인물, 독자 사이의 거리를 유동적으로 변화시키는 틀(paradigm)을 만들었다. 루디 판코나 포마 같은 구전적 화자는 청자에게 직접 말하지만, 자신 스스로 소러시아 생활을 잘 알고 있고, 스스로 우크라이나어와 우크라이나화된 언어(Ukrainianism)를 사용하고, 비표준어적 언어를 쓴다는 점에서 독자와 먼 거리를 유지한다.[38] 루디 판코는 신분이 천한 양봉꾼이 감히 "존경하는 독자들"에게 이렇게 친밀하게 직접 말하는 것에 대해 화를 내지 말아달라고 부탁한다.(I:103) 이것 자체가 자신이 지리적 경계를 떠나 러시아 독자들로부터 떨어져 있다는 것을 제시한다. 사실 그는 포마가 얘기를 하게 등장시키거나, 〈쉬폰카〉에서처럼 자신이 이야기를 다른 사람에게 들었거나 자신이 기억이 아주 희미하다는 핑계를 대며 "한 이야기가 이 이야기로부터 시작된다"(I:283)라고 말함으로써 자신을 두 번이나 멀어지게 한다. 독자인 우리에게 직접 호소했음에도 불구하고, 그는 자신의 신빙성을 스스로 파괴하고, 우리로 하여금 회의적 거리에서 그를 보도록 만든다. 그리고 그가 서술하는 인물들이 너무 다양하기 때문에 그의 그림은 더욱 혼란스러워진다. 그는 코자크와 다른 몇 시대의 코자크의 후손들을 닮았다.

우리는 〈소로친츠이의 장날〉이나 《오월의 밤》의 교양 있는 화자를 더 친근하게 느낀다. 우리는 그가 의식적으로 사용하는 문학적 형태와 이야기를 각각 번호와 제목이 매겨진 몇 개의 장으로 나누는 것을 보고 그를 알아차릴 수 있다. 〈소로친츠이의 장날〉의 각 장은 다른 문학작품에서 따온 제사(epithets)로 시작한다. 인용문은 코틀랴렙스키의 《아에네이드》, 아르테몹스키의 〈주인과 개〉와 민담이나 민요에서 따왔다. 〈오월의 밤〉은 시작 부분에만 경구가 있지만, 다른 작품이나 장르, 특히 민요에서 인용한 글이 넘쳐난다. 쉽게 알아볼 수 있는 이런 문학적 특성은 〈크리스마스 이브〉(인용문), 〈잔인한 복수〉(장 구분, 인용문)와 표면적으로는 구전 등장인물이 드러나는 〈쉬폰카〉(장 구분, 제목) 등에도 나타난다.

작품의 화자도 교묘한 방법으로 독자와의 거리를 유지한다. 화자의 서술은 대부분 구체적인 인물과는 거리를 두지만, 때때로 코자크 등장인물과 관련이 있는 듯한 화법으로 도약한다. 이것은 감탄부호나 뒤바뀐 어순, 평행어법(parallelism)을 포함한 다양한 시적 기법이 표시된 아주 서정적이고 수사적인 어구를 포함한다. 화자는 아주 자주 현재 시제를 사용해서, 자신이 이야기 안의 사건과 동시대에 살고 있다는 것을 알려주고 몇 군데에서는 코자크들에게 직접 이야기한다. 〈잔인한 복수〉에 나오는 아래 구절들을 코자크 다닐로(Danilo)가 말한 것과 비교해 보자.

> 요란한 소리가 천둥같이 키예프시의 한 구역을 울리고 있었다. 고로베츠 대위가 자신의 아들의 결혼식 피로연을 베풀고 있었다.(I:244)

> 목을 쳐 버려라, 코자크들이여! 흥청망청 술잔치를 벌여라, 코자크들이여! 너희들의 싱싱한 가슴을 즐겁게 하되, 금으로 만든 마구와 폴란드놈들 조끼는 쳐다보지도 마라. 금과 보석을 너희 발로 밟아버려라! 칼로 찔러라, 코자크들이여! 흥청망청 술잔치를 벌여라, 코자크들이여! 그러나 뒤를 돌아보아라… (I:267)

> 별이 빛나건 빛나지 않건 검고 윤기 나는 말을 타고 밤을 달리는 사람은 누구인가? 산기슭과 호수들을 건너뛰는 어마어마한 몸집의 기사는 도대체 누구인가? 거대한 말과 그의 그림자는 잔잔한 물 위에 비치고, 끝없이 이어지는 그의 그림자는 산 위에 무섭게 번쩍거린다.(I:272)

우리는 평행어구(parallelism)(shmit-grenit, rubi-gulial, bleshchut ili ne bleshchut)와 특히 첫 단락에 나오는 리듬적인 말을 주목해야 한다. 고대어나 아주 시적인 특징이 두드러진 어휘(kon', bogatryi)와 강조법적인 구두점도 주목해야 한다. 코자크들도 이와 비슷하게 말한다.

머리가 아프고, 나의 가슴도 아프다(I golova bolit u menia, i serdtse bolit, I:265)

코자크 영혼이여, 마지막으로 마음껏 즐겨라! 동지들이여, 실컷 마시자, 우리의 잔치가 시작되었다!(I:266)

세상이 점차 슬퍼진다. 악의 시대가 다가온다. 아, 나는 지나간 시절을 어떻게 회상하는가, 회상하는가!(I:265)

이 구절들에는 화자와 그가 전달하는 등장인물 사이의 언어적 차이가 선명하게 드러나지 않는다. 이런 곳에서 독자는, 화자가 우리와 마찬가지로 코자크를 문학적, 역사적, 문화적 거리를 두고 바라보는 것과 대비되게 시간적으로나 공간적으로 코자크 진영 안에 있다고 느끼게 된다. 다른 말로 하면, 〈지간카〉에서 화자는 시간적, 지리적, 사회적, 교육적 경계를 앞뒤로 뛰어넘어 다닌다. 신화의 용어를 사용하면, 그는 때로는 '자아'가 되었다가, 어떤 경우는 '타자'가 된다.

다양하게 나타나는 화자의 목소리 때문에 우리 독자들은 이야기 안의 장소, 세기, 다른 어떤 지시점(reference point)에 대해서도 확신을 가지지 못한다. 우리가 찾는 대상은 대부분 화자들 집단 뒤에 있는 암묵적 저자인 고골 자신의 입장이다. 알려진 관점이 제공해 주는 안정감은 계속 우리를 피해 다닌다. 고골은 동시에 여러 목소리인 화자의 목소리를 선택하여 다른 입장 사이의 구분을 무시한다. 고정된 지시점을 갖지 못한 채 방치된 독자들은 자기 자신의 관점을 선택하여 고골의 의도라고 주장하거나(사회학적으로 경도된 비평가들은 지난 150년간 이 관점을 택했다), 아니면 불분명한 화자의 관점의 기법을 고골 창작술의 의도된 부분이라고 이해하거나, 코자크를 시간과 공간의 제약을 넘어선 존재로 만들려는 노력의 한 부분으로 간주한다.[39]

고골의 화자들의 유동적인 문체적 차원은 코자크 신화의 성장의 중요한 요소가 된다. 몇 가지 서사적 입장은, 대부분 비평가들이 코메디적 목적으로만 쓰이는 소위 '스카즈(skaz)'라는 잡동사니적(catchall) 기법과 연관이 지어져 왔다. 스카즈(skaz)에서는 설화가 구전 이야기를 모방하여, 행동이 아니라 말 자체에 의해 화자의 존재가 드러나는 환상을 만들어낸다.[40] 다른 설화적 관점에 연결되어 스카즈 화자들은 실제로는 모든 코자크 작품의 경계의 유동성을 강조하는 핵심적 역할을 한다. 고골 이전까지 코자크 주제 작품의 화자들은 코자크를 문화적 또는(그리고) 역사적 거리에서 보거나, 아니면 민간전승의 모방에서처럼 자기 자신이 코자크 캠프에 있는 것처럼 말했다. 고골의 경우에는 초기 작품에서부터 화자가 두 지점 사이를 여행한다. 아무 다른 힘이 없는 우리 독자들은 화자를 따라다녀야 하고, 우리가 알지 못하는 기차 여행자 같은 지시 체계(refernce frame)에 놓여있다는 것을 발견하게 된다. 기차 안에서는 경치가 아니라, 우리 자신이 이동하고 있는 것이다.[41] 그러나 이 경우 고골의 기차는 탑승객을 한 방향으로 데리고 가지 않을 뿐 아니라, 장소의 진행은 시간의 진행에 상응하지 않는다.

일례로 〈잔인한 복수〉 첫 장의 화자는 현재 시제로 이야기를 시작하며 배경을 정하는 일반적 설명을 한 다음, 과거로 전환하여 "우리의 옛 시절에"라는 구절로 화자의 현재의 확고한 위치를 보여준다. 1장의 나머지 부분은 과거를 설명하거나, 과거의 주인공이 말한 자료를 인용한다. 단, 화자가 코자크의 생각이나 감정을 이야기하는 수사적 삽입의 경우는 예외이다. "외국 땅에서 그렇게 오래된 이야기를 어떻게 얘기하지 않고 지나갈 수 있겠는가! 그곳에서는 모든 것이 올바르지 않고, 사람들도 다르며 기독교 교회도 없었다."(I:244) 이런 유형의 서사적 삽입은《타라스 불바》독자들에게는 익숙한 것이다. 이런 기법은 화자를 독자 옆의 고정된 자리에서 벗어나게 해서 일시적으로 그가 지금 묘사하는 주인공들과 같은 시기에 있게 만든다.

〈잔인한 복수〉의 마지막 장에서는 화자가 모여 있는 군중들에게 먼 과거의 사건에 대해 노래를 불러줄 두 번째 화자를 소개한다. 고골은 직접적 설화 텍스트에서와 다르게 특별한 표기로 시각적으로 각 장을 작은 단락으로 분리함으로써 독자들이 새로운 설화 양식을 듣도록 제안한다. 고골은 이 부분에서 인용 부호를 제거하여 독자들이 새로운 화자를, 주로 현재 시제를 사용하거나 과거를 회상하는 원 화자에 연계하도록 만든다. 독자는 마치 유랑시인 주변에 모여든 사람들 틈에 들어간 것처럼 먼 과거를 돌아보게 된다. 첫 화자가 마지막 단락에 다시 등장함으로써 독자들을 안전한 먼 거리로 거칠게 이동시킨다.

궁극적으로 우리는 화자와 주인공들, 화자와 우리 사이의 유동적 관계가 우리 자신과 코자크 사이의 관계가 된다는 사실을 이해해야 한다. 우리는 옛 우크라이나와 민간 관습에 대한 "기묘한" 묘사에서처럼 때로는 코자크들과 멀리 떨어져 있는 것 같기도 하고, 동시에 동일한 관점을 공유함으로써 그들과 밀접히 연결되어 있는 것 같이 느낀다. 우리가 아니라 주인공들이 우리에게 다가왔다가 멀어지는 것 같이 우리는 느끼게 된다.

모든 종류의 장벽의 파괴는 카니발적 분위기를 만들어 내기 위해 환상을 이용한 고골의 첫 작품집에도 드러난다. 환상은 독자로 하여금 두 상반되는 영역, 즉 서술되는 사건에 대한 자연적 묘사와 초자연적 묘사 사이에서 머뭇거리게 만든다.[42] 〈소로친츠이의 장날〉에서 "붉은 조끼"라는 단순한 언급이, 물리적인 것과 정신 사이의 경계, 말과 사물의 경계를 관통하는 악마의 힘을 느끼게 한다.[43] 《오월의 밤》에서는 증류업자가 욕심 많은 대식가에 대해 불평하는 자신의 장모에 대한 이야기를 말한다. "너는 그 만두를 먹다가 목이 메어 죽어야 해."(I:67) 이렇게 말하자마자 그 남자는 목이 메어 자리에 쓰러진 다음 죽는다.

시간과 공간 모두 환상 속에 변형된다.[44] 〈이반 쿠팔라 전야〉에서 화자는 이렇게 외친다. "시간이 얼마나 확장되었는가! 어디에선가 신의 날은 끝이 없어져버렸다."(I:40) 〈잃어버린 편지〉에서 할아버지는 "아마도 코노토프(Konotov)에서 바투린(Baturin)까지의 길만큼 오래 식탁에 앉아서, 농부가 건초를 들어 올릴 때 쓰는 갱기보다 작지 않은 포크를 썼다."(I:188) 〈오월의 밤〉에는 이런 표현도 나온다. "당신은 우크라이나의 밤을 아는가? 오, 당신은 우크라이나의 밤을 알 수 없다. 그것을 한 번 들여다보라. 하늘의 중심에서 달이 내려다본다. 끝이 없는 하늘의 궁륭이 뻗어서 끝이 없는 침묵 속으로 이어진다."(I:159) 〈오월의 밤〉의 마지막 부분이 시작될 때, 벽의 고체성이 사라지고 영지 주택의 연못에 비친 빛으로 검은 덮개가 투명한 유리로 변한다. 연못의 깊은 곳을 바라보는 주인공은 "그는 바로 깊은 곳으로 빠져 들어가는 듯했다.(I:174) 그때 물결이 일고, 창문이 닫히며 그는 다시 연못가에 서 있는 것을 느꼈다. 그러나 그는 "그의 마음에 어떤 달콤한 고요함과 자유로운 공간의 느낌을"(I:175) 느꼈다. 그는 소녀들이 안개 속을 "그림자처럼 훨훨 날아다니고, 마치 몸이 투명한 구름으로 만들어져서 그 몸 사이로 은빛 달이 비추는"(I:176) 세계에 있는 것처럼 느꼈다. 버려진 집의 벽과 연못의 수면, 처녀들의 몸이 더 이상 관통할 수 없는 장벽이 아닌 영역으로 주인공은 빠져 들어간 것이다.[45]

환상적 요소로 보아 〈지간카〉와 결합될 수 있는《미르고로드》에 포함된 〈비이〉는 내부(성적)의 환상과 외부 현실의 경계를 흐리게 한다.[46] 호마의 경우 너무 현실화된 그의 공포가 그를 죽음에 이르게 만든다. 그러나 〈비이〉의 마지막 페이지까지 환상과 현실 사이에서 고골의 펜은 계속 주저하여 어느 것도 완전히 지배하지 못한다. 다음 단락에서 보는 것과 같이 등장인물을 내부 심리와 외부의 합리적 사고를 혼동한다.

> 나는 왜 코마가 그런 일을 했는지 안다. 그것은 두려움 때문이었다. 만일 그가 두려워하지 않았다면 마녀는 그에게 아무 짓도 할 수 없었을 것이다. 코마는 성호를 긋고, 마녀 꼬리에 침을 뱉기만 했으면 그에게 아무 일도 일어나지 않았을 것이다. 나는 이 모든 것을 이미 잘 알고 있었다. 왜냐하면 키예프 시장에 앉아 있는 모든 여자는 마녀들이기 때문이다.(II:218)

〈지간카〉의 독자들은 경계 초월의 문제에 계속 부닥치지만, 여기에서도 확실하게 경계는 뛰어넘지를 못한다.[47] 고골은 경계가 "존재한다는" 것을 강조하고 있는 것이다. 〈지간카〉는 경계의 문제를 코자크와 연관시켜 이 경계를 잠재적으로 초월하는 문제를 제기하지만, 신비적 의미의 모든 구별은 제거시키지 않는다. 이것은《타라스 불바》로 넘겨진다.[48]

〈지간카〉에서와 마찬가지로《타라스 불바》에서도 자신의 관점과 주인공들의 관점을 교대로 오가는 시간에 따라 모호한 화자를 내세운다. 처음에 그는《타라스 불바》의 행동을 단순히 관찰하기만 한다. 그는 두 아들이 키예프에서 집으로 돌아오고, 타라스가 이들과 장난을 치고, 엄마가 아들들을 포옹하는 것을 관찰하기만 한다. 화자는 자신의 설명을 넣기 위해 타라스의 말을 중단시키며 문학적 대리인이라는 자신의 역할을 의식한다. "여기서 타라스는 인쇄된 종이에 쓸 수 없는 말을 내뱉는다."(II:43)

화자는 계속 독자와의 형식적 관계를 유지하며 코자크의 관습을 역사학자로 서술하면서 코자크와의 거리를 유지한다.

> 거실은 시대적 취향에 맞게 잘 꾸며져 있었다. 지금은 더 이상 부르지 않는 우크라이나의 노래나 민요에는 당시 거실의 시대적 분위기가 생생하게 표현되어 있었다. 거실에는 턱수염을 길게 기른 늙은 장님이 조용히 연주하는 반두라 소리에 맞춰 사람들이 빙 둘러서서 노래를 불렀었다.(II:43-44)

이 상황에서 화자는 독자의 현재에 존재한다. 그는 오래된 교회의 창문을 "오늘" 바라보는 입장에서 묘사하고, 과거 시제를 이용해 "그

용감한 시대"에 대해 말한다. 더 나아가 그는 코자크의 두 아들을 "우리의 젊은이들"이라고 부르며 마치 우리가 그의 동지인 것처럼 내세우며 독자와의 유대를 강화한다.

그러나 화자는 등장인물들의 내밀한 생각을 알고 있다. 작품의 앞부분에서 그는 마치 어머니처럼 말을 한다. 그는 시적 모방을 이용한 문학적 표현으로 단락을 시작하지만, 바로 간접화법 즉 체험 화법(erlebte Rede)으로 전환한다.

> 그녀는 두 아들을 향한 열정과 애정과 눈물로 가슴을 졸이며 스텝의 갈매기처럼 아들들 위를 돌고 있었다. 누군가가 사랑스럽고 귀한 두 아들을 다시 보지 못하게 빼앗아 가려는 것만 같았다. 첫 전투에서 타타르인들이 그들의 목을 잘라 버릴지도 모른다. 어쩌면 이제 아들들이 시체가 어디에 버려져 있는지, 혹시 들판에 내버려진 채 새가 쪼아 먹고 있는 것은 아닌지조차도 그녀는 알 수 없는 것이 아닌가.(II:50)

단락의 마지막 부분에 가서야 그는 인용 화법을 쓴다.

화자는 후반부에 타라스의 생각에 대해서도 말한다. "자신의 연대로 걸어가면서 타라스는 안드리이가 어디로 사라졌는지 의아해한다. 그는 잠을 자다가 다른 병사와 마찬가지로 포로가 되어 잡혀 갔는가? 아니다, 그럴 리가 없다. 안드리이는 생포될 전사가 아니다…"(II:110)

타라스와 동료 전우들의 말투는 이들의 감정적이고, 다급하며 기묘하게 시적 수사와 결합된 어투로 쉽게 구별된다.

동지들, 나는 여러분에게 우리 코자크의 동지애가 어떤 것인지 한 마디 하고 싶다. 여러분은 아버지와 할아버지들에게서 모든 나라들이 우리의 영토의 영광을 존중해주었다는 것을 들었을 것이다. 우리는 그리스인들에게도 우리의 위력을 보여 주었고, 또 차르그라드(Tsargrad: 콘스탄티노플)에서는 금은보화를 빼앗아 오기도 했다. 우리 도시와 교회들은 훌륭하고 풍요롭다. 우리의 왕자들은 이교도 가톨릭이 아니라 우리 러시아의 피를 받은 왕자들이었다. 그러나 이 모든 것을 이교도 놈들이 빼앗아 가서, 그 모든 것이 사라지고 말았고, 우리 늙은이들만 남았다. 그렇다, 우리의 나라는 든든한 남편을 잃은 외로운 과부처럼 되어버린 것이다! 이럴 때 우리 동지들은 서로 손을 굳게 잡고 뭉쳐야 할 것이다! 이것이 바로 우리가 전우애로 뭉쳐야 할 이유인 것이다! 동료애로 뭉치는 것보다 더 신성한 것은 아무것도 없다.(II:131)

화자는 코자크의 용맹을 점점 더 자주 언급하면서 이 체험화법적 패턴을 이용한다. 그는 감탄 부호를 사용한 코자크 등장인물의 시적이며 과장된 말투에 빠져 들어가면서 스스로 흥분한다. 이 시점에서 그는 자신의 단순 과거 시제 화법을 현재와 미래 시제로 자주 전환한다.

들판 전체에 온갖 색의 옷을 입은 사람들이 그림 같은 무리들을 이루며 모여 있었다. 이들의 원기 왕성한 붉은 혈색을 보면, 이들이 전투에 단련되었고, 온갖 역경을 경험했다는 것을 바로 알 수 있었다. 그렇다, 이것이 바로 세치다!(현재형 시제로 전환함) 그곳은 용감하고 자유를 사랑하는 자들이 사자처럼 날아오른 바로 그 둥지인 것이다. 그곳으로부터 자유와 코자크 정신이 우크라이나 전체로 흘러나오는 것이다.(II:62)

독수리들이 날아와 죽은 코자크들의 시체를 찢고 눈을 쪼아댈 것이다. 그러나 이처럼 아주 넓게 또 자유롭게 흩어져 있는 주검의 야영지 속에는 위대한 것이 숨겨져 있다. 위대한 업적은 절대 망하지 않는다. 코자크의 영광은 총구에서 나오는 작은 화약 연기처럼 쉽게 없어지지 않을 것이다.(II:131)

코자크들이 얼마나 용맹스럽게 전투에 몸을 던졌던가! 그들 모두가 얼마나 분개했을까! 더욱이 자기 부대 코자크 절반 이상이 전사한 것을 보고 아타만 쿠쿠벤코는 얼마나 분개했을까!(II:136)

화자는 심지어 마치 자신도 전쟁터에 있는 것처럼 코자크들에게 직접 말을 하기도 한다. "코자크여, 코자크여, 너희 군대의 가장 뛰어난 꽃을 포기하지 마라…"(II:140)

체험화법의 사용과 이에 따른 시제의 혼동은 시간적 제약을 초월할 수 있는 화자와 코자크의 능력을 보여준다. 우리 독자들은 다음과 같은 단락에서는 시간 체계를 더 이상 느끼지 못하게 된다.

그리고 코자크 한 명이 사라져 버린 것이다! 그는 코자크의 기사도 전체를 상실하고 사라져 버린 것이다. 그는 자포로지야 세치도, 아버지의 마을도, 신의 교회도 더 이상 보지 못한다. 우크라이나도 자신을 지켜주던 가장 용감한 아들 중 하나를 더 이상 보지 못할 것이다. 늙은 타라스는 자신의 변발 한 움큼을 잘라버리고, 부끄럽게도 이 아들을 태어나게 한 날과 시간을 저주할 것이다.(II:107)

타라스는 글이 쓰일 때 이미 자신의 변발을 잘라버렸다. 그러나 이미 화자의 입장은 안드리이가 사라진 것과 타라스가 변발을 잘라버린 중간 어디에 있다는 암시가 주어진다. 아마도 타라스가 이 글이 완성된 다음과 우리의 시간 이후의 어느 시점에도 살아있다는 것을 암시하는 듯하다. 사실은 타라스는 시간과 정상적 공간 밖인, 코자크의 신화적 세계에 살고 있는 것이다. 이것이 고골이 적어도 러시아 문학에서 백 년 이상의 기간 동안 다른 작가들에게 유산으로 남겨준 것이다.

# 6장 결론 — 애매한 톨스토이

코자크가 등장인물로 나오는 19세기 소설로는 가장 잘 알려져 있기는 하지만, 레프 톨스토이(Lev Tolstoi, 1828-1910)의 중편 소설 《코자크(The Cossacks/Kazaki)》(1863)는 신화 연구의 대상으로는 잘 들어맞지는 않는다. 톨스토이는 1850년대 초반 자신이 주둔했던 코카서스에서 개인적으로 접한 코자크 공동체를 묘사한다. 푸시킨의 《대위의 딸》처럼 그는 러시아인 주인공이 코자크 땅으로 가기 위해 '문명화된' 러시아를 떠나는 장면으로 이야기를 시작한다. 우리는 이 이야기가 월터 스콧 모델의 사랑 이야기가 될 것으로 전제한다. 역사적, 민속학적 세밀한 묘사를 배경으로 소설 속의 주인공은 유명한(아니면 악명 높은) 인물들과 여러 일을 겪는다. 스콧식의 역사 소설에서는 코자크가 이야기의 주인공으로 나서기보다는 지역적 특성을 제공해 주는 역할을 할 것으로 기대한다. 그리고 실제로 《코자크》에서 코자크는 주인공의 영적 상태에 대한 배경을 제공하는 것에서 크게 벗어나지 않는 역할을 한다.

톨스토이는 코자크 국경경비대, 상트페테르부르크 응접실, 유럽의 온천, 농촌 마을 등 굉장히 넓은 지역을 이 소설의 배경으로 설정한다. 그러나 배경 경치는 주인공의 내부의 갈망을 반영한다. 대부분의 경우 주인공은 톨스토이 자신과 같이 부유한 러시아인이다. 톨스토이가 배경에 접근하는 방법은 푸시킨의 소설《대위의 딸》끝부분의 편집자나 각 장의 서두를 장식한 의도적인 민요 인용문처럼, 이 소설을 코자크 신화에서 멀리 떨어지게 하는 역할을 한다. 두 작가 모두에게 있어 이 거리는 환희가 아니라 역설을 만들어내는 경향이 있다.

고귀한 영혼에 대한 톨스토이의 관심과, 사랑과 죽음의 비밀을 이해하고자 하는 그의 시도는 그를 푸시킨으로부터도 멀리 위치하게 만들고, 그의 짧은 소설을《대위의 딸》보다 더 낭만주의적으로 만든다.[1] 톨스토이에게 코자크는 개인적이고 아주 사적인 여행의 이정표이다. 푸시킨에게 코자크는 사회적 배경의 대상이 된다. 푸시킨의 경우 사랑은 충상과 고귀성의 문제가 되지만, 톨스토이에게는 감정적 순수성을 나타낸다. 푸시킨에게 있어서 폭력적 봉기는 역사적 관심거리가 되지만, 톨스토이에게는 영적 의미를 갖는다. 그러나 두 작가 모두에게 개인적으로건 사회적으로건, 아니면 미적으로나 영적으로나, 코자크가 배경에 관여하는 것이 신화에 필요한 표지가 되지 않는다. 코자크 배경은 푸시킨으로 하여금 낭만주의적 문학의 역설을 강조하게 해주고, 톨스토이에게는 가능한 범위에서 반낭만주의에 대한 변명을 제공해준다.

《코자크》는 러시아 문학에서 코카서스라는 대상의 전통이라는 관점에서 더 잘 이해될 수 있다.[2] 주인공 올레닌(Olenin)이 원래 관심을 가진 것은 코자크가 아니라 산악 지역과 산악 주민들이었다. 그가 체르카스족(코자크가 아닌) 소녀와 결혼하여 그녀를 교육시키는 것은 코자크 신화의 토포스와 멀리 떨어져 있다.[3] 이런 면에서 톨스토이는 미하일 레르몬토프(Mikhail Lermontov)나 마를린스키(M. M. Marlinskii)의 코카서스 소설에서 소재를 따오고 이를 비튼 것으로 볼 수 있다.[4] 실제로 작가는 마를린스키의 소설 《암말라트-베크(Ammalat-Bek)》를 직접 언급하고 있다. 이 소설들은 코카서스를 이국적인 거리에 두고 있고, 이방인적인 타자와 잘 알려진 자아가, 신화적 코자크에서와 같이 산악주민 안에서 결합되는 것을 전제하지 않는다.

그럼에도 불구하고 코자크 신화를 떠올리게 하는 중요한 기제들이 등장한다. 톨스토이는 고골이 《타라스 불바》에서 코자크 신화를 가장 명시적으로 선언한 후 10년이 지난 뒤 《코자크》 집필을 시작하지만, 이것을 10년 동안 끝내지 못한다. 그럼에도 불구하고 코자크에 대한 그의 변이형은 《대위의 딸》에 표현된 코자크에 대한 이전 묘사에 귀를 기울인다. 고골이 신화로 만든 코자크 주인공의 여러 요소를 푸시킨이 모아놓았다고 말한다면, 톨스토이는 요소들을 다시 결합하여, 그 사이 만들어진 주인공에 대해 때로는 역설적인 설명을 하고 있는 것이다. 사실 《코자크》는 수십 년 전 낭만주의적 움직임에서 신화로 진화된 주인공들의 상반된 양상들을 "화해"시키기보다는 이를 전경화함으로써 애매하기는 해도 궁극적으로 코자크 토포스를 널리 확산시킨다. 등장인물들과 화자가 코자크 신화에 대해 취하는 서로 충돌하는 시각으로 인해 《코자크》는, 역사이건 심리이건, 민족이건 개인이건 거대화시키고 일반화하는 것을 거절하는 톨스토이의 입장을 보여준다. 톨스토이는 정말 중요한 세계는 평범하고 극적이지 않은 사건들로 이루어진다고 생각한다. 이것은 모슨(Gary Saul Morson)이 주장한 것처럼 근본적으로 무체계적이며, "어지러운(messy)" 것이다.[5] 그리고 이것을 구성하는 "모순들"이 삶의 전정한 "내용물(stuff)"인 것으로 드러난다.

톨스토이는 여러 번에 걸쳐 《코자크》를 개작했다. 이 과정에서 그는 시, 산문, 편지, 1인칭 시점, 3인칭 시점 설화, 서사시 등 다양한 것을 시험해 보았다.[6] 톨스토이는 플롯이나 장르보다는 등장인물의 비전을 염두에 두고 작품을 쓰기 시작한 것 같다. 그는 일기에 이렇게 썼다. "코자크는 성서의 전설처럼 야생적이고, 신선한 뭔가 다른 것이 될 것이다"라고 썼다. 한 비평가는 "그가 여기서 말하는 것은 특별한 서술법이 아니라 민족적 인물에 대한 것이다"라고 주장한다.[7]

주인공 올레닌은 공상과 현실 모두에서 이 "야생적이고 신선한 전설"에 대한 톨스토이의 해석과 상호작용한다. 톨스토이의 다른 작중 인물과 마찬가지로 올레닌은 말그대로 고아이다(우리는 그가 어린 나이에 부모를 잃었다는 것을 알게 된다. VI:7), 그래서 비유적으로 그는 상류사회에서 얻을 수 없는 사랑과 안정감을 느낄 수 있는 영적 가정을 찾아 나선다.[8] 그는 모스크바의 화려함을 뒤로하고, 코카서스로 파견되도록 손을 쓰고, 코자크 부부와 아리따운 딸이 있는 집에 숙소를 정한다. 이미 예상할 수 있는 바와 같이 그는 사랑에 빠지지만, 실제로 있는 것이든 아니면 그가 있다고 믿는 것이든, 나머지 코자크 사회 모두와 계속적으로 대결하게 된다. 올레닌은 코자크처럼 옷을 입고, 사랑과 죽음에 대한 이들의 토착적 태도에 동화하려고 애쓰지만, 코자크 공동체를 이해하는 데는 실패한다. 그는 도착할 때와 마찬가지로 '고아가 되어' 코카서스를 떠난다.

사냥을 나가 자신을 둘러싼 세계와 잠시 영적인 교감을 나누는 짧은 순간에도(20장, VI:75-79) 올레닌은 자신이 찾고 있고, 코자크가 이미 누리고 있다고 생각하는 영원한 안정감을 느끼지 못한다. 최고조의 경험을 하게 한 자신의 외로운 사냥에 앞서 나오는 제임스 쿠퍼의 "개척자(Pathfinder)"에 대한 인용도, (자신의 자아를 비난하는 과도하게 지적인 결정도) 올레닌은 "문학적" 고귀한 야만인의 역할 이상은 할 수 없다는 것을 보여준다.

그러나 올레닌이 상상의 구성으로 자신을 변형시키지 못했다고 해서, 이것이 《코자크》가 코자크를 신화로 그리는 데 실패했다는 것을 꼭 의미하지는 않는다. 이 작품이 고골, 모르돕체프, 다닐렙스키의 작품에서처럼 경계가 없고, 창의적인 영웅주의를 찬양하지는 않지만, 이 작품이 코자크에 대해 취한 입장의 역설은 신화를 파괴하지 않는다. 올레닌의 낭만적이고 왜곡된 코자크에 대한 단순한 시각은, 한편으로는 설화에 의해 드러난 실제 세계와 충돌할 뿐 아니라, 코자크를 보다 복잡한 그림으로 그린 코자크에 대한 톨스토이의 절제된 감탄과도 충돌한다.

4장에서는 코자크를 "호전적이고, 아름답고, 구교도가 많이 포함되어 있고, 자유와 여유, 약탈과 전쟁을 좋아하는" 것으로 묘사한다.(VI:15-16) 테레크 강가에 사는 코자크에 대한 설명은 사실적인 것으로 보이지만, "호전적인", "아름다운", "부유한" 같은 표현과 자유와 전쟁과 연관 지은 것은 현실보다는 신화에 의존한 바가 크다. 코자크 사회가 상트페테르부르크 귀족 사회보다 더 호전적이었고, 코카서스 코자크 생활과 의복이 외형적으로 아주 아름다웠을 수도 있지만, 이러한 특정한 형용사를 남발하는 것은 실제 사회를 묘사하는 복잡성을 지워버린다. 이러한 설명이 올레닌이 코자크 마을에 실제 도착하기 전에 나오고, 바로 이어서 앞으로의 모험에 대한 그의 공상이 나오는 것은 이 모든 서술을 사실적인 것으로 받아들이기 어렵다는 것을 뜻하는 지표가 된다.[9]

풍자적 해석도 물론 가능하다. 코자크이건 코카서스이건 올레닌이 꿈꾼 것은 그의 정신적 미성숙성을 보여주는 지표가 된다. 그러나 문장들은 올레닌이 산악지대로 다가가면서 갖는 흥분된 생각을 보여 준 앞 장에서와 같이 체험화법으로 제시되지 않는다(IV:14). 오히려 이 지점에서 "코자크" 화자의 목소리는 전통적 코자크 토포스에 의존한 신화적 찬양으로 변한다. 이러한 오랜 이탈은 구조적으로나 문체적으로 두드러지게 나타난다. 묘사는 역사적이고 사회적 언어를 사용함으로써 "진실로" 보이게 하려고 의도한다. 그러나 핵심적 어휘들은 시간에 제약을 받지 않는 무한한 군사적 자유를 떠올리게 한다. 독자는 '코자크라는 개념(THE COSSACK)'을 회상하게 된다.

코자크 사회를 묘사하면서 화자는 신화적 코자크와 길들여지지 않은 이웃인 체첸과 유사하고, 그 결과로 러시아인들과는 거리가 있다는 것을 강조한다. 두 공동체를 가르는 것은 강이지만, 이 강은 반복적으로 건너진다. 소설의 후반부에서 한 등장인물은 실제로 테레크강 위에 다리가 건설될 것이라는 것을 언급하지만(VI:51), 코자크 고향땅에서 모스크바까지는 쉽게 다리를 놓을 수 없다. 올레닌의 첫 여행은 여러 날을 썰매와 마차를 타고 가는 불편한 여정이다.

화자는 코자크들이 주변의 소수민족들과 결혼을 하고, 이들의 풍습을 받아들이고, "산악 거주민인 적들을 존경하지만, 외국 압제자인 러시아 병사는 경멸한다"고 말한다.(VI:16) 톨스토이는 여기서 코자크를 러시아인과 다른 존재로 전제한다. 그러나 인류학적인 마음을 가진 그의 화자가 코자크들이 러시아어와 신앙을 "이전의 순수한 형태로"(VI:15) 보존하고 있고 이들의 높은 문명 수준에 대해 말하게 한다. 여기서 톨스토이는 코자크와 러시아인 사이의 거리보다는 밀접성을 보여주려는 듯하다.[10]

작품 속에서 예로쉬카(Eroshka)라는 인물만이 올레닌의 반대 유형을 보여주는 것처럼 잘 그려진다. 이것은 푸시킨의 《대위의 딸》에서 푸가초프가 그리뇨프의 반대 유형인 것과 마찬가지이다. 올레닌이 사랑에 빠진 마리얀카(Mar'anka), 그의 약혼자 루카샤(Lukasha), 그녀의 부모들과 다른 마을 사람들은 단지 배경에서 움직이는 그림자에 지나지 않는다. 예로쉬카는 젊은 코자크들에게 놀림을 당하는 아주 모순적인 인물이다. 그는 자신의 과거 이야기를 들려주는 서사시인 역할을 한다. 그는 올레닌의 귀족적인 언어뿐 아니라 체첸어도 말할 수 있고, 두 사회 모두를 자기 집처럼 편안히 느낄 수 있다. 그 혼자만이 서로 상반되는 러시아적인 것과 이국적인 것을 조화시킬 수 있는 능력을 가지고 있다. 사실 작품에 나오는 다른 코자크들은 그가 상상한 것보다 세속적인 올레닌에 훨씬 더 가깝다.

그러나 예로쉬카는 자신이 속한 공동체에서 국외자이다. 전투를 하기에는 너무 늙은 그는 술을 마시고, 사냥을 하고, 코자크 소녀들과 마을에 주둔한 러시아 군인들과 과거의 추억을 얘기하며 시간을 보낸다. 톨스토이는 자신의 등장인물이 영웅적인 과거 이야기를 할 때 향수에 푹 빠진 예로쉬카를 점잖게 놀리고 있는 것이다. 《폴타바》의 마리야처럼 예로쉬카는 자신이 의인화하고 있는 코자크 신화의 영향 아래 있는 것이다. 이 늙은 코자크의 매력에도 불구하고, 그의 이상주의는 무정부주의적이고 도달할 수 없는 것이다. 그가 상징하는 세계는 대단히 매력적이지만, 이것은 올레닌이 코자크 마을로 다가가면서 크게 찬양한 산들만큼 먼 거리에만 존재할 뿐이다. 이것은 소설 시작부에 코자크를 "호전적"이고 "아름답다"라고 한 것만큼 제자리에서 이탈한 것이다.

궁극적으로 우리는 예로쉬카와 코자크에 대한 톨스토이의 애매모호한 태도와 대면한다. 독자와 마찬가지로 그는 거칠고 무도덕적인 주인공에게 끌리면서 동시에 역겨움을 느낀다.[11] 올레닌이 주인공들에 대한 낭만적 시각을 가지고 왔다가 좀 더 현실적 시각을 가지고 떠나는 것을 보고 비평가들은 《코자크》를 코자크 신화의 가면을 벗겨내는 작품으로 자주 해석한다. 그러나 톨스토이의 소설은 사실 코자크 주인공의 발전에 대한 훨씬 섬세한 이해를 거부한다. 변하는 것은 코자크 인물상이 아니라, 애초에 올레닌이 코자크에 대해 가진, 러시아인에게는 생소한 일방적이고 낭만적인 고귀한 야만인이란 이해이다. 독자들과 일정 부분에서 올레닌조차도 코자크에 대한 좀 더 완성된 시각을 갖게 된다. 이것은 동시에 자아와 타자이며, 형제이자 이방인이라는 시각으로, 신화의 복잡성을 훼손하는 것이 아니라 그것을 강조한다.

그러나 신화 자체가 애매모호해서 올레닌은 완전히 그것을 동화시키지 못한다. 그가 원한 것은 무한한 자유가 아니라 해답과 암호였다.

올레닌의 인생관은 신화가 찬양하고, 톨스토이가 얘기하는 바와 같이 인생을 구성하는 상반성에 동화되기에는 너무 공론적이고 일차원적이었던 것이다. 올레닌은 작가가 원하는 것, 즉 자신을 둘러싼 세계의 복잡성과 공상과 현실의 분리점에서 그것을 그대로 기쁘게 받아들이는 것이 불가능했다.

최종적 분석을 하자면 톨스토이가 코자크 주인공을 채택한 것은, 30년 전에 푸시킨이 이미 한 것처럼 주인공을 신화적 영웅으로 만들기보다는 신화 만들기에 대한 하나의 설명이다. 그러나 톨스토이는 푸시킨과 다르게, 신화를 버리기 위해서가 아니라, 신화에 의문을 제기하기 위해 아이러니를 사용한다. 예로쉬카는 소설 속에서 올레닌의 정신적 발전에 매우 중요한 존재이다. 올레닌은 자신이 주장하는 코자크와 세계를 통해서만 인생의 풍요로움을 들여다 볼 수 있다. 그러나 이야기의 끝에서 예로쉬카는 코자크 마을을 떠나는 올레닌에게 작별 인사를 하지도 않은 것에서 상징하듯이 들여다보기는 거기서 끝난다.

이 짧은 소설에서 톨스토이가 코자크를 주인공으로 선택한 것은 자의적이고, 고골이 바란 것처럼 러시아 "영혼"을 정의하는 것이 동기가 된 것도 아니다. 코자크가 아니라 거친 체첸인의 생애를 다룬 이후에 쓴 다른 소설 《하지 무라트(Khadzhi-Murat)》(1912)에서도 같은 문제를 다루지만, 이번에는 덜 모호하게 다룬다. 《코자크》는 자신의 귀족 주인공들을 괴롭히는 사랑과 죽음의 문제에 대한 고뇌가 없는 신화적 세계에 대한 톨스토이의 희망을 저버린다. 예로쉬카를 다룬 애매한 태도는 감정적으로 그렇게 복잡하지 않은 세계가 존재할 수 있는가에 대해 톨스토이가 스스로를 확신시킬 수 없었다는 것을 의미한다. 그러나 코자크에 대한 상반된 그림들의 상호작용은, 올레닌의 환상이건, 예로쉬카의 자화자찬하는 이야기, 화자의 객관적인 서술이건을 막론하고, 신화가 사람들의 생에 실제적 요소로 존재한다는 것을 선언하는 것이다. 우리의 꿈과 욕망, 그리고 우리의 경험의 무질서를 조직하기 위해 만드는 신화는 우리 삶의 서로 상충하고 어지러운 '본질'을 강화할 뿐이다.

톨스토이는 코자크 신화 전체를 받아들이지는 않았지만, 역설적인 대비를 통해 실제로는 독자들이 19세기 러시아 문학을 통해 익숙해진 많은 상반되는 이미지들을 강조했다. 코자크는 무법자이고, 국경 거주자이며, 전사이고 수도사이며, 파괴적인 무정부주의자이고 신화 제조자이다. 궁극적으로 완전한 형태의 코자크 영웅은 러시아인들로 하여금 자신들을 창조와 밀접한 관련을 가진 자유롭고 용감한 존재로 인식하게 만든다. 이런 특질이 19세기 문학에 수없이 등장하는 신사화되고 유럽식 교육을 받은 사람과 대비된다는 점은 코자크 신화의 힘을 부정하는 것이 아니라 오히려 강화한다. 자신들이 지금 자랑스러운 전사는 아니지만, 이것이 실제 자신들이고, 자신들의 자유와 에너지에는 한계가 없다고 러시아인들은 말할 수 있다.

역사에 나타나는 코자크들은 이국적이고 너무 낭만적이어서 작가들은 이들을 초인적인 존재로 만들었다. 이들은 정치적으로 19세기 러시아인보다 자유로웠고, 그래서 작가들은 코자크를 존재론적으로 모든 인간적 제약에서 자유로운 존재로 만들었다. 코자크들은 고대 루스의 땅에 살았고, 그래서 키예프 루스가 가진 것으로 여겨지는 순수한 슬라브 정신의 상속자이다. 그리고 무엇보다도 코자크들은 스스로 자족하고, 스스로 가치 있다고 여기는 방법으로 세상을 만들 줄 아는 능력을 가졌다. 그래서 문학의 주인공은 우리의 매일매일 생활의 모순에 신경을 쓰지 않고, 자신의 생명력 있는 온전한 존재 안에서 이것들을 화해시킬 수 있었다. 코자크는 유럽인인가 동양인인가? 코자크는 양쪽 모두에 해당한다. 그는 러시아 국가 내에 살았는가 아니면 경계적 변경에 살았는가? 코자크는 양쪽 모두에 해당한다. 그는 특정한 역사적 시기에 살았는가 아니며 신화적 시간에 살았는가? 또 다시 코자크는 모두에 해당한다.

우리가 처음 제기한 질문으로 돌아가면 19세기의 코자크는 "코자크라는 개념(THE COSSACK)"이 되었다. 이것은 순수화와 거대화, 그리고 전통적으로 인정되어 온 러시아의 영혼이라는 신화를 그들에게 부여함으로써 이루어졌다. 이들은 충일하게, 겁 없이, 그리고 어머니 러시아와 조화를 이루며 살았다. 20세기에는 이 신화적 이미지가 러시아 땅에 실제 살았던 어느 코자크보다 훨씬 더 멀리 나아간다. 이것은 제1차 세계대전과 혁명에서 살아남지만, 스탈린의 문학에서 통제된 권위와 최종적으로 벗어날 수 없게 속박된 예술적, 도덕적 규범의 손에 의해 생명을 다한다.

코자촉 춤
Ilya Repin, "Kazachok," Lithograph(1880).

코자크 병사
Fedir Stovbunenko, "Kozak-bandyrust," Canvas, oil, 98×80. Poltava Art Museum.

복원된 자포로지야 세치 모습

푸가초프

Anonymous, Copper engraving, 1770s, State History Museum, Moscow.

사가이다치니 초상
Nataly Pavlusenko, “Hetman Petro Konashevych-Sahaidachny,” Painting, Oil on Canvas, 23.6×31.5×0.8 inch.

이반 마제파
Osyp Kurylas, “Portret of Ivan Mazepa,” Painting(1909), Ukraine.

말 등에 태워진 마제파
Théodore Géricault, "The Page Mazeppa," oil on canvas(1820).

콥자르(유랑시인)
Folk painting "Kozak Mamai."

보가티르(빅토르 바스네초프 작, 1898년)
Viktor Vasnetsov, Bogatyrs, oil on canvas(1881-1898).

니콜라이 고골
Otto Friedrich Theodor von Möller, “Portrait of Nikolai Gogol,” oil on canvas, early 1840s, Tretyakov Gallery.

영화 〈타라스 불바〉(2009)에서의 처형 장면
Vladimir Bortko, *Taras Bulba*(2009)

톨스토이
O. Ignatovich, *Sputnik*.

이사크 바벨

벨리미르 흘레브니코프
"Velimir Khlebnikov in Ukraine(1916)."

마리나 츠베타예바
"Marina Tsvetaeva, 1920s," ⓒ TASS

미하일 숄로호프
Nobel Foundation archive.

바실리 차파예프

블라디미르 나보코프

# 2부

## 20세기

# 7장 서론 — 신화에서 역사로

19세기는 20세기 작가들을 위해 많은 문학적 유형의 유산을 남겨놓았다. 코자크의 경우 19세기는 신화의 가능성이 풍부하고, 이에 깊이를 더해주는 역설과 반어로 가득 찬 주인공을 유산으로 물려주었다. 자유롭고 독립적인 신화적 주인공과, 20세기로 넘어오는 시기에 유대인 학살과 1905년 혁명적 움직임을 진압한 압제적인 군사적 역할 사이의 대비로 인해 이러한 역설은 강화되었다. 사실, 코자크에 대한 대중들의 이미지는 자유의 전사에서 가죽 채찍을 휘두르는 압제자로 180도 뒤바뀐 상태였다.

이미 19세기에 코자크는 이름에서만 신화적인 원형을 닮은 존재가 되었다. 코자크 자치는 17세기 중반에 실질적으로 박탈되었고, 코자크는 새로 가담하는 것이나, 결혼을 통해 이를 벗어나는 것이 엄격히 통제되는 공식적인 유전적 계급이 되었다.[1] 약탈이 아니라 농업이 코자크의 주요 생계 수단이 되었고, 전설적인 전사-반항자(warrior-rebels)는 특별한 징집과 복무규율에 의해서 러시아제국 군대라는 울타리 안에서만 전투 재능을 발휘하게 되었다.[2]

코자크 남성들은 황실 근위대나 러시아군 기병대로 복무를 하며 국내적, 대외적 국방 의무를 수행했다. 전제정과 러시아 민족주의에 충성하도록 요구된 코자크들은 제국 내에 점점 잦아지는 반란을 진압하고, 때로는 스스로 반란에 나서 자신들의 동료 병사들에 대항하기도 하였다.[3] 코자크들은 실제로는 반란에 적극 참여하지는 않아도, 반란자들을 적극 진압하지는 않음으로써 이들을 부추기기도 하였다. 1905년 혁명과 이어 일어난 노동자들의 파업 때 일부 코자크 예비 연대는 소집을 거부하고, 스스로 반란을 일으키기도 하였다.[4]

제1차 세계대전 직전 시기에 혁명에 대한 선동과 선전은 무산계급 코자크들과 코자크 영역에 거주하는 비코자크들(inogorodnye)들에게 어필했다. 19세기와 20세기 초반 토지를 소유하지 못한 코자크들과 부유한 코자크들 사이의 간극이 점점 커졌고, 계급적 차이는 러시아 사회 전체에서뿐만 아니라 코자크 사회 내에서도 확대되었다. 고난을 받는 코자크들은 자신들이 코자크의 지배 계급보다 가난한 주변 농민들과 공통점이 더 많다는 것을 발견했다.[5]

전통적 코자크 공동체의 특징인 긴밀한 연계와 세습성은 혁명적 일탈의 열기로부터 코자크들을 격리시키는 역할을 어느 정도 했다.[6] 상속받은 재산을 잃을 수 있다는 위협 앞에서, 코자크의 단결력이 황제에 대한 충성이나 프롤레타리아 열기보다 높았다. 1917년 볼셰비키 혁명 직후 내전 기간 동안 몇몇 코자크 연대는 코자크의 전통적 지역으로부터 멀리 벗어나지 않으려는 "코자크 향수병"을 겪기도 하였다.[7] 이는 자유롭게 여러 지역을 돌아다니기를 주저하는 것은 코자크의 신화적 유산과 크게 대비된다. 코자크의 조상들은 토지에 묶여있지 않기 위해 자포로지야나 돈강 유역으로 도망갔고, 약탈하며 돌아다니는 생활양식을 위해 정착 농업을 거부한 것이다. 그러나 이에 대한 의식상의 전환이 일어난 것이 분명하다.

독일과의 전쟁은 코자크들 사이에 러시아 민족주의의 불을 다시 지폈다. 그러나 다른 주민들도 겪은 바와 같이 전장과 후방에서 겪는 어려움으로 인해 많은 코자크들은 러시아제국의 전쟁 정책에 반대하게 되었다. 페트로그라드에 혁명이 일어나자 코자크들에게는 이전과 같이 이것을 진압하라는 출동 명령이 내려졌지만, 이들은 여러 중요한 순간에 혁명에 관여하기를 거부했다. 이후 몇 년간 코자크들은 제국이건, 임시정부 체제건 볼셰비키건을 떠나 러시아에서 분리해 나와 예카테리나 이전의 독립적 지위를 다시 주장하는 것을 심각하게 논의했다.[8]

1918년 표트르 니콜라예비치 크라스노프(Petr Nikolaevich Krasnov)를 코자크 사령관으로 하는 돈 코자크 임시정부가 만들어졌다. 크라스노프는 1차 세계대전에 참전했던 코자크 여단의 지휘관이었고, 1917년 가을 붕괴된 케렌스키 임시정부에도 관여한 인물이었다. 볼셰비키 세력이 케렌스키 임시정부를 타파하자 크라스노프는 볼셰비키 정권에 대항하지 않기로 결정했다. 그럼에도 불구하는 자신들의 특권 상실을 두려워하고 자치적 정부를 창설하기를 희망하고 있던 돈강 지역에서 그는 많은 코자크들을 규합하여 적대적 군사력을 결성했다. 재정적 지원이 필요한 크라스노프의 코자크군은 남동부 연합군과 데니킨(A. I. Denikon)이 이끄는 반볼셰비키 백군(白軍) 진영에 가담했다. 백군이 패배하자 크라스노프는 유럽으로 망명한 후 2차 세계대전 때는 나치 독일군에 협력하였다. 그는 2차 세계대전 후 소련으로 돌아왔으나 1947년 처형되었다.

비코자크 백군 장군들의 지휘보다 지역적 이익이 우선하기는 했지만, 러시아 내전 대부분 기간 동안 코자크들은 백군 편을 들었다. 그러나 이들은 토착 지역에서 멀리 떨어진 지역에서는 제대로 싸우지를 못했다.[9] 일부 코자크들은 적군에 가담하였고, 특히 비코자크 장군인 세묜 미하일로비치 부됸니(Semen Mikhailovich Budennyi)의 지휘를 받은 남부 지역 코자크들은 적군에 적극 가담하였다.

내전은 코자크 공동체에 재앙을 가져왔다. 내전 기간 중 많은 전투가 코자크 지역에서 벌어졌기 때문에 가족을 해체시켜 서로 대립하게 하고, 농사를 망쳐놓았다. 토지의 파괴는 백군과 적군 모두에게 큰 피해를 주었고, 이로 인해 많은 코자크들이 양 진영 모두에 반기를 들었다. 비옥한 돈강과 쿠반강 유역이 1차 세계대전 이전의 생산성을 다시 회복하는 데는 많은 시간이 걸렸다.

1920년이 되자 볼셰비키는 유럽지역 러시아에 대한 통제권을 확보하게 되었다. 1920년 초 전러시아 노동자 코자크 대회가 모스크바에서 열렸다. 이 대회에서 코자크는 러시아 인민을 구성하는 일부(더 이상 분리된 민족이 아니라)로 선언되고, 공식적으로 코자크 집단은 해산되었다.[10] 2년간 더 백군이 저항을 계속한 시베리아와 동부지역에서는 일부 무산 코자크가 적군에 가담하기는 했지만, 코자크는 계속 새로 출범한 소비에트 정권에 반기를 들었다. 이 기간 동안 많은 수의 코자크들이 해외로 이주하였고, 백군의 패배 이후에는 더 많은 수가 러시아를 떠났다. 러시아에 남아있던 코자크들은 반복된 기근*과 스탈린의 강제 농업집단화로 큰 희생을 치렀다.

2차 세계대전 중 코자크 부대가 다시 소련군 내에 편성되었다. 그러나 1부에서 지적한 바와 같이 이 부대에는 많은 비코자크 출신이 포함되었고, 전투력 증강보다는 순전히 애국심 고양을 위해 편성된 경우가 많았다. 부됸니 장군도 1936년 "돈강의 진정한 아들"이라는 기치를 내걸고 다시 나타났지만, 코자크 유산을 오도했다.[11] 기병대가 주력인 코자크 전법은 현대전에서 아무 쓸모가 없었다. 코자크 복장을 하고 말에 올라타 벌이는 행진은 지나간 과거의 영웅들과 연결된 용맹성 신화를 병사들에게 회상시키는 역할만을 했다. 이들의 실제적 군사적 역할은 최소한으로 끝났다.

군사적 중요성을 떠나 좀 더 극적인 것은 나치 협력자인 크라스노프와 소련군 탈영병 블라소프(A. A. Vlasov) 장군의 지휘 하에 소련군에 대항해 싸운 코자크들이다.[12] 그러나 전체적으로 보면, 코자크들은 소비에트 편을 들지는 않아도 자신들의 조국의 편에 서서 싸운 것으로 볼 수 있고[13], 이런 면에서 다른 동료 병사들이나 농민들과 크게 구별되지 않았다.

---

* 러시아와 남부와 우크라이나 지역에는 소련 출범 후 여러 번 큰 기근이 들었다. 전시공산주의가 실시되던 1920년 기근이 들었고, 1932-33년에는 우크라이나와 쿠반 지역에 소위 "대기근"이 발생해서 3백-5백만 명의 주민이 사망했다. 전후 복구 기간인 1948년에도 기근이 들어 많은 사람이 고난을 겪었다.

## 문학적 주인공

이러한 역사적 배경을 참고하여 우리는 코자크 주인공들을 찬양한 혁명 전과 혁명 후 작가들을 살펴보아야 한다. 실제 코자크들은 자신들의 지역적, 농업적 이익을 크게 고려하였고, 황실과 백군 편을 든 경우가 많았다. 늘 올바르게 그려진 것은 아니지만, 코자크들은 반동적인 보수주의와 명령에 순복하고, 폭압적인 압제 전술을 쓴 것으로 인식되었다. 문학 작품에 묘사된 코자크 주인공이 19세기 선배 작가들에 크게 의존한 것은 이들의 영향력과 신화의 위력을 증명하는 것이다. 그러나 새 작가들이 변화하는 문화, 역사적 현실에 적응한 방법은 매우 의미가 크다.

코자크 부대가 인민의 적인 백군의 역할을 하고 이야기의 주요 장면에 등장하지 못한 경우는 논외로 하면, 코자크가 주인공으로 등장하는 작품은 크게 두 가지 서로 상반되는 카테고리에 들어간다. 일부 작가들과 시인들은 영광에 빛나는 코자크 신화를 채택했다. 이들은 코자크를 용감하고, 공격적인 정신을 소유하고, 이와 더불어 창의적 재능을 가진 유형으로 그린다. 그 결과 코자크의 신화적 에너지는 모더니스트 시의 반항성의 상징이 되고, 코자크의 모순적인 성격은 시인이 작품을 쓴 혼란스러운 혁명적 시기를 대변하는 것으로 받아들인다. 압제자로서의 코자크의 실제 모습은 배경으로 물러난다. 이 그룹에 들어가는 작가로는 《적군 기병대》를 쓴 이사크 바벨, 미래주의 시인 벨리미르 흘레브니코프(Velimir Khrebnikov)와 그의 친구 바실리 카멘스키(Vasilii Kamenskii), 그리고 전통 파괴주의자인 마리나 츠베타예바(Marina

Tsvetaeva)이다. 이들이 신화를 변형한 것과, 특히 이것을 시적 창작과 결부시킨 방법은 다음 두 장에서 논의될 것이다.

첫 번째 그룹에 대한 분석을 하면서 두 번째 유형도 유념하여야 한다. 신화의 변형은 소비에트 시대에 결과적으로 코자크 인물의 인도 아래 혁명 정신의 기원을 서술하는 수많은 장편 역사 소설의 탄생을 가져왔다. 그러나 이 작품들은 신화를 강화한 것이 아니라 사실상 신화의 죽음을 나타냈다. 왜냐하면 이 작품들은 코자크 토포스를 좀 더 정치적으로 들어맞는 주인공인 볼셰비키로 전면적으로 변질시켰기 때문이다. 스테판 즐로빈(Stepan Zlobin), 뱌체슬라브 쉬시코프(Viacheslav Shishkov), 드미트리 페트로프(Dmitrii Petrov) 같은 소비에트 작가의 작품에서 스텐카 라진과 푸가초프는 명칭 상으로만 코자크이다. 이 주인공들은 모순적인 신화적 매력이 아니라, 코자크적 특성과 때로는 코자크 이름을 빌려줌으로써 풍유적으로 "새로운 인간형"의 상징이 되었다.

이러한 움직임은 11장에서 논의할 드미트리 푸르마노프(Dmitrii Furmanov)가 쓴 소비에트 고전인 《차파예프(Chapaev)》와 노벨문학상 수상 작품인 미하일 숄로호프(Mikhail Sholokhov)의 《고요한 돈강(Tkitii Don)》에 특히 잘 나타난다. 10장에서 논의할 《고요한 돈강》은 코자크 주인공의 타락과 죽음을 볼셰비키 주인공의 성장과 선명하게 대비시키고 있다. 두 소설은 소위 혁명적 발전의 길에 들어선 사회의 사실적 묘사를 요구한 사회주의 리얼리즘식 역사적 이야기의 선구였다. 사회주의 리얼리즘에서는 사회주의의 확립을 지원하는 주제만 받아들여질 수 있었다. 공식적 원칙의 전제 안에서 역사적 인물에 필요한 왜곡, 특히 코자크를 왜곡한 것이 궁극적으로 주인공들이 사라지게 된 원인이 되었다. 역사에 나타난 코자크들이 볼셰비키적 유형의 인물인 경우는 거의 없었다. 대부분의 경우 코자크는 혁명가도 아니었다. 코자크 신화의 주인공이 자유를 사랑한 것은 사실이지만, 이들이 추구한 자유는 비정치적이고 비역사적인 것이었다.

20세기에 들어서서 두 가지 유형의 코자크에 대한 태도로 인해 19세기보다 스텐카 라진에 대한 관심이 크게 증대되었다. 푸시킨이 스텐카 라진에 대한 민요를 모방한 작품을 쓰기는 했지만, 도적이자 반란자인 스텐카 라진은 순순 문학과는 멀리 떨어진 민요시의 영역에 주로 머물러 있었다. 19세기 말 스텐카 라진은 글을 깨우친 하층민을 겨냥한 '루복(лубок)'이라고 불리는 가두에서 파는 값싼 대중 소책자에 자주 등장했다. 이러한 책자들이 세련된 문학의 주인공으로 들어오지 못한 예르마크에 더 큰 관심을 쏟았다는 사실은 이러한 출판물은 교양 있는 문학에 거의 영향을 미치지 못했다는 것을 보여준다.[14] 스텐카 라진이 20세기에 교양 있는 러시아인들의 시와 산문에 주인공으로 들어온 것은 다른, 좀 더 정치적인 설명을 필요로 한다.

20세기 초기 20년 간 러시아의 문화생활은 혁명의 불가피성에 대한 인식의 성장이 지배하던 시기였다. 1905년 혁명 이후 뒤늦게 출범한 의회 제도와 1차 세계대전의 위기는 혁명 발발에 일시적 유예기간은 제공해 주었지만, 날로 확산되는 혁명 열기를 다른 곳으로 돌리지는 못했다. 작가와 시인들은 자신들이 포착한 혁명 정신에 대한 적절한 표현방법을 찾는 과정에서 코자크에 눈을 돌리게 되었고, 특히 그 첫 지도자인 스텐카 라진에 주의를 돌리게 되었다.

스텐카 라진은 압제받던 "인민(narod)"들이 일으킨 봉기로 해석되었고, 20세기에 와서는 러시아 혁명이 최소한 이념적으로 그 역할을 했다고 보았다. 스텐카 라진을 소재로 미래주의 시인인 바실리 카멘스키가 쓴 서사시 〈조국의 심장 — 스텐카 라진〉은 이러한 연관성을 표현한다. 이 시에서 "조국의" 스텐카 라진이 싸운 대상은 다음과 같이 표현된다.

> 인민들을 위해, 제대로 못 입은 가난한 사람들을 위해 싸우고,
> 나의 용맹한 루스를 위해 싸운다 —[15]

이 모티프는 고대 루스를 지적함으로써 명백하게 코자크를 러시아 영혼의 토포스로 본 전통을 이어가고 있다. 그러나 작품 전체를 보면 변형된 토포스가 사용된 것은 분명해 보인다. 코자크는 더 이상 러시아 정수의 단순한 표현이 아니다. 이것은 무장봉기를 선동하는 것이다. 후에 카멘스키가 〈조국의 심장〉을 바탕으로 쓴 《스텐카 라진》은 스텐카 라진 시기 봉기를 선동하는 전형적인 말로 끝을 맺는다.

> 동지들은 경의를 표하라!
> 스텐카 라진에게![16]

그리고 이렇게 알린다.

> 우리는 태양인 스텐카 라진을 기억할 것이다.
> 우리는 그의 뼈의 한 조각이다.[17]

우리 모두는 스텐카 라진이기 때문에 반란의 대의를 위해 일어서야 한다고 시인은 주장한다. 카멘스키와 그와 비슷한 시인들의 입장에서 이 대의는 꼭 정치적 봉기일 필요는 없었고, 예술적이고 문화적인 봉기였다. 스텐카 라진이 차르 체제를 흔든 것처럼 러시아어, 사회, 의식 모든 것이 격렬히 흔들려야 했다. 한편으로 코자크 반란자는 폭력적 시기의 상징이었고, 다른 한편으로는 변화를 위해 필요한 폭력의 전위대를 표상했다.

혁명 전에 카멘스키가 쓴 시는 스텐카 라진의 반란성을 볼셰비키와 동일시하지 않았지만, 그의 후기 작품들과 동료들이 쓴 작품들은 가장 확실하게 둘을 동일시했다. 푸가초프와 스텐카 라진, 그들의 동료 코자크들은 자신들의 봉기의 대상을 지주와 귀족으로 보았고, 왕정 자체를 타도 대상으로 한 것은 아니었다. 하지만 이들이 귀족계급이 아니었고, 이들을 지지한 계급이 민중들이었다는 점 때문에 이들을 볼셰비키의 원형으로 쉽게 변형시킬 수 있었다. 수사적 도약만으로 쉽게 봉기를 혁명으로 바꿀 수 있었고, 혁명 후 문학에서의 특징은 역사적 반란자로서 코자크 기원을 희석시키고, 이들이 농민 출신인 것을 강조했다. 혁명 후에 쓰인 일부 작품들에서는 "코자크"라는 단어 자체를 아예 생략했다. 엄청난 수사적 위력을 가진 "코자크"라는 명칭이 붙은 이전의 영웅들은 점차로 농민 대중의 군사적 지도자로 변해갔다.

20세기에 스텐카 라진은 새로운 모습의 농민 반란의 조직자로 나타났다. 실제에 있어서는 무정부주의적 폭도에 가까웠지만, 그의 봉기는 혁명의 원형처럼 각색되었다. 코자크 영웅인 푸가초프를 볼셰비키 원형으로 다시 만드는 작업도 초기 소비에트 문학에서 시도되었다. 1920년대 책들과 글에서는 푸가초프가 푸시킨의 작품을 포함한 지나간 역사에서 무정부주의자나 피에 굶주린 잔인한 악당 주인공이 아니고, 부당하게 약탈당하는 조직력이 뛰어난 농민들의 합리적 지도자라는 것을 증명하려고 노력했다. 마르크스주의 혁명이 기술적으로는 도시 노동자의 지지에 기반을 두고 있으므로, 연구자들은 푸가초프가 무정부주의 프롤레타리아의 불만을 조직화하는 데 일정한 역할을 했다는 것을 발견하려고 노력했다.[18] 여기서도 그가 코자크 출신이라는 것은 희석되고, 대중과의 관계가 찬양되었다. 1920년대 새로 개관한 푸가초프 문서고의 편집자는 다음과 같이 썼다.

> 혁명주의자로서 야이크 코자크와 민족주의자들의 운동을 고려하면, 우리는 코자크가 주도적 역할을 했다는 것에 대한 과도한 평가를 공개적으로 반대한다. 코자크들은 광부와 마찬가지로 농민들의 한 부분을 이뤘다는 사실을 기억할 필요가 있다.[19]

당대의 기록자들은 예카테리나 시대 군대의 "병사"에 대한 단순한 반대의 의미에서 "코자크"라는 단어를 쓴 것이지, 어떤 형태의 조직된 집단을 지칭하는 것이 아니라고 이 글을 쓴 저자는 주장했다. 코자크는 계급이나 차르 전제정에 반대하는 무장한 농민 모두를 가리키게 되었다.

스텐카 라진으로 다시 돌아오면, 우리는 그의 인물상에 대한 20세기의 관심을 정치적 관점이 아닌 문학적 관점에서 설명할 수 있다. 이것은 민요시에 대해 살아난 새로운 환상이다. 민간전승 문학에 대한 관심은 일부 도시화된 '인민(narod)'에 초점을 맞춘 민족주의의 고양과 맞물렸다. 이러한 경향은 미래주의 시인들 사이에 특히 두드러졌다. 이들은 고대 슬라브어 어원과 농민 전승 문학에 주의를 돌려 러시아어와 시상(詩想)의 저수지에 다시 생명을 불어넣으려고 시도했다. 민요시의 활용은 백 년 전의 "인민"과의 낭만주의적 연애와 비슷한 면도 있지만, 전혀 다른 면도 있었다. 영감을 얻기 위해 민요와 민담에 주의를 돌린 19세기 초반 작가들은 대중에 대한 진실을 기록하고 알린다는 전제 하에 무의식적으로 허구와 역사의 경계를 흐리게 만들었다. 그러나 민간 전통을 다시 살린 20세기 초반 작가들은 장르의 경계를 초월하는 것을 무의식적으로 한 것이 아니다. 미래주의자들은 형식을 혼합함으로써 단순히 "인민"의 영혼을 다시 불러오는 것이 아니라 러시아 대중이 자신들의 현재, 과거, 미래와 새롭고 아마도 더 생명력이 넘치는 연관을 갖게 만들려고 했다.

20세기 작가들은 낭만주의 작가 선배들보다 많은 자료를 활용할 수 있는 이점이 있었고, 이보다 더 중요한 것은, 민요시와 고골, 푸시킨, 고골의 "고급" 문학에 대한 자신들의 해석을 혼합할 수 있었다.《타라스 불바》에 나온 세치(Sech')를 민중 영웅의 도적떼 배와 혼합했다.

스텐카 라진과 그의 행적에 대한 민요가 널리 퍼져있었기 때문에 그는 '인민'에 대한 신낭만주의적 관심의 대상이 되었다. 스텐카 라진을 소재로 한 작품들은《타라스 불바》와 우크라이나 지역에 근거를 둔 다른 작품에 전해져 내려오는 이미지를 스텐카 라진과 특별히 연관된 이미지로 대체했다. 특히 볼가강 지역이 스텝의 자리를 대신했다. 스텝의 모든 특성, 즉 어머니 역할, 광활함, 생명을 양육하는 역할 등은 새로운 장소로 분명히 이동해 갔다. 그것은 끝없고, 영원한 고향 볼가강이었다.

다른 코자크 소재 이야기와 마찬가지로 스텐카 라진 이야기는 남녀의 사랑 이야기를 다루고, 심지어 이것이 중심이 된다. 전승에 의하면 스텐카 라진은 유명한 카스피해 너머로의 원정에서 페르시아 소녀를 잡아 데려온다. 아타만이 자신의 열정에 정신을 잃었다고 부하들이 불만을 터뜨리자, 스텐카 라진은 소녀를 볼가강에 빠뜨려 죽인다. 코자크 집단에 대한 그의 감정이 소녀에 대한 사랑보다 컸던 것이다. 그러나 몇 이야기에서는 질투에 눈이 멀어 스텐카 라진을 배신하여 그가 러시아군에 체포되게 만든 것도 여인, 실제로는 부인이라고 주장한다.[20] 여자와의 접촉은 코자크를 한낱 "여인네(baba)"로 만들어버리고 그녀를 죽음에 이르게 했고, 스텐카 라진의 경우에는 그의 처형을 불러왔기 때문에, 여자는 위협이라는 토포스는 여전히 유효했다.

19세기의 코자크 소재 이야기에서와 마찬가지로 스텐카 라진은 토지를 코자크의 어머니와 연인으로 반복해서 지칭한다.[21] 스텐카 라진은 동료 코자크들로부터 "아버지"라고 불렸다. 여기서 다시 코자크는 자신의 세속의 여인을 버리고 대신 광활한 자연과 결혼을 한다. 이 자연은 종종 초원의 모습이지만, 라진의 경우에는 볼가강인 것이다.

코자크 주인공을 사용하는 19세기와 20세기의 마지막 차이는 코자크가 등장하는 장르가 늘어난 것이다. 19세기에 코자크 신화는 일부는 서정시에, 대부분은 역사와 서사시, 소설에서 확립되었다. 20세기에 코자크는 단편 연작 소설, 희곡, 영화 사니리오와 시에서 칼을 휘두른다. 장르가 폭발적으로 늘어난 것은 현대 예술 전체에 의해 주도된 실험의 자유에 일부 힘입은 바 크다. 그리고 이것은 신화의 발전 과정에서 중요한 단계이다. 왜냐하면 코자크 이미지는 1800년대 말에 너무 견고하게 성장되어 작가들은 더 이상 코자크를 너무 선명한 설화적 맥락에만 묶어놓을 수 없게 되었다. 주인공 자신이 신화와 강하게 연계되어 있어서 매번 스토리를 다시 이야기할 필요가 없었다.

소비에트 시기 코자크 이야기가 장황한 역사 소설에 다시 등장한 것은 19세기 설화 전통의 퇴보로 볼 수 있다. 스탈린 시대의 소련 고전들은 문체적 실험에 대한 추가적 관심 없이 스텐카 라진과 푸가초프의 생애를 재생산했다. 소설들이 삼부작(trilogy)으로 구성되고, 각 부가 거대한 책이 된 것은 신화가 잘못된 길로 들어섰다는 것을 보여주는 역설적 증거이다. 서사의 길이가 신화의 위대성이나 창조적 모호성의 에너지를 대신할 수는 없는 것이다.

20세기는 코자크를 화려한 영광 속에 다시 채택했다. 비록 1940년대와 1950년대에 코자크 주인공은 신화적 숭고함(aura)을 잃었지만, 세기 초반에는 러시아의 내부 에너지를 매력적으로 표현했다. 많은 20세기 초반 작가들에게 코자크는 러시아의 영혼과 러시아 남성의 진정하고, 자발적인 영혼을 상징했다. 1909년 표트르 스트루베(Petr Struve)는 코자크들은 작가들의 영적 조상이고 인텔리겐치아의 문화적 대표자라고 주장했다. "코자크가 혁명의 요소로서의 역할을 하지 못한 이후, 러시아 생활의 새로운 요소가 진화했다. 그러나 이것은 사회적으로 코자크를 대신한 것이 아니라 정치적으로 대신했고, 코자크의 역사적 후계자가 되었다. 그 요소는 인텔리겐치아였다."[22]

롤랑 바르트식의 표현을 빌자면, 코자크는 완전히 세속화되었다. "카자크(kazak)"라는 명칭은 19세기와 20세기 초 문학에서의 코자크의 경계적 에너지를 암시했지만, 그 배경에 파괴적 힘이 혼란스럽게 침투했다.

# 8장 이사크 바벨과 《적군 기병대》 코자크

《러시아 문학사(A History of Russian Literature)》를 쓴 미르스키(D. S. Mirsky)는 고골 연구자 중 보기 드물게 열정적으로 《타라스 불바》를 미화한다. "이 소설은 영웅적이고, 솔직하고 공개적으로 영웅적이다. 러시아 문학에서 이 작품이 차지하는 위치는 독보적이다. 아무도 이를 모방할 수 없었다 (아마도 적군 기병대를 쓴 바벨 정도만 예외로 칠 수 있다)"라고 그는 썼다.[1] 막심 고리키도 고골과 이사크 바벨(1894-1941)을 비교했지만, 자세한 설명을 달지는 않았다. 고리키는 언론에 의해 공격당한 바벨을 옹호하며 바벨의 코자크는 고골의 코자크보다 용맹하다고 주장했다.[2]

이와 유사하게 비평가들도 바벨을 톨스토이와 연관 지었다. 스티븐 마커스(Steven Marcus)는 "톨스토이와 마찬가지로 바벨은 코자크에서 아름다움과 잔인함이 접목되는 것을 보았다. 이로 인해 미학은 그들의 공격성에 품위를 주었다"[3]라고 썼다. 이렇게 해석하면 바벨의 《적군 기병대(Konarmiia)》는 코자크 전통에 단단히 뿌리를 내린 작품이지만 신화는 "고귀한 야만인"이라는 일차원적 표현으로 축소되었다.

바벨 자신의 접근은 좀 더 복잡하다. 1937년 바벨은 가장 좋아하는 작가를 거론해 줄 것을 요청받자 톨스토이 작품에 대한 그의 커가는 호감을 표현하고, 특히 서사적 작품《하지 무라트》를 거명했다.[4] 바벨은 톨스토이 작품에 매료되는 이유를 다음과 같이 설명했다.

> 물결이 전혀 막히지 않고 땅에서부터 그의 손을 통해 종이 위로 바로 흘러 들어와서 진실한 느낌으로 모든 장막을 완전히 깔끔하게 찢어버린다. 더욱이 이 진실이 모습을 나타내면 진실은 투명하고 아름다운 옷을 자신에게 입힌다.[5]

바벨이 톨스토이를 칭송하는 것을 보면서 우리는 어쩔 수 없이 고골이 〈소러시아 민요에 대해〉와《아라베스크》에 쓴 〈조각, 회화, 음악〉에 나오는 미학적 언급을 기억하지 않을 수 없다. 여기서 묘사된 예술은 코자크 민요처럼 자발적이고, 코자크 자신들과 고골의 가장 높은 단계의 예술로 분리한 음악처럼 격렬하다. 바벨은 동일한 인터뷰에서《고요한 돈강》을 쓴 숄로호프를 당대 작가들 중 가장 좋아하는 작가로 꼽았고, 고골이 코자크에 대한 자신의 작품을 설명하면서 쓴 말인 "뜨겁게(goriacho)" 글을 쓰는 그를 칭송했다.

바벨은 자신이 고골에게 진 빚, 특히 그의 초기 작품에 진 빚을 〈오데사〉 한 작품에서만 명시적으로 표현했다.[6] "내가 보기에 러시아 남부의 생산적이고 생명을 창조하는 영향이 곧 올 것이다. 당신들은 우크라이나 출신 작가인 고골의 풍요로운 태양을 기억합니까? 만일 그러한 표현이 존재했다면, 그것은 단지 일화에 불과합니다. 이 일화는 〈코〉, 〈초상〉, 〈광인 일기〉에 의해 덮여졌습니다."[7] 바벨은 후기 페테르부르크 이야기에는 나타나지 않는 고골의 초기 우크라이나 이야기의 영혼을 재창조할 수 있는 작가를 찾고 있고, 암묵적으로 고골의 "풍요로운 태양"의 타이틀을 차지할 수 있는 도전자라는 것을 과시하고 있다.

바벨은 자신의 코자크를 창조하면서 고골의 신화의 가방에서 많은 것을 빌려온 것에 대해서는 의문의 여지가 없다. 《적군 기병대》의 주인공들은 부됸니 장군과 바벨이 복무한 적군 기병대의 병사들보다는 타라스 불바와 그의 전우들을 훨씬 더 닮았다. 바벨은 1917년 징집되어 말라리아에 걸리기 전까지 루마니아 전선에서 복무했다.[8] 그는 내전 기간 중 《기병대》라는 신문의 선동 담당을 포함해 볼셰비키 정부의 여러 직책에서 근무했다. 그는 1920년 폴란드와의 전투에서 부됸니의 제1기병대에 배치되어, 몇달 간 부됸니의 코자크와 밀착하여 살았다. 그는 키릴 바실레비치 류토프라는 가명을 썼는데, 그는 이 이름을 《적군 기병대》의 주 화자에게 주었다.[9] 그는 선동문에 글을 쓰면서 작품의 초고를 썼다(이것은 작전 중에 분실했다). 그는 자신이 쓴 일기를 바탕으로 《적군 기병대》를 썼다. 바벨은 고리키의 권유를 따라 "인민을 알고" 자신의 창작을 위한 자료를 수집하기 위해 적군에 가담했다.[10] 그의 코자크 주인공들이 활동하는 장소, 상황, 이름들은 실제로 그의 자료에서 나왔지만, 사실주의는 바벨이 선호한 사조와는 거리가 있었다. 미르스키가 분석한 대로 바벨의 코자크는 고골의 코자크만큼 신화적으로 영웅적이었다.

고골과 바벨의 이력은 놀랄 만큼 서로 유사하다. 두 작가는 러시아 본토 밖인 제국의 남서부 지역에서 나서 자랐다. 두 사람 모두 어린 나이에 자신의 미래의 예술 활동을 형성하는 종교적 전통과 문학에 노출되었고, 둘 다 청년 시절에 상트페테르부르크로 이주하여 러시아제국의 유럽화된 문화 수도에 합류했다. 둘 다 작가로서 바로 성공을 거두지 못했지만, 운 좋게도 당대의 최고의 작가인 푸시킨과 고리키로부터 각각 격려를 받았다. 이들의 작품은 널리 출판되어 합당한 평가와 갈채를 받았고 오늘날까지 많이 읽히는 작가로 남아 있다.[11]

두 작가 모두 다작을 한 것은 아니다. 이들이 이른 나이에 죽은 것이 부분적으로 원인에 되기도 하지만[12], 좀 더 큰 이유는 두 작가의 완벽주의 때문이었다. 두 사람 모두 작품을 습관적으로 개작했다. 고골은 자신의 친구인 포고딘에게 쓴 편지에서 자신이 글을 쓸 때 겪는 고통을 "정신적 비융통성"이라고 표현했다.[13] 바벨이 기 드 모파상이 한 말인 "제자리에 정확하게 찍힌 마침표만큼 시원한 쇠는 없다"[14]는 그가 이야기를 쓸 때 얼마나 많은 신경을 쓰는지를 보여준다. 콘스탄틴 파우스톱스키(Konstantin Paustovskii)는 친구인 바벨의 완벽주의를 "바벨에 대한 몇 마디"라는 글에서 다음과 같이 표현했다.

> 그는 "글을 쓰고 있다"라는 말은 거의 하지 않고 "글을 만들고 있다" … 라고 한다. 그는 천천히 쓰고 늘 원고 제출을 미룬다. 그는 더 이상 바꿀 수 없는 단어를 만나면 공포 상태에 빠지고, 아무도 그를 압박하거나 방해하지 않아도 원고에 대해 더 생각하고 다듬

기 위해 몇 일, 아니면 몇 시간이라도 시간을 더 얻으려고 애를 쓴다.[15]

## 이중영혼(Dvoedushie)

두 작가는 코자크 주인공을 선택하는 데 큰 영향을 끼친 것으로 보이는 중요한 특징을 공유하고 있다. 바벨과 고골 모두 이중적 민족 소속, 즉 고골은 우크라이나와 러시아, 바벨은 러시아와 유대인이라는 정체성을 가지고 있었다. 1830년대 상트페테르부르크에 거주하는 우크라이나인으로서 고골은 러시아가 이 이웃에 대해 가지고 있는 낭만적 환상에 올라탔다. 당시 "드보에두쉬예(dvoedushie)"(문자 그대로는 "이중영혼"이라는 뜻이지만, 일부 사람들은 "이중거래"라는 의미로도 쓴다)는 상당히 매력적인 자질이었고, 고골은 북쪽 지방의 세련성을 과시하면서 이국적인 남쪽 기질을 자랑할 수 있었다. 고골은 그의 양면적 유산이 완전히 통합되었다고 주장했지만,[16] 우리는 그의 코자크 작중인물의 선택은 그렇지 않았다는 것을 보아왔다. 신화적 주인공은 실제로는 서로 분리되고 상반되는 것을 조화시키는 역할을 했다.

고골과 마찬가지로 바벨도 서로 상반되는 유산을 조화시키려는 노력이 그의 창작에 어려움을 가져왔다. 바벨은 어려서 어머니의 토박이어인 히브리어와 이디쉬어를 배웠지만, 초기 작품은 불어로 쓰기로 결정했다. 최종적으로 러시아어를 자신의 창작어로 택한 것은 레나토 포기올리(Renato Pogioli)가 지적한 대로 "단순히 게토를 탈출하려는 시도가 아니라, 러시아를 통해 유럽과 서구로 전향하려는"[17] 시도였다. 그러나 바벨이 러시아어를 택한 것은 창작어의 선택에만 그치는 것이 아니라 주제 선택의 문제였다. 그가 작품을 쓰기 시작할 당시는 이디쉬 문학이, 한편으로는 민중적 소재와, 다른 한편으로는 유럽의 사실주의 전통에 밀접히 연결되어 있었다. 그러나 바벨은 서유럽과 러시아의 모더니즘적 실험에 끌렸다.(1920년대 키예프에서는 이디쉬 모더니즘 그룹이 번창하고 있었지만, 바벨은 이 작가들의 학생이 아니라 모델이었다)[18]

바벨의 고향인 오데사는 일군의 재능 있는 작가들을 배출했고, 이들 중 일부는 바벨과 같이 유대인이었다. 1920년대에 20대에 들어선 이들은 소비에트 문학의 핵심을 형성한다. 이 그룹에는 바벨의 친구 콘스탄틴 파우스톱스키(Konstantin Paustovskii), 발렌틴 카타예프(Valentin Kataev), 유리 올레샤(Yurii Olesha), 소비에트 초기 풍자 작가인 일프(I'lf)와 페트로프(Petrov)가 포함되었다. 이들 모두의 창작어는 러시아어였다. 고골과 마찬가지로 바벨은 당대의 지배적인 문화적 상수인 러시아어를 택하였는데, 이것은 자신의 독특한 경험에서 탈출하는 수단이 아니라 자신의 독자층과 문화적 토대를 넓히는 중재의 제스처였다.[19] 그의 작품에는 문체와 언어의 선택으로 인해 변형되기는 했지만, 유대인에 대한 언급이 없는 작품은 거의 없다.

바벨은 유대주의를 거부한 적이 없고, 그의 소설에는 팽팽한 이중 민족성의 긴장이 스며들어 있다.《적군 기병대》의 류토프는 만나는 집단마다 자신이 국외자임을 느낀다. 류토프는 코자크의 눈을 통해 자신의 유대인성을, 폴란드 유대인이나 가톨릭을 통해서는 러시아성을 의식하며 갈등한다.[20] 고골도 그렇게 했지만, 바벨은 모든 제유를 통해 서로를 배제하는 두 양극의 화해의 가능성을 주요 과제로 내세운다. 고골과 바벨의 코자크 소재 작품은 자신들 주위의 조각난 세계와 강하게 대비되는 종합적 이상이었고, 이 두 작가의 강렬함은 작품의 신화적 과정이란 중심성에서 도출된다.

그러나 바벨과 그의 선배인 고골은 중요한 부분에서 서로 달랐다. 자신이 타자성을 미적 범주로 의도적으로 이용한 우크라이나 출신의 고골은, 유일무이한 경우는 아니었지만 상트페테르부르크에서 별종이었다. 그러나 바벨은 특이한 존재는 아니었다. 혁명 지도부와 새로운 소비에트 지도부의 많은 수가 유대인이었고, 그중 아베르바흐(Averbakh), 카메네프(Kamenev), 지노비예프(Zinov'ev)가 대표적인 케이스였다. 이러한 정치 지도자들은 먼저 볼셰비키였고, 다음으로 러시아인이었으며, 그 다음으로 유대인이었다.(유대인은 한참 먼 세 번째 정체성이었다.) 많은 혁명가들, 대표적으로 레프 다비도비치 브론시타인(Lev Davidovich Bronshtein, 트로츠키)은 유대인 냄새가 분명히 나는 자신의 이름을 바꾸었고, 종교와 문화적 유산도 거부했다. 혁명 초기에 친볼셰비키가 된다는 것은 가부장적이거나 인종주의자가 아니라 국제주의자가 되는 것을 의미했다. 국제주의가 파문당한 후, 친볼셰비키가 된다는 것은 좁게는 민족주의자가 되고, 넓게 보면 러시아인이 되는 것이었다. 유대인이 되는 것은 결코 아니었다. 그래서 바벨의 유대인 유산은 한편으로는 결코 이국적이 아니었고, 다른 한편으로는 혁명에 의해 폐기된 정체성이었다. 그러나 그의 작품과 편지들을 보면 그는 이중적 소속성의 모순에서 벗어날 수 없었고, 자신의 예술뿐만 아니라 생에서도 이로 인한 고통을 감내했다.

러시아 문화와 유대인 배경 사이의 바벨의 '이중영혼'은 코자크 유산에 대한 어떠한 권리주장도 포함하지 못한다. 고골의 계보에 대한 신화는 유명한 코자크 후손이라는 것을 포함하고 있고, 그의 우크라이나 유대는 그를 영광스런 코자크의 과거와 연계시킨다. 이와 반대로 바벨은 역사적 코자크(historical Cossack)가 공격했고, 유명세를 탄 고골의 작품에서 조롱받고 멸시받은 소수민족 출신이었다. 바벨이 《적군 기병대》에서 미화한 코자크 주인공들은 분명히 《타라스 불바》의 전통을 이어받은 코자크들이지만, 바벨의 코자크는 작가의 문화적, 역사적 상황 때문에 완전히 다른 차원을 차지하고 있다. 바벨은 신화가 제공하는 조화를 자연적으로 받아들이고 고양하는 '신화 만드는 사람(mythologizer)'의 역할을 넘어서서 신화학자(mythologist)나 신화분석가(myth analyst)가 된다. 그는 자신의 유대인적 거리에서 신화를 분석하고, 꼭 이를 부정하지는 않아도 당대 현실의 검증을 받도록 한다.

신화와 거리를 두는 바벨의 입장은 신화의 변형을 가져온다. 그는 코자크와 창작 예술가 사이의 관계에 대해 더 중점을 둘뿐만 아니라, 이것을 코자크 이외의 등장인물로 확대시킴으로써 신화적 토포스를 검증한다. 고골은 우리의 세속적 세계의 명백한 양상과 불화하는 주인공들에 대해 썼지만, 바벨은 세속적 개인에 스며든 신화적 세계에 대해 썼다. 바벨은 세계의 기괴하고 작위적인 성격에 대해 묘사하는 것을 절제하지 않았지만, 그것을 비난하기는 거부했다. 현실은 잔인하기도 하지만, 이에 못지않게 경이로운 것이다.

## 흩어진 코자크 토포스

《적군 기병대》의 배경은 완전히 뒤집힌 세상이다. 파괴에 함몰된 상태이기는 하지만 모든 등장인물이 재탄생을 경험하는 경계적 영역이다. 첫 이야기인 〈즈브루치강 도하〉에 작품의 어조가 나타난다. 다양한 색채를 드러내며 자연 자체가 열정의 냄새를 풍긴다. "자주빛 양귀비", "노란 호밀", "진주색 안개", "꽃이 만발한 언덕", "오렌지빛 태양", "검게 물든 즈브루치강" 등이 그런 표현이다. 선명한 시각적 묘사는, 과거에 코자크의 생기와 연계된 예술형식이었던 음악에 대한 많은 언급을 수반한 청각적 영기(靈氣)의 묘사에 자리를 양보한다. "낭랑한 물결 소리", "강력한 명예 훼손", "콧노래와 휘파람소리와 노래로 가득 찬 강" 같은 표현이 대표적이다.(23)

이야기의 첫 페이지는 하루의 여러 시간에 생명력 넘치는 경치를 묘사하지만, 시간적 요소가 도입되면서 역사성을 확립하기보다는 파괴하는 고골의 기법을 떠올리게 한다. 이야기는 파견대에 대한 냉정한 묘사로 시작한다.

> 6대대의 지휘관은 오늘 새벽에 노보그라드-볼린스크(Novograd-Volynsk)가 적군에게 점령당했다고 보고했다. 지휘부는 크라피브노(Krapivno)를 떠났고, 우리의 병참선은 니콜라이 1세 때 농민들의 뼈 위에 만들어진 브레스트에서 바르샤바까지 이어지는 고속도로를 따라가는 시끄러운 후위부대와 같이 늘어졌다.(23)

두 번째 단락은 여명, 정오, 저녁, 밤으로 이어지는 시간의 흐름을 언급하며 독자에게 하루의 진행을 보여준다. 그러나 바벨은 문장의 반복적 장식을 통한 움직임을 거부하여 독자가 최종적으로 받는 느낌은 정지이다.[21] 바벨 이야기의 분위기는 자주 샤갈의 그림과 비교된다.

> 두 예술가의 경우 모두 공간은 경계가 없는 색깔이고, 하늘과 땅 사이조차 그렇다. 색이 이어지는 연속성 위에 이미지가 떠다닌다. 어떤 것은 아름답고, 어떤 것은 추악하다. 어떤 것은 섬세하게 천상적이고, 어떤 것은 투박하게 자연적이다. 농부, 적군이 점령한 지역의 유대인들, 이들의 작은 마을, 농가, 말, 소의 형상이 나타난다. 가장 경이로운 것은 색의 진정한 그늘인 달이다.[22]

위의 인용문에서 빅터 테라(Victor Terras)가 언급한 대로 바벨은 영원한 경계성의 한 형태인 경계가 없는 세상을 창조한다. 사물과 사람은 중력에 의해 부과된 제약을 뛰어넘고, 시간의 흐름, 서로 다른 사물 사이의 구별도 뛰어넘는다. 하늘은 땅과, 아름다운 것은 추악한 것과, 비현실적인 것은 현실과 대비된다. 이렇게 해서 바벨은 신화적 영역의 그림을 만들어낸다.

바벨은 〈즈브루치강 도하〉에서 시간의 흐름을 기대하는 독자들을 초조하게 만든다. 그는 제목에 나타난 "도하"가 한 장소에서 다른 장소로, 더더욱 단순히 러시아에서 폴란드로 건너가는 것(제목이 "폴란드로 건너가기"라고 잘못 번역된 경우도 있다)을 의미하는 것이 아니라 완전히 새로운 영역으로 넘어가는 것을 보여주기 위해 이렇게 한다. 강에 의해 표상된 공간적 경계를 뛰어넘는 것은 이러한 반복의 첫 번째 예이다. 다른 여러 이야기[23]에서와 마찬가지로 해가 질 무렵에 강을 건너는 것이 진행되는 것은 밝은 낮과 어두침침한 밤의 시간적 경계도 역시 의미한다. 다른 한편으로 모든 등장인물들이 우리의 세속적 세계와 다르고, 모두가 코자크라는 사실로 연결되기 전에는 경계적 양상을 공유하는 장소에 있기 때문에 독자들은 정상적 지시대상을 제공받지 못한 것을 발견한다.[24] 무경계성, 전체성, 생명성을 가진 코자크 신화는《적군 기병대》의 세계 전체로 확장된다.

작품에서 유대인 명절인 유월절을 언급한 것("유대인들이 일 년에 한 번 유월절에만 쓰는 비밀스런 항아리의 조각")에 자극받은 한 비평가는 즈브루치강을 홍해와 비교할 것을 제안하기도 했다. "즈브루치강은 유월절 이야기의 구원을 함축하고 이집트에서 탈출하여 홍해를 건너는 것과 연관된다."[25] 이 비평가는《타라스 불바》에서 코자크들이 홍해를 건너듯 드네스트르강을 건너 역사에서 나와 신화로 들어가는 것과 비교하지는 않았다.

유월절이 되면 유대인들은 이집트에서 탈출한 것을 회상하지만, 이것이 마치 현재에 일어나는 일인 양 이야기한다. 유월절 설화는 대개 1인칭 시점으로 이야기된다. 유월절 축제에 참가하는 사람은 이렇게 암송한다. "그날에 너는 네 아들에게 보여 이르기를 내가 이집트에서 나올 때 여호와께서 나를 위하여 행하신 일로 말미암음이로다(출애굽기 13장 8절 – 역자)"라고 성경에 쓰인 대로, 모든 세대에 걸쳐 모든 이는 스스로 자신이 이집트에서 나온 것처럼 생각해야 한다."[26] 유월절은 역사적 사건들을 초시간적 조명 아래 놓음으로써 의례적 부활의 모델이 된다. 《적군 기병대》에서 코자크들의 첫 경계 뛰어넘기를 신비로운 시간에 일어나게 한 것은 이들을 신화의 단계에 올려놓는 역할을 한다. 이들은 최소한 의례적으로 메시아와 재결합하는 것을 상기시켜주는 사람과 우리가 만나는 영역으로 건너간다.[27]

〈즈브루치강 도하〉는 유대인 소녀의 "무서운 힘을 가진" 수사적 울음으로 끝을 맺는다. 우리가 수사와 잠재력을 기대하는 것은 코자크이지 유대인은 아니다. 이 이야기에서 코자크의 영웅성은 일리아드의 주인공과 같이 전사의 머리에서 떨어져 나온 눈동자를 통해서이기는 하지만 꿈에서만 나타난다. 이런 장면은 서사시에 나오는 통상적 부상이다. "나는 6여단의 사령관에 대한 꿈을 꾼다. 그는 육중한 말을 타고 여단 사령관을 쫓아가 그의 두 눈 사이에 총알을 박아 넣는다. 총알은 그의 머리를 쪼개고 두 눈은 땅에 떨어진다." 그러나 이 이야기에 등장하는 모든 코자크들은 꼭두각시 같다. 이 시점에서 우리는 화자도 다른 기병대원과 마찬가지로 코자크라고 생각하게 된다. 그는 늘 초조해하며, 부정적이고, 자신의 악몽에 겁을 먹는다.

코자크가 아니라 소녀에게 영웅적 자질을 부여함으로써 바벨은 인물들 간의 경계를 흐리게 만든다. 한편으로 각 인물은 마치 18세기에 코자크가 분명하게 정의된 용감하고 이국적인 역할을 수행할 때 뒤에 나타나는 꼭두각시들 같이 준비된 레퍼토리에서 선택된다.[28] 유대인들은 "서커스의 원숭이나 일본인처럼 침묵 속에 점프를 한다." 코자크인 사비츠키(Savitskii)는 육중한 말을 타고 적을 쫓아가 "그의 양 눈 사이에 총알을 박아 넣는다." 바벨은 첫 이야기에서 경계를 뛰어넘기로 한 집단의 특성을 다른 집단과 혼합하지만, 신화적 이미지를 선명하게 만들기보다는 혼란스럽게 만든다. 소녀는 아버지의 시신을 돌보면서 자신의 배속에 아기를 갖고 있음으로써 파괴의 한가운데서 일어나는 재탄생을 상징한다. 그녀는 영웅주의로의 도전을 부르는 인물이다.

《적군 기병대》의 바벨의 신화적 모티프는 방랑의 모티프이다. 모든 요소가 다 갖추어져 있지만, 이것들이 모두 코자크와만 관계되는 것은 아니다. 전체로서의 바벨의 세계는 경계가 없고, 세상에 영웅을 수여하는 것이 아니라 영웅에게 위엄을 수여한다. 두 번째 이야기에서 바벨은 코자크 품성을 가지고 있는 폴란드 가톨릭교도를 제시한다. 그는 "무섭게" 이동하며, 그의 크기는 거인만하고 그는 "무자비하게" 행동한다. 그는 술을 많이 마시고 "정장"을 입는다(《적군 기병대》에서 이상한 옷을 입는 것은 일반적으로 코자크와 연계되어 있다)[29] 이 이야기의 화자는 처음에는 폴란드인을 연상시키는 "판(pan)"으로 불리다가 후에는 볼셰비키를 연상시키는 "동지(tovarishch)"라고 불린다. 독자들은 이 이야기에서 화자가 코자크가 아니라는 사실을 모르다가, 후에 그가 코자크 주인공들의 반대형이라는 것을 여러 경로를 통해 알게 된다. 그는 자신을 "폭력적인 침입자"라고 부르고, 자신들의 동료와 합류하기 위해 역설적으로 성당으로 떠난다.

우리는 《적군 기병대》에 포함된 〈게달리(Gedali)〉, 〈레베(The Rebbe)〉, 〈레베의 아들(The Rebbe's Son)〉 이야기에서 토포스가 비코자크 인물에게까지 확산되는 것을 발견한다. 이 세 이야기는 추악하고 무기력하지만, 화자인 류토프뿐만 아니라 독자들에게도 매력적으로 다가오는 폴란드의 유대인들을 등장시킨다. 비평가들은 바벨이 자신의 과거 가치에 대한 진정한 연계성을 보여주기 위해 유대인 등장인물들을 사용했다고 자주 주장한다. 아니면 반대로 죽어가는 유대 문화를 묘사함으로써 혁명이 탄생시킨 새로운 세속적 세계를 포함하고자 하는 바벨의 노력을 증명한다고 주장하기도 한다. 그러나 좀 더 주의 깊게 살펴보면 우리는 게달리와 친구들은 생에 대한 핵심적 정신을 포함해, 코자크와 많은 특징을 공유한다는 것을 발견하게 된다. 이들은 신화적 코자크와 대비되는 것이 아니라 비교되는 것이다. 바벨은 다른 작품에서 유대인과 코자크의 연결성을 명시적으로 드러낸다. 《적군 기병대》와 거의 같은 시기에 쓴 〈오데사 이야기〉에 나오는 유대인들은 코자크와 명칭만 다를 뿐이다. "왕(The King)"과 "오데사에서 이 일이 어떻게 이루어졌는가(How It Was Done in Odessa)"에 나오는 베르니아 클리크(Bernia Klik)는 "열정적이고 이 열정이 우주를 지배한다."

연작인 세 이야기는 동유럽의 하시디즘(Hasidism)*을 서술하고 있다. 가운데 이야기의 제목이 된 인물은 하시디즘 레베이다. 레베(rebbe, rabbi)는 하시디 공동체의 카리스마적 지도자이고 일반적으로 오역되는 것처럼[30] 전통적 유대 랍비는 아니다. 이 인물상은 코자크의 전성기인 18

* 하시디즘(Hasidism) — 히브리어로 hasid(또는 chassid 경건한 자)에서 유래하며, 유대교의 내면성을 존중하는 경건주의 운동을 가리키지만, 좁은 의미로는 18세기 초 폴란드나 우크라이나의 유대인 대중 사이에 널리 퍼진 성속일여의 신앙을 주장하는 종교적 혁신운동을 말한다. 창시자는 "좋은 이름의 주인(Baal Shem Tov)"이라는 이스라엘 벤 엘리에제르(Israel ben Eliezer, 1698-1760)이다. 이 운동은 정통파로부터는 이단시되고, 지식계급에서는 미신적인 것으로서 경시되었는데, 마르틴 부버에 의해서 다시 종교적 의미가 발견되어서 재평가되었다. 복잡한 탈무드의 가르침이나 경전에 대한 믿음과는 반대로 하시디즘은 신의 계시에 담긴 현재적 의미를 강조했다. 우크라이나의 우만 지역은 하시디즘의 성지로 여겨진다.

세기 우크라이나와 폴란드를 휩쓸었던 하시디 운동을 표상한다. 하시디즘은 재탄생과 모든 인간이 성스러운 생명력에 도달할 수 있다는 메시지를 전한다. 하시디 유대인들은 전통적인 의식을 유지하지만 여기에 생명력과, 음악과 희락을 불어넣는다고 주장한다. 이들은 비교 대상이 된 후기의 혁명가들처럼 화석화된 구제도에 반기를 든다.

류토프가 이 특정한 유대인들에게 끌린 이유는 그들 세계의 역설적 집중성(paradoxical intensity)에 참여하고 싶은 욕망에서 기인한다. 이것은 코자크들의 직접적 삶의 경험에 참여하고 싶은 열망에 비견할 수 있다. 〈게달리〉의 주인공은 "나는 수줍은 별(shy star, 안식일 준수, Sabbath devotion)을 찾아 지토미르 주변을 떠돌아다닌다."라고 화자는 말한다. 유대인들은 선지자와 같이 긴 턱수염을 하고, 쑥 들어간 가슴에 심하게 해진 천조각을 걸친 채 오래된 시나고그의 누렇고 허름한 벽 옆에 서서 백악과 파란 양초 심지를 판다. 여기서 류토프는 안식일과 결합될 혁명을 선언하는 나이든 유대인인 게달리를 만난다. 바벨은 《적군 기병대》의 코자크들과 "그가 받아들일 수 있는 유대 전통의 요소, 예지적 열기와 혁명적 의식의 요소" 사이의 연결점을 발견했다고 한 비평가는 주장한다.[31]

코자크와 마찬가지로 《적군 기병대》의 하시디 유대인은 남성만으로 구성된 공동체를 구성한다. 게달리 레베의 아들은 단지 추상적 의미로 "어머니"라는 말을 쓰는데, 이것은 코자크들의 연인인 스텝과 비슷한 강력한 힘이다. 공적이고 공동체적인 전통적 유대주의에서 여성은 별 역할을 하지 못한다. 바벨은 생명이 남성에게서 남성으로 전달되는 시나리오를 제시하면서 하시디 남성의 자족성을 보여준다.

이야기에서 레베의 아들인 일리야 브라티슬라브스키(Il'ia Bratslavskii)는 류토프의 팔에 안겨 죽는다. 이 과정에서 그의 오래된 몸에서 분출되는 "상상의 폭풍"에 힘을 더하며 류토프는 일리야가 내쉬는 숨을 들여 마신다. 이 죽어가는 유대인이 류토프에게 생명력을 불어넣어 준 것이다. "나는 나의 형제의 마지막 숨을 들여 마셨다."(147)

## 코자크 토포스의 수용(adoption)인가 변용(adaptation)인가?

바벨이 그의 소설 세계의 나머지 부분에서 전통적 영웅 토포스를 흩트리기 위해 왜 코자크 등장인물을 선택했는지를 이해하고, 좀 더 중요하게, 신화의 산포 효과를 분명히 하기 위해서는 코자크 신화의 관점에 집중해서《적군 기병대》를 좀더 자세히 보아야 한다.

부돈니가 지휘하는 코자크 부대와 지낸 여름을 기록한 일기는 이국적이기는 하지만 피와 살이 엉킨 병사들로부터 거리를 두는 바벨을 보여준다. 바벨은 전쟁에 환멸을 느꼈고, 따분하고 파괴적인 원정에 흥미를 잃었고, 주변 환경에 대한 코자크 병사들의 부주의에 경악했다. 코자크와 동행한다는 것이 바벨을 고통스럽게 한 것은 7월 24일 안식일에 폴란드 유대인 집안을 임시숙소로 쓴 상황에 잘 드러난다. 코자크들은 집주인에게 요리를 하도록 명령한다. 이것은 유대인에게는 안식일에 해서는 안 되는 일이었다. 바벨은 이 상황에서 자신은 집주인과 같은 유대인이 아니라 러시아인이었기 때문에 침묵을 지킬 수밖에 없었다고 썼다. 다음날은 유대인 달력에서 제1성전과 제2성전의 파괴를 기리는 거룩한 금식일인 티샤 바브(Tisha b'Av)였다. 여기서 바벨은 폴란드 원정과 선지자의 무서운 예언의 유사성을 서술한다. "사람이 거름을 먹고, 소녀들이 강간당하고, 남자들은 살해당하고, 이스라엘이 파괴당하고 성난 울부짖음이 들릴 것이다. 램프가 연기를 내고 늙은 여인이 울부짖는다. 밖에는 데미도프카(Demiodovka)와 코자크들이 있었고, 성전 무너지던 때와 똑같았다…"[32]

바벨은 1920년대 자신이 직접 만난 사람들과 독자들에게 잘 알려진 역사적 사건에 참여했던 사람들을 모델로 주인공을 설정했다. 그래서 독자들은 전쟁 보고서를 읽는 듯한 느낌을 받는다. 그러나 바벨이 역사성이 있는 인상을 만들기 위해 사실들을 사용했다가 이것을 파괴하면서 현실과 가상이 구별하기 힘들게 서로 얽힌다. 고골과 마찬가지로 그는 연대를 혼동해서 우리는 그의 비신화적 일기에서와 같이 군대의 행진을 더 이상 따라갈 수 없게 된다.

바벨은 자신의 전쟁 보고서에 외양상 객관적이고 직접적으로 비현실적 서술을 삽입한다.[33] 고골과 마찬가지로 바벨은 호머의 서사시와 《이고르 원정기》에 가려진 시사를 한다. 이것은 〈즈브루치강 도하〉에서 "석양의 기준이 우리의 머리 위로 불어 온다" 같은 표현에 나타난다.[34] 러시아와 폴란드의 전쟁은 전혀 그렇지 않았지만 《적군 기병대》의 투쟁은 서사시를 흉내 낸 전투였다.

바벨이 민요를 자주 언급하고, 특히 유랑시인을 언급한 것은 그의 이야기들이 서사시와 관련이 있다는 것을 보여준다. 코자크의 노래는 "말라버린 냇물 같은 콧노래를 부르고"(〈베레스테츠코(Berestechko)〉), 그들이 흐멜니츠키 시대에 죽은 코자크들의 무덤 옆을 지날 때 서사시 가수가 코자크들과 합류한다. 유명한 코자크 지도자를 언급함으로써 독자들에게 역사를 회상시키고, 유랑시인은 이 역사를 신화로 바꾼다. 그는 반두라를 연주하며 지나간 코자크의 영광을 노래한다.

《타라스 불바》가 그렇듯이 《적군 기병대》는 진정한 서사시가 아니다. 호머는 시간의 흐름에 따라 이야기된 선형적 설화를 받아 적고, 시간을 거슬러 존재함으로써 문학 작품을 만들어 냈지만, 이것이 진화되어 나온 신화적 의식은 세계를 공간적으로 본 것이 아니라 시간적으로 보았다.[35] 신화는 단지 공간만을 알지만, 후신화적(postmythic) 사고는 시간과 공간 모두를 학습한다. 조지프 프랭크에 따르면 현대 문학은 역사적 시간이 존재하지 않은 신화적 상상을 다시 찾아낸다는 점에서 차이가 있다.[36]《적군 기병대》의 신화 연관성은 이런 관점에서 보면 훨씬 분명해진다. 이야기에서 서사와 관련된 시간의 파괴는 직접 신화로부터 자라고 다시 신화로 돌아간다.

많은 비평가들이 바벨 작품의 공간적 특성을 지적한다. 빅터 테라는 선명하고 성적 이미지로 가득 찬 정지된 공간에 대해 이야기한다. 이런 관점에서 그는 바벨을 샤갈과 비교한다. 패트리샤 카르덴은 바벨의 예술에 대한 관심과 조셉 프랭크의 특별한 관점에서 본 바벨 작품의 공간적 측면에 대해 지적한다. "바벨의 이야기는 섬세하게 제한된 공간이다. 즉 우리 눈앞에 세계와 사물(world-objects)을 그리는 캔버스이다."[37] 우리는 시간이 걸린 다음이 아니라 즉각 이 공간을 알아차려야 한다. 고골 작품에서와 마찬가지로, 바벨의 연작은 서사적 요소를 사용하여 서사 너머 신화적 의식을 가리킨다.

서로 분리된 이야기의 연속이라는 형태 자체가 무시간성을 강조한다. 바벨은 처음에는 서사의 시간적 발전을 파괴하며 많은 이야기들을 별도로 출판했다. 이 이야기들은 무한히 다시 순서를 잡을 수 있었다. 바벨은 큰 이야기 고리 안에 두 개의 작은 이야기 고리를 만들었다. 〈게달리〉-〈레베〉-〈레베의 아들〉이 하나이고, 〈말의 이야기〉-〈말의 이야기 후편〉이 다른 하나이다. 전체적으로 고리를 보면 등장인물들 입장에서 아무런 진행이나 발전, 성숙이 없다. 《적군 기병대》는 한 사건이 다른 사건의 꼬리를 무는 서사로 독자를 데리고 들어가지 않는다. 오히려 독자를 책을 읽는 행동을 하게 만들고, 전체적으로 선형적 시간(linear time)과 인과관계에 대한 기대를 정지시킨다. 화자는 계속적으로 코자크들에게 받아들여지기 위해 자신의 싸움을 치러야하지만, 바로 다음 이야기에서 얻은 공동체의 안전을 잃어버리는 것으로 귀착된다. 마지막 이야기인 〈아르가마크(Argamak)〉에서만 우리와 화자는 시간의 진행에서 나온 만족을 얻는다. 그러나 바벨은 나머지 이야기 고리를 다 쓰고 한참 지나서야 이 이야기를 첨부했다. 이것은 비신화화하는 힘으로 작용하고, 《적군 기병대》의 나머지 부분과 같은 예술적 자극으로부터 더 성장하지 않는다.

바벨은 많은 작품의 마지막 부분에서 작품을 쓴 날짜가 나타날 것으로 기대되는 공간에 시간과 공간을 표시하는 기록을 남겼다. 이 표시는 이야기 속의 사건(action)의 일어난 것으로 짐작되는 달을 언급한다.[38] 이 관행은 사건과 문학적 재창작 사이의 거리를 파괴함으로써 신화화하는 기능을 한다. 오늘날까지 많은 학자들이 바벨의 작품 집필과 출판의 순서를 혼동하고 있다. 바벨은 '진짜' 이야기들을 실제로 경험하면서 이것을 받아 적은 것과 같은 착각을 하게 만들고, "역사를

비역사로 만드는" "과거와 현재"의 대비를 만들어낸다.[39]

바벨은 시간의 경계를 뛰어넘는 중요한 기법 하나를 고골로부터 배운 것은 분명하다. 이것은 화자, 독자, 주인공 사이의 변화하는 거리의 확보이다. 서사 스타일의 빠른 변화(서정적, 사무적, 극적, 간결하고 현란한)는 스카스적인 고골의 〈지간카〉의 설화 기법과 유사하게 작동한다. 결국 우리는 인내를 잃고 누구를 권위 있는 주체로 받아들여야 할지를 모르게 된다.

코자크의 입(아니면 펜)을 통해 말해지는 1인칭 시점 이야기는 우리의 도덕적, 시간적 입장에 의문을 제기하도록 만든다. 한 예로 우리는 마트베이 파플리첸코(Matvei Pavlichenko)(〈마프베이 로디오니치 파블리첸코의 인생 이야기〉) 같은 인물을 어떻게 평가해야 할지 모른다. 그는 자기 아내를 뺏어간 니키틴스키(Nikitinskii)에게 복수를 하기 위해 고향에 돌아온다. 대단한 열정과 확신을 가지고 자신의 이야기를 하는 그에게 독자들은 끌리게 된다. 그러나 우리는 살인을 어떻게 용서할 것인가? 특히 그의 전 지주에 대한 그렇게 개인적이고, 물리적이며, 생생한 살인을 말이다. 성실한 남편이자 혁명적 코자크인 그는 다른 인간을 마구 밟아 가루 덩어리로 만들어버린다. 독자가 쉽게 자신과 연계시키는 화자는 그의 파괴 능력만을 찬양한다.

독자들은 전쟁 자체를 어떻게 생각해야 할지 모른다. 적나라한 폭력은 그 자체가 바벨이 〈오데사〉에서 찾은 다산의 힘이기는 하지만, 그는 자주 전쟁을 밝은 태양과 연계시킨다. 그가 잔혹한 파괴 행동을 묘사할 때 쓰는 서정적 어법은 독자들이 부정적이고 도덕적인 반응을 하지 못하도록 무장해제시킨다. 궁극적으로 독자들은 《적군 기병대》

의 세계가 신화적이고, 그래서 우리의 도덕적 판단의 경계 너머에 있다는 것을 인정하게 된다. 등장인물들은 각기 다른 규칙에 의해 행동한다. 이 규칙들은 매력적이기도 하고 동시에 혐오스럽기도 하다.

대부분의 독자들은《적군 기병대》에서 아무 해결책이 제시되지 않는 것을 발견한다. 독자들은 바벨이 서로 상반되는 두 가지 인생 형식(life-style) 사이에서 선택을 하지 못하는 것에 불편함을 느낀다. 이 대립은 "코자크 에토스 대 유대인 에토스", "폭력적 방법 대 평화적 방법", "태양 대 달", "외부 세계 대 내부 세계"[40] 등이다. 많은 비평가들은 애매모호함에도 불구하고 바벨을 위해 한 가지를 선택한다. 일부는 그가 미래 지향적인 혁명보다 자신의 유대인 뿌리에 대한 향수를 가지고 있다고 주장하지만, 다른 비평가들은 그 반대를 주장한다.

일부 비평가들은 코자크와 유대인 두 집단 사이에서가 아니라, 각 집단 내부에서 일어나는 갈등을 허용함으로써 바벨의 묘사에서 지속되는 모호성을 인정한다.[41] 특히 유대인 사이의 갈등이 가장 선명히 드러난다. 러시아 유대인인 류토프는 죽어가는 폴란드 문화 사이를 돌아다니며 오데사의 생활을 그리워한다. 그러나 게달리를 만나면서 부딪치는 하시디주의자들은 그가 젊었을 때 만난 유대인들과 관계된 생활만을 노출시킨다. 상반되는 것을 결합시키는 것이 바벨이 만들어내는 신화의 한 단면인 것을 우리가 인식하면 작가가 궁극적으로 어느 쪽을 지지하는지를 결정할 필요가 없다.

바벨이 신화를 변용시키는 데 더욱 중요한 것은 그가 폭력을 통해 재탄생을 만들어내는 여러 요소를 채택했다는 사실이다. 〈즈브루치 강 도하〉에 나오는 코자크들은 단순히 강을 건넌 것이 아니라 스스로

강과 하나가 되었다. 말들은 등까지 차오르는 강물을 건너는데, 코자크 한 명이 물에 빠져 죽는다. 이렇게 강물에 빠지는 것은 세례를 뜻한다. 이것은 이미 논의된 대로 강을 건너는 것이 두 개의 형이상학적인 세계, 이 경우에는 종교적 영역에서 경계를 넘어서는 것이라는 시각을 뒷받침한다. 다른 예로 〈노보그라드의 성당〉에서 화자는 임신한 여인을 만난다. 그녀 주위에 아버지를 포함해 많은 죽음이 있지만, 그녀는 새로운 생명을 표상한다. 산산조각난 유월절 접시 조각들은, 비록 부서지기는 했지만 해방과 희망의 봄 축제 상징을 통해 새로운 생명을 보여준다. 〈즈브루치강 도하〉에 나오는 폐허 잔해에 나오는 인간의 배설물은 〈나의 첫 거위〉에서 류토프가 거위의 머리를 갈아 넣은 사료를 미리 암시한다. 이 이야기에서 류토프의 폭력과 살인 행위는 아무리 역겹고 말이 되지 않더라도 새로운 상태, 그리고 일시적이기는 하지만 코자크 정신(Cossackdom)으로의 이행을 표시한다. 죽음(거위)과 생명(피난지에서 새로 자라나는 가축을 위한 사료)는 은유적으로 코자크 집단의 일부로 다시 태어나는 류토프를 보여준다.[42]

앞에 인용한 이야기에서 거위를 발로 밟아 죽이는 것은 마트베이 파블리첸코가 니키친스키스를 자기 손으로, 말 그대로 하면 발로 밟아 죽이는 것과 대비된다. 코자크는 살인 행위를 통해 생명의 본질을 느끼기 때문에 이 경우에도 물리적 파괴는 재탄생의 형식으로 이어진다. "너는 알아야 해. 나는 나를 동정하지 않아. 나는 한 시간 전에 적을 밟아 죽였지. 나는 생명을 알고 싶어, 있는 그대로 실제로"

두 번째 연작 이야기인 〈노보그라드의 성당〉에서 화자는 해골 두 개를 보고 공포에 질려 지하납골당으로 달려 들어간다. 그의 행동은 죽음의 느낌을 완화하기보다는 그것을 심화시킨다. 그러나 지하에서 그는 제단으로 이어지는 계단을 발견하고, "높은 곳, 바로 둥근 천장에서 비치는" 빛을 보게 된다. 독자들은 이 빛이 화자의 동료 코자크들이 들고 있는 촛불에서 온 것을 알게 된다. 여기서 코자크들은 어둠에서 빛으로, 지하에서 지상 위로, 죽음에서 새로운 생명으로 인도하는 상징적 인도자 역할을 한다.

재탄생 이미지에서와 마찬가지로 《적군 기병대》에서 바벨이 그린 여성들은 코자크 신화에서 나온다. 일기에서 바벨은 코자크 부대와 같이 이동하는 여성들에 대해 동정적 관심을 표한다.[43] 그러나 이야기에서는 성과 코자크의 문제가 다른 방향을 취한다. 많은 비평가들이 바벨이 그린 코자크에 강하게 나타나는 양성의 문제(sexuality)에 주목했다. 코자크의 폭력성과 마찬가지로 성도 강렬함과 긴급함을 제공한다. 특히 여자 주인공들에게 나타나는 성적 긴장감은 생명을 탄생시키는 힘이 아니라, 역겨움과 변태적 느낌을 수반한다. 성병은 반복해서 등장하는 모티프이고(〈이반 가족들〉, 〈그리스도 사슈카〉, 〈말 이야기 후편〉), 모든 이성 간의 결합은 슬픔으로 막을 내린다. 〈지간카〉에서 이리나와 바실리의 관계는 썩은 냄새를 풍긴다. 전형적인 고골식 서술 장면인 두 사람의 부엌에서의 정사에서는 이리나의 지방 덩어리 발꿈치와 바실리의 새까만 손톱이 부엌 문밖으로 튀어나온다. 요리사인 바실리는 "죽은 동물의 고기와 산 사람의 탐욕"을 다룬다. 식욕을 자극하는 것도 아니고, 생명을 탄생시키는 이미지와는 더더욱 거리가 멀다. 여성의 성적 매력(sexuality)과 양육 능력 모두 실제 코자크 세계에서는 자리를 찾지 못한다.[44]

코자크의 성과 여기서 비롯되는 긴장감은 여자와의 관계에서 나오지 않는다. 〈중년 여인 빼앗기〉의 대용인 〈나의 첫 거위〉에서 류토프가 죽인 거위는 실제로는 수컷이다. 코자크 신화에서 진정한 코자크를 특징짓는 것은 남성과 남성의 관계이다. 남성이 생명과 양육의 근원이 된다.

〈나의 첫 거위〉의 주인공인 사비츠키(Savitskii)는 "윤기가 흐르는 승마 부츠 목부분에 칼집을 찬 소녀와 같이 긴 다리"를 가지고 있다. 이것은 《타라스 불바》와 코자크 〈수도사〉의 독신의 힘과 별로 다르지 않다. 첫 이야기에서 바로 코자크들은 처녀지를 침범하고, 반복적으로 자연과 결합하고, 자연에 안긴다. 여기에 더해, 마트베이는 혁명을 "애인"이라고 부르며, 이야기 고리가 주변 환경뿐만 아니라 서사적 역사와도 성적 결합을 한다는 것을 암시한다.

《적군 기병대》에서 코자크 생명력의 많은 부분은 생명 자체에 대한 즉각적 이해의 형태를 취한다. 마트베이는 죽음과 관련하여 이것을 이해한다. 다른 한편으로 아폰카 비다(Afon'ka Bida)는 유대인 지식인인 류토프가 이것을 잘못 이해하는 것을 비난한다.(〈둘구쇼프의 죽음〉) 류토프는 사람을 죽일 줄 모르는 것이다. 역설적으로, 모든 코자크 신화에서와 마찬가지로 폭력은 생산적 활동인 것이다.

## 창조의 폭력

바벨은 코자크의 성적 재생산 토포스를 강조함으로써 코자크 주인공을 더욱 변용시킨다. 역사적 코자크는 대중의 적이었고, 20세기에 들어와서는 유대인뿐 아니라 모든 시민에 대한 압제를 표상했다. 적군(赤軍)에 가담한 적은 비율의 코자크들도 무정부주의적 행동과 무자비한 보복으로 인해 이러한 명성을 바꾸지는 못했다. 바벨은 자신이 알고 있는 코자크와 자신의 감각과의 불일치에도 불구하고, 아니면 이로 인해 전통적 주인공인 코자크로 돌아온다.

바벨은 문학의 세계에서 아니면 창작 예술 전체에서 자신의 일생의 양극단의 경험을 조화시키려고 노력했다. 이 세계에서 고골은 전혀 이방인이 아니지만, 그의 주된 관심은 "러시아 영혼"이었다. 이 범주 안에서 그는 생명력, 생산성, 예술 자체를 포섭했다. 바벨의 코자크는 자신의 러시아성을 표현하기보다는 자신의 예술적 잠재력을 표현하는 소재였다. 이들은 글을 쓰는 데 필요한 에너지를 표상한다. 에너지는 폭력적이라고 바벨이 믿은 것은 이 장의 서두에 인용한 톨스토이의 말과 유명한 기 드 모파상 모방 어구에 잘 드러난다. 마침표를 찍는다는 것은 칼을 찌르는 것과 같다. 코자크 신화에서 폭력과 생명의 조화는 바벨 자신의 창조적 충동에 대한 메타포를 제공한다.

《적군 기병대》에서 바벨의 가장 핵심적 예술적 인물은 판 아폴레크(Pan Apolek)이다. 그는 교회 당국에 의해 성스러운 그림으로 분류된 그림을 그리기 위해 노보그라드 시민 중에서 선발된 엉뚱한 폴란드인이다. 성자에 대한 그의 해석은 그들에게 영감을 준 불경스런 모델과 너무도 자연스럽게 닮았다. 그림을 그릴 때 아폴레크는 인간과 성스런 존재의 경계를 무시하여 교회법의 문장(letter)에 폭력을 가한다. 이 화가의 경계 침범이 우리 세계 자체의 영적 질을 보여준다는 것은 교회 당국자들에게 아무 인상을 남기지 않지만, 이것은 바벨의 주관심사이다. 예술가는 영과 육을 조화시키고, 육적인 것을 성스럽게 만들고, 성스러운 것을 육적으로 만든다.

코자크 주인공을 닮은 기대하지 않은 또 하나의 등장인물이 나타난다. 폭력적인 창조자인 그는 코자크 신화의 관점에서 이해되어야만 한다. 판 아폴레크에 대해 이야기하면서 한 폴란드인은 이렇게 선언한다. "오!, 이 사람은 절대 침대에 누워 죽을 사람이 아니다." 이러한 말은 타라스 불바 같은 코자크 전사를 찬양할 때 기대할 수 있는 말이다. 그러나 예술가인 판 아폴레크는 코자크의 에너지와 모순된 파괴적 창조성을 소유했다. 그의 이름 자체가 태양과 질서의 신인 아폴로와 파괴와 바닥없는 심연의 악마인 아폴리욘(Apol'liyon) 모두를 뜻한다.[45] 이 이름은 또한 아폴리나리우스(Apollinarius)와, 그리스도가 인간과 신의 두 상반되는 본성의 관계를 결정하려고 한 교회의 논쟁을 뜻한다.[46]

그러나 고골의 창조적 파괴자와 바벨의 폭력적 예술가 사이의 차이는 우리가 이미 본 바와 같다. 고골의 코자크는 세속적 현실에 감추어진 러시아 영혼의 이상적 본질을 구현한다. 바벨의 등장인물은 코자크이건 유대인이건 예술가이건 서로를 닮았고, 우리 주변의 세계에 노출된 이상적 본질을 보여준다.

이야기가 시작될 때 약속한 대로 아폴레크의 경우를 따라가기 위해 화자는 스스로가 유랑시인의 역할을 맡는다. 그는 〈판 아폴레크〉처럼 이야기를 수집하고 사건의 영광을 영구화하기 위해 한 코자크에서 다른 코자크로, 한 주인공에서 다음 주인공으로 움직이며 떠돌아다닌다. 그의 재주인 스토리텔링은 그의 고유한 창작적 행위로서, 코자크의 물리적 폭력, 하시드교도들의 영적 창조성, 판 아폴레크의 이교도적 그림과 대비된다.

바벨은 자신의 신화적 코자크의 이미지는 너무 강해서 다른 등장인물 사이에 섞여 있다고 해서 혼란을 주지 않는다고 전제한다. 비코자크들이 신화의 단계에까지 올라갔기 때문에 그는 거의 옳았다. 그러나 토포스가 옮어지는 것은 신화의 심각한 변용이다. 더 이상 코자크 주인공은 죽음을 피할 수 없는 단순한 인간과 대비되지 않는다. 그 대신 세계 전체가 시간의 제약이 없는 영광 속에 그들과 합쳐진다.

바벨은 선명함의 상실, 그리로 이로 인해 신화가 분해되는 모험을 감수한다. 바로 이 시점에서 코자크는 이미 고정된 정체성을 갖게 된다. 자신들의 특징을 다른 주인공들에게 흘려보내주면서 바벨은 그들의 통합성에 대한 염려를 하지 않게 된다. 오히려 그는 나머지 세계의 공허한 정체성의 심각함을 가리킨다. 고골 작품에 나오는 폴란드인들의 형이상학적 공허와 같이 류토프 같은 인물의 약함은 그를 공격 받기 쉽게 만든다. 그는 코자크의 침투에 살아남지 못하거나, 그들의 영혼을 흡수한다. 그는 코자크(아니면 하시드 교도, 종교적 화가)가 되지는 못하지만, 그는 모든 사람과 친구가 되고, 궁극적으로 자신의 폭력적 창조 행위, 즉 바벨의 펜에 의해 쓰인 그의 이야기를 통해 자신을 표현한다.

그러나 이런 명쾌한 언급으로 결론을 맺는 것은 독자를 잘못 인도하는 것이다. 일부 사람들이 단순히 향수로 해석했지만 더욱 복잡한 역설에 가까운 거리 감각이《적군 기병대》에 가득 차 있다. 이상을 그리는 데 있어서 긍정적 자세를 취하는 이야기 고리 전체의 과묵성은 고골보다는 톨스토이를 연상시킨다. 톨스토이의《코자크》와 마찬가지로《적군 기병대》는 신화적 확신과 역설적 불안 사이에서 위태로운 균형을 잡고 있다. 그래서 일부 독자들은 코자크에 가담하려는 류토프의 열망을 헛된 욕망이 아니라 감동적인 것으로 받아들인다. 류토프는 이것을 말하고 있지만, 바벨은 다른 것을 "의미한다".

우리가 주목한 바와 같이 역설은 "양날"을 가지고 있다.[47] 이것은 양측 모두 승리하고 동시에 패배하는 전투이다"[48] 어떤 의미에서 보면《적군 기병대》의 모든 등장인물들은 크게 드러나지는 않지만 상당히 매력적이다. 풍자와 신화 사이를 왔다갔다하면서 바벨은 파괴와 진보, 전쟁과 경이의 잠재적 상관성을 표현한다. 그는 주인공들을 찬미하기 위해 코자크 신화를 택했다기보다는 자신이 인식하기에 그들이 발산하는 창조적 힘을 자신의 혼란한 세계에 적용할 수 있다는 것을 강조한다.[49]

## 결론 — 말에 대한 이야기

바벨의 변용은 코자크 신화의 지속되는 힘을 증거하지만, 그 우선순위를 재정립하여 창조적 예술가와 연관시키면서 재탄생의 토포스를 강조한다. 러시아의 민족적 상징으로서의 코자크의 역할을 바벨이 평가절하한 것은 동시대인들과 비교하면 예외적인 것이었다. 그러나 그는 다음 장에서 논의될 시인들과 함께 코자크를 예술가와 연관시켰다.

《적군 기병대》에 실린 2부작 이야기 〈말 이야기〉와 〈말 이야기 후편〉은 고골의 코자크와 바벨의 코자크의 차이와 공통분모를 반복해서 이야기해 준다. 이야기는 〈나의 첫 거위〉에서 적의 양미간에 총알을 박아 넣고, 류토프를 코자크 배교자로서 코자크 고문관들에게 보낸 사비츠키가 등장시킨다. 그는 대대장으로서의 자기의 권한을 남용하는 1중대장 흘레브니코프의 흰 말을 빼앗는다. 이 말은 "경이롭지만 아직 길들여지지 않은 체격"(화자의 관점에서 보면 다소 뚱뚱한)을 가지고 있었다. 흘레브니코프는 자신의 말을 넘겨준 대가로 "혈통이 그런대로 괜찮은 부드럽게 걷는 검은 암말"을 받는다. 뛰어난 남성에게 길들여지고 평범한 암말을 준 것이다. 《적군 기병대》와 모든 코자크 신화에서 코자크의 연장으로서 말에게 부여된 의미를 고려하면, 흘레브니코프는 코자크의 본질이자 자신의 남성성을 상징하는 것을 빼앗긴 것이다.

흘레브니코프는 복수의 일념에 불탔다. 그는 군 지도부에 보복을 청원하는 편지를 보내고 말을 돌려주라는 건조한 공식 언어로 된 명령문을 받는다. 그 사이 사비츠키는 이동을 해서 예비군으로 퇴역한다. 그는 이제 한 폴란드 마을에서 말과 전에 유대인과 함께 살았던 코자크 여인과 살고 있다. 이 시기 그는 스무 마리의 순혈 말을 자신의 농지에서 사육하고 있었다. 얼마 전까지 코자크 대대장이었던 그는 지금 다른 코자크들과 완전히 떨어져 혼자 살고 있다. 사실상 사비츠키는 코자크 정신을 완전히 버린 것처럼 보인다. 폴란드에 정착함으로써 그는 정해진 집에 사는 것을 거부하는 코자크 전통과 적인 폴란드에 대한 적대감을 거부한 것이다. 그가 이미 유대인에게 더럽혀진 여인과 사는 것도 "처녀지와 훌륭한 말"을 자신의 애인으로 삼고, 칼을 자신의 어머니로 삼는 전사들의 독신 전통을 무시하는 것이다.[50] 또한 그가 이렇게 말 무리를 보유한 것은 물질적 부를 경원시하는 코자크 전통을 우습게 만드는 것이다. 고골이 보여준 것처럼 코자크는 주머니에 있는 금화를 털어 술을 마시고, 자신의 약탈물을 숨겨놓은 장소를 아무렇지도 않게 잊어버린다. 바벨은 자세히 묘사하는 것을 마다하지 않는다. 사비츠키의 거주지는 "누더기를 걸친 창녀"이자 "불구가 된 작은 마을"이다. 거대한 처녀지 스텝에 비하면 둘 다 더럽혀지고 난장이만하다. "향수에 익사하고, 표트르 대제를 닮은 채(전에 남방의 코자크의 자유에 굴레를 씌운 역사적 인물로 그려졌다), 그는 불명예 속에 살고 있었다."(80)

여기서는 환경 전체가 반코자크적 길들여짐을 나타낸다. 나귀 새끼는 탐욕스럽게 엄마 젖을 빨고, 사비츠키의 코자크 여인은 게으름을 피우며 자신의 외모를 가꾸고, "굽 높은 구두를 신고 자신의 가슴을 과시하며", "포대자루에 들어 있는 동물처럼 자신의 유방을 흔든다." 사비츠키는 전통적 코자크 보드카를 "고렐카(gorelka)"라고 부르지 않고, 사모바르라고 부르지도 않으며, 대신 자신의 청을 소중하게 만드는 "작은 사모바르"라는 말을 쓴다.

사비츠키는 흘레브니코프가 말을 찾으러 오자 "죽은 듯한 얼굴"을 보이고, 코자크 비슷해 보이기는 하는 일장 훈시를 늘어놓지만, 이것은 우리에게 보여진 그의 모습과 대비되어 역설적으로 들린다. 그는 자기 여자를 끌어안으며 "나는 아직 살아있어. 내 다리는 행진을 할 수 있고, 내 말은 아직 들판을 달릴 수 있지, 내 팔을 너에게 뻗을 수 있고, 내 곁의 이 대포도 불을 뿜을 수 있지…"라고 말한다. 그는 자신의 남성적 힘을 과시하기 위한 보잘 것 없는 짓이지만 알몸을 드러낸 배 위에 놓여있는 총을 집는다. 이것은 흘레브니코프에게 겁을 주기에 충분했다.

이야기 첫 에피소드의 나머지 부분은 사비츠키가 육군 지휘부로부터 온 명령서에 복종하지 않는 것에 대한 흘레브니코프의 반응과 흘레브니코프에 대한 화자의 반응을 서술한다. 이야기 모음의 다른 "창조적" 코자크와 같이 흘레브니코프는 자신의 권총을 내려놓고 펜을 든 다음 그의 유감을 표현하는 편지를 쓰는 데 몰두한다.

흘레브니코프가 편지 쓰기에 다시 의지하는 것은 3장 끝에 다뤄진 고골의 〈이반 이바노비치와 이반 니키포로비치가 싸운 이야기〉에 나오는 두 반주인공을 떠올리지 않을 수 없게 만든다. 이 이야기에서 두 이반은 자신들의 영웅적 혈통을 모조리 부인하고, 쓸모없는 총 한자루의 소유권을 놓고 다투며 애들 같은 말들을 서로에게 던진다. 바벨의 흘레브니코프도 동료 코자크와의 결투가 아니라 공식 채널을 통해 해결하려고 한다. 두 이반도 자신들의 다툼을 총알과 피가 아니라 종이와 펜을 가지고 해결하려 한다. 그러나 두 경우 모두 전혀 보상이 없는 결과를 얻는다. 고골은 독자들에게 두 사람의 다툼은 법적 절차에 묶여 무한정 늘어진다는 것을 보여준다. 바벨은 군사령관은 "귀관의 사례는 이미 결정되었다. 귀관의 말은 나의 결정에 의해 반려되었다"라며 흘레브니코프의 두 번째 청원에 귀를 기울이지 않는다. 첫 번째 명령서를 작성해서 발송함으로써 사령관은 사건이 종결되었다고 느낀다. 고골과 바벨 모두 글쓰기가 시작되면 행동이 멈춘다는 것을 보여준다.

〈말 이야기 후편〉은 편지 몇 장이 전부이다. 흘레브니코프와 사비츠키의 입장이 서로 바뀌어 흘레브니코프는 군대를 떠나고, 사비츠키는 군에 복귀한다. 고골의 이야기에서처럼 두 주인공 간에 보인 처음의 차이는 이야기가 진행되면서 흐려진다.

이 에피소드를 종결짓는 사비츠키의 편지는 이상한 말로 끝을 맺는다. 흰 말은 죽고, 코자크도 아마 곧 전투에서 죽게 될 것이다. 그는 이렇게 말한다.

> 우리는 서로 보게 될 겁니다. 단도직입적으로 말하면 하늘나라에서요. 그러나 소문에 알려진 것처럼, 하늘나라에 올라간 늙은이는 왕국을 차지할 수 없고, 여느 매음굴이나 차지하겠지요…. 거기에는 땅에서만큼 임질이 창궐하지요. 그래서 아마 우리는 서로를 보지 못할 수 있습니다. 이 보고와 함께, 흘레브니코프 동지, 나는 제대합니다.

사비츠키가 하늘나라의 성병을 언급한 것은 죽음은 지상에서의 삶의 연장에 지나지 않는다는 것을 제시하는 것이다. 고골이 〈지간카〉에서 "신사들이여, 이 세상은 지루합니다"라고 화자를 통해 선언한 것처럼, 바벨은 자신의 화자로 하여금 "아쉽게도 '저기에서도' 그럴 겁니다"라고 응수하게 한다. 〈말 이야기〉는 고골의 신화 희화화를 확대한 것으로 읽힐 수 있다. 두 코자크는 코자크답지 않은 행동을 한다. 한 명은 남성적 코자크 힘의 상징인 다른 사람 소유의 사물을 탐내고,

두 사람은 자신들의 다툼을 해결하기 위해 무기 대신에 서류를 채운다. 다툼은 해결되지 않은 채 끝난다. 지루함만 가득하다. 《적군 기병대》에 나오는 이야기들은 표면적으로는 코자크 신화의 생명성을 부정한다. 다시 태어난다는 것은 아무 것도 의미하지 않는다. 왜냐하면 생은 어디에도 영혼을 갖고 있지 못하고, 신화적 세계는 가능하지 않기 때문이다.

그러나 바벨의 버전은 다른 방식으로도 읽힐 수 있다. 자신의 남부 이야기 모음집인 《미르고로드》를 마무리하고 자신의 "북부" 이야기를 가리키는 고골의 이야기는 코자크 신화의 전복을 의미한다. 그러나 우리가 본 바와 같이 《적군 기병대》는 신화의 흩어짐을 나타낸다. 이야기 고리는 〈말 이야기 후편〉에서 끝나지 않는다. 그 대신에 독자들은 코자크의 기묘하고도 놀라운 세계가 나오는 다음 이야기로 인도된다.

바벨은 〈말 이야기 후편〉 말미의 역설적 설명을 위해 자신의 화자를 동원하지 않는다. 이 기법은 《적군 기병대》에도 사용한 것이다. 고골의 작품에서는 화자의 설명이 독자와 두 이반 사이의 분명한 역설적 거리를 강화함으로써 독자들이 그때까지 가지고 있던 《미르고로드》 주민과의 관계의 문을 닫아버린다. 바벨은 허구와 사실 사이의 분리를 다시 한번 확인하는 것조차 허용하지 않는다. 바벨은 원래 이 이야기를 《티마셴코(Timashenko)와 멜니코프(Mel'nikov)》라는 제목으로 출판하려고 했다. 아마도 이 이야기는 자신이 직접 목격한 제6기병대의 두 지휘관 사이에 벌어진 일에서 소재를 따온 것 같다. 멜니코프는 이 이야기가 사건을 잘못 묘사하고 있다고 불평했다. 바벨은 《10월》 잡지의 편집자에게 양해의 편지를 보내서 이야기의 제목을 바꾸었다.[51] 이 이야기가 자신의 경험에 바탕을 둔 것이고, 당대 독자들이 바벨의 작품을 기록적 증거로 받아들인 것은 너무 당연하다. 바벨은 우리에게 진실은 허구보다 더 이상하거나, 신화가 현실보다 더 진실에 가깝다는 분명한 증거를 제시한 셈이다.

풍자가 배제된 것은 아니지만, 《적군 기병대》의 코자크와 동료 인물들의 경이로운 행동이 두 이반의 형이상학적 지루함에 대한 해독제였을 가능성은 없다. 이러한 신화적 에너지는 사비츠키처럼 이것을 비난하는 특정한 인물들에게 발견되지는 않는다. 오히려 이것은 그들 주변의 세계에 스며들어 있다. 판 아폴레크는 이 사실을 인지했고, 자신의 고향 도시와 마을에서 만나는 잡다한 폴란드인들과 유대인들보다 높은 현실을 표현하는 데 특별히 다른 영감을 가질 필요가 없었다.

신화적 영역의 에너지는 그 내부로 들어가는 사람만이 이용할 수 있는 것이다. 《적군 기병대》를 읽는 독자들이 인지하는 거리나 향수는 사실 류토프가 자기 주변의 세계에 들어갈 수 있는 문을 찾고자 부단히 노력한 산물이다.

# 9장 현대 시인들과 코자크 반란자들

애매모호하기는 하지만 폭력을 재탄생의 토포스로 만든 바벨은 사실 코자크를 현대 시인의 메타포로 제시한 것이다. 판 아폴레크처럼 20세기 시인은 반란자로서의 코자크처럼 규범 파괴자이다.

코자크 주인공들은 미래주의 시인들에게 특히 매력이 있었다. 이들은 언어적이나 테마적으로 토착적 자료에 기반한 자신들만의 시학을 발전시키기 위해 "유럽화된 전통"을 거부하는 반항적 그룹이다. 미래주의자들이 사실 20세기 초 시인들, 특히 자신들은 부정하지만 상징주의자들에게 많은 빚을 지고 있음에도 불구하고, 이들이 코자크 반란자들을 찬미하는 것은 고골의 정형을 만들어 놓은 19세기 산문 전통을 직접 가리키는 것이다. 미래주의시의 기념비성, 특히 범슬라브주의적인 다양성에서 코자크 신화와 공통분모를 발견한다.

미래주의는 1910년대 초반에 활발히 번성했다. 블라디미르 마야콥스키(Vladimir Maiakovskii)가 조직한 그룹이 스스로 혁명의 대변인을 자처하고 나선 20년대까지 개별 작가들의 인기는 계속되었다. 마야콥스키는 코자크 신화를 채택하지는 않았지만, 그의 동료 미래주의자인 벨리미르 흘레브니코프와 바실리 카멘스키는 폭력적인 주인공을 자신들의 혁명적 시의 메타포로 받아들였다.

혁명 직전 혼란스러운 시기와 독일과의 전쟁이 가져온 애국주의로의 회귀, 1917년 혁명 이후 내전기의 반란과 고난 모두가 초기 코자크 반란자들에 대한 이 시인들의 관념에 굴절되어 있었다. 카멘스키는 자신이 스텐카 라진을 시의 소재로 삼은 것에 대해 다음과 같이 설명한다.

> 열정에 휩싸인 나는 스테판 티모페이비치 라진이 현대에 다리를 놓은 것처럼, 마을에서 미래주의로 다리를 놓은 꿈을 꾸었다. 그 해 여름 세계대전이 발발하여 모든 러시아의 삶이 동요를 하고, 모든 마음과 가슴이 근원적 힘으로 넘쳐나면서, 마치 거대한 징조처럼 스텐카 라진을 소재로 한 작품을 써야겠다는 확신이 두 배로 커졌다.[1]

## 스텐카 라진은 살아있다 — 벨리미르 흘레브니코프

벨리미르 흘레브니코프(원명: 빅토르 블라디미로비치 흘레브니코프 Viktor Vladimirovich Khlebnikov, 1885-1922)는 볼가강이 카스피해로 흘러들고 유럽 러시아가 중

앙아시아 스텝으로 문을 여는 아스트라한 지방에서 태어났다.[2] 그는 볼가강 상류의 카잔에서 학교를 다녔는데, 이곳은 아스트라한과 마찬가지로 아시아적 요소가 특별히 가득 찬 곳이었다. 자신의 대표적 시의 제목을 아스트라한의 타타르 이름인 〈하지-타르칸(Khadzhi-Tarkhan)〉으로 지을 정도로 흘레브니코프는 자신의 미학에서 아시아와 변경의 모티프를 중요시했다.[3] 흘레브니코프가 죽기 1년 전 아시아 지역을 처음으로 방문한 후 쓴 〈굴-물라의 트럼펫(The Trumpet of Gul'-mulla)〉은 동양과 서양, 아시아와 유럽의 결합이라는 주제에 강박적인 관심을 키워준 오리엔탈리즘에 대한 그의 환상을 잘 나타내고 있다. 두 세계를 결합하는 지점과 장소는 전체적으로 러시아이고, 특히 볼가강이었다. 흘레브니코프가 자신의 시에서 여러 번 강조한 것처럼 볼가강은 스텐카 라진의 노략질의 주 무대였다.

1919년 작품집의 서문으로 작성된 〈스보야시(Svoiasi)〉에서 흘레브니코프는 볼가강을 "인도-루스의 강(the river of Indo-Russes)"라고 불렀다.[4] "루스"라는 용어는 흘레브니코프가 가장 좋아하는 다른 두 집착인 범슬라브주의와 키예프 루스에 대한 찬미를 떠오르게 한다.[5] 그의 추상적 언어 실험과 수학적 이론을 포함해서 많은 그의 작품은 부패되지 않은 과거, 즉 루스의 과거의 근본적 성격을 드러내고 선전하고자 하는 열망에서 나온 것이다. 그는 자신의 시 〈볼가여! 볼가여!(Volga! Volga!)〉에서 "볼가여, 다시 볼가가 되어라"라고 탄식한다.[6]

동양과 서양의 화해, 과거의 재확인이라는 주제의 중요성을 알면 흘레브니코프의 작품세계(oeuvre)를 코자크 전통의 틀에 맞추는 것은 어려운 일이 아니다. 그의 초기 작품 몇 편은《타라스 불바》에 묘사된 고골의 자포로지야 코자크를 직접 언급하고 있다.[7] 두 작가에게 자포로지야 코자크는 고대 루스와 좀 더 순수한 것으로 상상되는 슬라브 뿌리와 깊게 결합되어 있다. 〈위대한 날, 큰 날〉(Velik-Den'은 부활절을 가리키는 우크라이나어 용어이다)에 나타난 우크라이나적 특성(ukrainianism)은 고골의 초기 작품을 연상시키고, 이 작품의 원래 부제는 "고골을 모방하여(Podrazhanie Gogoliu)"였다.[8] 〈팔리보다의 죽음(Smert' Palivody)〉에서는 자포로지야 세치가 배경으로 설정되었고, 고골에 대한 언급이 수도 없이 나온다. 그리고 코자크의 특별하고, 심지어 성스러운 자질과 "성스러운 러시아"와 코자크의 관계에 대한 강한 강조도 포함되어 있다.[9]

1911년에 쓴 〈나에게 바치는 노래〉[10]라는 제목이 붙은 미완성 시에서 스텐카 라진이 처음 등장한다. 여기서 26살 난 시인은 고대 루스를 불러내고, 이것을 부활시켜야 하는 자신의 역할을 주장한다. 이 시에서 흘레브니코프는 루스를 상반성, 즉 과학과 낭만, 동양과 서양, 남쪽과 북쪽, 원시종교, 이슬람, 기독교 등이 결합된 곳으로 이해한다. 그리고 그곳에는 진정한 "혈통의 혼합"이 있기 때문에 형제가 형제를 사랑하도록 요구한다. "우리는 훈족이 될 것이다"라고 시인은 주장한다. 그리고 이 과업을 위해 굽힘 없는 힘, 심지어는 잔인함도 필요하다고 주장한다.[11]

〈나에게 바치는 노래〉 말미에서 흘레브니코프는 "나는 스텐카 라진의 그림자로 당신에게 왔다"라고 당당하게 선언한다. 코자크 반군은 고대 루스의 옹호자이자, 이것이 표상하는 상반되는 요소의 결합의 원형이 된다. 코자크의 사멸 이후 그들의 과업을 지속해야 할 사람은 시인 자신이다.

아마도 1922년에 쓴 시인의 마지막 시 〈저녁 식사〉도 스텐카 라진의 그림자 이미지로 막을 내린다.

흥청대는 주연의 장소, 비둘기의 자유, 자유가 총을 쏘는 장소인
거대한 도시들로
스텐카 라진의 그림자가 걸어 나온다.

시인은 자신이 코자크 유산의 상속자임을 다시 한번 선언한다.

위에 언급한 흘레브니코프의 두 시의 습작 노트 괄호에는 스텐카 라진 뿐만 아니라 다른 코자크들, 특히 푸가초프와 예르마크에 대한 수많은 언급을 발견할 수 있다. 〈하지-타르칸(Khadzhi-Tarkhan)〉(1911-12 작시, 1913년 출간)[12]에서는 다시 한번 루스와 시인 자신과의 연관 속에서 스텐카 라진을 불러낸다. 여기서 그는 아스트라한 인근의 지역을 "러시아가 아프리카처럼 보이고", "아시리아가 탑들 속에서 숨을 쉬는" 세계의 한 구석이라고 묘사한다. 러시아는 원시적이고 생명력이 넘치고, 서양이며 동시에 동양이고, 남쪽이며 동시에 북쪽이다.

흘레브니코프는 다음과 같이 계속한다.

소문으로만 우리에게 알려진
귀걸이와 검은 귀를 한 코자크들이
전쟁에서처럼 그들의 칼로
독일인과 귀까지 내려온 군모와 싸울 때
푸가초프의 난은

우리에게 얼마나 소중한가!

"독일"은 예카테리나 2세를 가리킨다. 흘레브니코프의 신화학에서 "사랑하는" 푸가초프는 러시아의 일체성을 지키기 위해 외국인인 예카테리나와 싸웠고, 여기서 푸가초프/러시아는 순수하고, 예카테리나/독일은 타락했다.

다음 연은 다른 작품에서 스텐카 라진을 나타내는 상징인 붉은 옥양목(kumach)과 연관지으며 스텐카 라진을 등장시킨다.[13] 그러나 스텐카 라진은 더 이상 나타나지 않고, 볼가강은 "반란군 보트를 운반하던 전통을 잃었다." 코자크의 "성스러운 고함"과 "화살을 당겨라!"라는 외침도 더 이상 들리지 않는다.[14]

그럼에도 불구하고 스텐카 라진은 살아남는다. 우선 그의 이야기, 특히 페르시아 연인을 물에 빠뜨리는 장면은 현재시제로 이야기되고, 미래에도 연대기 작가에 의해 기억될 것이라고(미래 시제로) 우리에게 알려준다. 스텐카 라진은 시의 한 줄에서 형태소(形態素)로도 살아남는다. "흘러내려가는 라(Ra)의 하류에서"('라'는 볼가강의 오래전 이름이다).[15] 이렇게 흘레브니코프는 스텐카 라진을 현재도 흐르고, 여전히 위력 있는 강과 동일시한다. 지금 루스의 영광을 위해 다시 일어선 것은 "볼가의 의지(Volzskaia volia)"이다. 여기서 우리는 스텐카 라진을 상징하는 볼가로 나타난 동양은 서양의 침략으로부터 루스의 순수함을 방어한다.

스텐카 라진은 과거의 폭력성과도 연관되지만, 이 폭력성은 미래에도 사용될 것이다.[16] 우리가 코자크 주인공을 등장시킨 흘레브니코프의 모든 시에서 보듯이 여기서 스텐카 라진과 그의 과업은 시인과 자신의 것으로 동일화된다. 스텐카 라진은 상반되는 것과 루스의 힘을 순수하면서도 역설적으로 결합시킬 뿐만 아니라, 시인, 특히 미래주의 시인의 임무와 힘도 결합시킨다. 로널드 브룬(Ronald Vroon)은 다음 시구들과 미래주의자의 사명 사이의 유사성에 주목한다.

우리는 젊음을 폭풍에 대한 깃발로 들어올린다.
무서운 손으로 우리는 웃음을 그렸다.(11, 171-72)

웃음은 흘레브니코프에게 명성을 가져다 준 자신의 "웃음으로의 주문"을 회상시킨다.[17] 브룬은 흘레브니코프의 시 〈잔게지(Zangezi)〉에서 웃음과 스텐카 라진 같은 행위를 연계시키는 몇 줄을 인용한다.

나는 웃음이다. 나는 웃는 지휘자이다,
천둥이 불처럼 저주하는 곳
나는 폭풍 같은 말을 하는 도적이다.
나의 말들은 볼가강을 때리는 몽둥이다.[18]

볼가강의 도적떼는 흘레브니코프 안에 다시 현화(現化)하였다. 도적떼의 곤봉은 흘레브니코프의 시로 우습게 변형되었다.[19] 그래서 우리는 흘레브니코프의 작품에서 전형적인 스텐카 라진을 발견한다. 그것은 루스의 보존자이자 부활자로서, 그리고 궁극적으로는 미래주의 시인으로서의 코자크 형상이다. 궁극적으로 스텐카 라진은 시인을 부활과 연계시킨다. 우리는 여기서 재탄생시키는 힘으로서 특이하면서도 강력한 폭력성의 토포스를 본다. 시인은 창조하기 위해 코자크처럼 폭력적이고 파괴적이어야 한다. 폭력성과 창조의 이러한 인접성(kinships)은 낭만적 시학뿐만 아니라 고전적 신화학에서 발견되고, 많은 흘레브니코프의 동시대 작가들, 특히 알렉산드르 블로크(Aleksandr Blok), 보리스 필냐크(Boris Pli'niak), 예브게니 자먀친(Evgenii Zamiatin)도 이러한 연관성을 명시적으로 만들었다. 흘레브니코프에서 새로운 것은 일부는 살인자라고 부르는 역사적 반란자와 자기 자신 사이의 문학적 연결점을 만든 것이다. 그의 시는 파괴를 의미한다.

흘레브니코프는 〈굴-물라의 트럼펫〉에서 더욱 복잡한 관계를 제시한다. 여기서 시인은 이렇게 쓴다.

> 그리고 천상의 사냥에서
> 나는 천상의 경주자이다.
> 나는 앞뒤가 뒤바뀐 스텐카 라진이고,
> 나는 안팎이 뒤바뀐 스텐카 라진이다.

스텐카 라진의 뒤바뀜은 완전히 분명해진다. 그러나 앞으로 논의되는 바와 같이 여기서 흘레브니코프는 두 인물이 같이 금지되기는 했지만 창조적 행동에 몰두하기 때문에 도덕적 자질이 아니라 전기적 세부사항을 언급한다. 스텐카 라진과 흘레브니코프는 거울에 미치는 형상처럼 서로 반대가 아니라 같게 보이는 것인데, 다만 서로가 뒤바뀐 것이다.

시 〈스텐카 라진〉은 이러한 모순을 설명하는 데 도움을 준다. 이 시는 흘레브니코프의 마지막 작품 중 하나이고, 야심적인 회문(回文)(palindrome)을 시도한다. 모든 줄이 앞에서 읽거나 뒤에서 읽거나 같은 말이 된다. 다른 말로 하면 우리에게 스텐카 라진이 오고 또 간다. 서로 만나고 중간에서 결합하는 것은 코자크와 시인이다. 흐레브니코프는 시를 구절로 시를 마무리한다. "우리와 스텐카 라진은 스텐카 라진처럼 날아갔다." 시인은 코자크의 파트너이자 동시에 그의 뒤집힘(inverse)이었다.

몇 줄 앞에서 시인은 다음과 같이 말한다. "스텐카 라진은 암말에 올라타서 니자르(nizar')들을 바라보았다. 니자르는 볼가강 하류에 사는 주민들을 지칭하고, 흘레브니코프는 자기 자신을 이렇게 부른다.

흘레브니코프는 〈스텐카 라진〉 시의 거의 번역이 불가능한 구절들에서 자신의 이름의 음운을 스텐카 라진의 이름과 뒤섞는다.

| | | |
|---|---|---|
| Колом о молоко, | Kolom o moloko, | [ko, l |
| Оперив свирепо. | opresiv svirep | o, v |
| Хама мах | Khama makh | kh, kh |
| Или | Ili | i, i |
| Махал плахам. | Makha plakham | kh, l, l kh |
| Или | Ili | i, i |
| Сокол около кос! | Sokol okolo kos! | ko, ko, ko |
| Иши! | Ishchi! | i, i |
| Иди! | Idi! | i, i |
| Мани раб, баринам! | Mani rab, barinam! | ni, r, b, b, r, i |
| Ин вора жаровни, | In vora zarovni, | in, v, ra, zh[z], r |
| И лады пылали, | I laly pylali, | i, l, i |
| заре раз. | Zare raz. | zar, raz] |

흘레브니코프는 상식에 폭력을 가하며 음절들을 갈라버리고, 이 부

분에서 자신으로부터(Kolom o moloko/Khama makh) 스텐카 라진으로(Zare raz) 이동한다. 여기서 변형시키는 음절은 'i'이고, 이것은 러시아에서 '그리고'를 뜻한다.

기술적 기교와 신조어(neologism)의 막 뒤에서 이 시는 스텐카 라진 이야기의 서사의 개요, 즉 도둑질과 전쟁으로부터 고문과 죽음으로의 이동을 말한다. 그러나 시는 다른 어떤 특정한 역사적 사건 보다 경계적 장소와 시간을 떠올리게 해준다. '라진(Razin)'이라는 단어는 '자리아(zaria)', '자레보(zarevo)'라는 단어와 반복적으로 연계된다. 즉 밤과 낮, 낮과 밤 사이의 전이를 의미한다. 그리고나서 흘레브니코프는 두 줄에 걸쳐 이 시에서 가장 긴 회문(回文)을 시작한다.

> 나는 가장 넓은 골짜기 로바쳅스키 깃발을 가지고 있는 스텐카 라진이다.
> 머리에는 촛불, 고통이 있고, 새벽 여명이 잠든다.

흘레브니코프에게 비(非)유클리드 기하학자인 로바쳅스키는 전통적 공간의 제약을 부수어, 우리가 세상에 대해 갖는 인식에 혁명을 일으키는 상징이 된다. 이 시에서 스텐카 라진으로서의 흘레브니코프는 로바쳅스키의 무한한 공간에 대한 메시지를 전달한다.

주제에서는 〈스텐카 라진〉의 동반시이지만, 실험적 문체에서는 그렇지 않은 〈스텐카 라진의 보트〉에서 흘레브니코프에서 볼가강은 "머리와 끝도 없이" 비명을 지르고 뛰어오르는 것으로 표현된다. 코자크와 볼가강과 연관된 시간과 공간은 끝이 없는 것이다. 흘레브니코프는 '도약하다(skakat')'는 동사를 사용하여 볼가강을 자신과 연관시킨다. 〈굴-물라의 트럼펫〉에서 흘레브니코프는 자신을 "천상의 경주자"라고 표현했다.

산문인 〈스텐카 라진 — 두 가지 삼위일체〉[20]는 스텐카 라진 모티프를 더욱 복잡하게 만든다. 흘레브니코프 생애 마지막 6개월 동안 쓰인 이 글은 그의 전기와 인생관의 상당 부분을 압축하고 있다.[21] 두 성삼위절은 흘레브니코프가 자신의 생애를 스텐카 라진의 생애와 비교하는 두 사건을 지칭한다(정교회에서 삼위일체절은 오순절(부활절 후 50일)과 동일하다). 그는 "넓은 강 위 거친 파도 위에서 스텐카 라진의 영혼을 따라 조류를 거슬러 노를 저어가고, 머리 위의 별들과 반대쪽에 있는 다른 조류에 생명을 맡기고, 칼미크 스텝에서 상류인 지굴리(Zhiguli: 볼가강 상류 조류)로 올라가는 조류를 거역하고, 자신의 자아의 소란스런 흐름을 건너가는"이라는 표현으로 시작하며 자신의 항해를 알린다. 여기서 스텐카 라진 영혼의 조류는 자신이 거슬러 항해해야 하는 볼가강의 조류와 비교된다.

가장 단순한 차원에서는 뒤바뀜은 시간에서 일어나고, 이 선언 뒤에 따르는 스텐카 라진의 전기의 구조를 가리킨다. 흘레브니코프는 스텐카 라진의 전기를 거꾸로 추적해 올라가 죽음에서 탄생으로, 어린 시절에서 처형당하는 장면 순으로 올라간다. 그는 "인생 끝에서 젊은 시절로 헤엄쳐 간다"라고 표현했다.

조류를 헤치고 올라가는 여행은 공간적 의미도 가지고 있어서 흘레브니코프의 자서전을 가리킨다. 흘레브니코프는 스텐카 라진의 생애를 시간적 역순으로 이야기하여, 북쪽으로부터 이동하여(스텐카 라진은 젊은 시절 러시아 북쪽 백해(White Sea)의 수도원을 순례한 적이 있다고 알려졌다), 남부 지방에서 성인으로 도적질을 한다. 자신의 자서전에서 흘레브니코프는 반대로 이야기한다. 남쪽에서 젊은 시절을 보내고, 북쪽에서 성인 시절을 보냈다. 스텐카 라진은 다시 한번 북상하여 생애 마지막 시간을 모스크바에서 보내지만, 흘레브니코프는 자신의 죽음을 겨우 1년 남긴 시점인 1921년 두 번째 삼위일체절에 남쪽으로 향해 페르시아로 간다.[22]

자신이 "스텐카 라진의 분신", "스텐카 라진의 안팎이 뒤바뀐 것" 또는 "스텐카 라진의 그림자"라고 스스로 선언한 흘레브니코프는 자신의 피 속에서 사실이건 메타포적이건, 코자크의 혈통을 찾으려고 한 수많은 러시아 작가 중 한사람이 되었다. 흘레브니코프는 자신을 일반적인 시인이면서 동시에 코자크의 특별한 임무를 맡은 사람이라고 보았다. 그것은 격렬하고, 공격적이며 기념비적인 반란이다. 1914년 카멘스키에게 쓴 편지에서, 흘레브니코프는 다음과 같이 묻는다. "전체적으로 보아, 지금이 우리가 스텐카 라진의 보트에 몸을 실어야 할 때가 아닌가? 모든 것이 준비되었네. 우리는 지구의 대통령들의 정부를 구성할 것이네. 명단을 작성하여 보내게."[23] "스텐카 라진의 보트에 몸을 싣는" 결사의 구성을 호소하면서 흘레브니코프는 자신의 사회적, 언어적 혁명 프로그램을 코자크 반란 행위와 연계시켰다. 그는 카멘스키에게 이전에 자신들이 훈족이 되어야한다고 말한 것처럼, 자신들은 코자크처럼 행동할 것이며, 그래야 한다고 말했다. 흘레브니코프의 상상은 이같은 폭력성 일차적 표현에 의존하게 되었다.

"여러 세기 동안 보로니힌이 된 그는 누가인가?"라는 말로 시작되는 이 시는 흘레브니코프 작품에서 문학적, 언어적 혁명의 신화적 역할을 담당하는 코자크를 잘 요약한다. 이 시는 시간과 공간 사이의 대비를 조성하고, 시간이 공간을 노예화한 상태를 보여준다. 시간은 끝이 없는 자유를 의미하는 반면 공간은 제약되어 있고 구속한다. 스텐카 라진은 구속으로부터 시간을 해방시켜서, 그가 말한 것처럼 유스(Ѫ, Ѧ)[*]라는 철자가 러시아어에서 사라졌듯이 최종적으로 공간이 사라지게 한다. 시에서 스텐카 라진과 그의 반란은 흘레브니코프늬 시적/언어적 프로그램과 〈공공의 취향에 빰때리기〉에 직접적으로 연결되어 있기 때문에 언어의 유사성은 우연이 아니다. 그는 다음과 같이 계속 말한다.

> 군중들이 스텐카 라진의 따귀를 때렸기 때문에
> 우리는 군중의 따귀를 때렸다.
> 우리 자신은 우리의 용감한
> 공격의 이유를 느끼지 못한다.

그러나 독자는 공격의 이유를 잘 알고 있다. 흘레브니코프와 스텐카 라진은 하나인 것이다. 미래주의자들의 창조성과 코자크들의 반란도 하나이다. 스텐카 라진이 처형당했을 때, 흘레브니코프는 자신의 파괴적/창조적 시에 의해 다시 힘을 얻어 반란자의 뒤를 이었다.

---

* 유스(Ѫ, Ѧ) — 고대 교회슬라브어에 사용된 비음을 나타내는 문자.

## 마리나 츠베타예바의 남성/코자크 페르소나

마리나 이바노브나 츠베타예바(1892-1941)은 미래주의자는 아니다. 그럼에도 불구하고 우리는 그녀의 작품에서 흘레브니코프를 몰두하게 하고, 그로 하여금 코자크 주인공에 관심을 갖게 했던 많은 문제들을 발견한다. 루스에 대한 사랑, 현대 러시아와 서구의 타락에 대한 치료로서 그 순수성을 부활시키는 것, 역사 일반과 역사를 서사시로 변형시키는 문제에 대한 관심 등이 두 사람의 공통적인 관심사였다. 두 사람 모두 원시적 형태에 대한 환상을 가지고 있었다. 흘레브니코프의 경우에는 공통 슬라브어 형태소 어근과 동양적 어휘에서 발견한 원시적 형태, 츠베타예바는 슬라브 민간전승, 때로는 독일의 민간전승에서 발견한 원시적 형태가 그것이다. 그리고 가장 중요한 것은 반란을 일으키는 것이 시인의 과업이라고 이해한 점도 두 사람의 공통점이다.

그러나 개인적 성향에서 두 사람은 서로 크게 달랐다. 흘레브니코프는 성상파괴자(iconoclast)이기는 했지만, 비범한 인물들의 모임이라는 점이 단결의 핵심이 된 그룹에 속해 있었다. 멤버들 간의 갈등에도 불구하고 미래주의자들은 혁명 직전과 혁명 직후의 러시아 문학의 전장에서 막강한 통일 전선을 구축하고 있었다. 그러나 이와 반대로 츠베타예바는 항상 외톨박이였다. 그녀는 경력의 여러 단계에서 강력한 지원자를 얻을 능력이 있기는 했지만, 정치, 문학 영역의 모든 지점에서 동료 작가들로부터 비판받고 소외되었다. 흘레브니코프처럼 할 말을 다하는 그녀는 시의 경계를 넘어서고, 새로운 규칙을 만들어내고 고도의 정치적 입장을 자신의 작품에 주입시키는 것을 주저하지 않았다. 그녀는 볼셰비키의 정권 장악에 확고히 반대하고, 백군의 위업을 찬양하는 시를 연이어 발표했다.(그녀의 남편인 세르게이 예프론(Sergei Efron)은 1921년 해외로 망명할 때까지 백군에 가담해 싸웠다). 신기하게도 츠베타예바의 시는 그녀가 해외로 떠난 다음에도 소련에서 계속 출판되었다. 당시 영향력이 컸던 "시인의 도서관(Biblioteka poeta)" 시리즈의 편집자는 그녀의 작품집을 발간하면서 그녀의 정치적 반대 입장을 누그러뜨리는 동시에 소련 당국의 관대로움을 찬양하는 글을 썼다.

> 소련 당국은 관대하게 이런 속임수적인 저항주의를 무시했다. 그들은 자신들의 창고에서 식량을 조금씩 꺼내 츠베타예바에게 주었고, 정부 출판사에서 그녀의 책을 인쇄했다. 1922년에는 그녀가 백군이었던 남편을 만나러 딸과 함께 외국으로 가는 것도 허용했다. 그녀의 남편은 데니킨(Denikin)과 브란겔(Vrangel)이 이끄는 백군의 몰패 와중에도 살아남아, 당시 프라하에서 수학하고 있었다.[24]

처음에는 유럽 이민 사회에서 환영을 받았던 츠베타예바는 점차 고립되는 것을 느꼈으며, 특히 그녀의 남편과 딸이 소련으로 귀환한 후 이 고독감은 더 커졌다. 그녀의 남편은 소련 비밀경찰과의 타협에 의해 귀국한 것으로 알려져 있다. 츠베타예바도 결국 1939년 소련으로 귀환하였지만, 개인적으로나 직업적으로나 완전히 고립되었다. 그녀는 철저한 소외와 이로 인한 가난으로 극도의 고통을 겪었고, 결국 1941년 8월 31일 자살했다. 이전의 친구나 동료 시인 중 아무도 그녀의 장례식에 나타나지 않았다.

흘레브니코프와 마찬가지로 츠베타예바도 창작 경력 내내 산문과 시 모두에서 코자크 주인공을 다루었다. 그녀는 특히 7세 때부터 한 코자크 인물에 깊은 개인적 관심을 가졌는데, 그것은 푸가초프였다. 그녀는 자전적 글 〈나의 푸시킨〉[25]에서, 7세 때 언니의 책장에서 푸시킨 전집을 발견하여 이것을 몰래 미친 듯이 읽은 것을 회상했다.

츠베타예바는 에세이 글 〈푸시킨과 푸가초프〉(1937)에서 《대위의 딸》에 대한 어린 시절의 조숙한 관심에 대해 서술하면서, 이 작품에서 그녀는 오로지 푸가초프 한 인물에만 관심이 있었다고 했다. "그의 종소리에 모든 것이 생명을 얻은 것처럼 보였다."(IP II:293) 이에 더해 그녀는 다음과 같이 정확히 지적하였다.

> 《대위의 딸》의 모든 등장인물은 각각 자신만의 방법으로 푸가초프의 반(反)주인공이 된 것은 신기하다. 착한 도적 푸가초프/저속한 악당 쉬바르빈(Shvarbin), 여제에게 반란을 일으킨 푸가초프/여제를 위해 죽는 사령관, 야생 늑대 푸가초프/충성스런 사냥개 사벨리치, 격정적인 푸가초프/얼빠진 독일 장군, 신체적으로 매력적인 푸가초프/겁에 질린 군중(흘로푸샤의 벌어진 콧구멍) 식으로 신체적인 면까지 모든 것이 대비된다. 그리고 최종적으로 푸가초프/예카테리나의 대비이다.(IP II:292)

"나의 《대위의 딸》에서 대위의 딸은 없었다. 내가 이 제목을 기계적으로 소리 내는 지금 순간까지도 그녀는 존재하지 않았다. 마치 그 소리는 대위도 없고, 딸도 없는 한 단어 같다. 나는 《대위의 딸》이라고

말하지만 《푸가초프》라고(로) 생각한다"라고 츠베타예바는 말했다.(IP II:282)

츠베타예바가 푸가초프에 끌린 것은 푸시킨이 그에게 씌운 자질 때문만이 아니라 19세기 역사 전체의 신화 때문이다. 이 경우 가장 중요한 특질의 하나는 상반되는 것이 결합되는 역설이다. 츠베타예바는 특히 푸가초프의 도덕적 모호성을 강조한다.

> 푸가초프는 아무에게도 자신이 선한 사람이라는 것을 약속하지 않았다. 실제로는 그 반대가 진실이다. 약속을 하지 않고, 정반대를 약속함으로써 그는 선한 사람이 되었다. 나는 처음에 악을 만났지만, 그것은 결국 선한 것으로 판명되었다.(IP II:283)

츠베타예바는 푸가초프의 상반되는 요소가 푸시킨 자신에게 먼저 존재한다고 보았다. "아무도, 아무것도 전혀 적이 아니다. 적이 아닌 사람(non-enemy)은 그의 친구가 되고, 거의 그의 열정이 되었음에도 불구하고, 푸가초프는 푸시킨의 사랑이라는 이유로 악당이고, 푸시킨의 사랑 때문에 적이 된다"라고 말했다. 푸시킨 스스로가 서로 모순되는 가슴을 가졌다 — "죽을 수밖에 없는 존재, 죽지 않는 존재, 아프리카인, 귀족, 인간적, 성스러운, 가난한, 그리고 이미 운이 다한."(IP II:290) 츠베타예바는 궁극적으로 푸시킨에게 끌린 점을 통해 코자크에게 끌린 이유를 설명한다. 그녀는 푸가초프의 역설적 성격으로 반영된 푸시킨 영혼의 신화적 성질에 강하게 끌린 것이다.

푸시킨은 푸가초프를 사랑하고, 츠베타예바도 그가 "악당"이고

"검다"는 것을 알면서도 푸가초프를 사랑한다.(IP II:282) 그리뇨프의 푸가초프에 대한 사랑에서 잘 드러난 것처럼 모든 사람은 그를 '사랑해야 한다'고 그녀는 선언한다. 그리뇨프는 "처음에는 그의 신사적 영예로 인해, 다음에는 그것에도 불구하고", 자신을 도와준 사람이자 정치적 적을 사랑한다. 그는 "그의 출생, 그의 성장과정, 그의 환경, 그의 신앙, 그가 걸어온 길, 그의 운명, 그의 본질… 등에도 불구하고 사랑한다. 그의 모든 악당성과 제멋대로의 행동을 통해, 그리고 모든 것을 통해, 그리고 모든 것에도 불구하고 그를 사랑했다."(IP II:286) 에세이의 말미에 츠베타예바는 "선한 도적인 이 모순적인 코자크와 독자의 관계를" 그리뇨프의 관계와 명시적으로 동일시함으로써(IP II:300), 주인공의 역할을 우리에 대한 메타포로 확인했다. "우리는 원하지 않지만 보게 되고, 원하지 않지만 사랑하게 된다"라고 그녀는 선언한다.(IP II:294) 우리는 이러한 모순적인 주인공에게 끌리고 관계를 갖는 것을 피할 수가 없다.

츠베타예바는 이 모순적 끌림을 몇 가지 방법으로 설명하려고 한다. 푸가초프는 분명히 마법적인 에너지를 가졌다고 그녀는 주장한다. 푸가초프는 "힘이고, 아니 그 이상인 폭력이고, 아니, 그 이상인 생명과 죽음이다"(IP II:282) 그는 모든 것을 내포한다. 그러나 이 힘은 합리적이지 않다. 이것은 마법(chara)이고, 푸시킨은 푸가초프의 마법에 걸렸다.(IP II:287)

츠베타예바에 의하면 시인들은 특히 푸가초프의 마법에 끌리게 된다.

> 푸시킨보다 더 멋진 푸가초프의 신체적 매력 외에도 거기에는 또 다른 무엇이 있다. 모든 시인들은 반란, 특히 한 개인에 의해 의인화된 반란에 대한 열정이 있다. 하나의 머리와 두 개의 눈으로 시작되는 반란에 대한, 하나의 머리와 두 개의 눈의 반란. 모든 것에 대한 한 사람의 반란, 아무도 없는 반란, 경계를 넘어서는 사람에 대한 열정 말이다.
>
> … 경계를 넘어서는 사람에 대한 정열 없이는 시인도 없다.(IP II:290)

이 말을 함으로써 츠베타예바는 코자크 신화에 대해 진 빚을 또 다른 차원에서 배신한다. 푸가초프에 대한 그녀의 이미지는 되풀이되는 난폭함의 생명력이란 토포스를 담고 있다. "나는 반란자들이 어떤 이름을 가지고 있건, 어떤 옷을 입고 있건, 그들에 대한 정열에서 푸시킨에게 빚을 지고 있다"(IP II:291)라고 츠베타예바는 고백한다. 바벨과 흘레브니코프에서와 마찬가지로 창조적 토포스의 전경을 놓는 것은 코자크를 민족적 신화에서 고대 신화로 변형시킴으로써 코자크 유산의 균형을 바꾸는 것이다. 츠베타예바는 푸가초프의 악당성, 그의 사악함을 문화적 도덕성이나 정치 영역 밖으로 완전히 끌어내고, 이것을 창조성의 영역에 배치함으로써 이것들을 제거한다. 그는 선하거나 악한 것이 아니다. 그는 반역자도 아니고 애국자도 아니다. 그는 매력이고, 반란이며 시이다.

츠베타예바는 〈푸시킨과 푸가초프〉의 마지막 페이지에서 《대위의 딸》과 《푸가초프의 역사》를 비교하면서 신화창조 과정 자체를 폭로한다. 그녀는 푸가초프의 역사를 읽는 독자는 아무도 푸가초프에 대한 사랑을 느끼지 않는다고 지적한다. 왜냐하면 푸시킨은 제멋대로이고, 무정부주의적이며, 오만한 이 코자크의 어두운 그림을 아주 세밀하게 묘사하기 때문이다. 《푸가초프의 역사》에서 푸시킨은 자신이 접근할 수 있는 자료를 바탕으로 푸가초프를 기괴한 살인을 즐기고, 겁쟁이처럼 행동하며, 자신의 정욕에 굴복하고, 친구를 배신하고, 결국에는 자신의 신앙도 배신하는 인물로 묘사해서, 《대위의 딸》에 나오는 매력은 전혀 소유하지 못한다. 그러나 츠베타예바는 푸시킨이 이 역사를 쓴 것은 소설을 쓰기 2년 전이라는 점을 지적한다. 푸시킨은 푸가초프를 영웅화하는 낭만주의적 이야기를 쓴 다음에 반란자로서의 세부적 사실을 발견한 것으로 전제하는 것이 자연스럽다. 그러나 그 반대가 사실이다. 푸시킨은 이미 세부적인 사실을 알고 있었지만, 모순되지만 결국 매력적인 《대위의 딸》의 주인공을 창작해 낸 것이다. 푸시킨은 먼저 "상상하고", 그 다음에 "알게 된" 것이 아니라 먼저 "알고", 그 다음에 "상상했거나 아니면 상상한 것이(voobrazil) 아니라, 변형시킨(preobrazil) 것이라고 츠베타예바는 설명한다.(IP II:298) 시인은 역사적 인물을 택해 그를 신화로 재창조한 것이다.

> 그는 이 악당에 대한 '진실'을 잊었다. 이 진실의 일부, 즉 쩨쩨함은 사랑과 공존할 수 없다.
>
> … 그에 대한 모든 진실을 보존하지만, 거기에서 푸가초프의 쩨쩨함만을 취해 그는 우리에게 다른 푸가초프, 자신만의 푸가초프, 토박이 푸가초프를 제시한다. 이 푸가초프는 우리가 사랑할 수 있고, 사랑하지 않는 것은 불가능하다.(IP II:299)

츠베타예바는 1920년대 일반에 공개된 푸가초프 문서고에 대해 언급하고 이것이 푸시킨 시대보다 이 코자크 반란자를 좀 더 잘 조명하게 해주었다고 말했다. 그러나 푸시킨 당시에도 그는 진실을 잘 이해했다고 그녀는 주장한다. 그러나 어느 경우이건, "우리의 관심은 푸가초프가 어떤 사람이었고, 어떤 사람이 아니었느냐에 있는 것이 아니라, 푸시킨에 있는 것이고, 그것도 당시 있는 그대로의 푸시킨에 있는 것이다."(IP II:302) 츠베타예바는 역사적 현상으로서의 푸가초프가 아니라, 신화로서의 그에 관심이 있고, 진실을 "변형시킨" 신화가 푸시킨과 자기 자신과, 창작력 잠재력을 위해 이 신화를 포용한 모든 사람에게 무엇을 말하는지에 관심이 있다.

츠베타예바는 〈푸시킨과 푸가초프〉에서 푸가초프를 스텐카 라진과 비교한다. 거의 20년 전 〈자유로운 통행〉(1918 IP I:29-49)이라는 제목으로 쓴 글에 포함된 자신의 일기의 한 줄에 이러한 비교가 나온다. 그 일기의 서두는 1918년 9월 그녀가 물물교환으로 식량을 얻기 위해 농촌으로 떠난 여행을 서술한다.(그녀는 매일 생활의 필요를 처리하는 능력이 아주 모자라는 것으로 잘 알려져 있다) 그녀는 잠깐 만난 젊은 적군(赤軍) 병사에게서 스텐카 라진의 모습을 발견한다. 그녀의 가슴은 비명을 지르며 이렇게 선언한다. "노래에 나오는 금발을 한 나의 스텐카 라진이다."(IP I:39) 그녀는 자신이 보기에 신화적 코자크인 이 젊은 소년과 개인적 인연을 느꼈다.

> 푸가초프는 검고, 스텐카 라진은 희다. 그 단어 자체가 왜 그럴까:
> 스테판! 건초, 밀집, 스텝(Сено, солома, степь). 검은 스텐카 라진이 가

능한가? 그리고 라진! 여명, 급류(razhiv), 때리는 것(razi), 라진! 광활한 것은 검지 않다. 검은 것은 두꺼운 것이다.

라진 — 아직 턱수염도 나지 않았지만, 이미 수천 명의 페르시아 여인들을 거느리고 있다…

흘레브니코프에게서 우리가 이미 본 바와 같이 이러한 어휘 장난과 스텐카 라진과의 연관 — 밝음, 광대함, 젊음과 경험의 결합 모두가 코자크 영웅의 역사적 표상보다 신화적 표상을 가리킨다. 신기하게도 두 화자는 신화 만들기에 대해, 특히 칼 마르크스 신화의 발전에 대해 이야기한다. 소년이 말하기를, 외국인이나 오래 전에 죽은 사람, 이국적이고 멀리 있는 "타인"이기만 한 사람을 가지고 신화를 만드는 것은 쉽다. 그 다음 "위대해지는 것은 속임수가 아니다."(IP I:49) 그러나 소년은 차르 체제의 붕괴를 예언한 자기 아버지를 신화화하기 시작한다. 그 소년 자체가 다음 몇 페이지에서 확인되는 신화 선전자이다.

츠베타예바는 이제 막 완성된 스텐카 라진에 대한 연작시를 소년에게 낭송해준다. 그녀는 이 시가 "어떤 남자"에 의해 쓰였다고 믿는 소년의 잘못된 가정을 그대로 지지해준다. 이렇게 해서 그녀는 창작 과정으로부터 자신을 멀리 떨어뜨려서, 이 과정이 창조적이고, 불가사이한 남성 창조자로 넘어가도록 한다. "스텐카 라진"을 바로 눈앞에서 주인공으로 만들면서 츠베타예바는 자신과 소년 사이의 유대를 형성한다. "남자" 시인으로서 그녀와 젊은 신화 선전자로서의 그 소년 모두 스텐카 라진에 대한 연결점을 갖게 된다. 이것은 그녀 자신을 "러시아인이 아니라 스텐카 라진이고, 러시아 이전, 몽골 이전, 루스 이전의 시대에서 왔고, 너를 만나러 왔다"(IP I:42)고 선언하게 만든다.

스텐카 라진에 대한 보답으로 소년은 츠베타예바에게 신화적인 이야기 하나를 해준다. 몽골 침입으로부터 자신을 구하기 위해 종을 울리고 종국에는 바다에 빠지는 도시 이야기이다. 물에 빠지는 모티프는 스텐카 라진 이야기에 나오는 페르시아 공주를 떠올리게 한다. 그러나 그 도시는 물이 아니라 기아를 견디다가 "자신의 종소리"에 빠져 죽는다. 이 종은 츠베타예바의 스텐카 라진 연작시 중 세 번째 시인 〈스텐카 라진의 꿈〉을 떠올리게 한다. 여기에서 물에 익사한 공주의 팔찌는 강바닥에서 계속 소리를 낸다.[26] 이 시는 스텐카 라진은 소녀를 물에 빠뜨린 것이라기 보다 〈스텐카의 행복〉을 익사시킨 것이다. 키테즈(Kitezh) 도시와 페르시아 공주의 종소리는 죽음과 파괴 속에서 열정과 사랑을 표상한다. 종은 츠베타예바의 스텐카 라진과 직접 연결된 모티프인 부활을 의미한다.

이보다 일 년 전 일기인 〈기차에서 보낸 10월〉(1917, IP I:21-28)에서는 츠베타예바가 보기에 스텐카 라진이 아니라 푸가초프인 한 남자와의 만남을 서술한다. 그녀는 이때도 여행을 하고 있었는데, 이번에는 모스크바에 있는 남편을 만나러 돌아오는 길이었다. 노동자처럼 보이는 남자는 그녀가 오랜 여행 동안 아무것도 먹지 못했다는 얘기를 듣고 놀라움을 표현한다. 시인은 자신의 동행자를 푸가초프처럼 검다고 보았다. "부드러운 푸가초프가 가진 것과 같은 석탄같이 검은 눈, 검은 턱수염. 약간은 사악하고 즐거운"(IP I:22) 여기서 의미 있는 것은 그녀가 서로 상반되는 특징을 푸가초프 인물상에 적용한 것이다. 이 남자는 볼셰비키가 정권을 잡은 것을 반(反)그리스도의 출현으로 보았지만,

츠베타예바는 "그 자신이 악마 집단에서 왔다"(IP I:23)고 그녀는 믿었다. 사악하면서 명랑한 본성의 역설에 대해 계속 얘기하면서, 그녀는 적인 그가 자신을 구할 것으로 믿었다. 그 이유는 그가 그녀의 적이기 때문이었다. 그녀가 남편과 다시 결합하기 전의 긴 시간을 그와 함께 기차를 타고 가고, 모스크바에 남편과 만나는 그녀를 작별한 후 그는 동화 속에 나오는 인물처럼 연기 속으로 사라질 것이다. 츠베타예바는 그에게서 악마와 같은 구원자인 푸가초프를 느꼈고, 푸시킨이 《대위의 딸》의 "선한 도적"에서 느낀 것과 같은 역설적 매력을 느꼈다. 자연의 일부가 되고 자신이 신화 속으로 들어가면서 삶에서 이야기를 읽는 경험을 그녀는 재창조한다.

같은 해에 그녀는 위에 언급된 《스텐카 라진》 3부작 시를 썼다. 이것은 푸시킨의 세 편의 〈스텐카 라진의 노래〉에서 영감을 받았을 가능성이 크지만, 혁명적 분위기를 코자크 신화와 연관시켰다. 푸시킨은 민요 리듬과 어휘는 실험을 했지만, 스텐카 라진의 심리에는 신경을 쓰지 않았다. 츠베타예바는 스텐카 라진이 페르시아 공주를 죽인 것과 거기에 보인 반응을 자신과 연계시켰다.[27] 스텐카 라진은 자신의 이국 연인을 익사시킴으로써 자신의 집단과의 유대를 분명하게 했지만, 세 번째 시에서는 그녀의 죽음을 애도하고 잠을 자는 동안 그녀의 팔찌가 울리는 소리를 듣는다.

그리고 스텐카 라진은 꿈을 꾼다.
늪의 왜가리가 소리 높여 운다.
그리고 스텐카 라진은

작은 은빛 물방울이 떨어지듯이 종(鐘) 꿈을 꾼다.

그리고 스텐카 라진은 강바닥 꿈을 꾼다.
채색된 스카프처럼 눈이 부시는.
그리고 그는 한 얼굴을 본다,
잊혀졌지만 검은 눈썹을 한.
그녀는 신의 어머니처럼 앉아 있다.
실에 진주를 꿰매며
그리고 그는 그녀에게 무언가 말을 하려고 하지만,
입술만 움직일 뿐이다…

마치 그의 가슴에서 부서져 나온 조각처럼
숨이 빠져나온다.
그리고 그는 몽유병 환자처럼 걷는다
그들 사이에는 유리로 된 커튼이 있다.

…

조타수는 여명을 보고
볼가강 하류를 향해 배를 움직인다.
왜 당신들은 나에게
구두 한 짝만을 남겼나요!

누가 구두 한 짝만 있는
미인을 원할까요?
내가 당신에게 갈께요, 작은 친구여,
다른 발의 구두를 찾아

그리고 딸랑 딸랑
팔찌가 울린다.
너는 익사했다. 스테판의
행복이여![28]

츠베타예바가 전사가 아니라 여인에게 초점을 맞춘 것은 아마도 자신의 여성적 관점을 반영한 것일 수도 있고, 납치자인 스텐카 라진을 인간화하고 비신화화하고자 하는 노력이지만, 결국은 시 자체처럼 그를 재신화화하고, 그의 꿈을 시로서 재신화화한다. 그녀가 푸시킨과 푸가초프에 대해 말한 것처럼 "초월자에 대한 정열 없이는 시인도 없다."

그녀의 작품집 《흰색》에 포함되어 있는 〈백조의 무리〉 중, 10월 혁명 1주년을 맞아 쓴 〈차르와 신이여! 하찮은 자들을 용서하소서〉라는[29] 시는 다시 한번 스텐카 라진을 언급하는데, 이번에는 그가 모스크바로 압송되어 처형되는 장면을 다룬다.

차르와 신이여! 하찮은 자 —
약한 자 — 어리석은 자 — 죄 많은 자 —

미친 자를 용서하소서.
깔때기로 재갈이 물리고
유혹되고 배신당한 자, —

차르와 신이여! 그렇게 잔인한 형벌로
스텐카 라진을 징벌하지 마소서!

차르여! 주께서 당신께 보상할 것입니다!
수많은 고아들이 우리를 위해 울부짖고!
수많은 죽은 자들도 우리를 위해 울부짖습니다!
황제의 아들이여! 도적을 용서하소서!

우리 아버지의 집으로 가는 많은 길이 있습니다.
스텐카 라진을 살려주소서!

라진! 라진! 너의 이야기가 회자되고 있다!
붉은 야수가 길들여지고 묶였다.
무서운 송곳니가 부러졌다.
그러나 그의 목숨을 위해, 어두운 목숨을 위해

그의 바보 같은 연인을 위해
스텐카 라진을 풀어주어라!

조국이여! 강의 근원과 하구여!
즐거움이여! 이제 다시 루스 냄새가 난다!
흐린 눈이여, 밝게 빛나라!
즐거워하라, 러시아의 심장이여!

차르와 신! 이 즐거운 날을 기념하여
스텐카 라진을 풀어주소서!

모스크바, 혁명 1주년 기념일에 —
"스텐카 라진을 풀어주소서!"

여기서 스텐카 라진은 그녀가 생각하기에 곧 백군에 의해 사라질 적군과 동일시된다. 그녀는 그녀의 조국이 다시 "루스처럼 냄새가 나고", "러시아의 심장"이 다시 즐거워할 것이기 때문에 반란자를 용서하기 위해 '차르와 신'을 부른다. 신화의 하나의 변형으로서 여기에서 루스와 러시아적 본질과 연관되는 것은 스텐카 라진 자신이 아니고, 스텐카 라진에 대한 용서, 이의 연장으로써 스텐카 라진을 조국의 삶에 포함시키는 것이다.

서사시 《페레코프》[30]에서는 츠베타예바의 남편인 세르게이 자신이 코자크가 된다.

안드리이의 얼굴을 한 오스타프로서
전자의 영혼을 한 안드리이로서

만약 이것이 동화라면, 나는 그를 게오르기라고 부를 것이다.
사실로서 나는 그를 세르게이라고 부른다.

여기서 지칭하는 것은 분명히 타라스 불바의 두 아들인 오스타프와 안드리이이다. 고골의 작품에서 오스타프가 전사를 표상하고, 안드리이는 섬세하고 여성적인 소년(츠베타예바가 묘사한 그의 얼굴)을 뜻한다면,《페레코프》에 나오는 장교는 두 속성을 결합한다. 그는 두 상반된 것의 진정한 결합이다.

츠베타예바의 서사시《차르-처녀》[31]에 포함된〈붉은 옥양목〉(스텐카 라진)과〈양털 코트〉(푸가초프)에도 코자크에 대한 짧은 언급이 간헐적으로 나온다. 모든 언급에서 가장 중요한 것은 츠베타예바가 코자크 영혼과 자기 자신 사이에서 발견하는 일체성이다. 그녀는 여기에 끌리고, 낭만적 도적들에게서 자신 고유의 "남성성"과 반항적이고 역설적인 자신을 느낀다. 그러나 여자로서 그녀는 역사적 코자크들의 희생물이 될 수도 있다는 슬픈 사실은 바벨의 유대인성과 마찬가지로 그녀가 신화에서 느낀 매력에 아무 영향을 주지 않는다. 이 작가들에게 코자크는 민족적이고 국수적인 분위기는 폭력적이고 창조적인 시인이라는 사실에 묻혀버린다.[32]

## 카멘스키와 변형된 코자크

혁명 시기와 혁명 직후의 시기에 모든 예술에서 코자크의 이상화은 최고조에 이른다. 세르게이 예세닌(Sergei Esenin)은 엄청나게 인기를 끈 동명의 희곡에서 푸가초프를 그렸다. 콘스탄틴 트레네프(Konstantin Trenev)는 단편 소설뿐만 아니라 〈푸가초프 현상(Pugachevshchina)〉이라는 희곡을 썼다. 츠베타예바의 친구인 막시밀리안 볼로쉰(Maksimilian Voloshin)은 〈스텐카의 재판〉이라는 서정시를 썼다. 흘레브니크의 친구이자 전기작가인인 드미트리 페트롭스키(Dmitrii Petrovskii)도 코자크를 주제로 한 몇 편의 시를 썼고, 글라주노프(A. Glazunov)는 서사시 《스텐카 라진》을 썼다. 고리키조차도 스텐카 라진의 전설적 생애를 배경으로 한 영화시나리오를 썼다. 1919년 5월 1일 레닌 자신이 붉은 광장에 스텐카 라진 동상을 제막했다.

이 기간 동안 코자크의 과거에 대한 공식적 태도가 변하면서 예술의 도움을 얻어 역사가 다시 써졌다. 미래주의 시인 바실리 카멘스키가 16년에 걸쳐 쓴 3부작 서사시는 1920년대와 1930년대를 거치며 코자크에 대한 묘사의 변화를 반영한다.

바실리 바실레비치 카멘스키(Vasilii Vasil'evich Kamenskii)(1884-1961)은 자신의 친구이자 후원자인 벨리미르 흘레브니코프, 다비르 부를류크(David Burliuk), 엘레나 구로(Elena Guro)와 함께 1910년 '쿠보-미래주의자'라는 문학 서클을 결성했다. 러시아 최초의 비행사 중 한 명이었던 카멘스키는 초기 시에서는 조용한 자연으로의 회귀를 주창했지만, 혁명이 가져다 준 급격한 변화를 받아들이는 데 큰 어려움이 없었다. 그는 1931년 자신의 자서전 제목처럼 《열성가의 길》을 따랐다.

스텐카 라진을 작품 소재로 채택하는 데 흘레브니코프가 카멘스키에게 영향을 주었는지, 아니면 그 반대의 경우였는지를 밝히기는 어렵다. 카멘스키는 어렸을 때 스텐카 라진에 대한 싸구려 책을 사서 읽고 "환희에 넘친 후"[33] 그에 대해 관심을 갖게 되었다고 말했다. 카멘스키는 여러 장르에 걸쳐 스텐카 라진에 대한 열정을 표현했다. 1915년 소설《스텐카 라진》은 재창작되어 1918년《스테판 라진》이라는 제목으로 출간했고, 같은 시기에 7장에 인용된 〈조국의 가슴 — 스텐카 라진〉이라는 장시를 썼다. 여기에서 "9장 희곡"이라는 부제가 붙은 희곡 〈스텐카 라진〉이 1919년 나왔다.(1923년 재출간) 이것은 1925년 5막 8장의 〈서사 동화〉라는 제목으로 재창작되었다. 이 사이 카멘스키는 원 장편시를 크게 수정하여《스테판 라진》이라는 제목으로 1919-20년 재출간했다. 이 장편시가 장편 서사시 〈에멜리얀 푸가초프(Emel'ain Pugachev)〉, 〈이반 볼로트니코프(Ivan Bolotnikov)〉로 구성된 코자크 삼부시의 첫 부분이 되었다.

《위대한 미래주의자의 그의 — 나의 전기》라는 제목이 붙은 3인칭 자서전에서 카멘스키는 스텐카 라진에 주목하게 된 이유를 이렇게 설명한다.

> 그(카멘스키)는 위대한 생각의 불꽃에 점화된다. 그것은 러시아 영혼의 본질 전체와, 온전한 고매한 능력, 온전한 격렬한 의자, 온전한 민중의 지혜를 스텐카 라진이라는 한 인물 안에 보여주는 것이다. 그의 이미지는 수세기 동안 우리 안에 살았고, 자유로운 삶에 대한 우리의 한없는 사랑과 함께 우리 안에 살았다. 그(카멘스키)는 진지한 가슴으로부터 발산되는 모든 창조적 힘을 예외 없이 펼쳐놓았다. 그는 돌격해오는 노래와 그 범위에 숨이 막힐 지경이었다.

카멘스키는 이렇게 러시아 고유의 창조성, 격렬함, 의지, 민중의 지혜, 자유를 향한 한없는 사랑을 소유한 "러시아 영혼의 온전한 본질"의 상징으로서의 코자크에 주목한 것이다. 카멘스키는 불꽃, 노래, 광활함에 가득 찬 자신의 코자크 에너지도 언급했다. 스텐카 라진이 이러한 특질을 표현하는 데 알맞은 인물이라는 것 때문에 코자크 신화의 풍요로움에 대한 경의를 표하게 한 것이다.

카멘스키의 희곡 〈스텐카 라진〉은 스텐카 라진이 부인 알료나(Alena)를 떠나는 장면으로 시작된다. 그는 싸우기 위해 떠나야 한다고 선언한다.

> 인민의 행복을 위해 결과에 관계없이, 최고의 의지를 위해, 토지와 거룩한 노동을 위해, 산과 바다와 숲과 목초지와 강들을 위해, 청명한 하늘을 위해, 광활한 공간을 위해. 사랑과 모든 것을 포용하는 진리를 위해. 진정한 형제애와, 모든 사람의 우정을 위해 그리고 영원을 위해.[34]

스텐카 라진은 자신의 임무를 폭넓은 신화적 의미로 이해한다. 그는 모든 공간(광활한 자연)과 모든 시간(영원성)에 책임을 져야 한다. 알료나가 잘 아는 대로 그는 개인적 집안일보다 "더욱 뜨겁게 자기를 부르는" "민중의 희망"의 수호자이다. 그래서 불가피하게 코자크는 자신이 주장하듯이 러시아 민중의 성스러운 형제애에 참여하기 위해 자신의 부인을 떠나야 한다.

스텐카 라진은 알료나와 마지막 대화를 "러시아의 영혼"에 대한 설명으로 끝냈다. "이것은 볼가강처럼 흐르고 있고, 광활하며 깊다", "그리고 이것은 영원의 폭풍 속에서도 자유롭게 현명할 정도로 천상적 고요함을 반영한다." 다른 말로 하면 그가 수호하도록 운명 지워진 "민중의 희망"은 코자크 신화의 무경계성을 드러낸다. 알료나는 러시아의 영혼은 노래와 같다고 말하는데, 노래는 러시아의 영혼과 전통적 코자크 이미지를 연결시키는 것이다. 여기에 더해 다음과 같은 말도 한다.

> 마음은 언제나 기적이다. 별안간 변하며, 별안간 나타나는 기적이고, 별안간 창조하고, 별안간 날개를 편다. 늘 격정적이고, 늘 사랑하며, 늘 용감한 생명이고, 젊은 생명이다.[35]

번역문에서 빌려온 듯한 이 원본에서 카멘스키는 스텐카 라진을 러시아의 영혼과 연계시킬 뿐만 아니라 그 가슴을 그들의 젊음, 창작성, 자발성, 용기 같은 코자크의 모든 특질과도 연계시킨다.

코자크를 주인공으로 택한 작가들에서 자주 나타나듯이 카멘스키는 스스로를 반복적으로 코자크라고 부른다. 코르네이 추콥스키(Kornei Chukovskii)는 다음과 같이 썼다. "그의 시 〈스텐카 라진〉은 집단살육의 비명과 울음소리가 밝은 눈을 가진 어린이 안에 살아있고, 휘어진 칼이 그의 손에 딱 맞고, 스텐카 라진은 그에게 전혀 남이 아닌 것을 보여 준다."[36] "시인의 도서관" 시리즈에서 카멘스키 시집의 편집을 맡은 스테파노프는 시인의 대부분 작품의 주인공은 시인 자신이고, 스텐카 라진 작품 안의 구슬리 악기 연주자인 코자크는 작가 자신의 성격을 떠올리게 한다"(Stikh 17, 24)라고 썼다.

카멘스키는 10대 때 신화적인 스텐카 라진 이야기를 썼고, 혁명 직후의 초기 실험적 시기에도 코자크에 대한 창작을 계속했다. 그는 1931년 스텐카 라진의 동반자가 되는 다른 코자크 주인공, 즉 푸가초프에 관심을 돌릴 때까지 이를 계속했다. 장편 서사시인 《에멜리얀 푸가초프》(Stikh 181-267)는 1920년대에 수행한 역사적 푸가초프에 대한 탐구의 재평가이다. 이 시에서 코자크의 신비적 특질은 그 영향력을 잃기 시작한다. 푸가초프는 폭력적인 무정부주의자에서 치밀한 계획을 짠 혁명가로 변하고, 점점 더 레닌과 볼셰비키의 기적과 같은 예지적 선구자를 닮아간다.

희곡 《에멜리얀 푸가초프》(1925)는 서사시보다 몇 년 전에 쓰였다.(카멘스키가 특정한 주제를 가지고 여러 장르에서 실험을 한 것은 스텐카 라진의 경우에도 이미 언급되었다) 이 희곡을 읽고 1926년 한 수정주의 비평가는 예세닌이나 트레네프가 쓴 유사한 희곡과 대비되는 카멘스키의 작품을 칭찬했다. "우리 역사의 거의 모든 것이나, 이를 따라가는 모든 창작 작품도 푸가초프와 그의 반란에 대한 오래된 귀족적, 계급에 바탕을 둔 서술에 갇혀 있었다. 그러나 카멘스키는 맑은 정신을 가진 정치인이자 현실주의자이며, 무엇보다도 탁월한 조직자인 역사적으로 정확한 살아있는 푸가초프를 우리에게 제시한다"[37]고 주장했다. "루스"를 위한 코자크의 자발적 반란과 이것이 상징적으로 나타내는 자유는 잘 계획된 계급투쟁에게 자리를 내주었다. 더 이상 '농민 차르'의 낭만적 인간형이 아닌 푸가초프는 이념적 의식이 희박한 농민층을 선동한 것보다 더욱 열정적으로 노동자들을 선동한 명민한 정치적 지혜를 가지 조직자가 되었다.

1930년대 초반 희곡에서 발전한 카멘스키의 서사시는 혁명가의 원형으로서의 푸가초프를 더욱 강조한다. 많은 모티프는 코자크 신화에서 차용된다.

스텝은 우리의 어머니이고,
푸가초프는 우리의 아버지이다.(Stikh 215)

스텝은 어마어마하게 넓고
스텝 너머는 계곡보다 넓다.(Stikh 219)

푸가초프의 전사들은 새에 비유된다. "우리는 모두 자유로운 새이다"(Stikh 196) 푸가초프는 스텐카 라진과 비교된다. "스텐카 라진과 똑같이/스텝의 기사이다"(Stikh 197)

그럼에도 불구하고 코자크에 대한 새로운 관점이 부상한다. 푸가초프는 여전히 자신을 루스와 연결시키지만, 그가 수호하는 "루스"는 오직 무산계급만을 의미하는 것으로 이 명사는 수정된다. 그래서 루스는 "맨발이고", "이처럼 발에 밟힌" "농민 루스"만을 뜻한다.(Stikh 184, 188, 190, 196) 노동자들이 제국 여러 지역에서 모여들어 합류하면서 반란과 반란의 프롤레타리아적 성격이 강조된다(Stikh 247). 카멘스키의 코자크는 푸시킨의 강철 같은 의지를 가진 푸가초프와 고골의 타라스 불바에서 너무 멀어진 것이다.

카멘스키의 서사시 《이반 볼로트니코프》(1934)는 코자크 주인공을 혁명적 프롤레타리아라는 방향으로 더 이동시킨다. 볼로트니코프는 노예로 팔렸다가 결국은 해방된 농노이다. 그는 17세기 초 가짜 드미트리를 지지하며 일어난 대규모 코자크와 농민 반란을 선동하여 모스크바 인근까지 진격하는 데 성공한다. 그러나 차르-참칭자가 나타나지 않자 볼로트니코프 추종자 사이에 분열이 일어나고, 반란 지도자는 결국 감옥에 갇혀 눈이 멀고, 수장당한다.

1935년 통합되어 출간된 코자크에 대한 서사시 3부작은 신화에서 수정주의 역사로의 경이로운 진보를 보여준다. 《스테판 라진》은 열정적으로 쓰였고, 《에멜리얀 푸가초프》는 역사적이고 사회적 대의에 대한 의식이 더 드러나고, 《이반 볼로트니코프》는 농민반란의 전기와 에피소드로 쓰였다고 스테파노프는 주장한다.[38] 이 시에 대한 〈시인의 도서관〉 해설 어디에도 세 명의 주인공을 코자크로 언급하지 않고, 단지 농민 반란자로 언급하는 것은 의미가 크다. 카멘스키의 3부작의 세 번째 서사시도 때때로 엄격한 역사적 설명에서 벗어나 볼로트니코프의 반란에 대한 서지적 증거가 없는 그의 생애의 세세한 부분을 서술하기는 하지만, 그래도 코자크를 우리가 이전의 신화화된 코자크 주인공으로부터 기대할 수 있는 것보다 훨씬 더 역사적이고, 시간에 종속된 방법으로 그린다. 《스텐카 라진》이 역사적으로 정확하지 않다는 비판을 받자, 카멘스키는 자신의 작품이 역사물이 아니라 자유로운 작품(privol'noe)라고 주장했다.[39] 혁명 후 16년이 지난 시점에 카멘스키가 《이반 볼로트니코프》를 쓸 때까지 그의 우선순위가 바뀐 것이다.

세 번째 서사시는 가장 길어서 《스텐카 라진》의 다섯 배의 분량을 갖는다, 이것은 세부 사항과 비전통적인 코자크 장소인 터키와 베니스도 포함하고, 베니스 부분에서는 곤돌라와 궁전들도 등장한다.

수많은 시신의
  모든 공포는
    주변에 모두 투영된다.
베니스 모든 곳에
  궁전들과 섬들과
    (모두 백 개가 넘는)
사방이 운하이고
  200개의 광장들과
    400개의 다리들이 있다.

볼로트니코프는 베니스에서 마리야를 만나 그녀와 결혼한 후 그녀와 함께 러시아로 돌아온다. 폴란드를 거쳐 돌아오는 길에 그는 러시아의 왕좌를 차지하는 한 방법으로 코자크가 되기를 원하는 폴란드 귀족 몰차노프(Molchanov)를 청중으로 얻는다. 그러나 권력에 눈이 먼 이 참칭자는 볼로트니코프의 부인을 차지하려고 하고, 모스크바를 얻은 다음에는 코자크 신분을 버리려고 한다.

  나는
    차르의 테이블 뒤에 앉아,
마리야 콜롬바의 사랑을

온전히 차지하고
그(볼로트니코프—저자 주)는
타작마당에 던져 버릴 것이다.(Stikh 336)

불쌍한 루스를 해방시켜야 한다는 몰차노프의 위선적인 주장이 배경으로 마련된다. 그러나 코자크 신화에 가장 맞지 않게 볼로트니코프는 쉽게 속임수에 넘어간다. 그는 모든 것을 다 아는 아버지와 같은 타라스 불바가 아니고, 카멘스키 자신이 묘사한 영리하고 독립적인 스텐카 라진도 아니다. 그 대신에 몰차노프가 그의 도움을 청하는 짧은 말 뒤에 그는 이렇게 대답한다.

차르 드미트리여시여!
나는 많은
반란자의 말을 들어보았습니다.
그러나 나는
왕이나
차르의 말을 들어 본 적은 없습니다.
그리고 나는
차르는
민중의 처단자라고 들었습니다.
그러나 여기
당신과 함께 있어보니
당신은 민중을 위해 웁니다.

그래서 나는 약속합니다 —
  위대한 명예를 위해
    나는 지구 위에
      이 기쁜 소식을 전하겠습니다.
차르 드미트리는 —
  우리의 차르이고
    진정한 차르라는 것을!(Stikh p. 337)

차르 체제에 실망을 느낀 농민 반란자는 적어도 무정부주의적이지는 않다("차르는 민중의 처단자라고 들었습니다"). 그리고 아무리 진실을 판단할 만큼 차르들과의 경험이 없었다고 해도, 그렇게 재빠르게 코자크가 아닌 사람의 계략에 뛰어드는 것은 역사적으로는 필요할지 몰라도, 신화적 전통에서는 전혀 필요한 일이 아니다. 무지하고, 쉽게 속임수에 넘어가는 볼로트니코프가 잡히는 순간은 비극적이 아니라 애통하게 느껴진다.

20세기의 코자크 전통의 변화에서 가장 중요한 것은 코자크의 폭력성과 시인의 창작력 사이의 평행관계를 더 이상 발견하지 못한다는 것이다. 볼로트니코프가 카멘스키를 나타낸다거나, 그의 반란이 시적 창작 과정과 연계되어 있다는 증거는 없다. 코자크는 더 이상 경계가 없고 영원한 루스를 보존하지도 못하고 부활시키지도 못하고, 그 결과도 시를 매개로 시인의 근원과 본질을 나타내지도 못한다. 그는 더 이상 "자아"나 "타자"가 아니고, 역설적으로 파괴적인 창작을 하지도 않는다. 단지 레닌주의 혁명의 역사적 선도자 중 한 명에 불과하다.

카멘스키가《이반 볼로트니코프》를 쓴 1934년에 소비에트 작가동맹에 의해 공식으로 채택된 예술의 교리인 사회주의 리얼리즘에는 폭력적 창조를 위한 공간이 없었다. 예술가의 임무는 사회주의를 더욱 발전시키고, 정치적으로 의심스러운 인물의 애매모호한 매력을 표현하지 않는 것이었다. 시는 사실상 예술가의 일이 아니라 혁명이 된 것이다.

스탈린 시대에 작가들이 왜 코자크의 무제약의 양상을 계속 포용하지 못했는가는 카멘스키의 발전과 나란히 가는 숄로호프의 신화 처리 방식을 분석한 다음 이 책의 뒷부분에서 논의될 것이다. 그러나 명약관화한 것은 소비에트 민족주의는 이전 시대의 코자크들과 같은 무정부이고 독립적인 상징을 더 이상 수용할 공간이 없었다는 것이다. 늘 그렇듯이 코자크는 매력적이면서 동시에 위협적이다. 정치적 목적을 위해 위협은 제압되어야 할 필요가 있었다.

# 10장 미하일 숄로호프와 권력 진용의 이전

미하일 숄로호프(Mikhail Sholokhov, 1905-1984)도 바벨이나 미래주의 시인들처럼 통찰력과 열정을 가지고 코자크 전통을 포용했다. 그러나 그의 핵심 작품인《고요한 돈강(The Quiet Don, Tikhii Don)》(1928-40)에 대한 연구는 숄로호프가 자신이 사랑하는 주인공들에게 실제적으로는 치명적 타격을 입힌 것을 보여준다. 후에 소비에트 작가들이 쓴 작품에 코자크가 간헐적으로 등장하기는 하지만, 이들은 더 이상 문학 선배들이 보여준 신화적 힘을 발산하지 못한다.

모두 남부 러시아의 돈 코자크 지역을 다루는 숄로호프의 초기 작품들은《돈강 이야기(Don Stories Donskie rasskazy)》(1926)라는 작은 책에 다 들어있다. 여기에는 스텝과 돈강 지역을 서정적으로 묘사한 여러 편의 작품이 들어있지만, 이것을 다루지는 않을 것이다. 대신 이 장에서는 숄로호프에게 노벨상을 안겨준 소설에 집중적으로 초점을 맞출 것이다.

그는 이 작품을 1920년대 중반부터 쓰기 시작했지만, 10년이 지나도록 완성을 하지 못했다.

톨스토이나 바벨처럼 숄로호프는 자신이 개인적으로 아는 코자크들을 모델로 작품 주인공을 만들어냈다. 그는 처녀에게서 사생아로 태어났고, 어머니는 서둘러 나이가 든 코자크에게 시집보내졌다. 그래서 이 미래의 작가는 어머니가 상인인 실제 아버지와 결혼하는 일곱 살까지 혈연적으로는 아니더라도 법적으로 코자크 지위를 갖고 있었다. 2년간 모스크바에서 학창시절을 보낸 것을 제외하고, 혁명과 내전에 참전한 그의 경력도 그를 고향인 돈 코자크 지역에서 멀리 보내지 않았다. 17살이 되어서야 그는 성인으로서의 운을 시험해 보러 모스크바로 갔다. 결국 그는 갓 태동한 소련의 문학 서클에 들어가서 1984년 죽을 때까지 사회주의 리얼리즘의 주요 변호인이 되었다.[1] 숄로호프는 자신을 소련에서의 코자크 권리의 대변자로 생각했고, 많은 사람들은 코자크 역사와 문화적 삶에 대한 정보를 얻기 위해 그의 소설을 들여다본다.

## 코자크 유산

돈 코자크에 대한 숄로호프의 사실주의적 묘사에 대해서는 수많은 글들이 쓰였지만, 그 묘사가 문학적 신화와 어떤 관계를 갖는지에 대해서 쓴 글은 거의 없다.[2] 《고요한 돈강》은 1부에서 규명된 신화적 토포스를 사용했다는 점에서 다른 코자크 작품들과 어깨를 나란히 한다.

그러나 이와 동시에 우리는 숄로호프가 자신의 주인공들을 묘사하면서 의식적으로 거리를 두며, 때로는 풍자의 경계에 선 것을 발견할 수 있다. 따라서 숄로호프는 코자크를 영웅화하면서 이것을 비신화화하기 시작한다.

숄로호프가 코자크 신화를 채택한 것은 그가 다른 유명한 코자크 소재 작품을 인용한 것에서 쉽게 확인할 수 있다.《고요한 돈강》의 중심 부분의 활동은 숄로호프가 태어난 뵤셴스카야(Veshenskaia Вёшенская) 마을 근처 지역에서 일어나지만, 소설 전체를 보면 다른 지역과 다른 시기의 코자크를 묘사하는 작품들에 대한 언급이 나온다. 이것은 이 작품의 주인공들이 실제 코자크가 아니라 문학적 코자크의 후손들임을 보여준다. 한 지점에서 화자는 우리가 고골에게 익숙한 화법으로 들어간다.

> 오, 고향의 스텝이여! 암말과 수말의 갈기에 앉는 바람은 매섭고, 마른 콧잔등에는 바람에 실려 오는 소금 냄새가 난다. 짠 냄새를 내며 매서운 바람에 숨을 쉬는 말은 바람과 해의 냄새를 맡고 비단 같은 입술을 씹으며 히잉 울음소리를 낸다. 오, 돈강 하류 하늘 아래 고향의 스텝이여! 도랑과 마른 계곡에 난 구불구불한 길들과 붉은 꽃으로 덮인 협곡들, 말발굽 자국덤불이 무성한 광활하고 부드러운 풀밭, 코자크의 영광을 현명한 침묵 속에 지키고 있는 무덤 언덕들… 나는 몸을 숙이고, 아들처럼 당신의 신성한 땅에 입을 맞춘다. 오, 썩지 않는 코자크의 피를 흠뻑 마신 돈강의 스텝이여.[3]

토지에 대한 돈호(apostrophe), 친족관계의 부각, 시적 문체, 감탄 부호의 반복적 사용, 갑작스런 1인칭 시점으로의 변화, 현재 시제의 사용은 모두 독자들에게《타라스 불바》와, 그 작품의 화자가 스텝, 드니프로 강과 갖고있던 서정적 관계를 떠올리게 한다. 그러나《고요한 돈강》은 이것을 둘러싼 좀 덜 개인화된 설명을 대비시킴으로써 독자에게 기습적으로 다가간다. 숄로호프는 이러한 문학적 인용을 사용함으로써 한편으로는 독자에게 코자크 전통을 생각하게 하고, 다른 한편으로는 신화를 비신화화한다. 계속적으로 이것을 지적함으로써 그는 신화의 힘을 약화시킨다.

톨스토이의《코자크》를 언급하는 것도 같은 목적을 위해서이다.[4] 숄로호프는 우리가 죽은 후 무덤 위에 자라는 풀에 대한 예로쉬카의 유명한 철학적 언급을 한 단어 한 단어 거의 그대로 반복한다. 이것은 생명 안의 개별적 순간의 무의미와 대비되는 생명의 위대함과 전체성을 암시한다. "무덤은 풀과 함께 자랄 것이고, 고통도 시간과 함께 자랄 것이다."(III:92) 소설의 후반부에서 그는 이 인용문을 다소 변형하지만, 톨스토이에 대한 지적을 흐리게 할 정도는 아니다.

> 태양빛과 험한 날씨를 아무렇지도 않게 받아들이고, 폭풍우에 굴종하여 머리를 숙이며 풀만 대지 위에 자라서 대지에 생명의 과즙을 공급한다. 그리고는 자신의 씨앗을 바람에 날려 보내며, 죽음을 비추는 가을 햇살을 받아들이며 칼날 같은 죽음의 소리를 내면서 풀은 아무렇지도 않게 죽는다.(IV: 278)

숄로호프는 문체적 이탈을 통해 의식적으로 자신의 코자크들을 고골의 코자크와 연결시키고, 철학적 선언을 통해 톨스토이의 코자크와 연계시킨다. 그는 동일한 설화 사건을 통해《적군 기병대》에 포함된 바벨의 〈돌구쇼프의 죽음〉을 지적한다. 이것은 부상을 입어 내장이 밖으로 나온 병사가 동료에게 자신을 쏘아달라고 부탁하는 장면이다.(II:371) 이러한 반복은 독자 입장에서의 문학적 소양을 전제로 하고, 독자들이 신화에 직접 관련되지 못하도록 거리를 만들어준다.

코자크에 대한 특정한 문학 작품에 대한 직접적 지시는 신화를 분명히 풍자화하는 역할을 한다. 주인공인 그리고리 멜레호프(Grigorii Melekhov)는 적군 포로를 너무 가혹하게 다룬 것에 대해 견책 편지를 받는다. "자네는 푸시킨이란 작가가 쓴《타라스 불바》와 같이 부대와 같이 마음대로 돌아다니고 있다. 자네는 모든 것을 총알과 칼에 넘겨주어서 코자크들을 화나게 만들고 있군."(IV:222-23)

소설을 인용하면서 저자를 잘못 혼동함으로써 편지를 쓴 사람은 자신의 무식함을 보여주는 것 이상의 일을 하고있는 것이다. 그는 고골이 타라스에게 부여한 특정한 자질이 일반적 모델이 되었다는 것도 암시한다. 아마도 편지를 쓴 사람은 전혀 고골의 작품은 물론 아무 소설도 읽지 않았지만, 자신의 상상 속에 간직한 코자크 이미지의 사실성에 대한 확신을 느끼고 있는 것이다. 그러나 그는 확신이 너무 강해서 사실상 현실처럼 보이는 것(그러나 실제로는 책의 한 주인공에 지나지 않는 것)을 자신이 경험한 실제 코자크(우리의 책에서 단지 주인공에 지나지 않는)와 비교할 수 있는 것이다.

코자크 등장인물들은《고요한 돈강》의 코자크 신화의 힘에 가장 강하게 매료되어 있고, 숄로호프는 가볍게 이들을 풍자해서 세심한 독자가 이들을 동일시하는 것을 허락하지 않는 것이다. 특별히 폭력적인 코자크 민족주의자인 추바티(Chubatyi)는[5] 그리고리에게 사람을 두 동강으로 가르도록 가르치면서 마치 코자크의 신조를 낭송하듯이 "전투에서 적을 죽이는 것은 거룩한 행위이다"라고 선언한다.(II:23) 치카마소프(Chikamasov)란 이름을 가진 코자크는 후에 소설에서 사회주의 운동을 대표하는 지휘관인 분축(Bunchuk)과 논쟁을 벌인다. 이 논쟁에서 치카마소프는 자유의 투사인 레닌은 사실상 코자크였음이 틀림없다고 주장한다. 그는 이렇게 묻는다.

"레닌은 어느 민족 출신인지 아는가? 어디서 태어났고, 어디서 자랐는지 아는가 말이네?"

"레닌이요? 그는 러시아인이죠."

"뭐라고?!"

"네, 러시아인입니다."

"틀렸네, 나의 형제여. 자네는 그에 대해 잘 알지 못하는 게 분명하구만… 그가 어떤 혈통을 이어받았는지 아는가? 바로 돈 코자크인 우리의 혈통이네. 그는 살스키 지역의 벨리코크냐즈나야에서 태어났네. 이제 알아듣겠나? 그는 포병으로 근무했다고들 하네. 그는 돈강 하류 지역의 코자크처럼 생겼네. 레닌은 높은 광대뼈와 그들과 똑같은 눈을 가졌네."

"어디서 그런 얘기를 들으셨나요?"

"코자크들끼리 그렇게 얘기하는 것을 내가 엿들었네."

"치카마소프 대장님, 그는 심비르스크 지방에서 태어난 러시아인입니다."

"아니야, 자네 말을 믿을 수 없네. 그 이유는 간단하네. 푸가초프도 코자크이지 않았나? 그리고 스텐카 라진은? 예르마크 티모페예비치는? 바로 그거야. 가난한 민중을 차르에 대항하여 봉기하도록 선동한 사람은 모두 코자크였네. 레닌이 심비르스크 출신이라고 자네가 말했지. 그런 얘기를 듣는 것은 창피한 일이네…"

분축은 웃으면서 묻는다.

"그래서 그가 코자크라고들 얘기하는군요?"

"그래 그는 코자크이네. 그러나 레닌 자신만 그렇게 얘기하지 않았을 뿐이지. 내가 그를 내 눈으로 직접 보는 순간, 나는 바로 그것을 분명히 알 것일세."(III:158-59)

다른 코자크도《타라스 불바》의 고골의 화자처럼 미사여구를 쓰며, 자신이 코자크 땅에 끌리는 것은 경험의 실제보다 낭만주의에 근거한 것이 더 크다는 것을 보여준다 그는 광상시를 낭송하듯이 이렇게 말한다.

나는 돈강과 오랜 기간 전해져 온 코자크 생활 방식 모두를 미치도록 사랑합니다. 나는 코자크 동료들과 코자크 여자들을 모두 사랑합니다! 스텝의 쑥 냄새를 맡으면 울고 싶습니다… 내가 그보다 더 미칠 듯이 사랑하는 것은 돈강에서 불어오는 바람에 적셔진 해바라기와 포도넝쿨 냄새입니다.(III: 112)

그러나 풍자에도 불구하고 등장인물과 마찬가지로 독자는 코자크 주인공의 자연화된 모습에서 거리를 두지 못할 수도 있다. 숄로호프는 그리고리 멜레호프를 코자크 전통으로 확립하기 위해 신화적 토포스로 만들지만, 소설이 진행되면서 신화를 훼손할 뿐이다.

《고요한 돈강》은 멜레호프 가족의 역사로 시작한다. 최초의 사건에 대한 간결한 서술은 이야기의 시작에 거의 성서적 목소리를 입힌다. 이러한 어투는 독자에게 첫 몇 페이지가 코자크 역사 전체의 초상 같다는 느낌을 주고, 멜레호프를 원형적 코자크로 제시한다.

멜레호프의 농장은 코자크 스스로가 제국 변경에 있듯이 자유롭게 흐르는 돈강과 개방된 스텝에 둘러싸인 채 마을 제일 끝에 위치해 있다. 멜레호프 가족의 시조인 프로코피(Prokofii)는 터키에서 마을로 돌아오면서 전통적인 코자크 노획물을 가져온다. 그것은 터키 여자였고, 이 여인은 곧 아들을 출산한다. 이 아들은 자라서 코자크 처녀와 결혼한다. "이때부터 터키 피가 코자크 피와 섞였다."(II:12) 이렇게 숄로호프는 멜레호프 가족이 상반된 것, 즉 터키와 코자크, 동양과 서양의 혼합에서 나왔다는 것을 알려준다.

프로코피는 "돈강에 있는 마을의 외곽, 자신의 농가에서 외로운 늑대처럼"(II:10) 아내와 격리되어 외롭게 살았다. 숄로호프가 〈농가〉에 쓴 "쿠렌(kuren)"이라는 용어는 자포로지야 군대 단위이다. 멜레호프 가족은 자포로지야 코자크가 아니라 돈 코자크이다. 그러나 숄로호프는 동일한 단어를 사용함으로써 둘 사이의 연계를 암시한다. 이들은 이 초상적 이야기에서 "비코자크"를 나타내는 마을 주민으로부터 스스로를 분리한 진정한 코자크이다. 이야기가 신화가 아니고 역사라면 마을 주민들도 당연히 코자크이지만, 숄로호프는 중심인물들의 근본적 코자크 성격을 강조하기 위해 이들이 멜레호프 가족과 다르다는 것을 강조한다.[6]

터키 출신 부인이 마녀라는 소문이 마을에 돈다. 이것은 코자크 신화의 공통적 토포스이다. 마을 사람들은 결국 외롭게 사는 부부를 공격하여 부인을 죽이고, 부인은 위에 언급된 아들을 조산하고 죽는다. 이 아기는 폭력에서 태어나고, 신화적 주인공이 그러하듯이 징조가 좋지 않은 출발을 한다. 할아버지의 이름을 딴 어린 판탈레이(Pantalei)는 할머니의 보살핌을 받으며 자란다. 이것은 코자크 가계가 이어지는 것을 보여주지만 "다소 터키인 같다"는 자세한 설명이 붙는다. 판탈레이가 이 소설의 주인공인 그리고리를 낳고 자신의 올리브색 피부와 코자크 피를 물려준다.

숄로호프는 소설의 사건이 일어나는 시기를 혁명과 내전 시기로 잡지만 작자는 자신이 코자크를 경계가 없는 스텝과 경계적 공간과 시간과 연결시킴으써 역사성을 파괴한다. 그는 스텝과 돈강에 대한 서술을 거의 뒤섞어 사용함으로써 광활함과 풍요롭게 지속되는 삶을 표현한다. 《고요한 돈강》의 3부에서 두 코자크가 부르는 노래는 "우리의 돈강, 고요한 돈강"은 돈강을 "우리의 아버지(nash batiushka)", 돈강 유역 스텝을 "우리의 어머니(nasha matushka)"라고 부른다.(III:111)

코자크들은 모든 자연을 개인적이고 기쁨으로 고양된 용어로 부른다. 화자는 스텝을 "결코 경작되지 않았고, 파괴할 수 없는 처녀"로 부르고, 고골과 마찬가지로 "푸르고, 경계가 없는 광활함"이라고 부른다. 한 곳에서 화자는 "동풍이 우리의 고향 스텝을 따라 코자크처럼 행동한다"라고 하기도 한다. 코자크들은 주변 환경의 자유로운 성격을 취할 뿐 아니라 주변 환경도 이에 상응해서 코자크들로부터 자유로운 성격을 얻는다.

이야기, 노래, 주인공들을 하늘을 나는 새에 비유하는 것을 포함해서 숄로호프가 사용하는 서사시적 기제들은 역사적 핍진성을 파괴함으로써 코자크들을 문학 전통 속의 코자크들과 연계시킨다.[7] 소설의 첫 시작 부분에서 우리는 모여있는 청중들에게 지나간 시절의 이야기를 해주는 그리슈카(Grishka) 할아버지를 만난다. 여러 면에서 그는 톨스토이의 예로슈가 할아버지와 마찬가지로 당대 세계의 존경을 희생하는 대가로 코자크 전통을 보존하고 있는 코믹한 인물이다. 소설에서 그리슈카가 종말의 예언자가 되는 것은 흥미롭다. 왜냐하면 유랑시인이 지나간 시절의 이야기를 하고, 예언자는 미래의 이야기를 해야 하기 때문이다. 이렇게 그리슈카라는 등장인물은 자신 주변 세계가 썩어가는 것을 관찰하며 과거, 현재, 미래를 연결한다. 그의 이름이 그리고리(애칭으로 불릴 때는 그리슈카이다)와 같다는 우연은 이러한 인내가 멜레호프 집안으로 이어진다는 것을 암시한다.

할아버지 그리슈카를 소개한 몇 페이지 뒤에 우리는 그리고리가 노래를 부르기에 좋은 목소리(zvuchii golos)를 가졌다는 것을 알게 된다. 소설의 한 시점에서 그가 이 목소리를 잃는 것은 그가 삶과 코자크 정신의 즐거움에서 멀어지는 거리를 의미한다. "나는 소년일 때 노래를 잘 불렀는데, 이제 나의 목소리는 메말라 버렸고, 나의 인생은 노래로부터 단절되었구나"라고 생각하면서 그리고리의 마음은 위축된다. 노래는 결국 돌아오지만, 새 노래들은 "기쁨을 잃은 검은색으로 장식되었고", 오래된 코자크 노래의 다급하고 힘찬 단어들은 "아직도 뚫고 나온다."

그리고리의 목소리가 아니라 그 자신이 죽었다가 다시 태어난 것이다. 그의 가족이 그가 전투에서 전사한 것으로 생각하고 있을 때, 그리고리는 형에게 자신이 살아있다는 것을 알리는 편지를 보낸다. 그리고리의 재탄생과 그가 무공 훈장을 받은 것에 대한 가족들의 반응을 묘사한 몇 페이지 뒤에, 숄로호프는 그리고리의 전우들도 그가 죽었다고 생각한다는 이야기를 다시 한다. 그가 병사들에게 다시 나타나자, 한 병사는 "너는 어디에서 나타난 거냐?"라고 묻고, 그리고리는 "다른 세상에서"라고 대답한다. 이러한 냉소적 대답은 전통적 재탄생의 토포스를 풍자로 밀어 넣어 버린다. 역설은 영웅적 과대화법으로 크게 울린다.

그리고리의 이웃이자 그의 애인의 남편인 스테판이 유사한 경험을 하면서 재탄생의 모티프는 풍자적으로 강화된다. 그가 전사했다는 소문이 돌고 있을 때 그가 나타나자, 그에게 이렇게 묻는다. "너는 도대체 어디에서 나타난 거냐?" 이러한 반복은 사건의 실제적 성격이 아니라 초상적 성격에 주의를 돌리게 한다. 코자크도 죽을 수 있지만, 그의 죽음은 그가 돌아오는 것의 전조이다. 스테판의 경우에는 시가를 물고, 멋진 옷을 입고 은시계를 차고, 자신의 전통적 코자크 변발을 자른 채 독일 감옥에서 돌아온다. 이 모습을 본 그리고리의 어머니는 이렇게 말한다. "너는 더 이상 코자크가 아냐" 그러나 그가 술을 마시자 그는 외국 억양을 잃어버리고, 마음으로는 아직 진정한 코자크라는 것을 보여준다. 이 에피소드는 코자크의 영웅적 전통을 죽이기 위해서는 전쟁과 감옥 이상의 것이 필요하다는 것을 보여준다. 신화적 코자크 세계(Cossackdom)의 종말은 이것이 발달된 문학적 기법을 통해서만 오는 것이다.

《고요한 돈강》에 등장하는 여인들은, 찬미와 함께 풍자를 통해 전통적 코자크 토포스에 대한 숄로호프의 의식적인 조작을 다시 한번 보여준다. 멜레호프 가족을 만든 마녀라고 소문이 난 터키 여인은 성적 정체성이 모호하고, 그리고리의 처제와 마찬가지로 바지를 입고 다님으로써 남성적 역할을 흡수한다. 그러나 소설의 주요 사건과 동시에 진행되는 가족의 여자 가장제(matriarch)에서 그리고리의 엄마인 일리치나(Ilinichna)는 유혹하는 마녀보다는 《타라스 불바》에 나오는 모든 고통을 한없이 감내하는 어머니로 나타난다. 어머니는 무성(無性, asexual)이기 때문에 위협이 되지 않는다. 그러나 다른 모든 주요 여성 등장인물들은 코자크들에게 고통만을 안길 뿐이고, 늘 성적 매력(sexuality)을 통해 그렇게 한다. 성적 매력을 직접 지칭하는 "사악한 의도"와 "사악한 교만"라는 딱지가 붙어서 결국 그리고리와 불륜을 맺는 악시냐(Aksin'ia)가 대표적 예이다.

다리아(Dar'ia)라는 인물상은 여성의 성적 매력과 타락의 주제를 거의 만화와 같은 극단으로 발전시킨다. 그녀의 방종한 행실은 마을 사람들의 화제의 대상의 되고, 자신이 성병에 걸린 사실을 알고 충격을 받은 그녀는 결국 자살한다. 여러 장면에서 남성상으로 묘사된 그녀는 총을 쏠 수 있고, 눈 깜짝 안하고 사람을 죽일 수 있었다. 이렇게 그녀는 자신의 성적 매력을 과시하며 일리니츠나나 타라스의 부인 같은 코자크 어머니에게 주어진 위협하지 않는 역할을 거부한다. 페트로와 결혼했지만 그녀가 아들을 낳지 못한 사실은 자못 흥미롭다. 살아남은 아이를 생산한 유일한 결합인 그리고리와 그의 아내 나탈리아의 관계는 성적 흥미가 가장 적다. 코자크 신화 전반에서와 마찬가지로 《고요한 돈강》에서는 성적인 위협을 제공하는 여인들은 모두 비참한 상황에 처하게 된다.

《고요한 돈강》에 등장하는 주인공이 아닌 인물들은 소설의 유산과 코자크 신화에 대한 설명을 강화한다. 예브게니 리스트니츠키(Evgenii Listnitskii)는 가족이 일찍이 코자크와의 연대를 끊고 토지를 소유한 지주가 된 코자크이다. 야고드노에(Iagodnoe)의 그의 거대한 영지는 돌담으로 둘러싸여 있는데, 이것은 코자크와 뗄 수 없는 경계가 없는 광활한 공간과 완전히 다른 집이라는 것이 처음부터 잘 묘사되어 있다. 건물 하나는 1910년이라는 수자를 표시하는 타일로 장식되어 있어서 이 가족을 코자크 신화의 무시간성이 아니라 최근 역사의 특정한 해와 연계시키고 있다. 영지인 야고드노에가 돈강에서 멀리 떨어져 있다는 사실도 코자크 삶의 근원에서 소외되어 있다는 것을 강조하며 반복적으로 언급된다.

야고드노에에서 악시냐와 같이 살면서 그리고리는 "나는 돈강을 그리워한다. 여기서는 흐르는 강물을 볼 수가 없어 아주 따분한 장소다"라고 고백한다. 영지는 "나무로 만들어진 지루함과 다른 세계와 단절된 벽에 막힌 채, 하루가 그 전날 같이 지나갈 뿐이다". 지루함에 대한 언급은 고골의 두 이반을 떠올리게 하고, 그렇지 않았더라면 영웅적 이야기가 되었을 이야기 속에 전복된 신화를 숄로호프는 포함시킨 것이다. 이미 언급된 풍자적 요소와 함께 이 신화의 전복은 신화의 기초를 무너뜨리기 시작한다. 고골이 코자크를 비코자크나 폴란드인과 비교하거나, 안드리이처럼 동료들을 배신한 코자크와 단순히 대비시키는 것 이상의 것을 숄로호프는 한다. 영웅적 코자크 자신이 전염병에 걸린 것이다.

가장 가슴 아픈 코자크 세계의 전복은 이 영지에 오리, 뿔닭, 공작같이 날지 않는 새가 산다는 것이다. 예브게니의 아버지 리스틴스키는 다른 야생 백학처럼 날지를 못하고, 다친 날개가 생명 없이 몸에 붙어있는 백학을 데리고 있다. 리스틴스키 부자는 새 사냥을 즐긴다. 이것은 날아다니는 새와 자신을 비교하는 코자크에 대한 명백한 배신이다.

우리는 리스틴스키가 미트카 코르슈노프(Mit'ka Korshunov)에게 말 시합을 제안한 다음에 그를 처음으로 만나게 된다. 패배할 줄 알았던 미트가가 시합에서 이기며 독자들의 동정도 얻는다. 그러나 숄로호프는 곧 그도 진정한 코자크가 아니라는 것을 알려준다. 그의 가족은 마을의 다른 코자크 가족들보다 부자라는 것을 우리는 알게 된다. 리스틴스키만큼은 아니지만 재산이 이들을 고립시킨다. 이들 집에는 다른 코자크 농가에서 볼 수 없는 가재도구들이 발견된다. 거기에는 차르와 차르 부인, 공주들의 모습이 새겨진 식탁보도 있는데, 이것은 이 가족을 자유로운 코자크 토지가 아니라 러시아 제국과 연결시킨다.

코르슈노프라는 이름은 솔개라는 러시아 단어에서 나온 것이다. 매와 비슷한 솔개는 스텝 위로 높게 날아올라 작은 동물들을 사냥한다. 코자크 전통의 좋은 새와 악한 새의 구분에서 솔개는 후자 범위에 들어간다. 소설의 마무리 부분에서 미트카 코르슈노프는 백군의 보복 부대에서 잔혹성으로 악명을 떨친 처형자로 묘사된다. 신화 속의 코자크도 역시 잔인하다. 그러나 다른 코자크들조차 미트카의 행위를 비난한다. 멜레호프 가족은 그가 "진정한 사탄"이 되었다고 주장한다.

> 그가 자신을 위해 어떤 일을 하는지를 보라. 그는 실제적 과업으로 봉사하는 다른 코자크들과 같지 않다. 그 이유는 그가 처형대에 소속되었기 때문이다. 늙은 여자를 교수대에 매달고 죄없는 아기들을 칼로 베는 처형자가 되는 것이 코자크가 할 일이란 말인가?

소설 초반에서 미트가는 마을에서 가장 부유한 상인인 모호프(Mokhov)의 딸을 유혹한다. 이러한 불륜 관계도 그를 비(非)코자크와 연관시킨다. 이것은 그리고리와 악시냐 사이의 불륜에 대한 혐오스런 풍자이다. 그리고리와 악시냐의 관계가 슬픔과 고통으로 끝난다면, 앞 두 사람의 관계는 전혀 열정이 피어오르지 않기 때문에 신화의 관점에서 더욱 비난받는다. 리자 모호바(Liza Mokhova)는 그리고리가 죽은 병사에게서 찾아 낸 일기에 다시 한번 등장한다. 아마도 그녀는 다른 코자크들도 불행으로 이끌었을 것이다.

모호프라는 이름은 러시아의 이끼라는 단어에서 나온 것이다. 이끼와 마찬가지로 그의 가족은 자신들이 정착한 마을의 다른 가족보다 빨리 자란다. 모호프의 조상은 표트르 대제 시대로 거슬러 올라가는데, 차르의 지시를 받고 모호프라는 농부가 이 지역에 비밀사찰관으로 파견된다. 그는 비밀 사찰과 농민뿐 아니라 코자크의 자유를 압제한 귀족과 연관된다. 그때부터 "이들은 코자크 땅에 굳게 자리를 잡았다. 이들은 아무리 힘을 써도 뽑아버릴 수 없는 큰 잡초같이 코자크 마을에 뿌리를 내리고 자랐다." 소설에서 모호프는 모든 코자크 자유를 난장이처럼 만들어버리는 강력한 상징으로 나타난다. 이것은 여자, 돈, 공식 정부와 마찬가지이다. 《고요한 돈강》에서 코자크를 파괴하는 것은 외부적 힘 하나만이 아니다.

### 죽어가는 코자크

이미 1권에서 숄로호프는 생명을 탄생시키는 신화의 긍정적인 면에 대한 의문을 제기한다. 앞에 언급한 대로 추바티가 코자크의 군사적 살인을 거룩한 행위로 선언한 다음, 그리고리는 말들이 이 폭력적인 코자크를 싫어하고 그가 접근하자 몸을 사리는 것을 목격한다. "나는 무거운 마음을 가지고 있었는데, 말들이 이것을 감지한 것 같았다"라고 추바티는 말한다. 이 장면은 독자가 이 폭력적인 코자크에게 가지고 있던 어떠한 유대감도 잘라버리고, 그가 나타내는 가치에 대한 의문을 불러일으킨다. 그리고리는 처음에는 이 코자크에 끌렸으나, 후에 환상에서 깨어난다. 그의 변하는 충성은 자신의 혼동을 나타내는 것이다. 그러나 소설이 진행될수록, 또 그가 코자크 생활방식에 의문을 가지면서 그의 마음도 굳어진다.[8]

소설 전체를 통해 나타나는 그리고리의 모호성, 그의 분열적 충성, 백군과 적군 사이, 코자크 분리주의자와 러시아 통합주의자 사이에서의 그의 방황은 코자크 전체에 진행되는 분열을 작은 우주처럼 반영한 것이다. 나이든 코자크와 젊은 코자크 사이에 자주 나타나는 코자크 간의 분열은, 역사적 양상을 제시하는 방법의 하나로서 항시 신화의 일부가 되었다. 그러나 내분은 양측의 파괴로 이어지지는 않고, 양측이 아니면 최소한 한쪽을 다시 강력하게 만드는 역할을 했다. 타라스 불바는 안드리이와 "폴란드 진영으로 넘어 간" 다른 코자크들에 대한 분노 때문에 더 강해진다. 숄로호프의 경우에는 이 분열성을 결정적으로 더 강조하고 결코 둘 사이의 화해로 이끌지 않는다.

소설의 3부는 1918년 상류층과 하류층 사이에 발생한 "대분열"에 대한 저자의 말로 시작된다.[9] 화자는 한 걸음 뒤로 물러나 코자크들이 시작된 때부터 그들 사이에 보였던 분열에 초점을 맞춘 전반적 역사적 언급을 한다.

> 역사는 1918년이 되어서야 상류층 코자크와 하류층 코자크를 갈라놓았다. 그러나 이 분열의 뿌리는 북부 지역의 가난한 코자크들이 체르카스크(Cherkask, 돈 코자크의 수도)를 떠났을 때인 수백 년 전에 형성되었다. 이들은 아조프 해 인근이 비옥한 땅이나 포도밭, 사양과 낚시터도 가지고 있지 못했다. 이들은 자진해서 백군 지역을 습격하고, 스텐카 라진에서 시작되어 세카치(Sekach)에서 끝나는 모든 반란군 중 가장 믿을 만한 요새가 되었다.
>
> 코자크가 전제정부의 강력한 힘에 굴복하고, 집단 전체가 조용히 움직일 때도, 상류 지역의 코자크들은 공개적으로 일어나고, 아타만의 지휘를 받아 차르 정부의 근간을 흔들었다.(IV:9)

이 단락으로 숄로호프는 단결된 코자크 정신이 오래 지속되지 못할 것이라는 분열의 물밑 기류를 보여주고 있다. 코자크는 코자크라고 신화는 말하지만,《고요한 돈강》끝부분에서 코자크 형제들은 서로서로를 한 가족으로 인정하지 않는다.

표트르와 그리고리 형제는 때로 전형적으로 서로 적군 편에서 싸웠다. 소설이 절반도 진행되지 않은 상태에서 화자는 코자크 사이에 만연한 내부적 투쟁에 대해 언급한다. 나이 든 코자크들이 전선에서 돌아온 젊은 코자크 전사들과 사이좋게 지내지 못하는 것에도 잘 드러난다. "봐라, 저 친구들이 어떻게 사람들을 분열시켰는지를. 해충 같은 녀석들! 이들이 쟁기를 들고 지나가기는 하지만, 우리를 서로 적대적인 양편으로 분열시키지." 그리슈카 할아버지는 정신이 몽롱한 상태에서 성서를 인용하며 고위관리를 부른다. "아들이 아버지를 대항하여 일어나고, 형제가 형제를 대항하여 일어날 것이다." 멜레호프 가족 전체는 단합과 함께한다는 의식을 잃어버린다.

> 판탈레이 프로코피예프 눈앞에서 가족은 산산조각이 났다. 그와 늙은 마누라만이 외롭게 남겨졌다. 예상치 못하게 그리고 빠르게 가족의 유대는 파괴되고, 가족간의 따뜻한 정도 사라졌다. 가족들 사이의 대화에는 점점 더 불만과 이질감이 드러났다. 가족들은 더 이상 하나의 화목한 가정으로서 식사 테이블에 앉지 않았고, 우연히 한 자리에 앉은 사람 같은 모습을 보였다.(V:120)

이 가족의 해체는 코자크 군대 전체의 분열과 평행하게 진행된다.[10]

코자크가 아닌 장교들이 부대를 지휘하러 왔을 때 분열은 완성된다. 코자크는 더 이상 자신들을 통치하지 못하는 것이다. "코자크는 장교들을 혐오했다. 이들이 보기에 장교들은 돼지 같이 우리를 빨아먹을 것이다. 그들과 같이 사는 것은 절대 불가능하다. 이들은 거의 다 러시아놈들이다. 그들 중 코자크는 한 명도 없다."

코자크 집단의 해체가 이렇게 완전히 진행되자 한 인물은 다음과 같이 결론짓는다. "갑자기 우리는 온 세상에 흩어진 유대인 같이 되었다." 유랑하는 유대인들 전통은 한때 강력했던 코자크들의 애처로운 모델이 되었다. 집이 없는 사람들과 마찬가지로 코자크는 거대한 스텝과의 유기적 연결을 더 이상 향유할 수 없게 되었다. 소설의 끝부분에서 화자의 초점은 이전의 거대한 캔버스에서, 이들이 살아남은 전부이기는 하지만, 몇 명의 코자크의 뒤를 따라가는 것으로 좁아진다. 이 코자크들은 갈대같이 흔들리는 충성을 가지고, 이리저리 이합집산하는 도적떼가 된다. 이들은 자기 개인보다 더 큰 것에 존경을 표하지 않는다.

숄로호프는 코자크 집단의 구성원들이 나이 들어가는 것을 은유적으로 표현하여 코자크 세계의 죽음이라는 이미지를 강화한다. 전쟁이 계속 되면서 병사들의 머리도 희어지고 늙어간다. 단지 16, 17세의 풋내기들만이 흥분하여 전투에 나서지만, 숄로호프는 이들도 곧 나이가 들 것이라는 것을 암시한다. "마치 어릴 때 장난 같은 전쟁은 그들에게 새로운 경험이었다." 경험 많은 병사들이 이 열정적인 병사들을 경멸적으로 바라보았다.

멜레호프의 농지도 죽어가는 가족과 함께 쇠락해간다. 멜레호프 가족은 한사람 한사람 줄어든다. 페프로, 판탈레이, 나탈랴, 다랴, 그리고리의 어린 딸 순서로 사라진다. 집안의 가장인 일리니츠나의 죽음은 가족 전체의 몰락을 상징한다. 왜냐하면 그녀가 떠난 후 외부인인 코셰보이(Koshevoi)만 남아 가정을 책임지게 되었기 때문이다. 마치 가족들은 자신들의 계보를 이어가는 것에 아무 관심도 없는 양, 가족과 관계없는 노파들이 그녀를 매장할 준비를 한다. 그리고 할머니가 죽은 후 멜레호프의 딸인 두니아(Dunia)는 악시니아에게 그리고리와의 사이에서 난 아이들을 데리고 떠나라고 말한다. 조상대대로 살아온 농가를 떠나 이주하는 것은 과거와의 완전한 단절과 가족의 흩어짐을 상징한다.

코자크들은 단순히 흩어지기만 할 뿐 아니라 사기를 완전히 잃는다. 그리고리가 아버지와 만난 한 장면에서 아버지는 코자크의 공격에 대한 소식을 묻는다. "코자크들이 경계 너머로 더 진격하지 않으려고 한다는 얘기를 들었는데, 그것이 사실이냐?" 그리고리는 코자크들이 자기들 경계 안에 머무르기로 결정했다고 회피하듯이 대답한다. "그러면 너희 부대는 정말 경계 너머로 진격하지 않는다는 거냐?"라고 판탈레이는 재차 묻는다. 한 "병들고 고분고분한" 코자크는 자신들의 결정을 정당화하면서 동시에 전반적 환멸을 표현한다. "왜 더 나갑니까? 나는 마누라가 죽어서 고아가 된 아이들과 같이 있어야 합니다. 왜 내가 진격해서 아무 쓸데없이 내 목숨을 잃어야 합니까?"

어떤 코자크 신화도 죽음에 의문을 표하지 않는다. 그러나 《고요한 돈강》의 끝부분에서 코자크들은 완전히 지치고 낙담한다. 완전히 맥이 빠진 공동체에 이러한 무기력함을 강조함으로써 숄로호프는 삶을 자기 박제화하고, 지상에 속하지 않은 것으로 대하는 전통적 코자크의 인생관을 심각하게 바꾼다. 그의 코자크들은 "코자크다움"을 잃어버리고, 경계를 뛰어넘으면서 불멸을 주장하는 것이 아니라 그것을 수용한다.

소설 끝부분의 전반적 분위기는 지루함이고, 코자크 생활이 리스트니츠키의 영지와 조금 더 나을 것이 없게 된다. "날이 그냥 계속 이어지고, 지루함으로 무력해진다."라고 화자는 말한다. 페트로는 자기 목숨을 살려달라고 애원한다. 이것은 처형을 앞두고 "거인처럼 심문과 고문을 이긴 오스타프 불바의 태도와 정반대가 된다.[11] 그리고리조차도 소설의 마지막 부분에서 총성을 듣고 자신의 무릎이 꺾이는 것을 느끼고, 다른 코자크는 전혀 사격을 할 수 없게 된다. "너는 이것을 사는 것이라고 할 수 있겠냐?"라고 그리고리는 소설 말미에서 다른 도적에게 묻는다.

그리고리 멜레호프는 최종적으로 더 이상 자기 것이 아닌 농지로 돌아와서 버려진 아들을 품에 안는다. "이것이 그의 생에 남아있는 모든 것이고, 당분간 그를 이 대지와, 차가운 태양 아래 빛나는 모든 세계와 연결시키는 모든 것이었다." 그리고 코자크 세계 전체가 그렇게 한 것처럼 이 마지막 코자크는 죽을 준비를 한다.

마지막 장의 한 단락은 코자크의 몰락을 둘러싼 실망스런 분위기를 잘 보여준다. 그리고리는 퇴각하는 수송대 무리 가운데 있었다. 마차에 누워있던 그는 "마치 고요한 스텝 위에 있는 새처럼 꾸준하고 거친 목소리가 전선에서 흘러나오는 것을 들었다." 이 노래는 돈 코자크, 그레벤스크 코자크, 야이크 코자크 등 모든 코자크의 자유와 영광스런 스텝에 대한 오래된 코자크 노래였다. 그리고리를 포함해 수백 명의 코자크 목소리가 이 노래를 따라 불렀다.

> 그리고리 가슴속에서 무언가 덥석 무는 것 같았다. … 터져나오는 울음이 그의 몸을 흔들었고, 목구멍에 무언가 걸린 것 같았다. 그는 눈물을 삼키며 솔로 가수가 다시 노래를 부르기를 기다렸고, 그를 따라 어려서부터 알던 노래 가사를 속삭이며 읊조리기 시작했다.(V:273)

그러나 코자크들은 이전에 자신들의 노래였던 이 가락에 자신들을 몰입시키면서 고통만을 느꼈다.

> 몇백 년을 전해 내려 오던 노래 한 곡이 살아남아 검은 스텝 땅을 지배했다. 꾸밈없고 단순한 가사는 자유를 향유한 코자크 조상들을 노래한다. 이들은 한때 차르 군대와 용감히 맞서 싸우고, 작은 보트를 타고 돈강과 볼가강 유역을 도적질하고, 대상인, 보야르, 군지휘관들을 괴롭히며 차르 정부의 큰 배들을 약탈했다… 이 자유 코자크들의 후손들은 러시아인들을 상대로 한 치욕적 전투에서 패배하여 후퇴를 하며 죽은듯한 침묵 속에 이 장엄한 노래에 귀를 기울였다…(V:273)

그 노래는 살아남았지만, 코자크는 그렇지 못했다. 코자크 영혼은 단지 무형의 음악에서만 살아남은 것이다. 스텝조차도 패배한 주인공들의 영혼에 맞춰 어두웠다. 노래가 계속되면서 코자크 쪽에서 나온 반응은 긴장되고 우울한 침묵뿐이었다. 신화적 코자크들 자신은 더 이상 노래 부를 수 없었던 것이다.

### 분축의 소멸

숄로호프는 이렇게 코자크 세계의 사망의 연대기를 기록했다. 형제가 형제와 싸우고 젊은 주인공들이 노화하여 힘이 빠지고, 쾌활한 코자크 영혼은 불쌍한 침묵으로 쇠락했다.

그러나 《고요한 돈강》은 코자크 민족의 종말을 기록한 것 이상을 한다. 이것은 19세기 문학으로부터 물려받은 신화를 조작하여 전통적 코자크 토포스가 궁극적으로 볼셰비키로 옮겨가도록 한다. 숄로호프가 가장 큰 관심을 기울인 새로운 신화적 주인공 분축은 《고요한 돈강》 1권 끝에 등장한다.[12] 그는 군대에 들어오기 전 모스크바에서 거주하며 단순한 노동자로 일했던 "러시아화된 코자크"로 묘사된다. 그가 한때 코자크였으나 더 이상 그렇지 않다는 사실은 코자크 토포스가 새로운 주인공으로 전이되는 전환의 틀을 조성한다. 분축이 일어나 코자크 무리 앞에 연설할 때, 그는 자신의 과거 형제들과 의사소통이 될 수 있을지를 걱정한다. "그는 코자크들과는 다른 단어를 써서 말을 해야 한다는 것을 안다. 그래서 그는 이들과 공통된 언어를 사용할 수 있을지에 대해 겁이 났다."

노동자들과 오래 같이 지내면서 분축은 그들의 "언어"를 배운 대신 자신의 언어를 포기한 것이다.

그러나 코자크에서 볼셰비키가 된 분축은 아직 그의 이전 자질을 보유하고 있었다. 이상하게도 그의 손은 계속 "털이 수북한" 것으로 묘사되었는데, 이것은 코자크 자질을 공유하지 않은 리스틴스키 같은 인물들의 "하얀" 손과 대비된다는 것을 우리는 뒤늦게 알게 된다. 그의 이름도 코자크적 함축을 가지고 있다. "분축"이라는 명칭은 코자크 헤트만의 전통적 참모이다. 그래서 분축은 코자크 권위자의 흔적을 볼셰비키 진영에 가져온 것이고, 신화적 권위의 이전을 상징한다.

신화적 코자크와 마찬가지로 분축은 상징적 죽음에서도 살아남는다. "침묵이 넘치는 검은 공허함이 그를 덮어버렸다." 그러나 분축의 친구인 안나는 그의 엄마 역할을 하며 그를 받아들이고, 그를 먹이고, 물을 주며 자신에게 완전히 의존하는 아이 같은 환자를 돌본다. 그녀는 그에게 걷는 법을 다시 가르치기까지 한다. 분축이 우유를 더 달라고 징징거리자 "왜, 너는 애기와 마찬가지냐!"라고 그녀는 소리친다.

집단으로서 볼셰비키는 코자크와 같이 노래 부르기를 좋아하는 성향을 가지고 있었다. 숄로호프는 코자크들이 노래 부르는 것을 점점 더 줄일 때, 볼셰비키들은 점점 더 노래를 많이 부르는 것으로 묘사한다. 이들은 노래 사이에 "코자크처럼" 행동하며, 약탈하고, 강간하고, 사람을 죽여서, 이들의 잔혹성에 대한 소문은 멀리 퍼진다.

토포스가 코자크에서 볼셰비키로 옮겨가는 것은 처음으로 사회주의당에 가담한 미샤 코셰보이(Misha Koshevoi)가 그리고리의 여동생과 결혼하여 멜레호프 가족의 농지로 이사해 들어오는 것이다. 남자 코자크들이 모두 강제 동원되어 전쟁에서 죽으면서 농지와 헛간은 완전히 쇠락한 상태에 빠진다. 그러나 코셰보이가 들어오면서 이 장소는 다시 생명을 찾는다.

> 코셰보이가 멜레호프 가족의 농가에 이사해 들어온 날부터(여기서 소설 초입에 사용된 코자크 군대 조직을 나타내는 '쿠렌(kuren)'이라는 단어가 쓰인다), 농장 전체는 새 모습을 띤다. 짧은 시간 안에 그는 울타리를 고치고, 타작마당에 깔 건초를 잔뜩 가져오고 능숙하게 건초 창고를 지었다. 추수를 위해 그는 수확기의 선반과 날개를 고치고, 타작마당을 치우고, 탈곡기 바람개비를 고치고, 마구를 청소했다…(V:317)

이 단락은 "멜레호프 농가는 밝고 푸른 눈과 같은 창문을 가지고 세상을 내다보면서 더 젊어진다."라는 말로 끝이 난다.

코자크 조상대대로 물려받은 농지가 젊은 사회주의자 손에 의해 되살아나는 것은 문자 그대로 죽어가는 일리니츠나와 상징적으로 와해되는 코자크 세계 앞에서 일어난다. 권력의 진영이 나이든 전쟁 생존자로부터 사회주의의 미래를 건설하는 젊은 부부에게로 옮겨간다. 그리고리가 소설 제일 마지막 부분에서 농장에 돌아오는 것은 오래된 코자크 노래의 죽어가는 멜로디 사이에 들리는 가엾은 훌쩍거림이다.

숄로호프는 코자크 신화를 죽일 수 없었다. 신화는 작가 한 명보다 훨씬 큰 문화적 현상이다. 그러나 그는 이것을 크게 바꾸어 놓았다. 많은 코자크 토포스를 볼셰비키에게로 옮겨놓음으로써 그는 주인공들을 다른 이름 아래 영속시킨다. 낭만주의 시대 이후 코자크와 연관된 정신, 에너지, 생명, 단합성, 즉 바로 코자크를 코자크답게 만드는 특질들이 이제 통째로 다른 집단에 속하게 된 것이다.

《소비에트 소설 — 의식으로서의 역사》를 쓴 카테리나 클라크(Katerina Clark)는 1930년대 문학의 새로운 사회주의자 주인공들은 "보가트리", 즉 민간 문학의 기사이고, 이들은 자신들의 영웅을 통해 서로서로에게 연결되어 있다고 주장했다.[13] 《고요한 돈강》의 경우는 새 주인공들이 클라크가 주장한 대로 중세 민담에까지 거슬러 올라가는 것이 아니라, 19세기와 20세기 초의 코자크들과 직접적으로 연관된다는 것을 보여준다. 말을 탄 1930년대의 코자크는 바로 얼마 전 버려진 코자크 주인공이다.

숄로호프 이후의 소비에트 문학의 주인공들은 왜 코자크를 바로 가리키지 않고, 전통적 주인공인 보가트리의 한 양상과 연결되었는가는 의문으로 남는다. 1920년대 역사학자와 작가들은 이미 푸가초프와 스텐카 라진에서 코자크 관련성을 제거해 버려서 주인공들을 무정부주의적인 코자크 전통과 분리시키고, 이들의 신화적 영역을 축소시켜 버렸다. "보가트리"라는 딱지도 이와 유사하게 주인공을 제한시킨다. 코자크는 민담과 19세기 문학에서 자주 "보가트리"로 비유되었지만, 이 비교는 단지 주인공들의 이국적 측면만 가리키고 자신을 표상하는 역할은 무시하고 있다. 코자크를 그렇게 이상적인 문화적 모델로 만든 것은 "자아"와 "타자" 간의 상호작용이다. 민담에 등장하는 기사는 평균적인 일반 사람의 가능성을 초월하는 초인간적인 능력을 갖는다. 그러나 코자크 주인공은 사회주의 리얼리즘 주인공에게 힘 이상의 것을 물려준다.

코자크 신화의 애매모호성 자체와, 이것이 러시아 문화신화학의 한 부분으로서 반향하는것은 소비에트 문화가 스탈린과 사회주의 리얼리즘 아래서 의도적으로 고유의 정의를 발전시키려고 노력하는 그 시기에는 큰 위험성을 대두시킨다. 코자크의 무경계성은 불충성의 공간을 만든다. 코자크가 대귀족과 상인들과는 싸웠지만 차르 지배체제를 지원한 것처럼, 소비에트 주인공은 관료주의와 부르주아 잔재와는 투쟁하지만, 스탈린과 당에게는 항상 충성스러운 존재로 남았다. 그러나 기존 규범으로부터의 코자크의 잠재적 자유가 더 이상 받아들여질 수 없는 사회에서는 이러한 구분도 감지하기 힘들어진다.

궁극적으로 보가티르는 환상적 영웅이지, 신화적 영웅은 아니다. 환상은 영역들 사이의 경계를 인정하는 것을 전제로 한다. 그러나 신화는 이와 반대로 경계를 제거한다. 소비에트-스탈린 문화의 정의는 논리적으로 보아 신화적인 것 위에 군림하는 환상적인 것을 이용한다. 왜냐하면 이것은 클라크가 찾아낸 "더욱 높은 것"에 대한 수사에도 불구하고 경계를 의식적으로 확인하기 때문이다.[14] 소비에트 주인공은 은유적으로나 실제적으로 전선 너머로 확장될 수 있지만, 목적이 아닌 수단으로서만 가능하다. 이들은 이전의 경계를 넘어서는 경계가 없는 영역에서 마음껏 즐기기보다는 더 이상의 경계에 울타리를 친다. 새 주인공들은 자신들이 건너 온 열린 공간에 의해 변형되기 보다는, 공간 안에 있는 가치체계를 확장하고 방어하기 위해 공간을 정복한다. 새 주인공들이 지지하는 가족, 애국주의, 노동의 표준은 정의상 제약 없는 코자크의 경계성(liminality)을 제거하는 것을 필요로 한다.

# 11장 사회주의 리얼리즘과 코자크 신화의 죽음

《재판은 시작된다》(1956년 작, 1960년 출간)에서 사회주의 리얼리즘에 대한 아브람 테르츠(Abram Terts)의 공격은 아래에 나오는 소설의 주인공인 블라디미르 글로보프(Vladimir Globov)에 대한 역설적 평가에 잘 나타난다.

> 자갈길을 우르렁거리고 오는 탱크나 미친 듯 굉음을 내는 스피커처럼 알렉산드르 수보로프(Aleksandr Suvorov)로 현화(現化)한 에멜리얀 푸가초프를 내가 얼마나 사랑했는가! 이것은 마치우리의 영웅적 시대가 메달과 훈장이 달랑거리는 소리를 내며 대지를 가로질러 행진하는 것과 같다.[1]

이 단편 소설의 좀 더 앞부분에서 글로보프는 음악 콘서트에 특히 매료된다. 그 이유는 "음악은 혼자 흘러가는 것이 아니라 지휘자에 의해 통제되기 때문이다."[2] 이와 대비되게 그의 아들인 세료자는 같은 음악을 듣고 음악을 지배하는 혼란스럽고 혁명적인 홍수 같은 분위기에 감명을 받는다. 글로보프가 저주한 그 홍수 같은 분위기이다. 질서와 구조를 바라는 소비에트 주인공의 명백한 갈망은 위에 나온 화자의 역설적 언급을 설명해준다. 자유롭고 원초적인 코자크인 푸가초프는 18세기 패배한 반군들을 사로잡은 전술가인 알렉산드르 바실례비치 수보로프(Aleksandr Vasil'evich Suborov)가 된다. 이 은유는 길들여진 에너지와 국가의 선을 위해 전달된 열의를 글로보프에게 보여준다. 코자크에게 남아 있는 것은 훈장의 달랑거리는 소리와 스스로 내세운 영웅적 시대의 천둥과 함성이다.

사회주의 리얼리즘 주인공에 대한 테르츠의 묘사는 코자크 신화의 마지막 장의 모델이 될 수 있다. 소비에트 문학은 우리 눈앞에 내부적 모순이나 역설이 없는 역사적 인물을 행진시킨다. 이 인물의 겉만 번지르한 외양은 한때 경계가 없었던 영웅에게 남아있는 전부다.

《재판은 시작된다》의 이론적 동반자인 〈사회주의 리얼리즘에 대해〉(1959)에서 테르츠는 스텐카 라진과 소비에트 문학에서의 그의 새로운 역할에 대해 언급한다. 그에 따르면 사회주의 리얼리즘 소설은 역사에 대한 원인학(aetiology)적 관점에 대한 집착으로 구별된다. 모든 사건은 공산주의 국가의 건설이라는 거대한 "목적"으로 인도된다. 그러나 그가 인식한 것처럼, "좀 더 오래된 시대에게는 공산주의를 향한 움직임을 찾기가 더 어렵다." 그럼에도 불구하고 목적은 역사적 인물들에 대한 작품으로 투사된다.

> 사회주의 리얼리즘 작가들은 실종된 상태에 있는 "목적"을 대체하고 기대한다. 과거의 지도자들(표트르 대제, 이반 뇌제, 푸시킨, 스텐카 라진)은 비록 "공산주의"란 말은 몰랐어도 밝은 무엇인가가 미래에 나타날 것이라는 것을 잘 알고 있었다. 그들은 놀랄 만한 통찰력으로 독자들을 지속적으로 즐겁게 하며 지칠 줄 모르고 역사적 작품들의 페이지 속에서 이 미래에 대해 이야기했다.[3]

1920년대가 지난 후 코자크의 주 무대는 "목적을 가진" 역사적 소설이 된다. 그러나 책의 길이가 30년대, 40년대, 50년대에 3부작으로 기록적으로 길어지면서 코자크의 신장은 줄어든다. 작가들은 스텐카 라진과 푸가초프에게 선견지명을 부여한 대신 이들의 역사적 무경계성을 빼앗아간다. 우리는 18세기 인형극에 나오는 코자크처럼 일차원적 알레고리로서 표현되는 코자크를 다시 만난다.

테르츠가 코자크 주인공을 이해하는 데 기여한 것은 이중적이다. 숄로호프처럼 그는 코자크가 소비에트 영웅으로 변형되는 것을 제안한다. 그러나 그는 코자크 자유의 결박과 이로 인한 새 영웅의 신화적 크기가 제거되는 것을 묘사한다. 그 대신 우리가 발견하는 것은 서로 상반되고, 모호한 민족적 상징의 한 단면에만 기초한 피상적인 신화화이다.

## 차파예프 ― 스텝의 아타만

역설적으로 우리는 사회주의 리얼리즘이 공식 독트린으로 확립되기 훨씬 이전에 쓰인 소설에서 코자크/공산주의자 주인공을 발견한다. 이 소설은 내전 기간 중 코자크를 상대로 싸운 지휘관을 소재로 삼았다. 드미트리 푸르마노프(Dmitrii Furmanov, 1891-1926)가 쓴 《차파예프》는 용맹스럽지만 무정부주의적인 적군 25여단의 사령관이었던 바실리 이바노비치 차파예프(Vasilii Ivanovich Chapaev)의 활동을 기록한다. 1919년 차파예프가 이끄는 적군은 콜차크(Kolchak) 장군이 시작한 백군의 공세를 성공적으로 격퇴했다.

소설의 진짜 주인공은 차파예프가 아니라, 푸르마노프 자신이 살짝 변장한 표도르 클류치코프(Fedor Klychkov)이다.[4] 잘 알려진 내전의 사건과 인물을 직접 지목하고, 클류치코프/푸르마노프가 자신의 경험을 상세하게 기록한 일기를 가지고 있다는 것을 독자들에게 알림으로써 푸르마노프는 역사적 정확성을 주장한다. 클류치코프는 자신의 부분적인 관찰을 통해 "역사가 나올 것이다"라고 선언한다.[5] 이러한 전제는 이 책에서 다룬 다른 텍스트의 역사적 진실성에 대한 주장보다 더 신뢰하거나 덜 신뢰할 가치가 없다. 이와 같은 논리로 푸르마노프의 차파예프는 타라스 불바만큼 신화적이고, 우리가 보게 되듯이 유사한 방법으로 신화적이다. 이 소설은 혁명과 그 이후를 서사적 관점에서 조명하려고 시도한 최초의 작품 중 하나이다. 여기서 우리에게 중요한 것은 차파예프에게 신화적 영기를 부여하기 위해 과감하게 코자크 토포스를 사용했다는 점이다. 푸르마노프나 그의 독자들에게 "코자크"는 "신화적 영웅"과 확실히 동일하다. 코자크들이 실제로 책에 등장한다는 사실을 고려했을 때 코자크 모티프를 차파예프에게 솜씨 있게 전이시킨 것은 인상적이다. 그러나 코자크들은 "썩은 고기를 노리는 독수리(서사시 언어에서 고기를 탐하는 "악한" 새로 등장하는)나 착취자, 뒤통수를 치는 비겁자처럼" 부정적 시각으로 그려진다.

작품에서 반복적으로 "스텝의 아타만"이라고 불리는 것은 코자크 지휘관이 아니라 차파예프이다. 아타만은 통상적으로 모든 종류의 리더를 뜻할 수 있지만, 코자크와 연관시키는 것은 불가피하다. 실제로 차파예프는 코자크 대장과 명시적으로 비교된다. "그는 정말 타고난 영웅이다. 에멜카 푸가초프, 스텐카 라진, 예르마크 티모페예비치 같이 자유의 사람들의 진영으로부터 온 영웅이다"라고 표도르는 혼자 생각한다.

볼셰비키 노동자와 병사들로 구성된 지역 연대는 유명한 코자크 이름을 따서 불렸다. 차파예프 부대는 스텐카 라진 연대라고 불렸다. 소비에트 시대의 대부분의 작품에서 그러하듯이 푸르마노프는 어디에서도 스텐카 라진이나 푸가초프나 예르마크가 코자크라고 언급하지 않는다. 이들은 단순히 영웅들이고 차파예프와 그의 적군 병사들과 같이 엄중한 유산을 가지고 있는 것이다. "스텐카 라진 연대에게 있어서 후퇴라는 것은 그 영웅적 이름을 영원히 더럽히는 것이다!"

차파예프는 이전의 영웅 타라스 불바처럼 승마 기술로 특히 유명하다. "차파예프는 마치 용접이 된 것처럼 얼마나 의젓하고 견고하게 말 안장에 앉아 있는가"라고 클류츠코프는 생각한다. 그리고 그의 부하들은 뛰어나게 노래를 잘 부른다. 차파예프는 이들 중 가장 뛰어나고 열정적인 가수이다. 노래는 물론 코자크만의 전유물은 아니지만, 차파예프의 병사들이 즐겨 부르는 노래는 코자크 영웅들을 찬미하는 노래이다.

> 저녁이 되면 합창단이 스텐카 라진 연대에 모인다. 합창단은 약 25명의 가수로 구성되었고, 이들 중에는 뛰어난 목소리를 가진 병사들이 있었다. 이들의 문제는 끊임없는 전투와 원정 때문에 연습할 시간이 없다는 것이었다. 그러나 노래를 부르고자 하는 열망이 너무 강해, 부대가 진군을 멈추고 잠시 쉴 시간이 주어지면, 누가 부르지 않아도 병사들이 사랑하고 존경하는 합창 지휘자 주변에 자발적으로 모여들었다… 그리고 노래를 부르기 시작한다… 이들은 온갖 노래를 다 불렀지만, 가장 좋하하는 노래는 스텐카 라진과 예르마크 티모페예비치였다.(206-7)

같은 페이지에서 우리는 적군 병사들이 춤도 춘다는 것을 알게 된다. "그들은 더 이상 노래를 부를 수 없을 때까지 노래를 부르다가 그 다음에는 춤을 추기 시작한다." 그들은 완전히 지쳐 쓰러질 때까지 춤을 추고, 다시 노래를 부르기 시작한다. 이 단락을 읽으면 타라스 불바의 아들들이 세치를 처음 보았을 때의 묘사를 떠올리지 않을 수 없다. 코자크 한 명이 악기 연주자들의 반주에 맞추어 자신의 힘이 다 빠져나갈 때까지 춤을 추었다.

《타라스 불바》를 다시 지칭하며 우리는 차파예프가 편하게 앉아만 있는 사람이 아니라는 것을 알게 된다. "전투를 위해 노력하는 것이 차파예프의 본성이다." 타라스의 경우에는 "게으른 생활은 그가 좋아하는 것이 아니다, 그는 실제 행동을 원했다"라고 나온다.[6] 그래서 그는 소설의 사건들을 촉발시키는 폴란드군을 상대로 한 원정을 준비한다.

차파예프는 동료들을 행동에 나서게 만드는 뛰어난 언변을 가진 점에서도《타라스 불바》의 코자크 주인공을 닮았다. "붉은 띠가 둘린 검은 모자를 쓰고, 악마의 날개처럼 바람에 날리는 검은 코트"를 걸쳤다고 묘사된 말을 탄 그의 모습은 극적이고 캐릭터 분장을 한 신화 속의 코자크 모습을 연상시킨다. 이 작품에서 코자크 신화에서 차용한 것은 이것 말고도 많다. 전사들은 독수리로 불리고, 스텝은 그들의 어머니이다. 차파예프의 연대는 분리되지 않는 유기적 조직을 형성하여 차파예프와 한 가족이 되고, 아버지인 그의 칼과 결혼한 존재와 같다.

가장 강력한 것은 작품에 나와 있는 신화 만들기 과정 자체에 대한 분석이다.

> 크게 울려 퍼지는 영광과 영광스런 행위는 부족한 적이 없었다. 당신들의 위대성을 믿고, 그것에 매몰하여 영감을 얻고 당신들의 영광을 노래하면서 자신들의 즐거움을 찾는, 인민에게 온몸을 바친 전령을 갖는 것이 늘 필요하다.

여기서 푸르마노프는 영웅들의 서사적 영광에 대한 이야기를 노래하는 서사 유랑시인을 서술하고 있다. 그의 전령들이 선천적 장님이 아니라, 장님이 된 것은 이 조회(reference)를 변화시키지 않는다. 사실, 그는 이 단락 다음에 바로 "노래"를 넣는데, 이것은 실제로 장님인 차파예프 연대의 한 병사가 쓴 찬양의 편지이다.

물론 코자크는 푸르마노프가 인용한 유일한 영웅들은 아니다. 뛰어난 예는 적군 병사들을 과거를 한참 거슬러 올라가 호머 이야기의 아카이아 병사들(Akaians)과 비교한 것이다. 그러나 19세기 문학에 등장하는 코자크와 분명히 연관된 토포스와 결합하여 스텐카 라진, 예르마크, 푸가초프를 특별히 언급한 것은 이들이 좀 더 가까운 조국 러시아의 원형이라는 것을 보여준다. 푸르마노프는 자신의 볼셰비키 영웅에게 이전 시대 코자크의 신화적 음조를 전이해 주었다.

새로운 "코자크" 볼셰비키 주인공을 제어함으로써 차파예프는 숄로호프가 코자크 토포스를 분축에게 전이해 준 것 이상의 일을 한 것이다. 여기서 시작된 이 과정은 스탈린 시대 사회주의 리얼리즘 소설에서 끝난다. 거기에서도 주인공은 "단순히 스텐카 라진 연대에 소속된" 것이 아니라, 스텐카 라진이나 푸가초프로 불리지만, 그의 신화적 분위기는 상실한 상태이다.

차파예프의 마구 채우기는 사실상 소설의 가장 주요한 테마이다. 정치적 감각이 좋은 당 선전가인 클류츠코프(Klychkov)가 전선에 파견된 것은 "스텝의 야생마"인 차파예프에게 마구를 채우기 위해서이다. 이 놀라운 메타포에서 "코자크" 주인공은 승마 기술이 뛰어난 병사에서 집에서 말을 타는 사람으로 축소된다. 무정부적 활동의 위험에 대한 지적이 나오고, 자발적이고 통제되지 않은 에너지에 대한 부정적 시각이 드러난다. 클류츠코프의 동료 중 하나는 "군중" 행동에 대한 부정적 시각을 드러낸다. "이런 무정부상태는 없애버려야 해!" 안드레예프는 화가 나서 말을 내뱉었다. 그는 한 순간 침묵했다가 다시 확신에 차서 조용히 선언한다. — "우리는 이것보다 더 나쁜 것도 진압했다. 우리는 여기서도 최상의 결과를 만들어낼 것이다." 무정부 상태를 질서로 바꾸려는 그의 욕망과 자신의 작업이 분명히 성공할 것이라는 믿음은 소설 전체의 분위기를 결정한다. 클류츠코프 자신도 자신이 주도권을 잡고, 권위를 확립하고 "그를 넘어가고, 그를 길들이고, 그를 지도해야 했기 때문에, 아무리 화려하고 영웅적이고, 아무리 소리가 크게 나고, 영광스러워 보여도 눈먼, 본능적인 투쟁이 아니라 의식적인 투쟁의 길로 인도해야 한다는 것"을 깨닫는다. 오직 의식적인, 다시 말해 이성적이고 잘 조직되고, 당이 인정하는 혁명만이 새로운 사회주의 리얼리즘의 영웅에 합치되는 것이다.

차파예프가 클류츠코프의 정치적 통제술을 익힌 것보다 훨씬 쉽게 클류츠코프가 차파예프의 기마술과 용맹성을 완전히 익힌 것은 시사하는 바가 크다. 이것이 주는 메시지는 분명하다. 비록 영웅적 즉흥성은 아무리 좋더라도 소비에트 이상(理想)은 질서를 요구한다는 것이다.[7] 클류츠코프가 차파예프와 맺은 우정은 레닌이 강조한 즉흥성을 의식으로 변형해야 한다는 것을 증명한다. 영웅적 명성과 정치적 요령의 결합은 앞으로의 역사 소설에서 사회주의 리얼리즘 주인공을 미리 알린 것이다. 새로운 "코자크"는 구속되지 않는 것이 아니라 소비에트 구조에 의해 세심하게 통제되는 것이다.

## 역사 소설에서의 코자크

소비에트 역사 소설이 최근의 과거가 아니면 먼 옛날의 사건에 주의를 돌렸을 때 차파예프가 분명히 밝힌 가치들을 보유했다. 이것은 통제된 반란과 대중에 대한 지지와 대중에 의한 지지이다. 고리키는 알렉세이 차피긴(Aleksei Chapygin, 1870-1937)에게 역사 소설을 쓸 것을 권유한 것으로 알려졌고, 그는 이 충고를 따라 1925년 여러 권으로 된《라진 스테판》을 출간했다. "당신은 역사를 피하지 말아야 한다. 글을 쓰는 예술가가 실제 역사 자료를 참조해 묘사한 역사적 주제는 현대성을 갖는다."[8] 역사적 주제, 그중에서도 코자크는 현대적 가치에 상응하게 제시될 수 있기 때문에 새 소설에서 자리를 잡았다. 역사적 코자크의 "사실들"은 19세기 신화의 필터를 통해서가 아니라 새로운 소비에트 안경을 통해 읽힐 수 있다. 역사 소설은 다시 읽기에 가장 잘 맞는 장르이다.

개방화 이전 공식적 소비에트 관점은 사회주의 리얼리즘의 역사 소설은 이 장르에 대한 전통적 정의와 크게 다르다고 주장한다. 실제로 1930년대 소련에서는 완전히 다른 장르가 탄생했다. 그것은 소설(novel roman)에 반대되는 역사적 설화(historical narrative istoricheskoe povestvovanie)이다. 월터 스콧은 중요한 역사적 인물과 어떤 식으로건 운명이 겹치는 상상적인 주인공을 작품의 중심에 놓았고, 역사적 인물은 주변부에만 등장한다. 후에 역사적 소설들은 실제 역사적 인물을 핵심 주인공으로 바꾸어 놓은 것으로 볼 수 있다. 그러나 공식 관점이 주장하는 바와 같이 소비에트 작가들은 이것이 적절하지 않다는 것을 발견했다. 소비에트 역사 소설은 민중의 생활을 표현하는 방법으로 역사적 과정을 드러냈다. 주요 역사적 인물들이 중앙 무대를 공유하기는 하지만, 이들은 인민(narod)의 운명과의 연계라는 권리에서만 이렇게 할 수 있을 뿐이다.

모든 소비에트 소설이 이 교훈에 맞게 창작된 것은 아니다. 실제에 있어서, 양상이라는 것과 연관지어보면 '인민'은 충족시키기 어려운 개념이다. 작가들은 테르츠가 인식한 뒤틀림에 의존하지 않을 수 없었다. 역사적 사건에 계급의식이나, 꼭 작품이 쓰인 시기는 아니더라도 소비에트 시기에 맞는 목적성을 사후에 삽입해야 했다. 아마도 더 힘들었던 것은 민중을 영웅으로 묘사하는 것이었을 것이다. 작가가 30년대, 40년대, 50년대의 많은 소설이 그렇게 한 것처럼, 스텐카 라진이나 푸가초프 같은 한 주인공을 선택하면, 그에 대한 개인적 묘사를 지워서, 코자크가 포괄적인 코자크가 될 뿐 아니라 '인민'의 포괄적인 구성원이 되어야 했다.

차파예프의 경우에서처럼 역사적으로 조사된 주인공의 반란적 성격은 완전히 제거되지는 않더라도 최소한 희석되어야했다. 그렇지 않으면 반란이 정치적으로 받아들여질 수 있는 형태로 변형되어야 했다. 30년대, 40년대 소설에서는 코자크 과거를 볼셰비키의 중재를 통해 스탈린 시대인 현재와 억지로 동일시해야 했으므로 코자크를 다루는데 긴장이 발생했다. 코자크는 차르의 압제에 항거하는 반란자이자 동시에 안정에 바탕을 둔 소비에트식의 가치 체계의 지지자가 되어야 했다. 첫 번째 경우 그는 사회주의를 향해 전진하는 역사의 행진의 배우가가 되어야 했고, 두 번째 경우는 국가를 아버지로 한 가족 드라마의 어린애처럼 상부의 권위에 존경하는 무시간적인 도적이 되어야 했다. 여기서 문제는 한 역사적 시기에 부정적이었던 통제가 다른 시기에는 긍정적이라는 사실에 있다. 코자크는 한 형태에 반기를 들었기 때문에 좋은 주인공이고, 다른 형태를 지지했기 때문에 좋은 주인공인 셈이다.

모순은 19세기 문학에서처럼 대칭되는 것들을 병렬시킴으로써 해결되는 것이 아니라 선형적으로 그리고 심리적으로 해결된다. 담화 중 코자크 지도자는 자신의 이전의 무정부주의적 도둑질을 후회하고, 자신이 택한 길이 잘못된 것을 깨달은 후, 민중은 용의주도하게 통제된 혁명으로 선동하는 데 자신을 바친다.

사회주의 리얼리즘의 소위 혁명적 "역사적 내러티브"는 전통적인 성장소설(bildungsroman)로 변질된다. 소설이 진행되면서 주인공은 반항적 청소년에서 용의주도한 이데올로그로 성장한다. 심리적 발전을 강조하는 것은 필연적으로 신화적 연관성을 이 거짓임을 보여준다. 성장한다는 것은 국가의 권위적 가치를 수용하는 것을 의미한다.

사회주의 리얼리즘 소설은 19세기나 20세기 초 대작들보다 더 넓고 일반적으로 덜 교양 있는 청중을 대상으로 한다. 이것이 코자크의 일부 이미지를 세기 변환기의 저속한 루복 문학에서 취한 것은 자연스런 것이다. 여기에서는 개인적 도적질은 비난받고, 가부장적 사회적 권위는 지지를 받는다. 이 싸구려 책자에서 코자크는 특히 인기 있는 악당-주인공이었다. 고급 문학에서와 마찬가지로 그의 자유와 에너지는 칭송받았으나, 일반적 대중소설의 도덕적 성격에 맞게 남자 홀몸으로 일으키는 반란은 가족과 정부라는 좀 더 안정된 가치 앞에

서 흔들리게 된다.[9]

루복에 나오는 악당처럼 스텐카 라진과 푸가초프는 소비에트 역사소설에서 실패한 존재로 그려지고, 소설은 거의 이들의 처형으로 끝을 맺게 된다. 그러나 이 주인공들은《타라스 불바》나 코자크 전통에서 바로 차용되지 않은 것처럼 루복에서 바로 취해진 것은 아니다. 이들은 아직 붕괴되지 않고, 코자크 진영 내의 반혁명적 세력의 도움을 받은 더 우월한 차르 세력에 의해 체포되어 참수된다.(우리는 차르 체제가 자신들의 내부 타락으로 필연적으로 붕괴될 것을 안다) 그럼에도 불구하고 코자크 반란은 민중에 의해 조직되고, 민중의 의지를 대표한다는 점에서 좋은 것이다. 정부가 아니라 "인민"의 안정성이 칭송되는 가치이다. 루복에서와 마찬가지로 무경계성이 아니라 확고함과 균형이 상황을 지배한다.

이러한 좋은 예로는 스테판 즐로빈(Stepan Zlobin, 1903-1965)이 쓴 기념비적인《스테판 라진》(1951)이 있다. 이 책은 너무 큰 인기를 끌고, 사회주의 리얼리즘에 충실해서 학생들을 위한 축약판으로도 출간되었다. 이 소설에서 모스크바대공국은 크림 타타르와 투르크를 제압하고, 많은 코자크들은 전쟁을 멀리하고 토지를 구입해 농장을 운영한다. 그러나 가난한 농부들은 여전히 루스 땅에서 궁핍하게 산다. "루스"라는 용어는 스텐카 라진의 작전 본부로 반복적으로 사용되는데, 이것은 압제받는 사람들이 진정한 러시아 땅을 물려받았다는 것을 의미한다.[10]

스텐카 라진의 목적은 도적질이 아니었다고 독자들에게 설명된다. "스테판 라진은 도적들의 아타만이 아니었다. 그는 돈 코자크였고, 돈 코자크들의 아들이자 손자였고", 심지어 자포로지야 코자크 사이에 친척을 둔 것으로 소문이 났다. 다른 말로 하면 그는 계보가 길고 건강한 코자크 순종이었다. 그리고 그는 계획을 가지고 있었기 때문에 어떤 면에서도 무정부주의자가 아니었다. "그는 현재 차르와 보야르들에게 의존되고 노예화된 루스를 새로운 코자크 질서에 따라 변형시켜려고 볼가강 지역으로 간 것이다."

여기서 우리는 소비에트 문학의 코자크가 어떻게 차르 체제와 부유한 지주 귀족들의 착취를 거부했는지를 볼 수 있다. 왕위를 참칭한 코자크와의 오래된 관련성에 대해서는 전혀 언급이 없다. 스텐카 라진이 아스트라한을 점령한 후 오래된 노예문서들을 태웠을 때, "그 오래된 노예로서의 삶은 발버둥치며 불꽃으로 들어갔다… 새로운 정의로운 삶이 아타만 스테판 라진과 함께 도래했다."

그러나 형식에 충실하면 스텐카 라진의 코자크 가계는 중요한 특징이 될 수 없다. 그가 반란의 지도자역을 맡자 그에게 다음과 같은 말을 듣는다 "이제 당신은 코자크 아타만이 아니다. 당신은 러시아 농민의 아타만이고, 당신은 고향의 지도자이다." 그의 부하들은 코자크의 특수한 운명을 걱정하지만, 스텐카 라진 자신은 인민 전체와 농민, 가난한 사람들을 생각할 뿐이다. 스텐카 라진을 늘 동행하고, 이 이야기에서는 그에게 힘을 주는 바스카 우스(Vas'ka Us)도 자신이 코자크임을 부정한다. "우리의 진실은 코자크가 아니라 농민이다. 이것이 진실이다." 신화의 조건은 이렇게 해서 뒤바뀐 것이다. 코자크의 진리는 제한하고 농민의 진리는 포괄적이다.

코자크 전통과의 연계를 부정하기 위해 코자크 주인공을 택한 것은 이상하게 보일 수 있다. 즐로빈은 어떻게 동시에 코자크의 과거를 찬양하고, 찬양하지 않아야 하는지의 문제에 직면했다. 그는 더 핵심적인 토포스, 특히 코자크의 무경계성과 무시간성적 본성을 포기함으로써만 그렇게 할 수 있었다. 여기서 다시 소비에트 질서의 가치를 표상하는 새로운 주인공을 의식적으로 창조하는 것은 신화의 애매모호성을 포기하는 것을 요구하고, 코자크라는 용어는 자신의 방향성을 상실한다.

스텐카 라진은 이야기의 끝부분에서 처형되지만, 전통적인 유랑시인인 "반두라를 연주하는 할아버지"가 숨긴 아들을 통해 그는 계속 산다. — "스테판은 살아있다!(zhiv Stepan)" 그의 아내는 물에 몸을 던져 죽는데, 이것은 물에 빠져 죽은 페르시아 공주 이야기의 변형이다. 이 모티프는 20세기 리더들에게로 이어지는 혈통을 암시함으로써, 코자크-농민 반란이 러시아 혁명으로 직접적으로 이어지도록 한다.

드미트리 페트로프-비류크(Dmitrii Petrov Biriuk, 1900-1977)이 1953년 쓴 《돈강 스텝의 아들들》도 이와 유사한 모델을 따른다. 이 소설은 코자크 연대의 전력과 애국주의 덕분에 이룬 나폴레옹 침략의 격퇴 이야기를 서술한다. 바이런과 월터 스콧 모두 이 책에서 코자크를 진실하고 용감하며 영웅적인 러시아인들이라고 칭송할 기회를 얻는다. 차르와 그의 군대에 대한 이 코자크들의 충성에도 불구하고, 파리에 막 입성하려는 두 코자크는 시대에 맞지 않게 혁명의 필요성을 논한다. 작가는 코자크 병사들을 좀 더 민중과 가까이 연대시킴으로써 모순을 해결한다. 소설의 한 부분에서 "차르라 하더라도 민중의 뜻에 거슬리는 결정을 할 수 없기 때문에" 차르가 아니라 '인민들이' 군 사령관을 쿠투조프(Kutuzov) 장군으로 대체한 것을 독자들에게 설명한다.[11] 코자크들은 러시아 '인민'의 가난과 이들을 압제의 굴레에서 해방시키고자 하는 자신들의 꿈에 대해 얘기한다. "인민들은 더 이상 이것을 견딜 수 없다… 그들은 반란을 일으킬 것이다… 스텐카 라진, 콘드라트 불라빈(Kondrat Bulavin), 에멜리얀 푸가초프의 봉기들을 기억하라."[12]

그들은 당의 뛰어난 조직력이 제 역할을 하기 전까지는 당연히 성공하지 못한다.

## 스탈린 사후의 코자크

스탈린이 죽자 러시아 문학에 봇물처럼 등장했던 코자크는 줄어든다. 이것은 아마도 작가들, 또는 이보다 더 편집자들과 검열관들이 주인공이 동시에 충성스러우면서 반란을 일으킨다는 예술적 불일치성보다 정치적 휘발성을 인식했기 때문일 것이다. 아니면 사회적 현실로서 코자크의 소멸이 이들을 인쇄된 페이지에서 사라지게 했기 때문일 수도 있다. 코자크 주제 작품을 쓴 많은 작가들은 자신이 코자크 뿌리를 가지고 있음을 주장했으나, 이제는 그 뿌리들조차도 다 뽑혀버렸을 수 있다.

이보다 더 큰 이유는 코자크가 단순히 이전의 매력을 잃어버렸기 때문이다. 이제까지 서술한 바와 같이 코자크라는 이름을 너무 과도하게 사용함으로써 코자크 이미지에 붙어 있던 신화적 에너지가 흐트러지게 되었다고 볼 수 있다. 코자크는 진부한 비유의 꼬리표로 전락한 것이다. 1970년대 인기 작가였던 세묜 바바옙스키(Semen Babaevskii)가 쓴《코자크 마을》은《고요한 돈강》처럼 비가와 같은 가족 역사로 시작하지만, 전통적 코자크 주제에서 등을 돌리고 대신에 마을의 현대화에 집중한다. 코자크 문화의 제거가 완벽하게 진행되어 한 노인이 마을에 무슨 일이 일어난 것인지를 묻자 "우리는 쓸데없는 대화에 시간을 낭비할 수 없습니다. 우리는 건설해야 합니다. 이것이 우리의 임무이기 때문입니다."[13]라는 대답을 듣는다.

스텐카 라진은 1960년대에 내용이 아니라 형식의 실험을 한 작품에 잠시 등장한다. 예브게니 옙투셴코(Evgenii Evtushenko, 1933-2017)의 장시 〈브라츠크 수력 발전소〉에는 〈스텐카 라진의 처형〉이라는 짧은 부분이 포함되어 있다. 여기에서는 스텐카 라진이 모스크바로 압송되어 참수되는 것을 본 구경꾼들의 반응이 묘사되어 있다.[14] 그러나 스텐카 라진의 형상은 이 장에서 상세히 설명한 소비에트 문학에서의 코자크 읽기를 다시 한번 확인해 줄 뿐이다.

이 부분은 사회주의 리얼리즘에 규정된 대로 부정적 등장인물에 대한 호의적이지 않은 묘사로 시작한다. 차르는 여드름을 짜내고, 살찐 귀족 아이는 캔디를 게걸스럽게 먹고, 상인은 방귀를 뀌고, 창녀는 스텐카 라진이 처형되는 장면을 생각하며 성적 욕망에 휩싸인다. 스텐카 라진은 군중이 그의 얼굴에 침을 뱉는 것에도 아랑곳하지 않고 반란에 대한 자신의 확고한 신념을 지킨다. 이 코자크는 자신이 봉기를 완전히 진행시키지 못한 것에 대해 자신을 책망한다. 그는 대귀족과 상인들을 향한 자신의 분노를 제대로 폭발시켰지만, 차르체제에 대한 대항에도 자신의 에너지를 쏟았어야 했었다는 생각을 마지막 순간에 한다. "나는 싸움을 생각했지/자비로운 차르를 위해/그러나 자비로운 차르는 없네,/바보같이….”[15]

여기서 옙투셴코가 한 일은 전혀 놀라운 것이 아니다. 테르츠가 말한 것처럼 그는 자신의 주인공에게 앞으로 250년 뒤에 일어날 볼셰비키 혁명의 혜안을 준 것이다. 그는 프롤레타리아가 자본가들에게 승리하기 전에 공산주의가 전제정의 전복을 가져올 것이라는 것을 스텐카 라진이 깨닫게 만들었다. 이렇게 해서 시인은 자신의 이상적인 사회주의 이미지로 코자크를 다시 만들어냈다.

옙투셴코는 저주받은 주인공이 군중들의 눈에서 앞으로 일어날 혁명을 보게 함으로써 그에게 위안을 마련해준다. 이 군중은 기적적으로 기분을 바꿔 새로운 혁명 지도자가 죽은 다음 축하하기를 거부한다. 망나니의 도끼는 볼가강처럼 빛나고 그 안에서 스텐카 라진은 “얼굴들/이 얼굴들에 거리와 높이가 있다”는 것을 보는데, 이 얼굴에는 자신의 혁명이 배아의 형태로 반영되어 있다.[16] 그의 잘라진 머리는 거친 목소리로 이렇게 외친다. “그는 헛되게 산 게 아니다.”[17]

옙투셴코가 시의 중심 담화로 돌아오면서, 그는 스텐카 라진의 말을 시대를 거쳐 반란을 일으킨 사람들의 말과 동일시한다. 스파르타쿠스(Spartacus), 얀 후스(Jan Hus), 문제르(Munzer), 볼로트니코프, 푸가초프, 데카브리스트, 포템킨 전함의 수병들이 그들이다. 코자크는 더 이상 특별한 자리를 갖지 못한다. 코자크를 프롤레타리아의 대의를 위해 일어난 반란자로 개종시키고, 그를 프랑스의 자코뱅, 그리스의 노예나기타 볼셰비키 원형의 자리에 무차별적으로 배치시킴으로써 소비에트 문학은 러시아 문화신화학에서 코자크의 특별한 역할을 박탈해버렸다. 옙투셴코가 코자크를 묘사한 방법은 소비에트 러시아인은 새로운 신화학을 요구한다는 것을 암시한다. 이것은 영웅 전통에서 빌려온 것이기는 하지만, 그를 동화시키는 과정에서 말을 탄 전사에게 족쇄를 채워버린 것이다. 공식 체제의 이러한 포로는 더 이상 "코자크"라는 이름을 지닐 수가 없는 것이다.

# 12장 결론 — 나보코프의 부검

이 책의 앞부분에서 코자크 신화에 대한 외국의 기여로 볼테르, 바이런, 위고의 작품들이 언급되었다. 러시아 문학사에서 자주 그러하듯이, 바깥으로부터의 자극은 내부 발전의 촉매제가 되었다. 그러나 코자크의 경우에 더욱 큰 자극은 러시아 작가들이 자신들의 과거에서 고국의 상징을 찾으려는 노력으로부터 왔다. 코자크는 대중의 바람직한 정신과 자유를 표상할 수 있는 서사적 주인공들로 변형되었다.

역설적으로 코자크 신화에 대한 이 책의 연구를 가장 잘 마무리하는 것은 비러시아 작품이다. 작가는 러시아인이라고 인정할 수 있지만, 블라디미르 나보코프(Vladimir Nabokov, 1899-1977)의 소설 《프닌(Pnin)》은 러시아어로 쓰이지도 않았고, 러시아 독자를 대상으로 한 것도 아니다. 나보코프와 그의 화자, 핵심 주인공 모두 러시아 땅에서 벗어난 이방인으로서 말을 한다. 무신경한 관찰을 담은 짧은 단락에 한 코자크 얘기가 나온다. 이러한 이 단락은 코자크 신화에 대한 완벽한 풍자이고, 이 책에 맞는 갓돌이 된다. 이것은 신화적 코자크 토포스에 대한 애처로운 부검(postmortem)이다.

주인공이 지인의 시골 농장에서 보낸 여름을 묘사하는 부분에 나보코프는 다음의 단락을 넣는다.

> 육십 먹은 건장한 여인이며 10년 아래 사람과 같은 활동성을 가진 프라스코뱌가 집안 살림을 맡아서 했다. 모조 보석이 박힌 풍성한 블라우스와 집에서 만든 짧은 바지를 걸치고 뒷마당에서 엉덩이에 손을 얹은 그녀가 병아리들을 돌보는 모습을 보는 것은 아주 신나는 일이다. 그녀는 하르빈에서 알렉산드르와 그의 동생이 어릴 때 이들을 키웠고, 지금은 그의 유일한 취미가 아마추어적 책 제본인 음울하며 둔감한 늙은 코자크인 남편의 도움을 받고 있다. 그는 오래된 카탈로그나 갱지로 된 잡지는 눈에 띄는 대로 병적인 집착을 가지고 스스로 터득한 방법으로 제본을 하고, 과실주를 만들고, 숲속에서 작은 동물들을 사냥했다.[1]

나보코프는 프라스코비야(Praskovia)에 대한 자세한 서술을 한 다음에야 "음울하고 둔감한 코자크"를 소개하고, 그가 부인을 도와 코자크 임무라고 하기에는 거리가 먼 집안일을 하는 것을 이야기한다. 코자크는 "마누라와 어영부영 시간을 보내면(babit'sia s zhenoi)" 안 된다고 고골은 말했다. 아마도 나보코프의 코자크가 가진 열정은 그를 아직 영웅적으로 남게 할 수는 있다. 왜냐하면 신화의 코자크는 서로서로와, 거룩한 러시아 교회, 조국, 전투 자체에 대한 충성 등 많은 일에 열정을 느끼기 때문이다. 그러나 책 제본에 대한 열정은 신화의 관점에서 봤을 때 역설에 지나지 않는다. 이것은 행동이 아닌 정지이고, 생명 없는 텍스트를 보존하는 일이지, 영웅적 행위자를 부활시키는 것이 아니다. 이것은《타라스 불바》의 코자크들의 경험에서 배운 노력과는 완전히 상반된다.[2]

"음울하고 둔감한 코자크"는 술을 마시기는 하지만, 그의 열정은 옷을 멋지게 차려 입은 신사들이 즐기는 과실주를 마시는 것으로 변했다. 타라스 불바는 "엄청난 양의 고렐카, 고렐카 비슷한 것이 아니라, 잡다한 곡식으로 만든 고렐카가 아니라, 마치 미친 듯이 뛰어놀고 거품이 나는 순수한 서리가 낀 차가운 고렐카"이고, "우리는 튀김이나 꿀과 양귀비를 얹은 케이크나 사탕 같은 안주는 필요 없다." "양 한 마리나 염소 한 마리, 40년 숙성한 벌꿀 술을 가져오라."[3]고 그는 말한다.

'숲'에서 단지 '작은' 동물들만 사냥하는 나보코프의 코자크는 신화적 전통의 살상하는 것에 대한 열정을 되찾지도 못한다. 고골의 코자크들은 광활하고 개방되고 시간이 없는 스텝에 살았었다. 이 경계 없는 코자크는 마누라를 자기 뒤를 따라오게 하면서 막힌 숲에서 시간을 보내는 존재로 변한 것이다.

나보코프의 짧은 코자크 풍자는 이렇게 전통 코자크 토포스를 뒤집는다. 궁극적으로 이것은 생명과 자유의 신화적 이미지를 조국 러시아에서 떨어져 나와 자신의 조상들의 이름을 배신하는 애처로운 은둔자로 변형시킨 것이다. 석양을 향해 애처롭게 말을 타고 떠나는 것도 하지 못하는 우리의 옛 주인공은 자신이 사랑하는 칼을 내려놓은 채 집안에 들어가 잠을 자는 것을 택한다. 프라스코바야의 도우미는 러시아 문화신화학에서 너무 오래 살아남았고, "코자크"는 더 이상 말을 타고 달리지 않는다.

# 주

## 1장

1) 조지 그라보비츠(George G. Grabowicz)와 조지 루츠키(George S.N. Luckyi)는 폴란드와 우크라이나 문학에 나오는 코자크를 연구하였다. 세부 서적에 대해서는 참고문헌을 참고할 것.

2) 필자가 신화 및 신화학과 관련해 사용하는 다수의 단어들은 아넷 레이버스(Annette Lavers)가 편역한 롤랑 바르트(Roland Barthes)의 《신화지(Mythologies)》(London: Jonathan Cape, 1972)의 초기 논문 〈현대의 신화(Myth today)〉에서 차용되었다. 여기서 바르트는 신화를 권력 계층(부르주아)의 손에 의해 서서히 퍼지는 무기라고 보았으며, 자신의 역할을 혁명적 중요성을 지닌 신화학자 혹은 신화의 수수께끼를 푸는 사람으로 규정하였다. 비록 필자 역시 민족적 의식을 통제하는 문화적 신화의 절대적인 힘을 인식하고 있음에도 불구하고, 필자의 개인적인 견해는 바르트의 견해보다 덜 정치적이다. 신화와 관련해 광범위한 최근 참고문헌을 알고 있지만(또한 해당 연구에 있어서 중심이 되지 않는, 자극적인 참고문헌을 보았지만), 새로운 것이 항상 더 나은 것은 아니라는 것을 발견했으며, 비정치화되고 재역사화된 바르트의 초기 저술이 여전히 신화의 모호함을 풀 수 있는 가장 명료한 안내서이다. 독자들 역시 역사가 헤이든 화이트(Hayden White)의 영향을 파악했을 것이다. 특히 《메타역사, 19세기 유럽의 역사적 상상(The Historical imagination in Nineteenth-Century in Europe)》(Baltimore and London: Johns Hopkins University Press, 1973)과 《담론의 비유법. 문화비평에서의 저술(Tropics of Discourse. Essays in Cultural Criticism)》(Baltimore and London: Johns Hopkins University Press, 1978 출판)을 참조하였다. 러시아 문화적 신화에 대한 명료한 연구는 《러시아 문화사의 의미(The Semiotics of Russian Cultural History)》(Ithaca: Cornell University Press, 1985)

3) 여기서 사용되는 신화는 일상적인 생활보다 덜한 것이 아니라, 명백히 더 실제적이다. 신화는 일상 언어에 있어서 허구나 만들어진 이야기를 뜻하지만, 해당 연구는 신화를 '우리의 경험을 보다 잘 이해할 수 있도록 투쟁하는데 쓰이는 수단'으로 보고 있다. 신화는 일상생활의 사실에 철학적인 의미를 부여하는 거대한, 통제력이 있는 이미지이다. 즉, 경험을 조직하는 가치가 있다. 마크 쇼러

(Mark Schorer)의 〈신화의 필요성(The necessity of Myth)〉, *Daedalus* 88. no. 2(1959 spring): 360, William Blake(New York: Henry Holt, 1946)로부터 발췌.

4) 롤랑 바르트, 《현대의 신화》 p. 129.

5) 모든 역사는 그 자체로 역사 서술가의 문화적 상정에 인한 신화와 연결된 서술이다. 고골이나 톨스토이가 자신의 서술에서 코자크에 대한 모든 진실을 언급할 수 없었던 것과 같이 다음의 역사적 기록은 코자크에 대한 모든 진실을 기록할 것을 요구하지 않는다. 희망적이게도, 신화에 의해서 정착된 요소들은 다시 조명을 받을 수 있다.

6) 알버트 시튼(Albert Seaton)은 《스텝 지역의 기수: 코자크 이야기(The Horseman of the Steppes: The story of the Cossacks)》(London: Bodley Head, 1985)에서 그들이 "후기의 러시아의 자유로운 코자크 집단에 발달에 거의 영향을 미치지 않았다"고 주장하였다.

7) 자주 사용되지 않은 단어인 '집단(host)'이 이 문맥에서는 바람직하다. 왜냐하면 'host'라는 단어는 '다수'라는 의미를 내포하면서, 동시에 조직된 군대를 의미하기 때문이다. 그렇기 때문에 해당 단어는 코자크 군사 조직의 형태를 적절하게 제시하고 있다.

8) 린다 고든(Linda Gordon)의 《코자크의 반란: 16세기 우크라이나의 사회적 혼란'(Cossack rebellions: Social turmoil in the Sixteenth Century Ukraine)》(Albany: State University of New York Press, 1983), 61-77을 참조할 것.

9) 우크라이나 문학과 역사를 연구하는 학자들은 자포로지야 코자크의 독자성을 주장하며, 자포로지야 코자크를 순전히 우크라이나의 현상이라고 간주하였다. 자포로지야가 우크라이나 역사나 사회에 미친 중대한 역할을 부정하지 않으면서, 해당 연구는 의도적으로, 러시아어로 쓰인 러시아 독자들을 위한 러시아 문학의 관점에서 우크라이나 코자크를 보고 있다. 러시아 문학에서의 신화는 우크라이나인, 타타르족, 카프카스 민족, 시베리아 코자크 등을 이상화된 영웅으로 포함하고 있다.

10) 예르마크 티모페예비치(Ермак Тимофеевич)는 권세 있는 가문인 스트로가노프 가문의 후원을 받아 시베리아를 정복할 세력을 조직하였다. 그는 볼가 코자크에 속해 있었는데, 볼가 코자크는 돈 코자크에서 이탈한 후 동부로 이주하여, 볼가강 양안에 세력을 형성한 집단이었다. 그가 속한 조직은 1577년 차르의 압력으로 인해 해산되었으며, 지도자인 아타만은 범법자로 수배되었다. 그는 노상강도였지만, 시베리아 지역을 러시아 제국으로 가져오는 막대한 임무를 지니게 되었다. 그는 자신이 점령한 지역을 보호하던 중 죽음을 맞게 되었고, 성공적으로 정착지를 조직하지는 못하였지만, 그럼에도 불구하고 작지만 잘 조직된 코자크 집단이 위력을 행사할 수 있다는 것을 보여주었다. 예르마크는 16세기의 역사 노래 안에서 이름을 알리게 되었다.

11) 보그단 미하일로비치 흐멜니츠키(1595?-1657)는 우크라이나 땅을 폴란드 지배로부터 해방시키는 운동에 큰 영향을 미친 코자크 헤트만이다. 그의 시대에 우크라이나는 폴란드와 폴란드 가톨릭 교회의 통제 아래 고통을 받고 있었다. 폴란드 당국과의 충돌을 피하기 위해 우크라이나 지역의 러시

아 정교 신봉자 다수는 브레스트 교회연합(1596)과 우즈고로드 연합(1646)을 수용했다. 이 결과로 동방정교회의 의례와 로마 가톨릭 교황의 권위의 인정을 혼합한 연합교회(Uniate Church)가 성립되었다. 가톨릭 교회의 권위를 인정하면서 이 지역에 대한 폴란드의 주도권이 확립되었고, 많은 우크라이나인들은 지속적으로 폴란드와 가톨릭의 지배 아래 고통을 받았다. 폴란드의 재정 지원을 받는 등록코자크였던 흐멜니츠키는 1648년 폴란드에 대항하는 봉기를 일으키고 자포로지야 코자크의 헤트만이 되었다. 6년 동안 처절한 전투를 치른 후 그는 1654년 모스크바대공국에 지원을 요청했다. 그가 서명한 페레야슬라브조약으로 인해 우크라이나 지배권은 폴란드에서 러시아로 넘어갔다. 이후 우크라이나 민족주의자들은 폴란드 지배 때 못지않게 러시아 지배 아래 고통을 받았지만, 흐멜니츠키는 현재까지 우크라이나 민족 지도자로 추앙되며 그의 동상은 키예프 시 중심가에 우뚝 서 있다.

흐멜니츠키는 폴란드나 우크라이나 문학에 자주 등장하지만, 러시아 문학의 코자크 신화 역사에도 종종 등장한다. 그러나 유대인 사이에서 그의 대중적 영향은 그렇게 크지 않다. 그가 벌인 우크라이나 해방 전투에서 유대인이 자주 희생양이 되었고, 수 천 명의 무고한 유대인들이 살해당해서, 우크라이나에서 후에 발생한 유대인 학살(pogrom)의 효시가 되었다. 흐멜니츠키란 이름은 반유대주의와 동의어가 되었다.

(연구 주제인 러시아 문학에 나타난 이름을 사용하기 때문에 이 연구에서는 러시아식으로 표기된 우크라이나 이름을 사용한다.)

12) 이 전쟁은 우크라이나에 대한 지배와 깊게 연관되어있었다. 흐멜니츠키에 대한 미주를 참고할 것.

13) 이러한 변화는 예수 이름의 철자를 수정하는 것, 예식 때 '할렐루야'를 외치는 횟수, 성호를 긋기 위해 사용되는 손가락의 수 등이 포함되었다. 이 개혁은 러시아 정교 교회의 의식을 당시 그리스에서 행해지는 의례를 도입하여 러시아 정교회를 근대화하기 위해 고안되었다.

14) 폴 아브리치(Paul Avrich)의 《러시아의 반역자들: 1600~1800년(Russian Rebels: 1600~1800)》(New York: Schoken Dooks, 1972)를 참조할 것.

15) 패트리츠카 크라프칙(Patricka Ann Krafcik)의 《러시아 역사적 민요 속 스텐카 라진: 볼가강의 로빈 훗(Sten'ka Razin in Historical Folksongs: Robin Hood of the Volga)》(Ph. D. Diss, Columbia University, 1980)을 참조할 것.

16) 러시아 문학에 등장하는 주요 코자크로는 러시아 출신 반란군인 이반 이사예비치 볼로트니코프(Иван Исăевич Болотников), 우크라이나 코자크인 표트르 사가이다치니(Петро Конашевич-Сагайдачний), 스테판 오스트라니차( Степан Остраница)가 있다.

17) 알버트 시튼(Albert Seaton)의 《스텝 지역의 기수: 코자크 이야기》(233-235).

18) 코자크에 관한 수준 높은 연구들이 영어로 쓰였다. 본 연구는 다음과 같은 자료들을 광범위하게 활용하였다. — 앨런(W. D. Allen)의 《우크라이나: 역사(The Ukraine: A History)》(Cambridge:

University Press, 1940); 아브리치의 《러시아의 반역자들(Russian Rebels)》, 고든(Gordon)의 《코자크 반란(Cossack Rebellions)》, 고든의 책을 바탕으로 한 〈혁명적 도적 행위: 제1차 봉기에서의 우크라이나 코자크의 사회적 역할 해석(Rebolutionary banditary: An Interpretation of the Social Roles of the Ukrainian Cossacks in their first Revellions, 1590-1596)〉(Ph. D. Diss, Yale University, 1970) 필립 롱워스(Philip Longworth)의 《코자크들(The Cossacks)》(New York: Holt, Rinehart and Winston, 1969), 이반 루드니츠키(Ivan. L. Rudnytsky)의 〈코자크 역사 연구(A study of Cossack History)〉(롱워스의 책에 대한 논평으로 *Slavic Review*(1972년 12월)에 게재): 870-75, 루드니츠키의 논평에 대한 롱워스의 응답, 루드니츠키의 재응답 (*Slavic Review* 33), 시튼의 〈스텝 지역의 기수〉.

19) 첫 번째 주장은 글라즈코프(V.G. Glazkov)의 《코자크의 역사(History of the Cossacks)》에서 찾을 수 있는데, 《코자크의 역사》에서 코자크 출신인 저자는 코자크가 러시아에서부터 탈주한 축출된 무리라는 비논리적이며 그럴듯한 신화는 1834년 무렵 즈음 뒤늦게 시작되었으며, 이러한 주장은 코자크를 농노로 활용하고, 코자크를 동화시키는 것을 공식적으로 정당화하는 구실로 쓰였다. 이러한 진술은 《코자크, 민족인가 혹은 러시아의 계급인가(Казаки, народ или русское сословие)》라는 제목으로 이민단체인 코자크민족주의협회 출판부(the Publications of the Organization of Cossack Nationalists)에 의해 발간된 책자에서 주장되었다. George V. Gubaroff의 〈코자크와 그들의 땅: 새로운 자료에 비추어(Cossacks and their lands: In light of New Data)〉(Josh Nelson WashBun 번역)(Providence, R, I: Cossack American National Alliance)에서의 광범위한 논증을 참고할 것.

20) 레프 톨스토이, 《전집(Moscow-Leningrad, Gosudarstvennoe izdatel'stvo, 1952)》, 48:123. 데케딘(P.B. Dekedin)의 〈숄로호프의 '고요한 돈강'에서의 고대 루시적 모티프(Древнерусские мотивы ы Тихом Доне М. А. Шолохова)〉(*русская литература* 2, 1980: 96).

21) 〈이고리 원정기(Слово о полку Игореве)〉는 키예프 루스 시절에 이고리가 이웃 민족인 폴로베츠 민족을 정벌하러 갔다가, 정벌이 실패로 끝나는 것을 다룬 이야기이다. 이는 러시아가 아닌 루스 공후의 애국심을 찬미하고 있다. 러시아가 모스크바를 중심으로 한 러시아제국을 의미한다면, 〈이고리 원정기〉는 기술적으로 러시아의 서사시라고 불릴 수 없다. 하지만 이후 해당 연구에서 보게 되듯이, 러시아인들은 키예프 루스를 그들의 정치적이고 문화적인 근원으로 보고 있다. 〈이고리 원정기〉의 원고가 18세기에 재발견이 되었을 때, 러시아 작가들은 〈이고리 원정기〉를 그들 자신의 과거에 관한 이야기로 받아들였다. 현재, '이고리 원정기'의 장르와 진위성은 학술 논쟁의 대상이 되고 있다.

22) 사람들이 이러한 세 가지 과정을 통해서 역사를 창조한다는 생각은 버나드 루이스(Bernard Lewis)의 《기억된 역사, 재건된 역사, 창조된 역사(Histoy Remembered, Recoverd, Invented)》(Princeton: Princeton University Press, 1975)에서 설득력 있게 주장된다.

23) 경계성(liminality)에 대한 논쟁은 빅터 터너(Victor Turner)의 《의례 과정: 구조와 반구조(The ritual

process: Structure and Anti-structure)》(Ithaca, New York: Cornell University, 1969)에 의거하고 있다.

24) 니콜라이 고골(Николай Гоголь), 《타라스 불바(Тарас Бульба)》, 전집 [henceforth PSS](Moscow: Izdatel'stvo Akademii Nauk SSSR), 3:70-72.

25) 다니엘 모르돕체프(Daniel Mordovtsev), 《사가이다치니, 역사 소설 장편, 중편, 단편 전집(Сагайдачныйб полное собрание исторических романовб повестей и рассказов)》[henceforth PS](St. Petersburg: Izdatel'stvo Soikina), 1:25-1:28.

26) 미하일 바흐찐(Михаил Бахтин), 《라블레와 그의 세계(Rabelais and his World)》(Helen Iswolsky 번역)(Cambridge, Mass.: M.I.T.Press, 1968), 8.

27) 필자는 여기서 '그 자신(himself)'이라고 언급했는데, 강한 남성 집단인 코자크에 동감하기 어려운 여성 작가 가운데 코자크를 포용했던 사람이 거의 없었기 때문이다. 예외적인 여성 작가로는 마리나 츠베타예바(Марина Цветаева)가 있는데, 이는 2장에서 다룰 것이다.

28) 19세기 이전의 러시아 사회에 상반되는 의견의 대립에 대한 훌륭한 담론으로서 유리 로트만(Юрий Лотман)과 보리스 우스펜스키(Борис Успенский)의 〈러시아 문화 역학의 양극적 모델(18세기 말 무렵)〉(Binary Models in the Dynamics of Russian Culture), *The semiotics of Russian Cultural History* 30-66이 있다.

29) 비사리온 벨린스키(Виссарион Белинский), 알렉산드르 게르첸(Александр Герцен) 등의 서구주의자들은 서구 철학과 사회 관습을 러시아 문제가 해결될 것이라고 본 비평가 및 작가이다. 이반 키레옙스키(Иван Киреевский)와 알렉세이 호먀코프(Алексей Хомяков) 같은 인물들이 대표하는 슬라브주의자들은 유사하게 러시아의 후진성에 주목했으나, 러시아 문제에 대한 해결책은 러시아 내부에 있으며, 본래적인 러시아 가치를 끌어냄으로써 러시아의 문제를 해결할 수 있다고 보았다. 간략한 담론과 논평의 예로는 다음과 같은 글을 참고할 것. 〈러시아 철학의 시작. 슬라브주의자들. 서구주의자들〉(The Beginnigs of Russian Philosophy. The Slavophiles. The Westernizers)(James M. Edie, James. P. Scanlan, Mary-Babara Zeldin(George L.Kline (Knoxbille: University of Tenessee Press, 1965, 1976) 합작). 안드레이 발리츠키(Andrej Walicki)의 〈슬라브주의자의 논쟁: 19세기 사상에 나타나는 보수적 유토피아의 역사〉(The Slavophile Conroversy: History of a Conservative Utopia in Nineteenth Century)(Hilda Andrews-Rusiecka 번역)(Oxford: Clarendon Press, 1975).

30) 표트르 차다예프(Пётр Яковлевич Чаадаев), 《철학 서한, 서한 1》(Mary-Barbara Zeldin 번역), *Russian Philosophy* 1:109.

31) *Ibid.*,1:120. 차다예프는 러시아가 유년기에 만족하고 있다고 비판했다.

32) 마리나 츠베타예바, 《2권으로 된 산문 선집, 1917~1937년》(избранная проза в двух томах)(New York: Russian Publishers, 1979), 2:294.

## 2장

1) 코자크는 일부 서정시, 서사시(поэма), 역사 연구, 푸시킨의 단편 소설에서 중요한 역할을 했다. 코자크는 푸시킨의 역사극 〈보리스 고두노프〉에서 돈 코자크의 수장인 카렐라라는 인물로 등장한다. 참칭자는 코자크들이 가지고 있는 농노제 관습에 대한 불만(농노나 귀족들도 농노제에 대한 불만을 지니고 있었음)에 의지하여 코자크들의 복무를 수락하였다. 그러나 돈 코자크들은 역사극에서 중요한 인물이 아니므로 이번 장에서 논의하지 않을 것이다. 푸시킨이 코자크를 자신의 작품에서 어떻게 활용하였는지와 코자크에 대한 양가적인 태도를 완전히 분석하기 위해서는 단행본 분량의 연구가 필요할 것이다.
2) "전위(轉位)의 시학(poetics of transpositions)"에 대한 정의를 명확하게 하기 위해서 카릴 에머슨(Caryl Emerson)의 〈보리스 고두노프: 러시아적 테마의 전위(Boris Godunov: Transposition of a Russian Theme)〉(Bloomington: Indiana University Press, 1986), 3-11을 참조할 것. 에머슨은 카람진의 작품에 대한 푸시킨의 비평을 인용하였다. "그것은 우리에게 있어서 새로운 발견이다. 아메리카가 콜럼버스에 의해서 발견되었듯, 고대 러시아가 카람진에 의해서 발견된 것과 같이 보인다."(출처: 푸시킨, 《자필 메모(из автовиографических записок)》, 1824년 11월, 전집(Moscow: Izdatel'stvo Akademii Nauk SSSR, 1948, 12:305). 마가렛 지올로프스키(Margaret Ziolowski)의 《성인전과 현대 러시아 문학(Hagiography and Modern Russian Literature)》(Princeton: Princeton University Press, 1988), 6-7, 37에서 저자는 카람진의 역사를 과거와 현대 러시아 문학 사이에 놓인 중대한 다리라고 언급했다.
3) 러시아 역사 민요에 대한 훌륭한 자료로서는 푸틸로프(B. N. Putilov)가 편찬한 《17세기의 역사 민요(Исторические песни 17 века)》(Moscow-Leningrad: Nauka, 1966), 소이모노프(A. D. Soimonov)가 편찬한 《18세기의 역사적 노래(исторические песни 18 века)》(Lennigrad: Nauka, 1971), 에멜리야노프(L. I. Emel'ianov)가 편찬한 《러시아의 역사 노래(Русская историческая песня)》(Biblioteka Poeta series, Moscow-Leningrad: Sovetskii pisatel', 1962)이 있다. 또한 스텐카 라진과 관련된 노래에 대한 연구는 패트리카 앤 크라피칙의 〈러시아 역사 민요에 나오는 스텐카 라진: 볼가강의 로빈 후드(Sten'ka Razin in Russian Historical Folksong: A Robin Hood of the Volga)〉와 라자노바(A.N. Lazanova)가 편찬한 《라진과 푸가초프에 대한 노래와 이야기(Песни Сказания о Разине и Пугаче ве)》(Moscow-Leningrad, Acadtmiia, 1935)를 참조할 것.
4) "당신은 가루약을 쓰지도 못하고, 포탄 하나 장착하지 못할 것이오. 총알은 나를 건드리지 못하고, 포탄도 나의 목숨을 빼앗지 못하네(И вы пороху не теряйте и снарядов не ломайте. меня пулечк а не тронет, меня ядрышко не возьмет)". 이 가사는 푸틸로프의 《민중 역사 민요 180(Народные исторические песни)》, 혹은 에멜리야노프의 《러시아 역사 가요 159선(Русская исторические п

есни)》에 나오는 〈라진과 군사령관(Рвзин и воевода)〉의 가사이다.

5) '아조프 정복 이야기(The tale of the Taking of Azov version)'는 우리에게 여러 장르 형태(generic forms)로 전승된다. 구드지(N.K. Gudzy)의 《초기 러시아 문학의 역사(Histoy of Early Russian Literature)》(Susan Wilbur Jones 2판 번역)(New York: Macmilan, 1949), 441-47를 참조할 것. 해당 이야기의 러시아어본은 V. P. Arianova Perets가 편찬한 《고대 루시의 군사 소설(Воинские повести древной Руси)》(Moscow: Izdatel'stvo Akademii Nauk SSSR, 1949)를 볼 것.

6) 초기의 저서들은 추코프(M. D. Chukov)의 《가요 선집, 미하일 드미트리 출코프 선집》(1770-1773, 재인쇄, St. Petersburg, Otdelenie russkogo iazeka i slovesnosti I, peraктorskoi Akademii Nauk, 1913), N. I. Novikov가 편찬한 《새로운 러시아 노래 전집》(Moscow, Universitetskaiya tipografiia, 1780-81)과 사하로프(I.P. Sakharov)가 편찬한 《러시아 민요(Песни русского народа)》를 포함하고 있다.

7) 시 전체 텍스트는 푸시킨 작품집에서 찾을 수 있다(푸시킨 전집 1:462-63). 시에서는 훌륭한 재능을 보여주었지만, '모방'에 있어서는 덜 성공적이었던 미하일 레르몬토프(Михаил Лермонтов)의 다음 작품을 비교해볼 것 — 〈아타만(Атаман)〉(1831)과 〈코자크 자장가(Казачья колыбелная песня)〉(1840).

8) 토머스 쇼(J. Thomas. Shaw)가 편찬한 《알렉산드르 푸시킨의 서한(The Letters of Alexander Pushkin)》(Bloomington: Indiana University Press, 1963), 1:189. 푸시킨은 코자크(казак)라는 단어를 라진을 의미했을 때와, 후에 그의 작품에서 마제파에 대해서 언급했을 때와 다른 문맥으로 사용하였다. 마제파에 대한 내용은 후술될 것이다. 편찬자의 푸시킨 언어 사전에 따르면, 스텐카 라진과 '보리스 고두노프'에서 코자크들을 언급하며, '농노 제도나 과도한 국가 채무를 피하기 위해 국경 지역으로 이주한 자유로운 사람(вольный человек)'이라는 의미로 코자크가 32번 사용되었다. '코자크'는 285번 다른 두 번째 의미로 쓰였다. 18세기부터 러시아의 여러 지역에서, 특혜를 대가로 연장된 기병 임무를 하도록 임명받은 지주 소유의 특정 계층 출신 사람"이라고 언급되었다. V. V. Vinogradov의 《푸시킨 언어 사전(Словарь языка Пушкина)》(Moscow: 국영 외국어 및 러시아어 사전 출판사, 1957)에서 '코자크' 항목을 참조할 것.

9) 후술하겠지만 라진은 20세기 초반 문학에서 재등장한다.

10) 18세기 후반과 19세기 초반 지식층이 민중(народ)에 대해 가지고 있는 환상과 이와 러시아 민족의식 발전과의 관계에 대해서 보다 자세히 알기 위해서는, 한스 로거(Hans Rogger)의 《18세기 러시아의 민족의식(National Consciousness in Eighteenth Century Russia)》(Cambridge:Harvard University Press, 1960)에서 '민속의 발견(The Discovery of the Folk)' 장을 참조할 것.

11) 19세기 말에 해당 용어에 대해서 나은 이해를 위해서, 브로크가우즈(F. A. Brokgauz)와 에프론(I. A. Efron)의 《백과사전(Энциклопедический словарь)》(St. Petersburg, 1897)에서 '우크라이나' 항목을 참조할 것. 또한 막스 팔머(Maks Falmer)의 《러시아어 민족학 사전(Этимологический словарь ру

ского языка)》(O. N. Tubarov 번역, 편집, Moscow: Progress Press, 1964-83), 4:156-57을 참조할 것. '우크라이나'는 1918년까지 러시아의 동부 지역을 나타내는 표준 단어였다.

12) 조지 루츠키의 《판텔레미온 쿨리시: 인생 스케치(Pantelemion Kulish: A sketch of His Life)'(Boulder, Colo.: East European Monographs, 1983)》 26에서의 담론을 참조할 것. 쿨리쉬는 19세기의 주요 우크라이나 작가로서, 고골 전기, 우크라이나 역사책, 그의 코자크 소설 《검은 의회(Черная Рада)》의 자가 번역 등을 그의 모국어인 우크라이나어뿐만 아니라 러시아어로 출간하였다.

13) 러시아와 우크라이나의 명칭에 대한 정의를 위해서, 조지 심슨(George W. Simpson)의 《'루스', '러시아', '우크라이나'라는 명칭과 역사적 배경(The names 'Rus', 'Russia', 'Ukraine' and their historical backgrounds)》, *Slavistica* 10(1951): 5-18을 참조할 것.

14) 우크라이나 코자크와 러시아 코자크에 대한 전형적인 혼동에 대한 지적을 위해서는 고든의 《코자크 반란(Cossack Revellions)》 64쪽을 참조할 것. 또한 전 장 각주에서 언급한 *Slavic Review*에 기재된 롱워스 교수와 루드니츠키 교수의 논쟁을 참고할 것. 롱워스 교수는 "'코자크'(Cossackdom)는 흔히 (우크라이나에만 국한된다기보다는) 어디서든 비슷한 기능을 수행한다. 이들의 활동은 17세기와 18세기에 중점적이기는 하지만, 다른 시기에서도 일부분 활동하였다"고 언급했다.

15) 조지 루츠키의 《러시아 문학 편람(Handbook of Russian Literature)(Victor Terrace 편집)》에서 'Дума(두마, 우크라이나의 서사적 민요)' 항목을 참고할 것. 우크라이나 문학 전문가인 조지 루츠키는 12월당원(데카브리스트)이었던 릴레예프(Рылеев)가 우크라이나 민족 서사시와 일부 유사성을 보이는 〈날리바이코(Наливайко, 1825)〉와 〈보이나롭스키(Войнаровский, 1835)〉를 통해 우크라이나와 우크라이나 독립 투쟁에 대해 깊은 애정을 보였음에도 불구하고, 릴레예프의 〈명상(Думы)〉은 우크라이나 민요와 구조적으로나 주제적으로나 공통점이 없다고 주장했다.

16) 미하일 막시모비치(Михаил Максимович)는 다음과 같이 진술하였다. "러시아의 노래들은 깊은 낙담과 실의에 빠진 망각, 일종의 과대망상에 빠져 있다. 소러시아(우크라이나)의 노래들은 이러한 사치가 덜 보인다. 영혼과 운명 간의 싸움의 표현이며, 소러시아의 노래는 열정의 분출, 조밀하면서 견고한 특성, 감정의 강인함, 자연적 표현력으로 특징지어진다."(《소러시아의 노래》, 〈서문(Предисловие Малороссиские песни)〉(Moscow, 1827) 13-14). 루츠키의 《고골과 셰브첸코: 우크라이나 문학의 양극성, 1798-1847(Between Gogol and Sevchenko: Polarity in the Literary Ukraine, 1798-1847)》(Munich: Wilhem Fink Verlag, 1971), 31-32에서 번역되고 언급되었음. 우크라이나 민요에 대한 초기 선집은 다음과 같음 — 《막시모비치의 우크라이나 민요(Украинские народные песни)》(Moscow, 1834), 《막시모비치 우크라이나 민요 선집(Сборник украинских песен издаваемых М. Максимовичем)》(Moscow, 1849), 《소러시아와 붉은 러시아의 민족 두마와 자포로제 민요(Опыт собрания старинных малороссиских песеню Украинские мелодии Малороссиские и Червонорусские народные думы и песни Запорожская старина)》(Kharkov, 1833-1838), 《우크라이나 민요

의 변이에 대해서, '우크라이나 민요 두마(Dumi)'》(G. A. Nud'ga(ed.), *Biblioteka Poeta Series*(Kiev: Radians'kii pis'mennik, 1969)를 참조할 것. 민요에 대한 낭만적인 관심이 우크라이나 민족주의가 성장하는데 끼친 영향을 보기 위해서는 루츠키의 《고골과 셰브첸코: 우크라이나 문학의 양극성, 1798-1847》을 참조할 것.

17) 민속 우크라이나 악기에는 콥자(kobza)와 리라(lira)가 포함되지만, 18세기 말, 반두라(bandura)의 인기는 콥자를 능가하였다. 이때부터 이 단어들은 동의어가 되었다. 키르단(B.P. Kirdan)의 《우크라이나의 민요 두마(Украинские народные думы)》(Moscow: Nauka, 1972), 10.

18) 사실, 유럽에서와 마찬가지로 러시아에서도 결핍된 민족적 과거를 낭만주의와 동일시하지 않았다는 사실이 보편적으로 인정되고 있다. 시인과 소설가들은 자국의 전통과 유물을 찬미하려고 노력하였으며, 전에는 주의를 기울이지 않았던 자국의 색조와 민족 관습 및 민족적 성격에 주의를 기울였다." 시몬스(E. J. Simmons), 《러시아에서의 영국 문학과 영국 문화 1533-1840년(English Literature and Culture in Russia, 1533-1840)》(Cambridge: Harvard University Press, 1935), 238.

19) 사실, 역사, 민속학, 문학과 신화의 경계는 유동적이다. 시인들은 역사물을 쓰고, 역사가들은 학문의 완전성에 신경을 쓸 필요가 없는 소설을 쓴다. 한스 로거(Hans Rogger)가 언급했듯이, "민속학, 지리학, 역사 사이에 명확한 구분이 부재한 상태에서, 러시아의 과거와 현재를 묘사하는 모든 자료들은 민중의 관습, 믿음, 의식, 문학과 관련된 정보를 담고 있다. 러시아의 외곽 지역, 시 공간, 사회적 거리에 있어 외딴 구역들이 모두 묘사되었으며, 국가의 관심이 되었다.(National Consciousness 164). 오직 최근의 역사 기록학 이론에서야 학문 간의 상호의존성이 인식되고 있다. 화이트의 '메타역사'를 참고할 것. 또한 클로드 레비-스토로스(Claude Levi-Strauss)는 〈날 것과 익힌 것(Overture to Le Cru et le cuit)〉(in *Structuralism*, Jacques Ehrman(ed.), New York: Anchor Books, 1966, 48)에서 역사와 신화의 불가분한 관계에 대해서 기술하였다. 또한 화이트(White)의 〈담론의 비유법(Tropics of Discourse)〉에도 언급되어 있음.

20) 루빈슈타인의 《러시아 역사 기록학(Русская историография)》(Moscow: Gospolitizdat, 1941), 197.

21) 푸시킨은 1836년에 출판된 원고에 대한 비평을 썼다.

22) 모스크바 대학교 주관 러시아 역사 황립 협회 강독(Чтения в императорском обществе истории и древностей российских при Московском Университете)에서 출판. nos. 1-3(1846). 이 책의 저자가 누구인지에 대한 담론을 위해, 안드리 야코블리프(Andriy Iakovliv)의 《루스들의 역사와 그의 저자(Istoriya Rusov and Its author)》(Ukrainian Academy of Arts and Sciences in the U.S./Annals 3, no. 2(Fall-Winter 1953): 620-69와 《루스의 역사가 어디서 쓰였는가》(Ukrainian Academy of Arts and Sciences in the U.S./Annals 3, no. 2(Fall-Winter 1953), 670-95를 참조할 것.

23) 루츠키는 〈고골과 셰브첸코〉에서 "그 작품은 역사라기보다는 허구의 영역에 있다"라고 언급했다.

24) 보통 사람들이 생각하는 우크라이나 사람들과 폴란드 사람들 간의 혹은 동방정교와 연합교회 간의 친밀한 관계는 《루스의 역사(Istoriya Rusov)》에 의해서 형성되었으며, 《타라스 불바》에서 확인할 수 있다. Elie Borschack의 《우크라이나의 전설적 역사 〈루스의 역사〉(La Legende historique de l Ukraine *Istoria Rusov*)》(Paris: Institut d'Etudes Slaves, 1949), 168.

25) *Ibid.*, 163.

26) 《루스의 역사》 모스크바 대학교 주관 러시아 역사 황립 협회 강독(Чтения в императорском обществе истории и древностей российских при Московском Университете) no. 1(1864). 서문 p. i.

27) 파벨 이바노비치 페스텔(Павел Иванович Пестель), 남부 협회의 지도자로서 자신의 러시아 헌법 초고인 *Russian Law*에 자신의 공약을 발표했다, 그의 선집(Selections)에 대한 번역은 마르크 라예프(Marc Raeff)의 단편 연구인 《데카브리스트 운동(The Decemberist Movement)》(Englewood Cliffs, N.J.: Prentice-Hall, 1966). 124-56에서 확인할 수 있다. 라예프는 심리학적, 정치적, 역사적 요인 등을 포함해 데카브리스트들에 대해서 훌륭한 분석을 제공한다. 뿐만 아니라 라예프는 데카브리스트 운동과 데카브리스트 운동이 실패한 이후 데카브리스트 당원들에 대한 재판 등에서 나온 다수의 주요 자료들을 제공한다.

28) 조지 그라보비츠는 《코자크 우크라이나에 대한 역사와 신화(The History and Myth of the Cossack Ukraine)》(Ph.D, diss, Havard University, 1975), 377-80에서 해당 연구에 대한 세부적인 분석을 포함하고 있다.

29) 콘드라티 릴레예프, 《시 전집(Полное собрание стихотворении)》 *Biblioteka Poeta series*(2nd ed., Leningrad: Sovietskii pisatel', 1971), 227.

30) 나레즈니이(Нарежный)의 장르 속성(generic) 실험은 러시아 소설의 발전에 많이 기여하였으며, 그의 우크라이나 소설들은 이러한 점에서 조명되어야 한다. 로널드 르블랑(Ronald D. Leblanc)은 《질 블라스의 러시아화: 문학적 적용에 대한 연구(The Russification of Gil Blas: A study in Lierary Appropriation)》(Columbus, Ohio, Slavica, 1986)에서 이 비주류 작가의 중요성에 대한 강력한 논거를 제시했다.

31) 서구 작가들은 마제파(Mazepa)의 이름에 p를 2개를 쓰는 경향이 있다. 해당 연구는 서적을 쓸 때 유럽의 철자를 따를 것이다, 하지만 러시아 자료에서부터 번역할 때나, 역사적 인물을 의미할 때는 번역 체계를 지킬 것이다.

32) 조지 고든(George Gordon)과 바이런(Lord Byron)의 《완벽한 시 작품(The Complete Poetical Works)》(Jerome J. McGann ed., Oxford: Clarendon Press, 1986), 4:177, 3, 119-25.

33) 시 분석을 위해 허버트 바빈스키(Hubert Babinsky)의 《유럽 낭만주의에서의 마제파 전설(The Mazeppa lezend in European Legends)》(New York and London: Columbia University Press, 1974), 21-46 을 참조할 것.

34) 빅토르 위고(Victor Hugo), 《마제파(Mazeppa)》 in *Oeuvres Completes*(Paris: Club Français du livre, 1967), 3: 591. 시와 시의 주인공에 대한 감명 깊은 분석을 위해서는 바빈스키(Babinsky)의 《마제파 전설(Mazepa Legend)》, 67-72를 참조할 것.

35) 발렌로트(Wallenrod)는 튜턴 기사단의 대단장이었으나, 리투아니아 침략 당시 그의 예측불허의 리더십은 기사단의 참패를 불러왔다. 미츠케비츠(Mickiewicz)는 발렌로트가 사실 기사단을 내부에서 붕괴시켜 조국을 구하기 위해서 기사단에 가입한 리투아니아인이라고 주장했다. 튜턴 기사단과 유사한 예로 자신보다 약한 이웃을 억압하려고 했던 러시아를 들 수가 있다. 미츠케비츠는 폴란드 애국자 동료들과의 공모 혐의로 러시아에 유형 당했을 때 시를 썼다. 푸시킨과 미츠케비츠에 대한 관계에 대한 연구는 활발한데, 특히 폴란드 학자들에 의해 활발하게 연구되고 있다. 요셉 트레차크(Josef Tretiak)의 《미츠케비치와 푸시킨(Mickiewicz i Puszkin: Studya I szkice)》(Warsaw: Nakladem Ksiegarni E. Wende I Sp, 1906); 바츨라프 레드니츠키(Waclaw Lednicki)의 《푸시킨과 미츠케비츠(Pouchkine et Mickiewicz, Revue de littérature comparée)》 17 (1937): 129-44; 혹은 《세계 문학에서의 아담 미츠케비츠: 논집》(레드니츠키 편집, Berkeley and Los Angeled: University of Californian Press, 1956)에 수록된 〈미케비츠의 러시아 체류와 푸시킨과의 관계〉를 참고할 것.

36) 보이나롭스키(Войнаровский)와 폴타바(Полтава)와의 관계와 마제파의 애국심에 대한 반대되는 견해를 보다 잘 알기 위해서는, 존 폴(Jojn J. Pauls)의 《마제파를 보는 두 가지 관점: 릴레예프의 관점과 푸시킨의 관점(Two treatments of Mazeppa: Ryleyev's amd Pushkin's)》(Etudes slaves et est-europeennes 8(1963):109); 프랭크 모카(Frank Mocha)의 《개혁 정치에 대한 반응으로서의 푸시킨의 시 '폴타바'와 미케비츠의 '콘라드 발렌로트'와 릴레예프의 '보이나롭스키'의 역사(Pushkin's 'Poltava' as a Reaction to the Revolutionary Politics and History of Mickiewicz's 'Konrad Wallenrod' and Releev's 'Voinarovsky')》(separate pamplet from Antemural 19, 1975) 참조할 것.

37) 존 폴(John J. Pauls) 은 릴레예프가 마제파를 진정으로 우크라이나가 속박에서 벗어나기를 원한 영웅으로 숭앙했다고 주장했다. 《마제파에 대한 두 가지 관점: 릴레예프의 관점과 푸시킨의 관점》, 98-99.

38) 릴레예프, 《전집》, 217.

39) 릴레예프의 시는 삼촌(마제파)을 조카(보이나롭스키)로 대체하면서, 사실상 마제파 전설의 많은 부분을 반복하고 있다. 보이나롭프스키는 기진맥진하게 말을 탄 후, 장차 아내가 되는 코자크 소녀에게 간호를 받는다. 코자크 소녀는 폴타바 전쟁 기간 동안 보이나롭스키와 떨어져있게 되는데, 마침내 그녀는 그를 시베리아에서 찾아내게 된다. 그녀는 사랑하는 우크라이나로부터 멀리 떨어진 시베리아에서 죽음을 맞이한다.

40) 도널드 팡게르(Donald Fanger)는 불가린(Булгарин Фаддей Венедиктович)의 《이반 비지긴(Иван Выжигин)》과 나레즈니이의 《러시아의 질 블라(Российский Жил влаз)》 등과 관련해, 푸시킨,

불가린, 나레즈니이 등의 유사한 허구의 결투(similar fictional duel)를 연상시킨다. 《니콜라이 고골의 창조(The Creation of Nikolai Gogol)》(Cambridge, Mass., and London: Belknap Press of Harvard University Press, 1979), 31 참조. 푸시킨은 풍자로서 기여했다. 장 구별의 붕괴(chapter breakdown)를 비롯해 상황에 따라 출판되거나 혹은 원고로 남을 출간되지 않은 《실제의 비지긴: 19세기의 역사-교훈적 풍자 소설》에 대한 발표가 이에 해당한다. 토머스 쇼의 《저널리즘에서의 페르소나의 문제: 푸시킨의 '페오필락트 코쉬친'》, 319-21.

41) 불가린은 푸시킨이 《예브게니 오네긴》을 위해 양해를 구하지 않은 채 자료를 차용했다고 주장했다. 이때 푸시킨은 불가린이 자신의 소설 《드미트리 참칭자(Дмитрий самозванец)》에서 자신의 작품인 《보리스 고두노프》를 표절하였다고 주장하였다. 토머스 쇼의 《저널리즘에서의 페르소나의 문제: 푸시킨의 '페오필락트 코쉬친(필명)'(The Problem of the Persona in Journalism: Puškin's Feofilakt košičkin)》(American Contributions to the Fifth International Congress of Slavists, Sofia, 1964(The Hague: Mouton, 1963)), 319-21.

42) 폴란드의 관점을 보여주는 흥미로운 예로는 폴란드 작가 율리우시 스워바츠키(Juliusz Słowacki)의 연극 〈마제파(Mazeppa)〉이다.

43) 알렉산더 슬로님스키(Alexander Slonimskii)는 《폴타바》가 세 개의 얽히는 '활동 영역(spheres of action)'을 포함하고 있으며, 각각의 활동 영역은 개별적인 언어 수준으로 서술된다고 주장한다. 노래의 언어와 '우크라이나-사회 언어(Ukrainian-Social)', 서부 러시아어로 되어 있는 '우크라이나-정치 언어(Ukrainian-Political)', 송시(ode)의 언어를 사용하는 '러시아 제국 언어(Russian-imperial)'. 《푸시킨의 기교(Мастерство Пушкина)》(Moscow: Gosudarstvennoe izdatel'stvo khudozhestvennoi literatury, 1959), 276을 참조할 것. 폴 데브렉제니(Paul Debreczeny)는 《폴타바》에는 두 개의 목소리가 존재한다고 하였다. '작가-진술자(author-narrator)'의 목소리는 마제파가 매력적인 인물임을 보여주고 있으며, '음유시인-작가(bard-author)'의 목소리는 표트르 대제를 칭송하며, 마제파를 저급하고 기만적인 인물로 칭하고 있다. 이러한 결과, 현실에 대한 두 가지 관점이 등장하며, 둘 중 어느 하나도 완전히 타당하지 않다. 《또 다른 푸시킨: 알렉산드르 푸시킨의 산문 픽션 연구(The Other Pushkin: A study of Alexander Pushkin's Prose Fiction)》(Stanford: Stanford University Press, 1983), 35-36 참고. 데브렉제니는 〈폴타바에서의 서술자의 목소리들(Narrative voices in Poltava)〉, in *Russian Literature* 24(1988)에서 보다 막연한 서술 상황을 제시했다. 그는 "삶은 많은 다양한 목소리 속에서 시를 통해 서술된다. 하지만 그 중 어떤 것도 그 자체로 절대적인 권위를 가지고 있지 않다. '폴타바'의 가장 혁신적인 특징은 그것의 전체적인 메시지가 독자를 위해 해석되지 않는다는 것이다."라고 언급했다(345-47).

44) 푸시킨, 《폴타바》, 전집 5:16(henceforth in text).

45) 표트르 대제는 코자크들의 콧수염을 뜯는 용인할 수 없는 무례를 행했다. 5:39, II. 135, 148 참조.

46) 우크라이나 서사 민요 '두마'와 관련해 루츠키는 다음과 같이 진술하였다. "두마는 내용에 있어서 터키에 억류된 상태에 처해있는 코자크의 운명에 대해서, 다양한 코자크 영웅들의 업적에 대해서, 친척들과 떨어져 잇는 고통에 대하여 다루었다. 형태적으로 봤을 때, 두마는 우크라이나 구두 전통의 섬세한 비가이다. 두마는 스탠자(stanza, 4행 이상의 각운이 있는 시구)가 없으며, 음의 높이가 변화하며 구두로 전달된다. 장르로 보았을 때, 두마는 장례식의 애가와 연관되어 있으며, 음악은 두마에 있어서 중요한 역할을 한다". "Dumy", 《러시아 문학 편람》, 117 참조.

47) 데브레체니(Debreczeny)의 《또 다른 푸시킨(Other Pushkin)》, 271; E. Mikkelson의 〈푸시킨의 역사 소설 '대위의 딸'에서의 신화적 요소(The Mythopoetic Elements in Pushkin's Historical Novel The Captain's Daughter)〉, *Canadian-American Slavic Studies* 7(1973): 309; 로저 앤더슨(Roger. B. Anderson)의 〈푸시킨의 '대위의 딸'의 주인공 표트르 그리뇨프 연구(A Study of Petr Grinev as the Hero of Pushkin's Kapitanskaya dochka)〉, *Canadian-American Slavic Studies* 7(1971): 482. 토머스 쇼는 대위의 딸과 예카테리나 2세 간에 '대리 어머니(mother substitute) 관계'가 나란히 나타난다고 지적했다.

48) 지르문스키(Ви́ктор Макси́мович Жирмунский)의 《바이런과 푸시킨(Байрон и Пушкин)》(Leningrad: Academia, 1924), 176.

49) 스콧(Scott)의 출판과 러시아에서의 환대에 대한 모든 정보에 대해서는, W. M. Parker의 〈스콧과 러시아 문학(Scott and Russian Literature)〉, *Quartery Review* 305(April 1967), 172-78을 참조할 것.

50) 윌리엄 토머스 윅스(William Thomas Weeks), 〈1825년 2월 15일의 편지(letter of Feb. 15, 1828)〉(스코틀랜드 국립박물관 소장, MS. 885), 파커의 《스콧과 러시아 문학》에서 인용되었음.

51) 〈역사 소설(исторический роман)〉, *Biblioteka dlia chteniye* Vol. 1(1834), 1-44을 참조할 것. 어네스트 시몬의 《러시아에서의 영국 문학과 문화, 1533-1840》, 263에서 인용되었음.

52) 유리 옥스만(Юрий Оксман)의 〈우크라이나 역사에서의 실현되지 않은 구상(неосуществленный замысел истории Украины)〉, *Literaturnoe Nasledstvo* 58(1952): 211-221을 참조할 것. 1820년에 푸시킨 역시 돈 코자크의 역사, '돈 코자크와 흑해 코자크에 대한 지적(замечания о донских и черноморских казаках)'를 고안했었다. 라자노바의 《라진과 푸가초프에 대한 노래와 이야기》, 323 안에 있는 '푸시킨의 메모'를 참조할 것.

53) 이 소설에서 푸가초프는 역사적 인물인 푸가초프에서 끌어온 것이지만, 역사적인 인물과는 차이가 있다. 한 가지 예로서, 존 헨리 렐레이(John Henry Raleigh)는 "푸시킨은 비역사적으로 스텐카 라진의 일생에 대한 일화를 푸시킨이 그리는 푸가초프에 대한 초상과 결합시켰다"라고 지적하였다. *From Smollet to James: Studies in the Novel and Other Essays presented to Edgar Johnson*(Samuel I. Mintz ed., Charlottesville: University Press of virginia, 1981), 79-81에 있는 '스콧

과 푸시킨(Scott and Pushkin)' 참고.

54) 제럴드 미켈슨(Gerald E. Mikkelson)의 《푸시킨이 본 '푸가초프의 역사': 역사가로서의 문학 작가(Pushkin's History of Pugachev: The litterateur as Historian)》(New Perspectives on Nineteenth-Century Prose, George J. Gutsche, Lauren G. Leighton ed., Columbus, Ohio: Slavica. 1981), 39.

55) 푸시킨의 《푸가초프의 역사(The history of Pugachev)》(Earl Sampson 번역, Ann Arbor: Ardis, 1983), 65.

56) *Ibid.*, 106.

57) 미켈슨은 자신의 저서인 《푸시킨이 본 '푸가초프의 역사'》, 35에 "푸시킨의 '푸가초프의 역사'에는 푸가초프에 대한 존경의 요소가 있었지만, 이는 마지못한 존경이었다."라고 언급하였다.

58) 푸시킨, 〈대위의 딸(капитанская дочка)〉, 《전집》 8-1: 329. 이 문헌에 대한 참고문헌은 이후에 언급될 예정이다.

59) 등장인물에서 뿐만 아니라 구조, 주제에서 나타나는 해결되지 않은 모순들은 푸시킨의 스타일을 드러낸다. 토머스 쇼가 언급하였듯, "그는 교훈적 경향을 경멸하였다. 그의 놀라운 자질 중 하나는 화해되지 않는 모순들을 제시하는데 있다. 작품과 서문 혹은 후기 간 모순, 혹은 작품 부분 간의 모순. 독자들에게 전체 작품 뒤에 통일된 버전을 유추하는 것이 과제로 남겨지게 된다. 《유럽 작가들: 낭만주의 세기(European Writers: The romantic century)》(Jacques Barzun ed., New York: Charles Scribner's Sons, 1986), 660에서 '알렉산드르 푸시킨' 항목을 참조할 것.

60) 마이클 핑크(Michael Finke)의 최근 기고는 이 에피소드에 나오는 이솝 우화의 서브텍스트를 다루고 있다. 〈푸시킨, 푸가초프, 그리고 이솝(Puškin, Pugačev, and Aesop)〉, *Slavic and East European Journal* 35, no. 2(1991): 181-82.

61) 스콧이 푸시킨에 미친 영향에 대한 참고문헌은 광범위하다. 다음과 같은 참고문헌을 참고할 것. Militsa Green의 〈푸시킨과 월터 스콧 경(Pushkin and Sir Walter Scott)〉, *Forum for Modern Language Studies* 1(1965): 207-15; D. P. Iakubovich의 〈대위의 딸과 스콧의 소설(Капитанская дочка и роман В, Скотта)〉 *Vremennik Pushkinskoi Komissii* 4-5(1939): 165-97; B. V. Neiman의 〈푸시킨의 대위의 딸과 스콧의 소설들(Капитанская дочка Пущкина и романы В, Скотта)〉, *Sbornik otdeleniya russkogo iazyka I slovesnosti AN SSSR* 101, no. 3(1928): 440-43, 렐레이의 《스콧과 푸시킨》 48-83; 시몬스 《러시아에서의 영국 문학과 문화, 1553-1840》; 지르문스키, 〈푸시킨과 서구 문학(Пушкин и западные литературы)〉, *vremennik pushkinskoi komissii* 3(1937): 66-103.

62) 데브레체니(Debreczeny)의 《또 다른 푸시킨(Other Pushkin)》, 271; E. Mikkelson의 〈푸시킨의 역사 소설 '대위의 딸'에서의 신화적 요소(The Mythopoetic Elements in Pushkin's Historical Novel The Captain's Daughter)〉, *Canadian-American Slavic Studies* 7(1973), 309; 로저 앤더슨(Roger. B.

Anderson)의 〈푸시킨의 '대위의 딸'의 주인공 표트르 그리뇨프 연구(A Study of Petr Grinev as the Hero of Pushkin's Kapitanskaya dochka)〉, *Canadian-American Slavic Studies* 7(1971), 482. 토머스 쇼는 대위의 딸과 예카테리나 2세 간에 '대리 어머니(mother substitute)' 관계가 나란히 나타난다고 지적했다.

## 3장

1) 《고대 루스의 전쟁 이야기(Воинские повести Древней Руси)》(V. P. Ariana-Perets 편), 65.
2) 《소러시아 민족의 역사적 노래(Исторические песни малорусского народа)(Kiev, 1877)》(V. Antonovich, M. Dragomanov 편). "성스러운 러시아(Holy Russia)" 개념에 비추어 해당 텍스트에 대해서 논하고자 한다면, Michael Cherniavsky의 〈신성한 러시아: 사상사에 대한 연구(Holy Russia: A study of the History of an Idea)〉, *American Historical Review* 63, no. 3(April 1958), 630-31을 참조할 것.
3) 모르돕체프(Мордовцев), PS 1:111.
4) 비코프(P. V. Bykov), 《모르돕체프 입문(Introduction to Mordovtsev)》, PS 1:xxxviii.
5) 율리안 옥스만(Iulian Oksman), 〈대위의 딸에서의 푸시킨(Пушкин в работе над Капитанской дочке)〉, *Literanturnoe Nasledstvo* 58(1952), 233.
6) 미켈슨(Mikkelson), 《푸시킨이 본 '푸가초프의 역사'》, 35.
7) 나보코프는 자신에 책에서 고골에 대해 다음과 같이 기술하고 있다. "나에게 있어 낭만적인 민속 문학을 포함해 벌목꾼, 영국 요크셔의 남자들, 프랑스 시골 사람들이라거나 우크라이나의 친근한 사람들에 대해 호들갑스럽게 떠벌리는 문학 작품보다 더 지겹고 넌더리가 나는 것도 없다. 이것이 1835년에 집필된 고골의 소설 모음집 〈지간카 부근 마을의 저녁(Evening on a Farm near Dikan'ka)〉과 《미르고로드(Mirgorod)》에 내가 그동안 아무런 관심을 기울이지 않고 있었던 이유다. 하지만 러시아 학교의 선생님들이 되풀이하듯 강조한 것은 이와 같은 바로 거짓 만담꾼의 초기 작품이었다." *Nikolai Gogol*(New York: New Directions, 1961), 31. 휴 맥크레인(Hugh McLean)도 인상주의적 색채가 덜한 《타라스 불바》가 어린 소년이 성숙한 남성의 힘과 용감함에 대해 지니는 환상을 보여주고 있다고 말하면서 의견을 공유하고 있다. 《고골의 사랑으로부터의 후퇴: 미르고로드에 대한 해석(Gogol's Retreat from Love: Towards an Interpretation of Mirgorod')》 American Contributions to the fourth International Congress of Slavists, The Hague: Mouton, 1958, 232.
8) 고골이 코자크에 대한 자료에 접근한 내용에 대한 개괄적인 내용에 대해서는 특히 카마닌(I. M. Kamanin)의 《고골의 소러시아 역사에 대한 학술 및 문학 작품(Научные и литературные произв

едения Н. В. Гоголя по Истории Малороссии)》(Pamiati Gogolia, Nauchno-literaturnyi sbornik, ed. N.P. Dashkevich, Kiev, 1902), 75-132를 참조할 것. 보다 넓은 영문 참고자료를 위해서는 다음 자료들을 참고할 것. 빅토르 에를리치(Victor Erlich)의 《고골(Gogol)》(New Haven: Yale University Press, 1969); 데이비드 마가르쉑(David Magarshack)의 《고골: 그의 일생(Gogol: A life)》(New York: Grove Press, 1957); 프세볼로드 세치카레프(Vsevolod M. Setchkarev)의 《고골: 그의 일생과 작품(Gogol: His Life and Works)》(New York: New York University Press, 1965); 헨리 트로야트(Henri Troyat)의 《분열된 영혼: 고골의 일생(Divided Soul: The life of Gogol)》(Nancy Amphou 번역, Garden City, N.Y.: Doubleday, 1973).

9) 몇몇 연구자들은 고골의 가정에 코자크적 분위기가 얼마나 짙게 배어 있었는지 뿐만 아니라, 더 나아가 고골 가문이 실제 코자크 계보가 아닐 수도 있다는 의문을 제기하기도 한다. 다음의 자료에서 레온 스틸만(Leon Sttilman)은 고골과 코자크 혈통과의 연결 고리가 고골의 할아버지에 의해 날조된 정보임을 주장한다. 《니콜라이 고골과 오스타프 호홀('Nikolaj Gogol' and Odtap Hohol)》, Orbis Scriptus, *Dmitrij Tshiževskij* aum 70, Geburstag(Munich: Wilhelm Fink Verlag, 1966), 811-25.

10) 드 종주(A. de Jonge)의 《19세기 러시아 문학: 10명의 러시아 작가에 대한 연구(Nineteenth-Century Russian Literature: Studies of Ten Russian Writers)》(John Fenell ed. Berkeley and Los Angeles: University of California Press, 1973), 74에서 고골(Gogol) 항목을 확인할 것.

11) 고골, 《전집》 8:91. 특별히 언급하지 않는 한 이 글에서 인용되는 고골의 글은 전집에서 인용된 것이며, 본문에 직접 출처를 표기해 두었다.

12) 카마닌의 글에도 인용된 바 있다. 고골은 스레즈넵스키(I. I. Sreznevskii)에게 보내는 편지에 "연대기 작자에 대해 별 관심 없이 자라왔다. 나는 그들 속에서 내가 추구하는 것을 찾으려고 했으나 이는 헛된 것이었다"라고 적었다. (March 6, 1834, 10:298)

13) 이 지점에서 우리는 고골의 동시대인이기도 한 비평가 벨린스키가 자포로지야 코자크가 아닌 돈 코자크들의 노래에 대한 언급을 필요가 있다. "돈 코자크인들의 노래에는 "역사적(historical)"이라는 라벨이 붙기에 충분하다. 이는 우리가 역사적이라고 일컫는 러시아 본래의 노래를 능가한다. 돈 코자크인들의 노래에서 우리는 그들의 삶의 총체를 마주하게 되고, 러시아인들이 그토록 두려워했던 용맹하고 위풍당당하며 삶을 즐길 줄 알던 코자크 군대의 모든 것을 보게 된다. 그 안에는 보다 역사적인 실체가 살아 숨 쉬고 있으며 노래의 가사는 훨씬 에너지에 가득 차 담대해진다." 《돈 코자크의 노래(Песни Донских Казаков)》(B.P. Ekimov 편, Volgograd: Nizhne-Volzhskoe knizhnoe izdatel'stvo, 1982), 5.

14) 이번 인용은 본래 푸시킨이 《루스의 역사(The History of the Russes)》에 대해 비평한 글인 《벨라루스 대주교 게오르기 코니스키 선집(Собрание сочинений георгия конисского архиепископа белорусского)》(izd. protoiereem Ioannom Grigorivichem. SPb. 1835)과 《고골 작품집(Сочинения Н. В.

Гоголя, 10th ed.)》(ed. Nikolai Tikhonravov), 1:664에서 인용된 것이다. 티혼라보프는 고골이 푸시킨의 '코니스키'의 믿을 수 없는 본성에 대해서 주장한 의견을 완전히 무시하고, 오직 그에 대한 칭찬만을 늘어놓고 있다고 언급했다. 고골이 코자크들, 특히 《타라스 불바》에 나오는 코자크들을 창작하기 위해 어떠한 역사적 자료를 사용하였는지는 학술 논쟁의 대상이 되어왔다. 《고골 작품집》 1: 569-79, 655-56, 661-64를 참조할 것. 폴 카르푸크(Paul A. Karpuk)의 논문, 〈고골의 미완결 역사 소설 '헤트만'(N. V. Gogol's Unfinished Historical Novel 'The Hetman')〉는 고골이 코자크에 대한 역사 자료를 활용한 것에 대해 수정주의적인 시각을 취하고 있다. 카르푸크의 〈고골의 미완결 역사 소설 '헤트만(The Hetman)'〉, *Soviet and East European Journal* 35, no. 1(1991, University of California, Berkeley, 1987), 36-55을 참조할 것.

15) 고골은 월터 스콧의 작품과 여타 유럽 역사 소설가들의 작품을 읽은 듯하다. 하지만, Romana Bahrij-Pikulyl의 《타라스 불바와 검은 평의회: 월터 스콧의 역사 소설 패턴에 대한 고수와 변주(Taras Bul'ba and The Black Council: The adherence to and the divergence from Walter Scott's Historical Novel Pattern)》에서 저자는 고골의 이야기는 스콧의 모델에 순응하기보다는 차이를 두려고 하였다고 결론지었다.

16) 고골이 어떻게 나레즈니이로부터 자료를 찾아왔는지에 대해서는 리차드 피스(Richard Peace)의 《고골의 수수께끼: 니콜라이 고골 작품과 러시아 문학 전통에서의 고골의 위치에 대한 검토(The Enigma of Gogol: An examination of the Writings of N.V. Gogol and Their Places in the Russian Literary Tradition)》(Cambridge: Cambridge Univ Press)를 참조할 것.

17) 벨린스키(V. G. Belinskii), 《벨린스키 전집》 13(Moscow: Akademia Nauk SSSR, 1953-59), 1:293. 고골의 〈우크라이나 이야기(Ukrainian Talses)〉에 대한 동시대 사람들의 반응은 그의 작품이 정확하게 역사적 인류적 '실제(reality)'를 묘사하고 있는지에 대한 여부에 집중되어있었다. 세부적인 담론을 위해서 폴 데브렉제니의 〈니콜라이 고골과 동시대 비평가들(Nikolay Gogol and His Contemporary Critics)〉, *Transactions of the American Philosophical Society*, n.s. 56. Part 3(April 1966))을 참조할 것.

18) 페베레제프(V.F. Peverezev)의 《고골의 창작(Творчество Гоголя)》(3rd ed., Ivanovo-Voznesensk: Osnova, 1928), 29.

19) 바실 시르스키(Wasyl Sirskyj)는 고골의 코자크들이 러시아인들로 변형된 것을 '타라스 불바'의 1842년 판본에서 보다 명백하게 확인할 수 있으며, 이러한 러시아화(russification)은 실제적인 이유, 주로 그의 러시아 친구들과 후원자의 압력으로 비롯된 것이라고 결론지었다. 〈고골의 '타라스 불바'에서 드러난 이데올로기적 함축(Ideological Overtones in Gogol's Taras Bulba)〉, *Ukrainian Quarterly* 35(1979): 284. 필자는 이러한 문학적 결정을 개인적 변증론으로 축소시키는 것을 반대한다.

20) '신성한 러시아(Святая Россия)'라고 언급하는 것은 불가능한 듯 보인다. 단지 '신성한 루스(Свят

ая Русь)'라고만 언급할 수 있다. 이와 마찬가지로 '루스 제국(Русская Империя)'이라고 말하는 것은 불가능하며, 단지 '러시아 제국(Российская Империя)'만 가능하다. 러시아 제국의 형용사인 Российский는 러시아(Россия)에서 온 것이지, 루스(Русь)에서 온 것이 아니다.

21) 고골의 코자크의 중요성에 대한 나의 의견은 제스 젤딘(Jesse Zeldin)의 의견과 맥을 같이 한다. "고골이 한 일은 코자크와 그들의 투쟁을 러시아의 상징으로 만든 것이다. 고골이 인지하는 한 코자크에 대한 투쟁은 서방에 대한 투쟁이었다. 고골의 우크라이나에 대한 계속된 관심은 우크라이나 그 자체에 대한 환상에 의한 것이 아니었으며, 우크라이나를 영적 모델로 해석했기 때문에 나타난 것이다. 이러한 맥락에서, 이야기는 서투른 방식이지만, 민족주의적이고 종교적인 양상을 띤다. 《니콜라이 고골의 미의 추구: 작품 탐구(Nikolai Gogol's Quest for Beauty: An exploration into his Works)》(Lawrence: Regents Press of Kansas, 1978), 25.

22) 고골은 초기의 루스인들을 '거미와 같은'(spiderlike) 서방 교회와 대조하였다. "여기서 우리는 서구에 대한 반대명제를 찾았다. 거기서 당신은 전제적인 교황이 보이지 않는 힘을 가지고 있는 것을 발견할 수 있으며, 교황의 권위 있는 말은 전쟁을 멈추거나 부추길 수 있다. 끔직한 천벌에 대한 위협이 열정과 반야생적인(half-wild) 민족들에 굴레를 씌우고 있다."(8:40-41). 초기 루스의 혼돈은 고골이 보기에는 교황의 획일적인 통제보다 나은 것이었다. 적어도 루스의 혼돈은 진실되고 자유로운 사회로 가는 길을 준비하고 있었다.

23) 4장은 코자크의 이상적인 천성이 그들의 폭력(violence)에도 불구하고 존재하는 것이 아니라, 폭력으로 인해 존재하는 것이라는 것을 증명한다.

24) 비정통적인 방식으로 적용되기는 하지만, 고골이 코자크의 '일체 속의 다양성'(Multiplicity in unity)를 묘사한 것은 의심한 여지없이 정교의 이상인 공동체 정신 소보르노스티(соборность)에 영향을 받은 것인데, 소보르노스티라는 단어는 고골의 친구인 알렉세이 호먀코프(Алексей Хомяков)에 의해 만들어졌다. 〈교회는 하나(The Church is One)〉에서 호먀코프는 혼합되지 않았지만, 그와 동시에 분리되지 않은 요소로 이루어진 전체의 개념에 대해서 설명했다. 그는 '교회의 통일성은 가상이나 우화적인 것이 아니라, 생명체에서 많은 구성요소들이 합일된 것과 같은 진실되고 핵심적인 본체이다."라고 언급했다. 팔이나 눈이 전체적인 인간의 유기체와 공생적인 조화를 이루며 사는 것과 같이 이러한 결합은 분리될 수 있는 것이 아니다. '교회'라는 단어는 '보이는 교회', '지상의 교회'를 의미하는데, 이는 신의 공통된 사랑에 유기적으로 통일된 별개의 지역 교회들과 신자들의 집단이다. 또한 '교회'라는 단어는 그리스도를 머리로 하고 있는 교회의 전신을 의미하는데, 이는 시간과 공간 외에서 존재한다. 그러므로 '소보르노스티'의 개념은 러시아 정교의 물리적, 형이상학적인 구조에 스며들어 있다. 알렉세이 스테파노비치 호먀코프, 〈하나의 교회(Церковь Одна)〉, 《전집》, 8 vols(Moscow: Universitetskaia tipografiia, 1900~1904), 2:1-26.

25) 고골이 1827년 6월 26일 비소츠키(Г. И. Высоцкий)에게 보내는 서한(PSS 10:28)에서 '젬노스티(зе

мность 현세성, 대지성)'에 대해서 언급한 것을 참고할 것. 도널드 팡게르(Donal Fanger)는 우리에게 고골의 '푸슐로스치(пошлость 일상적인 진부함)'은 저질이거나 단순한 것에 대한 개념을 낳았으며, 이는 '명백히 저질인 것'과 '거짓으로 중요한 것, 거짓으로 아름다운 것, 거짓으로 영리한 것, 거짓으로 매력적인 것'을 의미하는 시작에 불과하였다고 주장하였다. 나보코프 역시 적절히 '푸슐로스치'를 정의하고 있다.(*Creation of Nikolai Gogol* 19). 나보코프의 푸슐로스치에 대한 담화는 Gogol, 63-74에서 찾아볼 수 있다.

26) 유리 로트만은 〈옛 기질의 지주들〉이 지니는 경계성(boundedness)의 중요성을 강조한다. 〈고골의 산문에서 드러나는 예술적 공간의 문제(Проблема художественного пространства в прозе Гоголя)〉, *Trudy po russkoi I slavianskoi filologii*, Vol. 11: *Literaturnovedenie. Uchenye Zaposki Tartyskogo gosudarstvennogo universiteta* 209(Tartu, 1968), 22-23.

27) 이 경우, 고골의 〈마차(Коляска)〉에서는 '마차'가 갇힌 박스라는 면에서의 운송수단뿐만 아니라 울타리로 둘러싸인 경계라는 면에서 도시를 묘사하기도 한다. 내외의 공간은 폴란드의 도시와 지주의 마당과 같이 영적으로 공허하다.

28) 안드레이 벨리(Андрей Белый), 《고골의 장인성(Мастерство Гоголя: исследование)》(Moscow-Leningrad: Gosudarstvennoe izatel'stvo khudozestvennoi literatury, 1934); 구코프스키(Г. А. Гуковский), 《고골의 리얼리즘(Реализм Гоголя)》(Moscow-Leningrad: Gosudarsrvennoe ozdatel'stvo khudozhestvennoi literatury, 1959).

29) 시몬 칼린스키(Simon Kalinsky)의 《니콜라이 고골의 성적 미로(The sexual labyrinth of Nikolai Gogol)》(Cambridge, Mass., and London: Havard University Press, 1976), 67-77. 칼린스키에 따르면, '옛 기질의 지주들'의 세계를 붕괴했던 것은 풀헤리야 이바노브나의 암컷 집고양이였다.

## 4장

1) '야생 들소(aurochs, тур)'라는 단어는 러시아 민중 문학에서 사랑을 받는 현재는 거의 멸종된 야생 들소의 품종을 이야기한다. '투르(тур)'라는 단어는 일종의 카프카스 염소를 의미할 수 있으나, 이 고리 원정기의 '용맹한 들소'를 연상시키는 '부이 투르(буй-тур)'라는 단어에 대한 앞선 언급(모르돕체프, 《사가이다치니》, PS 1:67)은 명확히 전자의 정의를 제시하고 있다.

2) 모르돕체프, 《사가이다치니》, PS 1:80.

3) 결혼을 위해 탈영한 부대원이 없다는 부대장의 허풍에 대해서는 네스토르 쿠콜니크(Нестор Васильевич Кукольник)의 《자포로제 사람들, 역사 중편소설(Запорожцы, исторические повести)》(St. Petersburg: Izdanie A. S. Suborina)를 참조할 것.

4) 모르돕체프, 《사가이다치니》, PS 1:12.

5) 다닐렙스키(Г. П. Данилевский), 〈반두라 연주자들의 노래(Песни Бандуриста)〉, Sochineniia G. P. Danilevskogo v 24kh tomakh(St. Petersburg: Izdanie A.S. Suborina, 1902), 5:1.

6) 모르돕체프, 《사가이다치니》, PS 1:197. 남성 집단인 코자크들을 경악시킨 동양의 포로는 스테판 라진과 페르시아 공주의 이야기에 대한 반향이다.

7) 바실리 나레즈니이(Василий Нарежный), 《자포로지야인(Запорожец)》, Romany I povesti Vasilia Narezhnogo, 2nd ed(St. Petersburg: Tipografiia Aleksandra Smirdina, 1836), 8:184-85.

8) 에스겔서 23:31-34, 마태복음 20:22, 30:39; 요한복음 18:11.

9) 고골의 악마 묘사에 대한 보다 심도 있는 연구를 위해서는 드미트리 메레좁스키(Дмитрий Мережовский)의 《고골, 작품과 생애, 종교(Гоголью Творчество, Жизнь, религия)》를 참조할 것. 제임스 우드워드(James B. Woodward) 역시 여성과 악마의 결합에 대해서 〈고골의 상상 예술: 고골 단편에 대한 에세이〉에서 논의하였다.

10) 팡게르의 《니콜라이 고골의 창조》, 100; 개리 콕스(Gary Cox)의 〈고골의 '지간카 부근 마을의 저녁'에 나오는 지리학, 사회학, 성적 긴장(Geographic, Sociological, and Sexual Tensions in Gogol's Dikanka Stories)〉, *Slavic and East European Journal* 24(1980): 219-32, 조지 그라보비츠(George Grabowicz)의 《고골 속의 우크라이나 신화(The myth of the Ukraine in Gogol(unpublished lecture, Columbia University, 1980))》, 위에 언급된 우드워드의 《고골의 사상 예술》, 12와 칼린스키의 《니콜라이 고골의 성적 미로》, 36, 59를 참조할 것.

11) 고골의 작품 《타라스 불바》를 대다수의 고골의 작품에 드러나는 파소스(pathos)에 결부시키려고 시도하면서 많은 비평가들은 작품 끝에 나오는 타라스의 불바의 죽음을 코자크 정신의 상실로 잘못 해석한다. 알렉스 드 종주(Alex de Jonge)는 "타라스 불바가 죽음을 맞이할 때, 그의 세계도 그와 함께 사라졌다. 그러므로 부정적 가치가 모든 단계에서 승리한 것이다. 타라스 불바는 자신의 아들들보다 오래 살고, 코자크 정신(kazachestvo)보다 오래 살게 되면서 내리막길을 걸어왔던 것이다. 사람들은 책의 결말에서 코자크의 황금시기의 종말을 목격할 것이다"라고 언급했다.(Gogol, 81) 불바의 부하들은 석양으로 사라지면서 코자크 전통을 이어나갔다. 그들은 역사적 시간에서는 벗어났지만, 결과적으로 신화의 세계로 들어간 것이다.

12) 카우보이 텍스트와 코자크 텍스트에 대한 흥미로운 비교는 존 카웰티(John. G. Cawelti)의 《식스건 미스틱(the six-gun mistique)》(Bowling Green, Ohio; bowling Green University popular Press, n. d.), 62-82를 참조할 것.

13) 바빈스키(Babinsky), 《마제파 전설(Mazeppa Legend)》 46, 137.

14) 율리우시 스워바츠키(Juliusz Slowacki), 《마제파(Mazeppa)》, Polish and American: A translation of Slowacki's Mazeppa, Together with a Drief Survey of mazeppa in the United States. (Marion

Moore Coleman 번역) (Chesire, Conn.: Cherry Hill Bools, 1966), 41.

15) 릴레예프, 《보이나롭스키》.

16) 폭력과 생명 혹은 재탄생 간의 신화적인 관계에 대한 담론은 이해서는 조셉 캠벨(Joseph campbell)의 '천 개의 얼굴을 한 영웅(Hero of a Thousand Faces)', 93, 140-43을 참조할 것.

17) 고골은 이 관례(convention)을 베네비치노프(Веневитинов)의 1827년 《북방의 리라(Северная лира)》(1827)지에 기고한 같은 제목의 글에 차용한 것이다. 베네비치노프는 이러한 관례를 빌헬름 바켄로더(Wilhelm Wackenroder)에게서 차용했다. 고골의 명시적인 미적 진술은 결코 독자적인 것이 아니며, 학자들에 의해서 종종 무시되어왔다. 하지만 그의 어휘 선택에 드러나는 숨겨진 의미는 다시 주목할 필요가 있다. 해당 글과 '미르고로드(Миргород)'에 나오는 조각상, 그림, 음악에 대해서는 필자가 쓴 〈고골과 미르고로드의 뮤즈들(Gogol' and the Muses of Mirgorod)〉, *Slavic Review* 50, no. 2(summer 1991), 309-16을 참조할 것.

## 5장

1) 치젭스키(D. I. Tschizewskij), 〈고골: 예술가이자 사상가(Gogol: artist and Thinker)〉 *Forum Slavicum*, Vol. 12: Gogol-Turgenev-Dostoevskij-Tolstoj zur Russishen Literatur des 19 Jahrhunderts(ed. Tschizewskij, Munich: Wilhelm Fink Verlag, 1966), 91-92.

2) 쿠콜니크, 《자포로지야 사람들, 역사중편소설》, 91-92.

3) 경계성(liminality)의 영속적인 상태(permanent state)를 부여받은 기독교 수도사들에 대한 담론은 빅토르 터너(Victor Turner)의 《의례 과정(The Ritual Process)》, 107을 참조할 것.

4) 쿠콜니크, 《자포로지야 사람들》, v:14.

5) 모르돕체프, 《사가이다치니》, 10.

6) *Ibid.*, 53.

7) *Ibid.*, 89.

8) 다닐렙스키, 《노보러시아의 탈주자(Беглые в Новороссии)》, *Sochineniia* 1:99.

9) 다닐렙스키, 〈펜실베니아인과 캐롤리니아인(Пенсилвацы и Каролинцы)〉, *Sochineniia* 17:26.

10) 프레데릭 잭슨 터너(Frederick Jackson Turner)의 《미국사에서의 경계(The prontier in American History)》(1920, New York: Holt, Rinehart and Winston, 1962), 4를 참조할 것.

11) *Ibid.*, 3.

12) "코자크 역사에서 사람들과 그들의 땅 사이에는 변증법이 작용한다. 마치 사람들이 해당 공간의 사회정치적인 질서와 용도를 형성하는 것과 같이, 그들의 땅의 크기와 질은 그들의 개인적인 삶과

사회적인 구조를 형성한다." 고든, 《코자크 반란》, 11. 또한 고든은 다음과 같이 언급한다. "우크라이나는 다른 경계와 마찬가지로 특정한 인격, 개성(personality)을 끌어들인다. 혹독한 압제에도 불구하고, 이러한 예외적인 인물들은 미지의 것을 위해 그들의 고향을 떠난다. 16세기 동유럽에서 이러한 균열들은 현대 사회에서 보다 훨씬 더 큰 혼란을 야기했다. 이러한 균열들은 종종 가족들이 까마득할 정도로 세대를 거듭하여 살았던 공동체의 안전성에서 벗어나는 것을 의미하였고, 민담에서 피에 목마른 이교도, 겨울의 잔혹함, 황량한 들판의 고독으로 알려진 국경지역으로 떠나는 것을 의미하였다. 반면 우크라이나는 비옥한 땅으로 알려져 있었다. 잠재적인 번영의 매력은 전형적인 코자크의 특성이 왜 두 가지 측면을 가지고 있는지를 설명해준다. 겁이 없으며 희망적이고, 자유로운 영혼을 지니고 있으며 야망이 있다, 독립적이며 자기위주이고, 반권위적이며 공격적이다.

13) 유럽의 국경(border)과 미국의 경계(frontier)를 구별하기 위한 추가적인 담론은 리차드 슬롯킨(Richard Slotkin)의 《폭력을 통한 재생성: 미국 경계의 신화학 1600-1860(Regeneration through Violence, 1600-1860)》(Middletown, Conn: Weselyan University Press, 1973), 369-76을 참조할 것.

14) 슬롯킨(*Ibid.*, 373)은 샤토브리앙(Chateaubriand, 1768-1848: 프랑스의 소설가·정치가)의 예를 제시한다. 미국은 샤토브리앙에게 열정과 이성, 문명과 야만성, 질서와 절차에 대한 존중과 반동적인 무정부 같은 배경을 제공한다.

15) 로널드 르블랑은 간략히 미국 문학의 '경계 의식(frontier consciousness)'을 질 블라스(Gil Blas)의 《러시아화》, 15에서 나타나는 유럽 문학의 러시아적 '모방'과 연관해 논하고 있다. 미국 문학의 저항에 대해서 자세히 알기 위해서는 앨버트 본 프랭크(Albert Bon Frank)의 《신성한 게임: 미국 문학에서의 지방적 편협성과 경계 의식(The Sacred Game: Provincialism and Frontier Cpnsciousness in American Literature)》(Cambridge: Cambridge University Press, 1985)를 참조할 것.

16) 슬롯킨(Slotkin), 《폭력을 통한 재생성(Regeneration through Violence)》, 23, 100.

17) 러시아와 미국에 인접하고 있는 국가들도 국경, 혹은 적어도 문화적, 정치적 중심지로부터 멀리 떨어진 지역을 소유하고 있으며, 우리는 이들의 문학에 나오는 변경 지역 인물들이 어느 정도 코자크와 유사성이 있다는 것을 발견할 수 있다. 예를 들어, 월터 스콧의 '고지대 주민들(highlanders)'은 문명화된 도시인 런던으로부터 멀리 떨어져 살고 있으며, 이들은 영국인인 듯하지만 확실히 영국인이 아니다. 이러한 차이들은 다른 연구에도 자료를 제공할 수 있었다.

18) 여기서 다시 한번 고골이 열의를 가지고 설정한 《타라스 불바》의 변경 지역을 장난스럽게 도치하거나 패러디한 여러 순간들을 비교해보는 것이 도움이 된다. 노즈드레프(Nozdrev)는 〈죽은 농노〉에서 자신의 영지의 경계를 자랑하여, 이쪽과 저쪽에 속하는 모든 것이 자신의 소유라고 우기며, 자의적으로 '자신의' 경계를 거짓된 경계역(liminality)까지 밀어붙인다. 그리고 〈검찰관〉 4장 마지막 부분에 나오는 흘레스타코프의 떠남은 러시아의 평원 너머 '지는 노을로' 들어가는 것이며 그의 목소리가 무대의 경계 너머에서 등장하고, 그의 마차의 종소리가 막이 내리는 멀리 떨어진 곳에서

들리는 것처럼 들린다.

19) 고골이 경계가 없는 파란 하늘과 함께 '멋지고, 측정할 수 없는 스텝 지역'이라는 이미지를 자아낸 〈작은 러시아 노래에 대해서(About little Russian Songs)〉를 참조할 것(PSS 8:91).

20) 우리는 여기서 무경계성의 공간적 현화(spatial manifestation)에 대해서 논하고 있다. 하지만 이러한 예시를 통해서 시간적 파급성(temporal ramification)도 볼 수 있다. 코자크의 무시간성(timelessness)에 대한 추가 담론은 다음 장에서 이루어질 것이다.

21) 폴 카르푸크(Paul Karpuk)는 자신의 논문인 〈고골의 미완결 역사 소설 '헤트만'〉에서 고골의 소설에서 나오는 역사적 오류는 정보 제공자로부터 얻은 잘못된 정보에 기인할 것이라고, 설득력 있게 주장했다. 카르푸크와 마찬가지로 필자 역시 우리는 고골의 역사에 대한 열정을 진지하게 받아들이되, 이러한 역사적 열정의 결과를 분별하려고 노력해야 한다고 본다.

22) 파데이 불가린, 《마제파》, *Sochineniia*(St. Petersburg, 1834), 2:12.

23) 《블라디미르(Вдадимир)》(1705)에서 고전적인 예를 찾아볼 수 있다. 《블라디미르》에서 저자 페오판 프로코포비치(Феофан Прокопович)는 서문과 후기에서 마제파를 대단한 지도자, 신앙심이 깊은 애국자로 칭송하였으나, 마제파가 표트르 대제에 대항하기 위해 카를 12세와 협력하였을 때는 텍스트 자체를 변경한다. 바빈스키의 〈마제파 전설〉, 80, 85에서 논의된다.

24) 바빈스키는 러시아(그리고 폴란드) 작가들이 역사를 그들 작품의 중심에 위치시킴으로서 서유럽의 마제파 전설을 재형성하였다고 지적했다. 바이런이 작품의 배경으로 역사적 자료를 활용할 때, 러시아인들은 정치적/역사적 강조점을 만들기 위해 이야기 전체를 재구성했다. 《마제파 전설》, 94.

25) 1833년 11월 9일, 고골은 막시모비치에게 보내는 편지에 다음과 같이 썼다. "나는 지금 우리(러시아)와 가여운 우크라이나에 대한 역사를 쓰는 일에 착수하였습니다. 그 무엇도 역사처럼 나를 진정시키지 못합니다. 내 생각들은 보다 차분하게 규칙적으로 흐르기 시작합니다. 내가 정말 역사를 쓸 것이고, 이전에 말해지지 않은 많은 것들을 말할 것입니다."(10:284). 1834년 1월 11일 그는 포고딘(М. П. Погодин)에게 "나는 완전히 나의 소러시아 이야기와 나의 일반 역사에 매료되어 있으며, 이 둘은 서로 같이 움직이기 시작한다.(10: 294)."라고 썼다. 그러나 두 역사 작품 모두 써지지 않았다.

26) 기피우스(В. В. Гиппиус)는 우리에게 고골이 고고학자가 아니라 시인이라는 것을 떠올리게 한다. 구비 서사시가 그러하듯 그는 어떠한 역사 기간에 사건이 발생하였는지를 자각하지 않은 채, 전(全) 세기에 걸쳐 연대를 혼동할 수 있다. *Gogol*(Robert A. Maigure 번역, 편집, Ann Arbor: Ardis, 1981), 65. 이에 대조되는 의견으로는 카르푹을 참조할 것.

27) 기피우스는 "고골과 관련된 한, 역사에 대한 학술적 접근과 예술적 접근을 선을 지어 구별하는 것은 사실상 인식 불가능하며, 그는 자신의 작품에서 시간을 뛰어넘었다"라고 지적했다. 고골은 슐로저(Schloezer), 뮐러(Mueller), 헤르더(Herder)에 대한 그의 논평에서 이 세 역사가에 대한 담론으

로부터 쉴러, 월터 스콧, 셰익스피어 세 예술가에 대한 담론으로 이동하였다. 《고골》, 60을 참조할 것. 전문에 대한 서문에서, 기피우스는 우리에게 고골의 시간에서 '과학'과 '문학'에 대한 경계와 역사와 역사적 낭만 간의 경계가 극히 불안정하다는 것을 떠올리게 한다.

28) 이러한 방식에서 타라스 불바는 기묘하게도 현대적이다. 조셉 프랑크는 제임스 조이스의 율리시스(Ulysses)에서 과거와 현재 상(aspects)의 연속적인 병렬을 통해서, 과거와 현재가 포괄적인 시각에 융합되어 있는 방식으로, 역사의 시간적 세계가 신화의 무시간적 세계로 변화하는 것을 논하였다. 이러한 병치를 통해서 역사는 비역사적인 것이 된다. 〈현대 문학에서의 공간적 형태(Spatial form in Modern Literature)〉, in *Criticism: The Foundations of Modern Literary Judgement*(Mark Schorer, Josephine Miles, Cordon McKenzie(ed.), New York: Hacourt Drace? 1948). 392.

29) 호머(Homer)의 《일리아드(The Iliad)》(Richmond Lattimore 번역, 서문)(Chicago and London: University of Chiccago Press, 1951), 5:560, 13:178, 13:389, 16:482.

30) 릴레예프, 《시 전집 201》, II. 388-90.

31) 불가린, 《마제파》, *Sochineniia* 2:34.

32) 오히려 《타라스 불바》는 고골이 '서사시의 비주류(minor type of epic)'라고 정의 내린 것과 가깝다. 여기서 현재에 대해 살아있는 교훈을 찾기 위해 과거를 보는 사람들 모두를 위해 작가는 하나의 주인공을 통해 작가가 선택한 시간의 특성과 방식에서 중요한 것들의 진정한 그림, 세속적이고 거의 통계적으로 이해할 수 있는 그림을 제시할 수 있다. 이러한 정의에서 우리는 고골이 이 장르를 역사보다 서사시에 가깝게 하는 통계를 강조하고 있음을 볼 수 있다. 여기서 서사시는 시간의 몇몇 특성만을 포용하는 것이 아니라, 전 시대를 포괄한다. 우리는 또한 고골이 어떻게 장르의 도움을 토해 과거를 현재와 연결시키는지를 볼 수 있다. 그는 자신의 작품인 《타라스 불바》 역시 이 범주에 들어가지만, 아리오스토(Ariosto)와 세르반테스(Cervantes)를 예로 들었다.(서사시의 장르가 확장되어 산문 작품까지 포함하게 된다) 《장편서사시(Epopeia)》와 《장편서사시의 비주류(Меньшие роды эпопеи)》, 《청소년을 위한 러시아 문학 교육서(Учебная книга словесности для русского юношества)》에 수록. 《친구와의 서신 교환선(Выбранные места из переписки с друзьями)》, 8:478-79.

33) 고골은 낭만적인 신화를 쓸 때 수용되거나 사용되는 서술, 논리적, 언어적인 형태를 초월함으로써 원시적인 신화-시적(mythpoetic)인 태도에서의 상실된 결백, 순수를 재포착하기 위해서, 신화를 만드는 완료(consummatory) 단계에 참여한다. 필립 윌라이트(Philip Wheelwright)의 〈신화의 의미론적 접근(Semantic Approach to myth)〉, *Myth: A Symposium* 기재(Thomas Sebeok)(Bloomington: Indiana University Press, 1965), 96. 이러한 유형의 신화 창조에서 예술가는 스스로 예언가로 변화한다. "평범한 사회적이고 개인적인 걱정거리를 위해 관례적인 위안을 제공하기보다는 새로운 관점으로 마음과 가슴을 흔든다."(슬롯킨, 〈폭력을 통한 재생성〉, 13). 코자크에 대한 현대

적인 혹은 완결적인 신화는 폐쇄적이고 자급자족적인 사회를 가지고 있는 고대 신화와 유사하지만 동일한 것은 아니다. 고대 신화에서의 경계(boundaries)는 민족적 정체성의 신화들 속에서 밀봉되어 있으며(sealed), 이를 초월하고 있다.

34) 유리 로트만은 거울과 반사에 대한 이미지가 항상 고골의 경계가 없는 공간 모델과 평범한 세계 넘어, 혹은 위로 관점이 이동하는 것을 가리키고 있다고 주장하였다. 〈고골 산문에서의 예술 공간의 문제〉, 31을 참조할 것.

35) 고골은 편의성을 두고, 자기 자신을 히치콕 스타일로 신화적인 경관 내부에 흰뺨오리로(러시아어로 고골(гоголь), 작가의 이름과 철자가 같음) 위치시켰다.

36) 버틀러 대학에 폴 발리에르 교수에게 성서와의 관련성을 지적한 것에 대해 감사를 표한다. 코자크들과 '뉴 이스라엘(New Israel)' 지역의 초기 미국인들 간의 대조는 지금 이 시점에서 요구되지만, 아직은 시기상조이다.

37) 〈이반 쿠팔라 전야(St. John's eve)〉만이 독립적으로 출판되었으며 상당히 다른 형태를 띠고 있다. 〈비사브류크 혹은 이반 쿠팔라 전야, 소러시아 단편(Бисаврюк, или Вечер Накануне Ивана-Купала. Малороссийская повесть)(iz narodnogo predaniia, rasskazannaia d'iachkom Pokrovskoi tserkvi)〉이라는 제목으로 《조국 통보(Отечественные записки)》 1830년 2-3월호에 출판하였다. 많은 학자들은 〈이반 쿠팔라 전야〉의 구조적 완전성을 주장하고 있다. 젤딘의 〈고골의 미에 대한 추구〉, 202(n. 9)를 참조할 것.

38) 빅토르 비노그라도프(Виктор Виноградов)는 '일련의 서술자들'에 대해서 언급하고 있다. "서술자의 계속되는 변화와 예상하지 못했던 작가로의 변형에 대한 환영을 제시하는 복잡하고 갑작스러운 연설 중단과 같이 고골은 자유롭게 예술 작품을 창조한다." 〈고골 서체에 대한 소논문(Etiudy o stile Gogolia)〉(Leningrad: Academia, 1926), 41-42.

39) 고골의 작품 세계(oeuvre)에 드러나는 우크라이나성(Ukrainism)에 대해서는 바실 흐리스코(Wasyl Hrishko)의 〈고골의 우크라이나어-러시아어 이중언어 사용과 고골 서체의 이중성(Gogol's Ukrainian-Russian Dilingualism and the Dualism of Gogolian style)〉(Diss., University of Washington, 1973)을 참조할 것.

40) 개리 콕스는 〈지간카 부근 마을의 저녁〉의 서술 스타일에 대한 광범위한 분석을 하였으며, 해당 작품이 두 명의 다른 서술자들(구두 서술자, 문학적 서술자) 사이의 경쟁을 드러내고 있다고 결론지었다. 필자는 두 명 이상의 서술자들 간에 경쟁이 일어나고 있다고 보았으며, 이 중 아무도 우위를 차지하지 않고 있다고 보면서 개리 콕스와 다른 관점을 취하고 있다. 개리 콕스의 〈고골의 서술자에 대한 연구(A study of Gogol's Narrators)〉(Diss., Columbia University, 1978)를 참조할 것. 또한 기피우스의 《고골》, 36, 37을 참조할 것. 여기서 기피우스는 〈지간카 부근 마을의 저녁〉에 나오는 서술의 유형을 네 가지로 나누었다. (1) 서사시적 독백(이반 쿠팔라 전야) (2) 서정시적-극적(소로친츠이 장날

Сорочинская ярмарка, 5월의 밤. Майская ночь) (3) **극적-서사시적**(성탄 전야. Ночь перед Рождеством, 쉬폰카. Иван Федорович Шпонка и его тётушка) (4) **서정시적 독백**(잔인한 복수. Страшная месть). 이러한 분석은 상당히 설득력이 있으나, 많은 목소리를 구별해야 한다는 주장은 나의 논지를 지지해준다: 고골은 의식적으로 한 싸이클 안에 많은 다른 입장들을 혼합하였다.

41) 마틴 라이스(Martin P. Rice), 〈설화(스카즈/сказ)에 대하여(On 'skaz)〉, *Russian Literature Triquarterly* 12(Spring 1975), 409-23.

42) 로트만은 문단에서 고골이 관점을 행위 위에 장소로 변화시킬 때 정해진 기준틀이 상실된다고 이야기하였다. 《고골 산문에서의 예술 공간 문제》, 20.

43) 츠베탕 토도로프(Tzvetan Todorov), 《환상적인 것: 문학 장르에 대한 구조적 접근(The Fantastic: A structural Approach to a Literary Genre)》(Richare Howard, Robert Scholes, Ithaca, N. Y: Cornell University Press, 1975), 33.

44) *Ibid.*, 113.

45) *Ibid.*, 118.

46) 이 지점에서 주인공은 반두라를 만들어 노래하기 시작한다. 이러한 환상적인 내용은 앞서 논의되었던 요소인 서사시적 노래와 연결된다.

47) 토도로프는 내부적인 열망이 내부적 세계를 떠나 외부적 세계에서(주로 마녀나 악마의 형상으로) 체화되는 이야기를 발견하였다. 실재하는 존재를 부여받은 그들은, 주인공을 미치게 만든다. *Fantastic* 127.

48) 토도로프는 우리에게 환상적인 것에 대해서 "환상적인 것이 신화적 사유에 있는 만큼 물질과 정신 간의 한계는 알려진 바 없다, 예를 들어, 환상적인 것은 끊임없는 위반에 대한 구실을 가공하기 위해 존재한다"라고 상기시킨다.

49) 고골의 작품에 등장하는 환상성에 대한 담론을 위해서는 유리 만(Юрий Манн)의 〈고골 작품에서 드러나는 환상적인 것과 실재적인 것(Фантастическое и реалное в Гоголя)〉, *Voprosy literatury* 13, no. 9(1969), 106-25를 참조할 것.

## 6장

1) 《코자크》는 푸시킨의 《대위의 딸》보다 서사시 '집시들'과 '카프카즈의 포로'를 연상시킨다. 톨스토이는 자신의 코자크 소설을 최종 출판본이 나오기 11년 전, 그가 아직까지 낭만적인 사상에 사로잡혀 있었을 때부터 쓰기 시작했다. 이러한 의미에서 이것은 《세바스토폴 이야기》와 함께 1850년대의 낭만주의적 작품에 포함되며, 이후의 소설들은 포함되지 않는다.

2) 러시아 문학에서의 코카서스에 대한 간단한 조사는 수잔 레이턴(Susan Layton), 〈창의적인 카프카스 지리의 탄생(The Creation of an Imaginative Caucasian Geography)〉, *Slavic Review* 45, no. 3(Fall 1986), 470-85 참조.

3) 레프 톨스토이, 《전집(Polnoe sobranie sochinenii, 이하 PSS)》(Moscow-Leningrad: Gosudarstvennoe izdatel'stvo, 1929), 6:11. 톨스토이에 대한 이후의 언급은 이 판본을 인용하며, 본문에 표기된다.

4) 보리스 아이헨바움(Boris Eikhenbaum), 《젊은 톨스토이(The Young Tolstoi)》, Gary Kern 번역 (Ann Arbor: Ardis, 1972), 89-94. 톨스토이는 주인공이 산악 마을 소녀와 함께한 경험을 담은, 푸시킨의 "카프카즈의 포로"를 염두에 둔 것이 틀림없다.

5) 개리 솔 모르손(Gary Saul Morson)은 《단순 시점에서 숨어있는 것: '전쟁과 평화'에서의 서술과 창작 잠재력(Hidden in Plain View: Narrative and Creative Potentials in 'War and Peace')》(Stanford: Stanford University Press, 1987), 126에서 "산문"이론에 관한 톨스토이의 보편성이 갖는 중요성을 논한다. 그의 "혼잡(mess)"이란 용어 사용은 "Prosaics and Anna Karenina," *Tolstoy Studies Journal* 1 (1988):1-12 참조.

6) 터너(C. J. G. Turner), 〈톨스토이의 코자크: 장르에 대한 모색(Tolstoy's The Cossacks': The Question of Genre)〉, *Modern Language Review* 73 (1978), 563-72. 작품 장르의 발전을 추적한다.

7) 터너, 〈톨스토이의 코자크: 장르에 대한 모색〉, 567. 톨스토이의 1857년 이후 일기는 PSS 47:146에서 찾을 수 있다.

8) 톨스토이의 소설에서 "사랑받는 자" 대 "고아" 혹은, 더욱 광범위하게, "거주민" 대 "이방인" 범주의 단어들에 대한 도발적인 연구는 리처드 구스타프손(Richard F. Gustafson), 《레프 톨스토이, 거주자이자 이방인: 소설 및 신학 연구(Leo Tolstoy, Resident and Stranger: A Study in Fiction and Theology)》(Princeton: Princeton University Press, 1986) 참조.

9) 톨스토이는 생리학적 개요(psyological sketch)에서 객관적일 수 있는 민족지학적 표현의 기술을 차용한다. 당대 독자들은 이 글쓰기가 사실은 아주 낭만적임에도 불구하고 "사실적"이라고 생각한다. 톨스토이의 코카서스 소설과 이 개요의 관계에 대해서는 카롤 카본 에로스(Carol Carbone Eros), 〈톨스토이의 카프카스 이야기와 문학 전통(Tolstoj's Tales of the Caucasus and Literary Tradition)〉, Diss., University of Wisconsin, 1973, 7-8 참조.

10) 존 헤이건(John Hagan)의 주장에 따르면, "코자크와 모스크바의 가치관은 처음에 독자와 올레닌(Olenin)이 떨어져 있는 만큼이나 멀리 떨어져 있지는 않다." 〈톨스토이의 코자크의 양면성(Ambivalence in Tolstoy's The Cossacks)〉, *Novel: A Forum of Fiction* 3 (1969), 33.

11) *Ibid.*, 28-47 참조. 로라 제프슨(Laura Jepsen), 〈코자크와 같이 죽이기(To Kill like a Cossack)〉, *South Atlantic Bulletin* 43 (1978), 86-94.

## 7장

1) 시튼, 《스텝의 기수》, 194-95; 롱워스, 《코자크》, 267-68.

2) 롱워스가 간결하게 서술한 대로, "코자크가 식량을 수입하고, 혁명을 수출했던 과거의 무역 패턴이 바뀌었다. 돈 코자크는 이제 식량을 수출하고 사상을 수입한다." 《코자크》, 250.

3) 로버트 맥닐(Robert H. McNeal)은 20세기에 코자크는 아주 시대착오적인 사람들이라고 주장한다. 그럼에도 "기병의 전술적 유용성은 일종의 전쟁, 1905년에 러시아의 도시와 마을에서 발생한 계급 충돌을 진압하는데 쓸모가 있었다." 《차르와 코자크(Tsar and Cossack), 1855-1914》(London: Macmillan Press in association with St. Antony's College, Oxford, 1987), 220.

4) 존 부시넬(John Bushnell), 《반란과 억압: 1905-1906년 혁명에서의 러시아 군인들(Mutiny amid Repression: Russian Soldiers in the Revolution of 1905-1906)》(Bloomington: Indiana University Press, 1985), 109-10.

5) 코자크 농지와 관련한 토지 분배에 대한 논의는 맥닐, 《차르와 코자크》, 166-89 참조.

6) 시튼, 《스텝의 기수》, 216.

7) *Ibid.*, 223.

8) *Ibid.*, 216-17, 219.

9) 코자크는 혁명에 대한 반감은 적었으나, 자신들의 마을에서 자행한 적군이 신성모독적인 행동에 크게 반발하여 백군에 합류했을 가능성이 있다. 어느 학자는 "코자크 반혁명의 주요 원인은, 지역 소비에트 정권의 수평적 농업 정책과 규율 없는 적군 무리가 범했던 무수한 강도, 폭력 행위로 인해 코자크가 이전의 특권들과 자신들의 토지를 잃지 않을까 하는 두려움에 있었다." 윌리엄 헨리 체임벌린(William Henry Chamberlin), 《러시아 혁명: 1917-1921(The Russian Revolution: 1917-1921)》(New York: Macmillan, 1935), 2:135.

10) 롱워스, 《코자크》, 310 참조.

11) 시튼, 《스텝의 기수》, 233.

12) 코자크의 상당수가 나치 포로수용소에서 모집되었고, 자신들의 조국과의 싸움에 나서기를 동의하면 자유를 얻을 수 있었다.

13) 롱워스, 《코자크》, 329.

14) 루복(лубок) 문학에 대한 논의는 제프리 브룩스(Jeffrey Brooks), 《러시아가 읽기를 배우기 시작할 때: 문해력과 대중 문학(When Russia Learned to Read: Literacy and Popular Literature, 1861-1917)》(Princeton: Princeton University Press, 1985). 브룩스는 코자크 영웅을 주로 도적에 대한 장에서 논한다. 그는 예르마크를 가장 대중적이고 "비군사적인 역사적 주체"로 보고 있다. (79쪽, 364쪽 [Table 14]).

15) 바실리 카멘스키(Василий Каменский), 《시와 서사시(Стихотворения и поэмы)》, N. L. Stepanov(ed.), Bibloteka Poeta, Bol'shaia seriia, 2판(Moscow-Leningrad: Sovetskii pisatel', 1966), 460.

16) *Ibid.*, 179. 사린(Сарынь)은 라진의 부하들이 포획한 배의 선원들을 지칭한다.

17) *Ibid.*, 180.

18) 추자크(N. Chuzhak), 〈푸가초프에 대한 진실(Правда о Пугачеве)〉, *Opyt literaturno-istoricheskogo analiza*(Moscow: Vsesoiuznoe obshchestvo politicheskikh katorzhan i ssyl'no-poselentsev, 1926); *Pugachevshchima. iz arkhiva*, S. A. Golubtsov(ed.), 3권. (Moscow-Leningrad: Gosudarstvennoe izdatel'stvo, 1926, 1929, 1931); 피르소프(N. N. Firsov), *Pugachevshchina. Opyt sotsiologo-psikhologıcheskoi kharakteristiki*, 2nd ed.(1908; Moscow: Gosudarstvennoe izdatel'stvo, 1921).

19) 톰신스키(S. G. Tomsinskii), 《피르소프 안내서(Introduction to Firsov)》, Pugacheushchina vii.

20) 당대 민요에는 등장하지 않지만 19세기와 20세기의 텍스트에 일관성 있게 나타나는 이 여성들의 존재와 역할에 대해 학자들은 동의하지 않는다. (페르시아 공주는 Jan Struys의 The Voyages and Travels of John Struys [London, 1684]에 잘못 인용되었다. 후대 작가들은 이 외래 이야기에 친숙하다.) Avrich, "Russian Rebels" 75, 280 n. 41 참조.

21) 일례로 카멘스키의 희곡, 〈스텐카 라진(Sten'ka Razin. Pesa v 9 kartinakh)〉(Kharkov: Gosudarstvennoe izdatel'stvo Ukrainy, 1923), 12-13 참조.

22) 표트르 스트루베(Petr Struve), 《인텔리겐치아와 혁명(Intelligentsia and Revolution, Landmarks)》, (Boris Shragin, Albert Todd 편집, Marian Schwartz 번역, New York, Karz Howard, 1977), 140.

## 8장

1) 미르스키(D. S. Mirsky), 《러시아 문학사(A History of Russian Literature)》, Francis J. Whitfield(ed., New York: Alfred A. Knopf, 1949), 151. 바벨의 적군 이야기는 기마대(Horse Army)와 기병대(Cavalry)의 축약어인 적군 기병대(Konarmiia)를 사용하지만, 일반적으로 기병대(Red Calvary)로 번역된다.

2) 막심 고리키(Максим Горький), 〈노농통신원들과 군사통신원들에게. 내가 글을 쓰는 법을 어떻게 배웠는지에 대해(Рабселькорам и военкорам. О том, как я учился писать)〉, Pravda, Sept. 30, 1928, 3; 패트리샤 카던(Patricia Carden), 《이사크 바벨의 예술(The art of Issac Babel)》(Ithaca: Cornell University Press, 1972), 59, 76, 127; 제임스 팰런(James E. Falen), 《이사크 바벨, 러시아 단편의 장인(Issac Babel, Russian master of the Short Story)》(Knoxville: University of Tennessee Press,

1974), 52-54; 마틴 클로츠(Martin B. Klotz), 〈현재의 시학: 이사크 바벨의 '적군 기병대'(Poetry of the Present: Issak Babel's Red Cavalry)〉, *Slavic and East European Journal* 18 (1974), 160; 주디스 스토라-샌더(Judith Stora-Sandor), 《이사크 바벨(Issac Babel), 1894-1941, l'homme et l'oeuvre》 (Paris: Klincksieck, 1968), 77; 스미린(И. А. Смирин), 〈기병으로 향하는 길(На пути к Конармии)〉 *Literaturnoe nasledstvo* 74 (Moscow: Nauka, 1965), 482 참조.

3) 스티븐 마커스(Steven Marcus), 〈이사크 바벨 이야기(The Stories of Isaac Babel)〉 *Partisan Review* 22, no. 3 (Summer 1955), 403; 라이어널 트릴링(Lionel Trilling), 《이사크 바벨 입문서: 선집(Introduction to Isaac Babel: The Collected Stories)》, 월터 모리슨(Walter Morrison) 번역 및 편집(Cleveland and New York: New American Library, 1955), 18; 트릴링(Trilling), 《문화를 넘어서: 문학과 학습에 대한 에세이(Beyond Culture: Essays on Literature and Learning)》(New York: Viking Press, 1965); 라그나 그룅가드(Ragna Grøngaard), 《이사크 바벨의 문학 사이클에 대한 구성 및 테마에 대한 탐색(An Investigation of Composition and Theme in Isaak Babel's Literary Cycle)》(Konarmija arhus: Arkona, 1979), 87; 핼러트(R. W. Hallett), *Isaac Babel*(Letchworth, Hertfordshire: radda Books, 1972), 51.

4) 하지 무라트는 코자크는 아니었지만, 6장에서 논의했듯이 "코자크"에서 묘사된 극히 양면적인 주인공의 확장이라 이해할 수 있다. 레나토 포기올리는 "적군 기병대"가 "코자크"보다 하지 무라트를 훨씬 더 많이 닮았다고 주장했다. 《이사크 바벨 회고(Isaak Babel in Retrospect)》, 《불사조와 거미(The Phoenix and the Spider)》(Cambridge: Harvard University Press, 1957), 234.

5) 1937년 9월 28일, 작가 연합의 축하연에서 있었던 회담은 《동시대인(Наш Современник)》 4권(1964)에 처음 출간되었다. 이는 니콜라이 스트라우드(Nikolai Stroud)에 의해 《잊혀진 바벨(Забытый Бабель)》에 〈작가의 창작의 길에 대해(о творческом пути писателя)〉(Ann Arbor: Ardis, 1979)라는 제목으로 중판됨.

6) 《잡지 중의 잡지(Журнал Журналов)》, no. 51(1917), 4-5에 출판된 초기 이야기인 〈내 나뭇잎(Мои Листки)〉에서 '바벨'이라는 분명한 필명을 씀. 《잊혀진 바벨》, 48-51에 중판.

7) 《잊혀진 바벨》 48-49, 50.

8) 바벨의 가장 훌륭한 전기는 앞서 언급한 주디스 스토라-샌더의 《이사크 바벨》이다. 바벨 자신의 자서전은 상당히 흥미롭지만 완전히 정확한 것은 아니다.

9) 바벨은 전통적으로 반유대주의적인 코자크들에게 자신의 유대인식 이름을 은폐했다. 그러나 그는 가짜 등장인물을 택할 취할 수는 없었다. 그의 이야기들이 자신의 경험을 바탕으로 한 것이라면, 코자크들은 그의 안경을 통해 상징화되고 교육받은 유대인들과 연관된 류토프의 지성을 인식할 수 밖에 없다.

10) 패트리샤 카던(Patricia Carden)은 고리키의 권유가 사실이 아닐 수도 있고, 혹은 바벨이 "스스로

만든 전설"을 발전시켜 과장했을 수도 있다고 보았다. 그러나 바벨이 적군에 가담해서 자료 수집을 했다는 것은 사실이다.(Art of Issac Babel 11, 12-13).

11) 바벨은 물론 자신의 작품이 소련에 출간되지 않았던 약 25년 동안 고통을 겪었다. 그는 스탈린 사후 '복권되었다'.

12) 고골은 43세의 나이에 스스로 굶어 죽었다. 바벨은 47세에 스탈린에 의해 희생되었다.

13) 고골, 〈1833년 1월 1일의 편지(Letter of Feb. 1, 1833)〉, PSS 10:157.

14) 이사크 바벨, 《적군 기병대(Конармия)》, Odesskie rasskazy. P'esy(Letchworth, Hertfordshire: Bradda Books, 1965), 262. 이 글에서 쪽수는 다른 언급이 없는 한 이 개정판을 따른다.

15) 콘스탄틴 파우스톱스키(Константин Паустовский), 〈바벨에 대한 회상(Несколько слов о Бабеле: Мемуары)〉 *Nedelia, nos.* 11-17 (Sept. 1966) 초판. 번역본 Max Hayward, Nathalie Babel(ed.) *Issac Babel: You Must Know Everything*(New York: Farrar, Straus and Giroux, 1966): 281.

16) 1844년 12월 24일, 고골이 스미르노바에게 보낸 편지 참조. 이 책의 3부에서 인용되었다.

17) 포기올리(Poggioli), 《불사조와 거미(Phoenix and the Spider)》, 230. 카딘, 《이사크 바벨의 예술(Art of Issaac Babel)》, 8에서 인용.

18) 오늘날까지 소련 시대 유대인 작가들은 충분히 연구되지 않았다. 약간의 배경지식을 위해서는 얼빙 호웨(Irving Howe)와 엘리저 그린버그(Eliezer Greenberg)가 편집하고 소개한 《희망에서부터 나온 재: 소비에트-이디시 작가들의 소설(Ashes out of Hope: Fiction by Soviet-Yiddish Writers)》(New York: Schocken Books, 1977)를 참조.

19) 도널드 팡게르는 고골에 대해 이렇게 썼다. "고골은 우크라이나의 이국풍이라는 매력에 의해 중재자로 쓰였다. 그의 우크라이나적 유산을 포용함으로써, 그는 러시아 작가가 되었다." *Creation of Nikolai Gogol*, 87-88.

20) 《이사크 바벨》의 85쪽과 92쪽에 있는 스토라-샌더의 언급을 참조.

21) 닐스 아케 닐슨(Nils Ake Nilsson)은 이 흐름이 환유적인 면에서 시간의 연속으로 나타난다고 제안했으나, 비유적으로 경험하면 시간이나 인과에 의한 진전과는 멀어진다. 〈이사크 바벨의 '즈브루치 강 도하'(Isaak Babel's 'Perechod erez Zbru')〉, *Scando-Slavica* 23(1977), 69-70.

22) 빅터 테라(Victor Terras), 〈선과 색: '적군 기병대'에서의 이사크 바벨의 단편 구조(Line and Color: The structure of I. Babel's Short Stories in Red Cavalry),〉 *Studies in Short Fiction* 3, no. 2(1966): 153. 다음도 참조: 로쉘 로스(Rochelle H. Ross,) 〈바벨의 '기병대'의 통일성(The Unity of Babel's Konarmija)〉 *South Central Bulletin* 41, no. 4 (Winter 1981), 116; 토비 클라이맨(Toby W. Clyman), 〈색채주의자로서의 바벨(Babel' as Colorist),〉 *Slavic and East European Journal* 21(1977), 333.

23) "브로디로 향하는 길(The Road to Brody)", "내 첫 번째 거위(My First Goose)", "게달리(Gedali)",

"랍비(The Rebbe)", "돌구쇼프의 죽음(The Death of Dolgushov)", "기병중대장(The Brigade Commander)", "콘킨(Konkin)"과 "베레스체츠코(Berestechko)" 참조. 석양이 시간적 힘의 경계와 신성한 안식일의 시작이라는 전통적인 상징을 의미한다는 제안에 대해서는 에프렘 시쉐(Efrain Sicher), 〈적군 기병대로 향하는 길: 이사크 바벨의 1920년대 작품에서 등장하는 신화와 신화학(The Road to a Red Calvary: Myth and Mythology in the Works of Isaak Babel' of the 1920's)〉, *Slavonic and East European Review* 60, no. 4(Oct. 1982), 540 참조.

24) 닐슨(Nilsson), 《도하(Perekhod)》, 65; Falen, *Isaac Babel* 137, also read the crossing, as Nilsson states, as "a transition from one world to another".

25) 시셔(Sicher), 《적군 기병대로 향하는 길》, 538.

26) 전통적 유월절(이집트 탈출을 기념하는 유대인의 축제) 전례서 인용. 이탤릭체는 필자가 사용한 것임.

27) 유월절은 폴란드 침공이 사실상 시작되었던 초여름이 아니라 봄에 시작한다. 침입자들에 의해 식기가 창고에서 치워져 흩어진다. 바벨이 창고의 다른 물품들이 아닌, 식기를 특별히 선택한 것은 이러한 해석에 신빙성을 부여한다. 바벨은 여기서 시의성에 관심을 두지 않았다.

28) 러시아와 우크라이나 민속극의 코자크에 대한 논의에 관해서는 엘리자베스 워너(Elizabeth A. Warner), 《러시아 민속극장(The Russian Folk Theater)》(The Hague and Paris: Mouton, 1977), 95-98 참조. 19세기 초 연극은 18세기 민속극에서 강한 영향을 받았다. 샤홉스코이(A. A. Шаховской)의 《코자크-시인(Казак-стихотворец)》(1812) 참조.

29) 카던, 《이사크 바벨의 예술》, 49, 112-13.

30) 이러한 이야기들에서 하시디즘 언급에 대한 구체적인 논의는 모리스 프리드버그(Maurice Friedberg), 〈이사크 바벨의 '기병대'에서 드러나는 이디시 민담 모티프(Yiddish Folklore Motifs in Isaak Babel's Konarmija)〉, *American Contributions to the Eighth International Congress of Slavists*, Vol. 2 (Columbus, Ohio: Slavica, 1978), 192-203. on *Fiction* 7(1973), 56; Ardis(1978), 129-30 참조.

31) 허버트 마르더(Herbert Marder), 〈이사크 바벨의 혁명 예술(The Revolutionary Art of Isaac Babel)〉, *Novel: A Forum on Fiction* 7(1973), 56.

32) 바벨, 《잊혀진 산문(The Forgotten Prose)》(Nicholas Stroud 편집 및 번역, Ann Arbor: Ardis, 1978), 129-30.

33) 미카엘 팔치코프(Michael Falchikov)에 따르면 〈과장된, 초현실적 요소들〉, 〈이사크 바벨의 적군 기병대에서의 충돌과 대조〉, *Modern Language Review* 72 (1977), 128.

34) 반 바크(J. J. van Baak), 〈이사크 바벨의 '적군 기병대'에서 자연과 공간의 기능(The Function of Nature and Space in Konarmia by I. E Babel)〉, "네덜란드 후원, 제8회 국제회의, 슬라브학: 자그레브, 루블라나"에서(in Dutch Contributions to the Eighth International Congress on Slavists: Zagreb,

Ljubljana), 1978 (Amsterdam: Benjamins, 1979), 44. 많은 비평가들은 바벨의 서사시 사용에 주목했다. Terras의 글, "선과 색(Line and Color)"은 서사시의 모방을 보여주며(142), Sicher는 바벨의 신화 사용이 "적군 기병대(Red Calvary)로 가는 길"(531)을 조롱하면서 서사시에 대한 환상을 준다고 주장한다. 다음도 참조하라. 캐롤 러플로(Carol Luplow), 《이사크 바벨의 '적군 기병대'(Isaac Babel's "Red Cavalry)》(Ann Arbor: Ardis, 1982), 40; 카던, 《이사크 바벨의 예술》, 118, 126; 팰런, 《이사크 바벨》, 80, 83-84, 119, 191-25; 사토(J. Catteau), 〈바벨의 적군 기병대 속에 드러나는 서사시(L'épopée dans la Cavalerie Rouge de I. Babel)〉, *VII Miedzynarodowy Kongres Slawistów w Warszawie*, 1973에 수록. *Streszczenia referatów i komunikatów*(Warsaw: PAN, 1973), 700-701; 밀튼 에레(Milton Ehre), 〈바벨의 적군 기병대: 서사시와 페이소스, 역사와 문화(Babel's Red Cavalry: Epic and Pathos, History and Culture)〉 *Slavic Review* 40, no. 2(1981) 228-40; 마틴 클로츠(Martin B. Klotz), 〈현재의 시학: 이사크 바벨의 적군 기병대(Poetry of the Present: Isaak Babel's Red Cavalry)〉, *Slavic and East European Journal* 18(1974): 160-69; 머피(A. B. Murphy), 〈이사크 바벨의 서체(The Style of Isaak Babel)〉, *Slavonic and East European Review* 44(1966), 369.

35) 존 건넬(John G. Gunnell), 《정치 철학과 시간(Political Philosophy and Time )》(Middletown, Conn.: Wes- leyan University Press, 1968), 11.

36) 프랭크(Frank), 《현대 문학에서의 공간적 형태(Spatial Form in Modern Literature)》, 393.

37) 테라, 《선과 색》, 152; 카던, 《이사크 바벨의 예술》, 48.

38) 리브시츠(L. Livshits), 〈바벨의 창조적 생애에 대한 자료(Материалы к творческой биографии И. Бабеля)〉, *Voprosy literatury* 4(1964):122.

39) 프랭크, 《현대문학의 공간적 형태》, 392.

40) 레이몬드 로젠탈(Raymond Rosenthal), 〈이사크 바벨의 운명(The Fate of Isaak Babel)〉, *Commentary* 3, no. 2(Feb. 1947); 트릴링, 〈갈등과 대조(Conflict and Con- trast)〉, 《바벨 입문서, 선집, 팔치코프(Falchikov)》; 가레스 윌리엄스(Gareth Williams), 〈바벨의 적군 기병대에서 나타나는 두 라이트모티프(Two Leitmotifs in Babel's Konarmija)〉, *Die Welt der Slaven* 17(1972), 308-17; 반 바아크, 《자연과 공간의 기능(Function of Nature and Space)》, 37-55.

41) 패트리샤 카던이 제시한 대로, "코자크와 유대인 간의 단순한 구분은 부적절하다". (이사크바벨의 예술 121). 루이스 이라반(Louis Irabarne)는 〈바로크 소설로서의 바벨의 '적군 기병대'〉에서 "아름답고 나쁜(beautiful-bad) 코자크" 대 "못생기고 착한(ugly-good) 유대인"의 역설에 대해 서술한다. 《현대 문학(Contemporary Literature)》 14(1973), 68; 스탠리 에드거 하이만(Stanley Edgar Hyman), 〈유대인 정체성의 문제: 이사크 바벨의 정체성(The Problem of Jewish Identity: Identities of Isaac Babel)〉, *The Promised End*(New York: World Publishing, 1963), 322; 루플로우, 《이사크 바벨의

'적군 기병대'(Isaac Babel's 'Red Cavalry')》, 10 참조.

42) 부활의 테마에서 팰런의 《이사크 바벨》 141쪽 참조. 하이먼은 《적군 기병대》의 한가지 주요 테마로서, 부활의 의례들을 통한 정체성의 변화를 바라본다. 《유대인 정체성의 문제》, 321 참조.

43) 리브쉬츠, 《바벨의 창조적 생애에 대한 자료》, 131.

44) 일반적으로 여성을 상징하는 젖(milk)은 《적군 기병대》에서 비(非)코자크와 곧잘 연관된다. 마트베이 파블리첸코(Матвей Павличенко)는 용사가 아니라 목동만큼 나약했던 어린 시절의 자신이 젖 냄새에 둘러싸여 그것을 풍겼다고 묘사한다. 그가 여지껏 진정한 성인, 코자크 정신(Cossackdom)에 들어가지 않았기 때문이다. 폴란드 적군은 죽음에 대한 두려움을 표현하기 위해 "흰 눈물, 실제 인간의 젖"을 울부짖는다. 그리고 코자크 아킨피예프(Акинфиев)는 류토프(Лютов)가 한 명의 코자크처럼 행동하지 못하고, 미련 없이 살인하지 못하자, 그를 한명의 몰로칸(молокан; 단어 молоко 또는 milk에서 명명된 평화주의 종파의 회원)이라 칭한다. ("After the Battle," 140).

45) 이를 언급해 제안한 로버트 매과이어(Robert A. Maguire)에게 감사를 표한다.

46) 카던의 《이사크 바벨의 예술》, 135-36 참조.

47) 클로츠, 〈현재의 시학〉, 161.

48) 테라, 《선과 색》, 145.

49) 자서전에서 바벨은 어지럽고 창의적인 말로 자신의 학창시절을 이야기한다. "우리 학교에서는 외국 상인의 아들들, 유대인 중개업자의 아이들, 늠름한 폴란드인들, 구교도들, 그리고 덩치 큰 여러 당구 선수들이 공부했다. 쉬는 시간에 나는 항구에 있는 부두로 가거나 그리스식 커피 하우스에 가서 당구를 치거나, 몰다반카(Молдаванка) 지하실의 싸구려 베사라비안 와인을 마시러 가곤 했다." (기병대 19).

50) 고골, 《타라스 불바》, PSS 2:43, 51 참조.

51) 10월(Октябрь), no. 4(1924), 224. 부됸니(Будённый)의 분노가 드러나는 〈바벨의 바비즘(Бабизм Бабеля)〉, *Oktiabr*, no. 3(1924), 196-97; Правда의 〈고리키에게 보내는 공개 서한(Открытое письмо М. Горькому)〉, Oct. 26, 1928도 참조.

## 9장

1) 바실리 카멘스키(Василий Каменский), 《열광자의 길(Путь энтузиаста)》(Moscow: Federatsiia, 1931), 208-9. 바실리 카멘스키의 《시와 산문시》 도입부에서 인용.
1판. N. L. Stepanov, *Bibloteka Poeta series*, 2판. (Moscow-Leningrad: Sovetskii pisatel, 1966), 24.

2) 흘레브니코프는 아스트라한만의 특별한 위치에 주목한다. "나는 볼가와 카스피 해(Sigai)의 만남의 장소에 속해 있다. 이는 수세기동안 러시아의 모든 행위를 손에 쥐고 흔들어 왔다." 흘레브니코프(В. Хлебников), 《출판되지 않은 작품(Неизданные произведения)》 N. Khadzhieva & T. Gritsa(ed.), (Moscow: Khudozhestvennaia literatura, 1940), 352(이하 NP). 니콜라이 스테파노프(Николай Степанов), 《벨리미르 흘레브니코프. 삶과 창조(Велимир Хлебников. Жизнь и творчество)》(Moscow: Sovetskii pisatel', 1975), 7-8도 인용.

3) 블라디미르 마르코프(Vladimir Markov), 《벨리미르 흘레브니코프의 장시(The Longer Poems of Velimir Khlebnikov)》(Berkeley and Los Angeles: University of California Press, 1962), 14 참조. 로널드 브룬(Ronald Vroon), 〈벨리미르 흘레브니코프의 하지-타르한과 로마노소프 전토(Velimir Chelbnikov's 'Chad i-Tarchan' and the Lomonosovian Tradition)〉, *Russian Literature* 9 (1981), 107-31 참조.

4) 스테파노프, 《벨리비르 흘레브니코프》 106쪽 인용.

5) 《해외의 슬라브인들과 러시아 문화(Зарубежные славяне и русская культура)》 M. P. Alekseev 편집. (Leningrad: Nauka, 1978), 223-51쪽에 있는 A. E. Parnis의 《Luzhnoslavianskaia tema Velimira Khlebnikova》에서의 언급 참조.

6) 《벨리미르 흘레브니코프 작품집(Собрание произведений Велимира Хлебникова)》 Iu. Tynianov와 N. L Stepanov 편집. (Leningrad: Izdatel'stvo pisatelei v Leningrade, 1928-33), 3:201(이하 SP).

7) 이는 〈팔리보다의 죽음(Смерть Паливоды)〉을 포함한다. 〈수달 새끼들(Дети Выдры)〉, SP 2:153-57)의 4부. 〈위대한 날(Вклик-День)〉, 1911, SP 5, 121-23; 〈산의 거주자들(Жители гор)〉 1912, NP 305-9).

8) NP 457에서 "The Inhabitants of the Mountains"에 대한 언급을 참조. Robert A. McLean, "The Prose of Velimir Xlebnikov," Diss., Princetorn University, 1973, 75에서도 언급.

9) 예를 들어, 팔리보다는 "성스러운 루스를 위해 죽었다(погиб за святую Русь)"(SP 2:155). 맥린의 〈벨리미르 흘레브니코프의 산문(Prose of Velimir Xlebnikov)〉, 77-78 언급 참조.

10) 〈나를 위한 시(Песнь мне)〉, NP 205-8.

11) 훈족에 대한 언급은 발레리 브류소프(Valerii Briusov)의 시, 〈다가오는 훈족(The Coming Huns, Idushchie gunny)〉(1904-5)를 떠오르게 한다. 이 시는 동쪽의 엄청난 세력이 침입하면서 러시아가 파괴될 것을 예견하며, 시인에 의해 기쁘게 받아들여진다.

12) 〈점심(Обед)〉, SP 3:302-3.

13) 《벨리미르 흘레브니코프의 단편 시: 신조어들의 열쇠(Velimir Khlebnikov's Shorter Poems: A Key to the Coinages)》(Ann Arbor: University of Michigan Press, 1983), 45쪽에서, 로널드 브룬(Ronald Vroon)은 신조어 **вольба**를 **воля**, 또는 의지(will)와 관련하여 자진하여, 갈망하여, 혹은 선호하여

하는 행위를 의미하는 것으로 설명한다. 이 말은 다음과 같이 읽을 수 있을 것이다. "… 비둘기들의, 의지에 의한 발포의 고의적 행동의 …"

14) SP 1:115-21.

15) '옥양목(кумач)'이라는 용어는 라진을 특별히 언급하지 않은 〈산악 거주자들(Inhabitants of the Mountains)〉의 시작 부분에서도 발견된다. 분노, 감정, 힘, 폭력과 같이 빨강색의 일반적인 모든 함축을 가지면서, 가능성(Chances)은 단지 흘레브니코프에게 반란을 의미하는 단어이다. 옥양목도 소비에트 깃발의 색이 되었다는 점은 아이러니하다.

16) 흘레브니코프는 특이한 방식으로 외침을 정의한다. "사린(Сарынь)은 매와 닮은 맹금류(сарыч)이다. 키치카(кичка, 고대 러시아 여성의 머리 장식) 위에 있는 사린(Сарынь на кичку, '모두 뱃머리로')는 뱃머리 위에 있는 솔개(коршун)를 의미한다. 즉 강도들은 그렇게 배들을 공격하는 것을 뜻한다(Сарынь есть сарычь—хищик. Сарынь на кичку—значит коршун на голову; так разбойники обрушивались на суда)". NP 331. Jean-Claude Lanne, *Velimir Khlebnikov. Poete futurien*(Paris: Institut d'etudes slaves, 1983), 84에서 인용.

17) 이 또한 이집트 태양신의 이름으로, 신화적 연상과 동양의 모티프를 다시 가져온다. 마르코프의 《벨리비르 흘레브니코프의 장시》 111쪽 참조. 로널드 브룬은 라(태양의 신)와 *-zin*(고대 슬라브어 어근으로 '시각'을 의미함)의 관계를 흘레브니코프의 시 〈라-자신의 눈을 보는 자(Ра-видящий очей своих)〉에서 분석하고, 라진을 태양의 대역이자 거울 이미지로 결론짓는다. 《공생, 거울의 이미지와 부정 정수》; 《벨리미르 흘레브니코프(1885-1922): 신화와 실제(Velimir Chlebnikov (1885-1922): Myth and Reality)》(Willem G. Weststeijn(ed.), Amsterdam: Rodopi, 1986), 252.

18) 브룬, 《벨리미르 흘레브니코프의 하지-타르찬과 로마노소프 전통》, 124-25.

19) 〈웃음의 저주(Заклятие смехом)〉, SP 2:35. 브룬, 《벨리미르 흘레브니코프의 하지-타르찬과 로마노소프 전통》, 125 참조.

20) SP 3:365.

21) 브룬은 《공생, 거울의 이미지와 부정 정수(整數)(Metabiosis, Mirror Images and Negative Integers)》 268-73에서 라진을 흘레브니코프에 대한 "변이" 대역으로 논한다.

22) SP 1:233-45.

23) 란느(Lanne), 《벨리미르 흘레브니코프(Velimir Khlebnikov)》, 81 참조.

24) SP 1:202-14.

25) 살로몬 미르스키(Salomon Mirsky), 〈벨리미르 작품에 나오는 동양(Der Orient im Werk Velimir Chlebnikous)〉, *Slavistische Beitrage* 85(Munich: Verlag Otto Sagner, 1975), 92 참조.

26) 이 구절에 대한 느슨한 번역은 사운드 연주와 회문(palindromes), 그리고 비문법적 누락을 무시하면서 읽어볼 수 있다.

그는 막대로 우유를 짰다,

치열하게 홀로 자라면서.

시골뜨기의 과한 몸짓

  또는

그는 사형 집행인의 단두대에 손을 흔들었다.

  또는

낫 근처에 한 마리의 매!

  찾아라!

  가라!

보증인 분을 불러와!

그곳, 도둑의 화로,

그리고 루비가 밝게 타오른다

새벽 동안에.

27) 이 번역의 설명에 대해서는 마르코프의 《벨리미르 흘레브니코프의 장시》, 158 참조.

28) 시 〈라도미르(Ладомир)〉(SP 1:183-201) 또한 시인 로바쳅스키(Лобачевский)와 라진을 결속시킨다. Vroon, *Velimir Chlebnikov's 'Chadži-Tarkhan'*, 121 참조.

29) 〈라진의 굴착기(Уструг Разина)〉, SP 1:246-51.

30) 〈라진. 두 명의 삼위일체(Разин. Две троицы)〉, 1922, SP 4:146-50.

31) 브룬은 그것을 흘레브니코프의 '한 인생을 향한 변명(apologia pro vita sua)'라 칭한다. 〈벨리미르 흘레브니코프의 '라진': 두 개의 삼위일체: 재구성(Velimir Khlebnikov's Razin: Two Trinities': A Reconstruction)〉 *Slavic Review* 39, no. 1(March 1980), 69.

32) 로널드 브룬은 〈벨리미르 흘레브니코프의 '라진': 두 개의 삼위일체: 재구성〉에서 이 작품을 자세히 분석한다. 그는 "반란자로서의 환생 능력에 의한 라진의 죽음을 부정하면서(78쪽)" 시인의 코자크와의 긴밀한 관계를 제시한다. 나는 "라진은 폭력의 선지자이다. 시인은 사랑의 선지자이다(84쪽)"라는 서술에서, 작가가 라진과 흘레브니코프를 대조한 점에 관해서만은 동의하지 않는다. 나는 흘레브니코프가 자신과 반란자 간의 사랑(또는 창조)과 폭력의 특성들을 나누지 않았다고 믿는다. 오히려, 두 인격 내에 그 대립항들을 병치하고 통합했다고 본다. 브룬은 이항에 대한 자신의 글("Metabiosis")에서 몇 발짝 물러나, 대립항은 익사한 공주의 사안에 대해서만 일어난다고 제안한다(272-3쪽, 289쪽에서 재논의).

33) SP 5:303. 이 인용을 알려주신 로널드 브룬에게 감사를 표한다. 란의 《벨리미르 흘레브니코프 84》 또한 인용.

34) 〈그는 누구인가, 보로니힌 100년(Кто он, Воронихин столетии)〉, 1921-22, SP 5: 103-6.

35) 코자크 주제의 다른 주요 시들에 대해서는 라진의 〈로스토프 나 도누에서의 연설(Речь в Ростове на Дону)〉, 〈나는 스스로의 눈을 보는 자〉, 〈나는 청년-예언자를 보았다(Я видел юношу-пророка)〉와 〈라다미르〉, 그리고 예르마크의 〈고골의 정신에 대한 방정식(Уравнение души гоголя)〉과 〈메모(Заметки)〉 참조.

36) 블라디미르 오를로프(Владимир Орлов), 〈마리나 츠베타예바, 운명. 인성. 시학(Марина Цветаева. Судьба. Характер. Поэзия)〉, 츠베타예바 입문서 《선집(Избранные произведения)》(Moscow-Leningrad: Sovetskii pisatel', 1965), 15.

37) 자세한 전기는 시몬 칼린스키의 《여성으로의 마리나 츠베타예바. 그녀의 세계와 그녀의 시(Marina Tsvetaeva: The Woman, Her World, and Her Poetry)》(Cambridge and New York: Cambridge University Press, 1985).

38) 마리나 츠베타예바, 《2권으로 된 산문 선집(Избранная проза в двух томах) 1917-1937》(New York: Russica Publishers, 1979), 2:249-79. 가능한 한, 츠베타예바의 산문에 대한 언급은 이 판본[이하 IP]을 인용하며, 본문에서 권수와 쪽수가 표기된다. 그녀의 시의 경우에는 《5권으로 된 서정시와 서사시 모음(Стихотворения и поэмы в пяти томах)》(New York: Russica, 1982-1983) [이하 S&P] 인용.

39) IP 2:280-302. 〈나의 푸시킨(My Pushkin)〉과 〈푸시킨과 푸가초프(Pushkin and Pugachev)〉 모두 마리나 츠베타예바, 《사로잡힌 영혼: 산문선집(A Captive Spirit: Selected Prose)》(J. Marin King 편집 및 번역, Ann Arbor: Ardis, 1980)에서 번역되었다.

40) SP 2:198.

41) 푸시킨의 라진 시들 중 그 첫 번째는 공주의 죽음을 이야기하지만 코자크의 부분에 대한 회한은 없다. 익사한 소녀는 어머니 볼가(Mother Volga)의 제물이다.

42) SP 2:198.

43) 〈차르와 신이시여! 아이들을 용서해주소서(Царь и Бог! Простите малым)〉(1918), SP 2:78-7.

44) SP 4:296.

45) 〈소녀 차르(царь-девица)〉, S&P 4:9-90. "라진이 소녀들을 주의 깊게 살펴보다(За девками доглядывать)…"에서의 라진: "**Масленица широка**(마슬레니짜가 넓다)"에서 형용사 "라진의(разинская)"가 쓰인 것. "나야다(Наяда)"에서 "흑해 같은 앞머리(Black Sea forelocks)"(чубы) 언급 모두 참조.

46) 메릴린 스미스(Marilyn Smith)의 도움에 진심으로 감사를 표한다. 그는 츠베타예바의 작품에 대해 광범위한 연구와 분석을 수행했다.

47) 《모스크바 위원회 석간신문(Вечерние Известия Московского Совета)》 no. 230, May 2, 1919. 에서 그의 헌신을 보라.

48) 코자크 반란군에 대한 흘레브니코프의 첫 번째 언급은, 카멘스키의 소위 말하는 "자유 소설(free

novel, привольный роман)"이다. 《스텐카 라진》이 처음 출판되기 4년 전, 그리고 카멘스키가 이 아이디어를 구상했다고 밝히기 꼬박 1년 전인, 1911년에 있었다.

49) 카멘스키, 《열광자의 길》, 22. 바실리 카멘스키, 《서정시와 서사시》, N. L. Stepanov 편집. (Moscow-Leningrad: Sovetskii pisatel', 1966), 6 도입부에서 인용. 이 책에 대한 언급은 이후 본문에 등장할 것이다.

50) 카멘스키의 원고를 담은 아카이브에는 예르마크 티모페예비치에 대해서도 미완의 서사시를 포함하고 있다. *Stikh*, 477 언급 참조.

51) 카멘스키, 《그의 생애전은 위대한 미래주의자에 대한 나의 생애전(Его — моя биографтия великого футуриста)》(Moscow, 1918), 152- 53. *Stikh* 486 참조.

52) 카멘스키, 《스텐카 라진》, 10-11.

53) *Ibid.*, 11.

54) 코르네이 추콥스키(Корней Чуковский), 《미래주의자들(Футуристы)》(Petrograd: Poliarnaia Zvezda, 1922), 38-39.

55) 추작, 《푸가초프에 대한 진실》, 5, 23.

56) *Stikh*, 40 도입부.

57) TsGALI의 추닥(N. F. Chudak)에게 보내는 편지의 대략적인 초안은 *Stikh*, 34의 도입부에서 인용되었다.

## 10장

1) 숄로호프는 국외 출판을 위해 지금의 망명 작가 안드레이 시냡스키(Андрей Синявский)를 공격하는 유명한 편지를 썼다. 그 뒤 그는 60년대 중반의 반체제 인사인 유리 갈란스코프(Юрий Галансков)에게 저급한 글을 쓰는 작가로 비난 받았다. 숄로호프는 모든 공식 연설에서 당 노선을 지지했으며, 이는 그가 젊은 포스트-스탈린 작가들 사이에서 친구를 많이 얻지 못한 원인이 되었다.

2) 돈 코자크 삶에 대해 숄로호프가 행한 관찰의 정확성을 따지는 문제들은 《고요한 돈강》이 출판된 직후 숄로호프를 둘러싼 표절논란에 기름을 붓는다. 여러 고발과 반발을 훌륭하게 다룬 조사는 헤르만 에르몰라예프(Herman Ermolaev)의 《미하일 숄로호프와 그의 예술(Michail Sholokhov and His Art)》(Princeton: Princeton University Press, 1982), 264-300에서 찾아볼 수 있다. 현재의 연구는 숄로호프를 정당한 작가라고 추정한다. 궁극적으로, 본문은 작가와 관계없이 신화의 역사에서 그것 자체에 기초한다.

3) 미하일 숄로호프(Михаил Шолохов), 《12권으로 된 작품집(Собрание сочинений в девяти тома

x)》(Moscow: Khudo- zhesrvennaia literatura, 1965-69), 4:62. 모든 언급은 이 판본을 인용하며, 본문에 표기된다. 영어로 된 번역본을 참고했으나, 번역본은 내가 번역한 것이다. 후자는 아무 것도 공개되지 않았다.

4) 2:284에 나오는 "영웅주의"라는 아이러니한 서술에서처럼, 《전쟁과 평화》에 대한 언급 역시 나올 수 있다. 그러나 헬렌 뮤닉(Helen Muchnic)은 숄로호프와 톨스토이 간의 기본적인 차이를 미학적으로도, 철학적으로도 찾았다. 〈숄로호프와 톨스토이(Sholokhov and Tolstoy)〉, *Russian Review* 16(April 1957), 25-34 참조.

5) 톨스토이, 《코자크》, PSS 6:56 참조.

6) 〈변발을 한(Чубатый)〉는 가장 널리 읽혀지는 영어 번역본, 《고요한 돈강(And Quiet Flows the Don)》(Stephen Garry 번역, New York: Vintage Books, 1966)에서 Uriupin이라는 이름으로 불린다. 원본은 주어진 이름인 추바티를 가장 많이 반복하면서도, 인물의 코자크다움을 강조하기 위해 그가 코자크 전통 앞머리, Чуб을 쓰도록 한다.

7) 논평 〈그리고리 메레호프라는 인물의 비극적 특징(Tragic Features in the Character of Grigorii Melexov)〉, *Slavic and East European Journal* 23(1979), 65에서, 로버트 프라이스(Robert F. Price)는 가족력이 그리고리를 특이한 사람으로 구분하고 있고, 프로코피의 터키인 신부 선택이 그의 첫 번째 "코자크 관습 위배"라고 주장한다. 그는 "가족 소개의 메시지는 그리고리가 그의 조부모로부터 이국적인 개성, 높은 자존감, 그리고 맹렬한 용기를 물려받았다는 것이다."라고 서술한다. 나는 이 마지막 의견에 동의하지만, 이 점이 실제로 그를 코자크 소작농 이웃들과 덜 비슷하게 만드는 동시에, 그럼에도 불구하고 그를 코자크 신화에 더 가깝게 만든다고 주장할 것이다.

8) 《고요한 돈강》과 《이고르 원정기》, 그리고 《자돈쉬나(Задонщина)》의 유사성 논의에 대해서는 베케딘(P. V. Bekedin), 〈숄로호프의 고요한 돈강에 나오는 고대 루스적 모티프(Drevnerusskie motivy v Tikhom Done M. A. Sholokhova0 (k postanovke voprosa),〉 *Russkaia literatura* 2(1980), 92-108 참조.

9) "갑자기 우리는 삶과 전통에 대한 코자크의 유서 깊은 방식과, 우류핀(Урюпин)의 [추바티의] 타락하고 비인간적인 철학 간의 끔찍한 연관성을 자각하는 고통에 시달리고 있었다. 독자는 문득 멜레호프 가족과 그들의 삶의 방식을 Uryupin과 그의 사악한 생각과 연관 지으며 자신을 마주한다." 레프 야키멘코(Lev Yakimenko), 《숄로호프: 비판적 감상(Sholokhov: A Critical Appreciation)》(Bryan Bean 번역, Moscow Progress Publishers, 1973), 57.

10) 숄로호프는 돈강 하류의 코자크들이 코자크 민족주의 열정을 굳히고 자신들의 땅을 해방시키기 위해 적군을 몰아내는 동안 돈강 상류의 북방의 코자크들은 적군의 선두에 합류했다고 주장한다. 양 측에 중요한 예외가 있기는 하지만, 이 점은 대체로 사실이다.

11) 숄로호프는 코르슈노프 가문과 그들 농장의 화재 사건에도 많은 관심을 기울인다. 《고요한 돈강》

을 사회주의 리얼리즘의 모델로 인용하는 비평가들은 코자크의 죽음과 부르주아의 죽음 사이에서 숄로호프가 가져온 아이러니한 연관을 무시해야 한다.

12) 고골, 《타라스 불바》 PSS 2:164.

13) 마이클 클리멘코는 숄로호프가 《고요한 돈강》을 훨씬 더 포괄적으로 아우르는 글을 쓰기로 결심했을 때의 초기 계획에서, '돈쉬나(Donshchina)'에 분축이 속한다고 주장한다. 클리멘코에 의하면, 인물들과 단편들에서 나온 구절 전체가 소설의 최종본에 통합되었다. 그는 분축 이야기가 《고요한 돈강》의 주요 서사에 완전히 들어가진 않는다고 보았다. 《어린 숄로호프의 세계: 폭력의 시각(The World of Young Sholokhov: Vision of Violence)》(North Quincy, Mass.: Christopher Publishing House, 1972).

14) 예르몰라예프(Ermolaev)는 분축의 "털이 많은 넓은 손바닥"을 제시하는 《고요한 돈강》의 초판에서, 수정되지 않은 실수를 지적한다. 게르만 예르몰라예프(Герман Ермолаев), 〈고요한 돈강에 대한 정치 검열(Политическая Правка Тихого Дона)〉, *Mosty* 15(1970), 266.

15) 여성 구원자와의 연관이 마제파 이야기(보이나롭스키 참조)에서 아주 적절할 수 있다.

16) 카테리나 클라크(Katerina Clark), 《소비에트 소설: 의례로서의 역사(The Soviet Novel: History as Ritual)》(Chicago and London: University of Chicago Press, 1981), 139.

17) *Ibid.*, 138.

## 11장

1) 아브람 테르츠(Абрам Терц), 〈재판이 진행된다(Суд идет)〉, 《아브람 테르츠의 환상세계(Фантастический мир Абрама Терца)》(Paris: Inter- Language Literary Associates, 1967), 274. 이 이야기는 아브람 테르츠의 *The Trial Begins*(Berkeley and Los Angeles: University of California Press, 1960)에서 Max Hayward가 번역했다. Terts(혹은 Tertz)는 Andrei Siniavskii의 필명이다.

2) 테르츠, 〈재판이 진행된다〉, 210.

3) 아브람 테르츠, 〈사회주의 리얼리즘이란 무엇인가(Что такое социалистический реализм)〉, *Fantasticheskii mir*, 416-17.

4) 루퍼스 매튜슨(Rufus W. Mathewson, Jr.), 《러시아 문학에서의 긍정적인 주인공(The Positive Hero in Russian Literature)》 2판(Stanford: Stanford University Press, 1978), 182-90에서 인물들 간의 연관성에 대해 논의하는 글 참조.

5) 드미트르 푸르마노프(Дмитрий Фурманов), 《차파예프(Чапаев)》(Leningrad: Khudozhestvennaia literatura, 1974), 30. 이 책에서의 모든 언급은 이 판본을 인용하며, 본문에 표기된다.

6) 고골, 《타라스 불바》, PSS 2:68.

7) 클라크가 지적한 대로, "푸르마노프는 반(反)신화화(countermythologize)하는 만큼이나 비신화화(demythologize)하진 않지만, 그는 자신(Klychkov)을 (개인에 관계없이) 대중적인 주인공 유형, '자발적인' 민족 지도자의 반례로 설정한다." *Soviet Novel* 88.

8) A. P. Chapygin, *Sobranie sochinenii v piati tomakh*(Leningrad: Khudozhestvennaia literatura, 1968), 3:676.

9) 세르게이 페트로프(Сергей Петров), 《러시아 소비에트 역사 소설(Русский советский исторический роман)》(Moscow: Sovremennik, 1980), 78.

10) *Ibid.*, 389-90.

11) 브룩스(Brooks), 《러시아가 읽기를 배웠을 때》, 167, 169, 171, 174. 코자크는 이 소설에서 일리야 무로메츠(Илья Муромец)를 포함하여, 상당수의 전통적이고 민족적 영웅이 코자크로 그려질 정도로 인기가 많았다. 176쪽 참조.

12) 즐로빈(S. P. Zlobin), 《스테판 라진(Stepan Razin)》(Moscow-Leningrad: Izdatel'stvo detskoi literatury, 1939), 16. 이하의 쪽수 언급은 본문에서 찾을 수 있다. 즐로빈, 《전집(Собрание сочинений)》(Moscow: Khudozhestvennaia literatura, 1981), 3권과 4권에서 정식 버전을 볼 수 있다.

13) 드미트리 페트로프-비류크(Dmitrii Petrov-Biriuk), 《돈 스텝 지역의 아들들(Сыны степей донских)》(Moscow: Voennoe izdatel'stvo Ministerstva oborony SSSR, 1970), 107.

14) 페트로프-비류크, 《돈 스텝 지역의 아들들》 250-52.

15) 세묜 페트로비치 바바예프스키(Семен Петрович Бабаевский), 스타니차/ 코자크 마을(Станица). 《전집(Собрание сочинений)》 (Moscow: Khu- dozhestvennaia literatura, 1981), 5:114

16) 예브게니 옙투셴코(Евгений Евтушенко), 〈브라츠카야 수력발전소(Братская ГЭС)〉, *Stikhi i poemy*(Moscow: Sovetskii pisatel', 1967), 69-239. 영어로 된 번역본은 《브라츠카야 발전소와 예브게니 옙투셴코의 다른 시들(Bratsk Station and Other New Poems by Yevgeny Yevtushenko)》, Tina Tupskina-Glaessner, Geoffrey Dutton, Igor Mezhakoff-Koriakin 번역(New York: F. A. Praeger, 1967).

17) 옙투셴코, 〈브라츠카야 수력발전소〉, 100.

18) *Ibid.*, 101.

19) *Ibid.*, 102.

## 12장

1) 블라디미르 나보코프, 《프닌(Pnin)》(New York: Avon Books, 1957), 118.

2) 고골의 〈외투〉에서 아카키 아카키예비치가 더 나은 예가 될 수 있다. 아카키 역시 끝없는 필사로 생명력 없는 글을 보존한다.

3) 고골, 《타라스 불바》, PSS 2:43.

# 참고 문헌


Allen, W. E. D. *The Ukraine: A History*. Cambridge: The University Press, 1940.

Anderson, Roger B. "A study of Petr Grinev as the Hero of Pushkin's *Kapitanskaia dochka*." *Canadian-American Slavic Studies* 5 (1971): 477-86.

Antonovich , V., and M. Dragomanov, eds. *Istoricheskie pesni malorusskago naroda*. Kiev, 1877

Arianova-Perets, V. P., ed. *Voinskie povesti drevnoi Rusi*. Moscow: Izdatel'stvo Akademii Nauk SSSR, 1949.

Avirich, Paul. *Russian Rebels: 1600-1800*. New York: Schocken Books, 1972.

Baak, J. J. van. "The Function of Nature and Space in *Konarmija* by I. E. Babel." *Dutch Contributions to the Eighth International Congress on Slavists*: Zagreb, Ljubljana, 1978. Amesterdam: Benjamins, 1979.

Babaevskii, Semen Petrovich. *Sobranie sochinenii*. Moscow: Khudozhestvennaia literatura, 1981.

Babel, Isaac. *You Must Know Everything*. Trans. Max Hayward and ed. Nathalie Bable. New York: Farrar, Straus and Giroux, 1966.

Babel, Isaac. *The Forgotten Prose*. Ed. and trans. Nicholas Stroud. Ann Arbor: Ardis, 1978.

Babel', Isaak. *Konarmiia. Odesskie rasskazy. P'esy*. Letchworth, Hertfordshire: Bradda Books, 1965.

Babel', Isaak. "Moi Listki." *Zhurnal zhurnalov* 51 (1917): 4-5.

Bable', Isaak. "O tvorcheskom puti pisatelia." *Zabytyi Babel'*, ed. Nikolai Stroud. Ann Arbor: Ardis, 1979.

Babel', Isaak. *Sochineniia v dvukh tomakh*, ed. A. N. Pirozhkova. Moscow: Khudozhestvennaia literatura, 1990.

Babinsky, Hubert. *The Mazeppa Legend in European Romanticism*. New York and London: Columbia University Press, 1974.

Bahrij-Pikulyk, Romana Myroslawa. "*Taras Bul'ba* and *The Black Council*: The Adherence to and Divergence from Walter Scott's Hitorical Novel Pattern." Diss., University of Toronto, 1978.

Bakhtin, Mikhail. *Rabelais and HIs World.* Trans. Helene Iswolsky. Cambridge, Mass.: M. I. T. Press, 1968.

Barthes, Roland. *Mythologies*. Trans. Annette Lavers. London: Jonathan Cape, 1972.

Barzun, Jacques, ed. *European Writers: The Romantic Century*. New York: Charles Scribner's Sons, 1985.

Bekedin, P. V. "Drevnerusskie motivy v *Tikhom Done* M. A. Sholokhova (k postanovke voprosa)." *Russkia litertura* 2 (1980): 92-108.

Belinskii, V. G. *Polnoe sobranie sochinenii V. G. Belinskogo*. 13 vols. Moscow: Akademiia nauk SSSR, 1957-59.

Belyi [Bugaev], Andrei. *Masterstvo Gogolia: issledovanie*. Moscow-Leningrad: Gosudarstvennoe izdatel'stvo khudozhestvennoi literatury, 1934.

Borschak, Elie. *La légende historique de l'Ukraine 'Istorija Rusov'*. Paris: Institutd'Etudes Slaves, 1949.

Brokgauz, F. A., and I. A. Efron, eds. *Entsikopedicheskii slovar'*. St. Petersburg, 1897.

Brooks, Jeffrey. *When Russia Learned to Read: Literacy and Popular Literature*, 1861-1917. Princeton: Princeton University Press, 1985.

Bulgarin, Faddei. *Sochineniia*. St. Petersburg, 1827-34.

Bushnell, John. *Mutiny amid Repression: Russian Soldiers in the Revolution of 1905-1906*. Bloomingtion: Indiana University Press, 1985.

Byron, George Gordon, Lord. *The Complete Poetical Works*. Oxford: Clarendon Press, 1986.

Campbell, Joseph. *Hero of a Thousand Faces*, rpt. 2d ed. Princeton: Princeton University Press, 1973.

Carden, Patricia. *The Art of Isaac Babel*. Ithaca: Cornell University Press, 1972.

Catteau, J. "L'épopée dans la Cavalerie Rouge de I. Babel." *VII Międzynarodowy Kongres SlawistÓw w Warszawie*. 1973: Streszczenia referatów i komunikatów. Warsaw: PAN, 1973.

Cawelti, John G. *The Six-Gun Mystique*. Bowling Green, Ohio: Bowling Green University Popular Press, n. d.

Chamberlin, William Henry. *The Russian Revolution: 1917-1921*. New York: Macmillan, 1935.

Chapygin, A. P. *Sobranie sochinenii v piati tomakh*. Leningrad: Khudozhestvennaia literatura, 1968.

Cherniavsky, Michael. "'Holy Russia': A Study in the History of an Ida." *American Historical Review* 63, no. 3 (1958): 617-37.

Cherniavsky, Michael. *Tsar and People: Studies in Russian Myths*. New Haven and Londen: Yale University Press, 1961.

*Chteniia v imperatorskom obshchetve istorii i drevnostei rossiiskikh pri Moskovskom Universitete*. Nos. 1-3, 1846.

Chukovskii, Kornei. *Futuristy*. Petrograd: Poliarnaia zvezda, 1922.

Chulkov, M. D. *Sobranie raznykh pesen. Sochineniia Mikhaila Dmitrievicha Chulkova 1770-1773*. Rpt. St. Peterburg: Otdelenie russkogo iazyka i slovesnosti Imperatorskoi Akademii Nauk, 1913.

Chuzhak, N. [N. F. Nasimovich]. *Pravda o Pugacheve. Opyt literaturno-istoricheskogo analiza*. Moscow: Vsesoiuznoe obshchestvo politicheskikh katorzhan i ssyl'noposelentsev, 1926.

Clark, Katerina. *The Soviet Novel: History as Ritual*. Chicago and London: University of Chicago Press, 1981.

Clyman, Toby W. "Babel' as Colorist." *Slavic and East European Journal* 21 (1977): 332-43.

Cox, Gary. "Geographic, Sociological, and Sexual Tensions in Gogol"s Dikan'ka Stories." *Slavic and East European Journal* 24 (1980): 219-32.

Cox, Gary Duane. "A Study of Gogol's Narrators." Diss., Columbia University, 1978.

Danilevskii, G. P. *Sochineniia G. P. Danilevskogo v 24-kh tomakh*. St. Petersburg: Izdanie A. F. Marksa, 1901.

Dashkevich, N. P., ed. *Pamiati Gogolia. Nauchno-literaturnyi sbornik*. Kiev, 1902.

Davies, Norman. "Izaak Babel's *Konarmiya* Stories and the Polish-Soviet War," *Modern Language Review* 67 (1972): 845-57.

Debreczeny, Paul. "Narrative Voices in *Poltava*." *Russian Literature* 24 (1988): 319-48.

Debreczeny, Paul. "Nikolay Gogol and His Contemporary Critics." *Transactions of the American*

*Philosophical Society*, n.s. 56, Part 3, April 1966.

Debreczeny, Paul. *The Other Pushkin: A Study of Alexander Pushkin's Prose Fiction*. Stanford: Stanford University Press, 1983.

Edie, James M., James P. Scanlan, and Mary-Barbara Zeldin, eds. *Russian Philosophy*, Vol. 1: *The Beginnings of Russian Philosophy. The Slavophiles. The Westerners*. Knoxville University of Tennessee Press, 1965, 1976.

Ehre, Milton. "Babel's *Red Cavalry*: Epic and Pathos, History and Culture." *Slavic Revies* 40 (1981): 228-40.

Ehrman, Jacques, ed. *Structuralism*. New York: Anchor Books, 1966.

Eikhenbaum, Boris. *The Young Tolstoi*. Trans. Gary Kern. Ann Arbor: Ardis, 1972.

Ekimov, B. P., ed. *Pesni donskikh kazakov*. Volgograd: Nizhne-Volzhskoe knizhone izdatel'stvo, 1982.

Emel'ianov, L. I., ed. *Russkaia istoricheskaia pesnia*, Bilblioteka Poeta series. Leningrad: Sovetskii pisatel', 1987.

Emerson, Caryl. *Boris Godunov: Transpositions of a Russian Theme*. Bloomington: Indiana University Press, 1986.

Erlich, Victor. *Gogol*. New Haven: Yale University Press, 1969.

Ermolaev, German. "Politicheskaia Pravka *Tikhogo Dona*." *Mosty* 15 (1970): 265-89.

Ermolaev, Herman. *Mikhail Sholokhov and His Art*. Princeton: Princeton University Press, 1982.

Eros, Carol Carbone. "Tolstoj's Tales of the Caucasus and Literary Tradition." Diss., University of Wisconsin, 1973.

Evtushenko, Evgenii. *Bratsk Station and Other New Poems by Yevgeny Yevtushenko*. Trans. Tina Tupskina-Glaessner, Geoffrey Dutton, and Igor Mezhakoff-Koriakin. New York: F. A. Praeger, 1967.

Evtushenko, Evgenii. *Stikhi i poemy*. Moscow: Sovetskii Pisatel', 1967.

Fairchild, Hoxie Neale. *The Noble Savage: A Study in Romantic Naturalism*. New York: Columbia University Press, 1928.

Falchikov, Michael. "Conflict and Contrast in Isaak Babel's Konarmiya." Modern Language Review 72 (1977): 125-33.

Falen, James E. *Isaac Babel, Russian Master of the Short Story*. Knoxille: University of Tennessee

Press, 1974.

Fanger, Donald. *The Creation of Nikolai Gogol.* Cambridge, Mass. and London: Belknap Press of Harvard University Press, 1979.

Fennel, John, ed. *Nineteenth-Century Russian Literature: Strudies of Ten Russian Writers.* Berkeley and Los Angeles: University of California Press, 1973.

Finke, Michael, "Puškin, Pugačev, and Aesop." *Slavic and East European Journal* 35, no. 2 (1991): 179-92.

Firsov, N. N. Pugachevshchina. *Opyt sotsiologo-psikholohicheskoi kharakteristiki.* 2d ed. Moscow: Gosudarstvennoe izdatel'stvo, 1927.

Frank, Albert von. *The Sacred Game: Provincialism and Frontier Consciousness in American Literature.* Cambrige: Cambrige University Press, 1985.

Frank, Joseph. "Spatial Form in Modern Literature," *In Criticism: The Foundations of Modern Literary Judgement*, ed. Mark Schorer, Josephine Miles, and Gorden Mckenzie. New York: Harcourt Brace, 1948. 379-92.

Friedberg, Maurice. "Yiddish Folkolre Motifs in Isaak Babel's *Konarmija.*" *American Contributions to the Eighth International Congress of Slavists*, Vol. 2. Columbus, Ohio: Slavica, 1978. 192-203.

Furmanov, Dmitrii. *Chapaev.* Leningrad: Khudozhestvennaia literatura, 1974.

Gippius, V. V. *Gogol.* Ed. and trans. Robert A. Maguire. Ann Arbor: Ardis, 1981.

Glazkov, V. G. *History of the Cossacks.* New York: R. Speller, 1972.

Gogol', N. V. *Polnoe sobranie sochinenii.* Moscow: Izdatel'stvo Akademii Nauk SSSR, 1937-52.

Gogol', N. V. *Sochineniia. N. V. Gogolia.* 10th ed. Ed. Nikolai Tikhonravov. Moscow, 1889.

Golubtsov, S. A., ed. *Pugachevshchina. Iz arkhiva.* 3 vols. Moscow-Leningrad: Gosudarstvennoe izdatel'stvo, 1926, 1929, 1931.

Gordon, Linda. *Cossack Rebellions: Social Turmoil in the Sixteenth-Century Ukraine.* Albany: State University of New York Press, 1983.

Gordon, Linda. "Revolutionaty Banditry: An Interpretation of the Social Roles of the Ukrainian Cossacks in Their First Rebellions, 1590-96." Diss, Yale University, 1970.

Gor'kii, Maksim. "Rabselkoram i voenkoram o tom, kak uchilsia pisat'." *Pravda*, September 30, 1928, 3.

Grabowicz, George G. "The History and Myth of the Cossack Ukraine." Diss., Harvard University, 1975.

Green, Militsa. "Pushkin and Sir Walter Scott." *Forum for Modern Language Studies* I (1965): 207-15.

Grøngaard, Ragna. *An Investigation of Composition and Theme in Isaak Babel's Literary Cycle Konarmija*. Aarhus: Arkona, 1979.

Gubaroff, George V. *Cossacks and Their Land: In Light of New Data*. Trans John Nelson Washburn. Providence, R. I.: Cossack American National Alliance, 1985.

Gudzy, N. K. *History of Early Russian Literature*. Trans. Susan Wilbur Jones from 2d Russian ed. New York: Macmillan, 1949.

Gukovskii, G. A. *Realizm Gogolia*. Moscow-Leningrad: Gosudarstvennoe izdatel'stvo khudozhestvennoi literatury, 1959.

Gunnell, G. John. *Political Philosophy and Time*. Middletown, Conn.: Wesleyan University Press, 1968.

Gustafson, Richard F. *Leo Tolstoy, Resident and Stranger: A Study in Fiction and Theology*. Princeton: Princeton University Press, 1986.

Gutsche, George J., and Laurne G. Leighton, eds. New Perspectives on Nineteenth-Century Prose. Columbus, Ohio: Slavica, 1981.

Hagan, John. "Ambivalence in Tolstoy's 'The Cossacks.'" *Novel: A Forum on Fiction* 3 (1969): 28-47.

Hallett, R. W. *Isaac Babel*. Letchworth, Hertfordshire: Bradda Books, 1972.

Howe, Irving, and Eliezer Greenberg, eds. *Ashes out of Hope: Fiction by Societ-Yiddish Writers*. New York: Schocken Books, 1977.

Hrishko, Wasyl. "Gogol's Ukrainian-Russian Bilingualism and the Dualism of Gogolian Style." Diss., University of Washington, 1973.

Hugo, Victor. Oeuvres complètes. 18 vols. Paris: Club Français du livre, 1976-69.

Hyman, Stanley Edgar. "The Problem of Jewish Identity: Identities of Isaac Babel." In *The Promised End*. New York: World Publishing, 1963. 319-29.

Iakovliv, Andriy. "Istoriya Rusov and Its Author." *Ukrainian Academy of Arts and Sciences in the U. S.*, Annals 3 (1953): 620-69.

Iakubovich, D. P. "Kapitanskaia dochka i roman V. Skotta." *Vremennik pushkinskoi komissii* 4-5 (1939): 165-97.

Irabarne, Louis. "Babel's *Red Cavalry* as a Baroque Novel." *Contemporary Literature* 14 (1973): 58-77.

Jepson, Laura. "To Kill like a Cossack." *South Atlantic Bulletin* 43 (1978): 86-94.

Jonge, Ales de. "Gogol'." In *Nineteenth-Century Russian Literature: Studies of Ten Russian Writers*, ed. John Fennell. Berkeley and Los Angeles: University of California Press, 1973. 69-129.

Kamanin, I. M. "Nauchnye i literaturnye proizvedeniia N. V. Gogolia po istorii Malorossii." *Pamiati Gogolia. Nauchno-literaturnyi sbornik*, ed. N. P. Dashkevich. Kiev, 1902.

Kamenskii, Vasilii. *Ego-moia biographiia velikogo futurista*. Moscow, 1918.

Kamenskii, Vasilii. *Put' entuziasta*. Moscow: Federatsiia, 1931.

Kamenskii, Vasilii. *Sten'ka Razin. P'esa v 9 kartinakh*. Kharkov: Gosudarstvennoe izdatel'stvo Ukrainy, 1923.

Kamenskii, Vasilii. *Stikhotvoreniia i poemy*. Ed. N. L. Stepanov. Biblioteka Poeta series, 2d ed. Moscow-Leningrad: Sovetskii pisatel', 1966.

Karlinsky, Simon. *Marina Tsvetaeva: The Woman, Her World, and Her Poetry*. Cambridge and New York: Cambridge University Press, 1985.

Karlinsky, Simon. *The Sexual Labyrinth of Nikolai Gogol*. Cambridge, Mass., and London: Harvard University Press, 1976.

Karpuk, Paul A. "Gogol's Unfinished Historical Novel 'The Hetman,'" *Soviet and East European Journal* 35, no. 1(1991): 36-55.

Karpuk, Paul A. "N. V. Gogol's Unfinished Historical Novel 'The Hetman.'" Diss., University of California, Berkeley, 1987.

*Kazaki: narod ili russkoe soslovie*. Izdanie organizatsii kazach'ikh natsionalistov, n. d.

Khlebnikov, Velimir. Neizdannye proizvedeniia. Ed. N. Khadzhieva and T. Gritsa. Moscow: Khudozhestvennaia literatura, 1940.

Khlebnikov, Velimir. *Sobranie proizvedenii Velimira Khebnikova*. Ed. Iu. Tynianov and N. Stepanov. Leningrad: Izdatel'stvo pisatelei v Leningrade, 1928-33. Rpt. *Sobranie Sochinenii*. Munich: Wilhelm Fink Verlag, 1968.

Khomiakov, Aleksei Stepanovich. *Polnoe sobranie sochinenii*. 8 vols. Moscow: Universiteskaia tipografiia, 1900-1904.

Kirdan, B. P. *Ukrainskie narodnye dumy*. Moscow: Nauka, 1972.

Klimenko, Michael. *The World of Young Sholokhov: Vision of Violence*. North Quincy, Mass.: Christopher Publishing House, 1972.

Klotz, Martin B. "Poetry of the Present: Isaak Babel's Red Cavalry." *Slavic and East European Journal* 18 (1974): 160-69.

Kornblatt, Judith Deutsch. "Gogol' and the Muses of Mirgorod." *Slavic Review* 50, no. 2 (Summer 1991): 309-16.

Krafcik, Patricia Ann. "Sten'ka Razin in Russian Historical Folksongs: A Robin Hood of the Volga." Diss., Columbia University, 1980.

Kukol'nik, Nestor. *Istoricheskie povesti*. St. Petersburg: Izdanie A. S. Suvorina, 1902.

Lanne, Jean-Claude. *Velimir Khlebnikov. Poète futurien*. Paris: Institut d'Etudes Slaves, 1983.

Layton, Susan. "The Creation of an Imaginative Caucasian Geography." *Slavic Review* 45 no. 3 (1986): 470-85.

Lazanova, A. N., ed. *Pesni i skazaniia o Razine i Pugacheve*. Moscow-Leningrad: Akademiia, 1935.

LeBlanc, Ronald D. *The Russification of Gil Blas: A Study in Literary Appropriation*. Columbus, Ohio: Slavica, 1986.

Lednicki, Waclaw. "Pouchkine et Mickiewicz." *Revue de littérature comparée* 17 (1937): 129-44.

Lednicki, Waclaw, ed. *Adam Mickiewicz in World Literature: A Symposium*. Berkeley and Los Angeles: University of California Press, 1956.

Lewis, Bernard. *History Remembered, Recovered, Invented*. Princeton: Princeton University Press, 1975.

Livshits, L. "Materialy k tvorcheskoi biografii I. Babelia." *Voprosy literatury* 4 (1964): 110-35.

Longworth, Philip. *The Cossacks*. New York: Holt, Rinehart and Winston, 1969.

Longworth, Philip. Letter. *Slavic Review* 33 (1974): 411-14.

Lotman, Iurii M. "Problema khudozhestvennogo prostranstva v proze Gogolia." *Trudy po russkoi i slavianskoi filologii*, Vol. 11: Literaturovedenie. *Uchenye zapiski Tartuskogo gosudarstvennogo universiteta* 209 (1968): 5-50.

Luckyj, George S. N. *Between Gogol' and Ševčenko: Polarity in the Literary Ukraine, 1798-1847*.

Munich: Wilhelm Fink Verlag, 1971.

Luckyj, George. *Panteleimon Kulish: A Sketch of His Life and Times*. Boulder, Colo.: East European Monographs, 1983.

Lukashevich, Platon. *Malorossiiskie i Chervonorusskie narodnye dumy i pesni*. St. Peterburg, 1836.

Luplow, Carol. *Isaac Babel's "Red Cavalry,"* Ann Arbor: Ardis, 1982.

Magarshack, David. *Gogol: A Life*. New York: Grove Press, 1957.

Maksimovich, Mikhail. *Malorossiiskiia pesni*. Moscow, 1827.

Maksimovich, Mikhail. *Sbornik ukrainskikh pesen, izdavaemykh M. Maksimovichem*. Moscow, 1849.

Maksimovich, Mikhail. *Ukrainskie narodnye pesni*. Moscow, 1834.

Mann, Iurii. "Fantasticheskoe i real'noe u Gogolia." *Voprosy literatury* 13, no. 9(1969): 106-25.

Marcus, Steven. "The Stories of Isaac Babel." *Partisan Review* 22, no. 3(1955): 400-411.

Marder, Herbetrt. "The Revolutionary Art of Isaac Babel." *Novel: A Forum on Fiction* 7 (1973): 54-61.

Markevych, N. A. *Ukrainskie melodii*. Moscow, 1831.

Markov, Vladimir. *The Longer Poems of Velimir Khlebnikov*. Berkely and Los Angeles: University of California Press, 1962.

Mathewson, Rufus W., Jr. *The Positive Hero in Russian Literature*, 2d ed. Stanford: Stanford University Press, 1978.

McLean, Hugh. "Gogol's Retreat from Love: Towards an Interpretation of *Mirgorod*." *American Contributions to the Fourth International Congress of Slavists*. Tha Hague: Mouton, 1958.

McLean, Robert A. "The Prose of Velimir Xlebnikov." Diss., Princeton University, 1973.

McLean, Robert H. *Tsar and Cossack, 1855-1914*. London: Macmillan Press in association with St. Antony's College, Oxford, 1987.

Merezhkovskii, Dmitrii. *Gogol'. Tvorchestvo, zhizn', religiia*. St. Petersburg: Panteon, 1909.

Mikkelson, Gerald E. "The Mythopoetic Element in Pushkin's Historical Novel *The Captains Daughter*," *Canadian-American Slavic Studies* 7(1973): 296-313.

Mikkelson, Gerald E. "Pushkin's *History of Pugachev*: The Litterateur as Historian." In *New Perspectives on Nineteenth-Century Prose*, ed. George J. Gutsche and Lauren G. Leighton. Columbus, Ohio: Slavica, 1981.

Mintz, Samuel I., Alice Chandler, and Christopher Mulvey, eds. *From Smollett to James: Studies in the Novel and Other Essays Presented to Edgar Johnson*. Charlottesville: University Press of Virginia, 1981.

Mirsky, D. S. *A History of Russian Literature*. Ed. Francis J. Whitfield. New Yotk: Alfred A. Knopf, 1949.

Mirsky, Salomon. *Der Orient im Werk Velimir Chlebnikovs. Slavistishe Beitrage* 85. Munch: Verlag Otto Sagner, 1975.

Mocha, Frank. "Pushkin's 'Poltava' as a Reaction to the Revolutionary Politics and History of Mickiewicz's 'Konrad Wallenrod' and Ryleev's 'Vojnarovskij.'" *Antemurale* 19 (1975): 91-147.

Mordovtsev, Daniel. *Polnoe sobranie istoricheskikh romanov, povestei i razskazov*. St. Perterburg: Izdatel'stvo P. P. Soikina, n. d.

Morson, Gary Saul. *Hidden in Plain View: Narrative and Creative Potentials in "War and Peace."* Standford: Standford University Press, 1987.

Morson, Gary Saul. "Prosaics and *Anna Karenina*." *Tostoy Studies Journal* 1 (1988): 1-12.

Muchnic, Helen. "Sholokhov and Tolstoi." *Russian Review* 16 (1957): 25-34.

Murphy, A. B. "The Style of Isaak Babel." *Slavonic and East European Review* 44 (1966): 361-80.

Nabokov, Vladimir. *Nikolai Gogol*. New York: New Directions, 1961.

Nabokov, Vladimir. *Pnin*. New York: Avon Books, 1957.

Nakhimovsky, Alexander D., and Alice Stone Nakhimovsky, eds. *The Semiotics of Russian Cultural History*. Ithaca: Cornell University Press, 1985.

Narezhnyi, Vasilii. *Romany i povesti Vasiliia Narezhnago*, 2nd ed. St. Petersburg: Tipografia Aleksandra Smirdina, 1836.

Neiman, B. V. "*Kapitanskaia dochka* Pushkina i romany V. Skotta." *Sbornik otdeleniia russkogo iazyka i slovesnosti AN SSSR* 101 (1928): 440-443.

Nilsson, Nils Åke. "Isaak Babel's 'Perechod čerez Zbruč.'" *Scando-Slavica* 23 (1977): 63-71.

Novikov, N. I., ed. *Novoe i polnoe sobranie rossiiskikh pesen*. Moscow: Universitetskaia tipografiia 1780-81.

Nud'ga, G. A., ed. *Dumi*. Biblioteka Poeta series. Kiev: Radians'kii pis'mennik, 1969.

Ohloblyn, Oleksandr. "Where Was Istoriya Rusov Written?" *Ukrainian Academy of Arts and Sci-*

*ences in the U. S.*, Annals 3 (1953): 670-95.

Oksman, Iurii. "Neosushchestvlennyi zamysel istorii Ukrainy." *Literaturnoe nasledstvo* 58 (1952): 211-21.

Oksman, Iurii. "Pushkin v rabote nad *Kapitanskoi dochkoi*." *Literaturnoe nasledstvo* 58 (1952): 222-42.

Orlov, Vladimir. "Marina Tsetaeva. Sud'ba. Kharakter. Poeziia." Introduction to *Izbrannye proizvedeniia* by Marina Tsvetaeva. Moscow-Lningrad: Sovetskii pisatel', 1965. 5-54.

Parker, W. M. "Scott and Russian Literature." *Quarterly Review* 305 (April 1967): 172-78.

Parnis, A. E. "Iuzhnoslavianskaia tema Velimira Khlebnikova." In *Zarubezhnye slaviane i russkaia kul'tura*, ed. M. P. Alekseev. Leningrad: Nauka, 1978.

Pauls, John J. "Two Treatments of Mazeppa: Ryleyev's and Pushkin's." *Etudes slaves et est-européennes* 8 (1963): 97-109.

Paustovskii, Konstantin. "Neskol'ko slov o Babele: Memuary." *Nedelia*, nos. 11-17, Sept. 1966.

Peace, Richard. *The Enigma of Gogol: An Examination of the Writings of N. V. Gogol and Their Place in the Russian Literary Tradition*. Cambrige: Cambridge University Press, 1981.

Pereverzev, V. F. *Tvorchetvo Gogolia*. 3d ed. Ivanovo-Voznesensk: Osnova, 1928.

Petrov, Sergei. *Russkii sovetskii istoricheskii roman*. Moscow: Sovremennik, 1980.

Petrov-Biriuk, Dmitrii. *Syny stepei donskikh*. Moscow: Voennoe izdatel'stvo Ministerstva oborony SSSR, 1970.

Petrunina, N. N. *Proza Pushkina (Puti evoliutsii)*. Leningrad: Nauka, 1987.

Poggioli, Renato. "Isaac Babel in Retrospect." *The Phoenix and the Spider*. Cambridge: Harvard University Press, 1957.

Price, Robert F. "Tragic Features in the Character of Grigorii Melexov." Slavic and East European Journal 23 (1979): 63-71.

Pushkin, Alexander. *The History of Pugachev*. Trans. Earl Sampson. Ann Arbor: Ardis, 1983.

Pushkin, A. S. *Polnoe sobranie sochinenii*. 16 vols. Moscow-Leningrad: Izdatel'stvo Akademii Nauk SSSR, 1937-49.

Putilov, B. N., ed. *Istoricheskie pesni XVII veka*. Moscow-Leningrad: Nauka, 1966.

Putilov, B. N., ed. *Narodnye istoricheskie pesni*. Biblioteka Poeta series. Moscow-Leningrad: Sovetskii pisatel', 1962.

Raeff, Marc. *The Decembrist Movement.* Englewood Cliffs, N. J.: Prentice-Hall, 1966.

Raleigh, John Henry. "Scott and Pushkin." In *From Smollett to James: Studies in the Novel and Other Essays Presented to Edgar Johnson*, ed. Samuel I. Mintz et. al. Charlottesville: University Press of Virginia, 1981.

Rice, Martin P. "On 'Skaz'." *Russian Literature Triquarterly* 12 (Spring 1975): 409-23.

Rogger, Hans. *National Consciousness in Eighteenth-Century Russia.* Cambrige, Mass.: Harvard University Press, 1960.

Rosenthal, Raymond. "The Fate of Isaak Babel." *Commentary* 3, no. 2 (1947): 126-31.

Ross, Rochelle H. "The Unity of Babel's Konarmija." *South Central Bulletin* 41, no. 4 (1981): 114-19.

Rubinshtein, N. L. *Russkaia istoriografiia.* Moscow: Gospolitizdat, 1941.

Rudnytsky, Ivan L. Reply to letter of Philip Longworh. *Slavic Review* 33 (1974): 414-16.

Rudnytsky, Ivan L. "A Study of Cossack History." Review of *The Cossacks*, by Philip Longworth. *Slavic Review* 31 (1972): 870-75.

Ryleev, Kondratii. *Polnoe sovranie stikhotvorenii*, Biblioteka Poeta series. 2d ed. Leningrad: Sovetskii pisatel', 1971.

Sakharov, I. P., ed. *Pesni russkogo naroda.* St. Petersburg, 1838-39.

Schorer, Mark. "The Necessity of Myth." *Daedalus* 88, no. 2 (1959): 359-62.

Seaton, Albert. *The Horsemen of the Steppes: The Story of the Cossacks.* London: Bodley Head, 1985.

Setchkarev, Vsevolod M. *Gogol: His Life and Works.* New York: New York University Press, 1965.

Shaw, J. Thomas. "The Problem of the *Persona* in Journalism: Puškin's Feofilakt Kosičkin." *American Contributions to the Fifth International Congress of Slavists, Sofia, 1963.* The Hague: Mouton, 1963.

Shaw, J. Thomas, ed. *The Letters of Alexander Pushkin.* Bloomington: Indiana University Press, 1963.

Sholokhov, Mikhail. *And Quiet Flows the Don.* Trans. Stephen Garry: New York: Vintage Book, 1966.

Sholokhov, Mikhail. *Sobranie sochinenii v deviati tomakh.* Moscow: Khudozhestvennaia literatura, 1965-69.

Shragin, Boris, and Albert Todd, eds. *Landmarks.* Trans. Marian Schwartz. New York: Karz Howard, 1977.

Sicher, Efraim. "The Road to a Red Calvary: Myth and Mythology in the Works of Isaak Babel' of the 1920's." *Slavonic and East European Review* 60, no. 4 (1982): 528-46.

Simmons, Ernest J. *English Literature and Culture in Russia, 1553-1840.* Cambrige: Harvard University Press, 1935.

Simpson, George W. "The Names 'Rus,' 'Russia,' 'Ukraine,' and Their Historical Background." *Slavistica* 10 (1951): 5-18.

Sirskyj, Wasyl. "Ideological Overtones in Gogol's *Taras Bulba.*" *Ukrainian Quarterly* 35 (1979): 279-87.

Slonimskii, A. *Masterstvo Pushkina*. Moscow: Gosudarstvennoe izdatel'stvo khudazhestvennoi literatury, 1959.

Slotkin, Richard. *Regeneration through Violence: The Mythology of the American Frontier, 1600-1860.* Middletown, Conn: Wesleyan University Press, 1973.

Slowacki, Juliusz. Mazeppa, *Polish and American: A Translation of Slowacki's "Mazeppa," Together with a Brief Survey of Mazeppa in the United States.* Trans. Marion Moore Coleman. Cheshire, Conn.: Cherry Hill Books, 1966.

Smirin, I. A. "Na puti k *Konarmii.*" *Liternaturnoe nasledstvo* 74 (1965): 462-82.

Soimonov, A. D., ed. *Istoricheskie pesni XVIII veka*. Leningrad: Nauka, 1971.

Sreznevskii, I. I. *Zaporozhskaia starina*. Kharkov, 1833-38.

Stepanov, Nikolai. *Velimir Khlebnikov. Zhizn' i tvorchestvo*. Moscow: Sovetskii pisatel', 1975.

Stilman, Leon. "Nikolaj Gogol' and Ostap Hohol." *Orbis Scriptus. Dmitrij Tschižewskij zum 70. Geburtstag*. Munich: Wilhelm Fink Verlag, 1966.

Stora-Sandor, Judith. *Isaac Babel', 1864-1941, l'homme et l'oeuvre*. Paris: Klincksieck, 1968.

Terras, Victor. "Line and Color: The Structure of I. Babel's Short Stories in *Red Cavalry.*" *Studies in Short Fiction* 3, no. 2 (1966): 141-56.

Terras, Victor, ed. *Handbook of Russian Literature*. New Haven and London: Yale University Press, 1985.

Terts, Abram. *Sud idet. Fantasticheskii mir Abrama Tertsa*. Paris: Inter-Language Literary Associates, 1967.

Tertz, Abram. *The Trial Begins*. Trans. Max Hayward. Berkeley and Los Angeles: Univerisity of

California Press, 1960.

Thorslev, Peter L. *The Byronic Hero: Types and Prototypes*. Minneapolis: University of Minnesota Press, 1962.

Todorov, Tzvetan. *The Fantastic: A Structural Approach to a Literary Genre*. Trans. Richard Howard. Forword by Robert Scholes. Ithaca: Cornell University Press, 1975.

Tolstoi, Lev. *Polnoe sobranie sochinenii*. 90 vols. Moscow-Leningrad: Gosudarstvennoe izdatel'stvo, 1928-58.

Tretiak, Jozef. *Mickiewicz i Puszkin: Studya i szkice*. Warsaw: Nakladem Keięgarni E. Wende I Sp., 1906.

Trilling, Lionel. *Beyond Culture: Essays on Literature and Learning*. New York: Viking Press, 1965.

Trilling, Lionel. Introduction. *Isaac Babel. The Collected Stories*. Trans. and ed. Walter Morrison. Cleveland and New York: New American Library, 1955.

Troyat, Henri. *Divided Soul: The Life of Gogol'*. Trans. Nancy Amphoux. Garden City, N.Y.: Doubleday, 1973.

Tshižewskij, D. T. "Gogol: Artist and Thinker." *Forum Slavicum*, Vol. 12: *Gogol'-Turgenev-Dostoevskij-Tolstoj zur Russischen Literature des 19 Jahrhunderts*. Ed. Tschižewskij. Munich: Wilhelm Fink Verlag, 1966.

Tsertelev, N. A. *Opyt sobraniia starinnykh malorossiiskikh pesen*. Moscow, 1819.

Tsvetaeva, Marina. *A Captive Spirit: Selected Prose*. Ed. and trans. J. Marin King. Ann Arbor: Ardis, 1980.

Tsvetaeva, Marina. *Izbrannaia proza v dvukh tomakh, 1917-1937*. New York: Russica Publishers, 1979.

Tsvetaeva, Marina. *Izbrannye proizvedeniia*. Moscow-Leningrad: Sovetskii pisatel', 1965.

Tsvetaeva, Marina. *Stikhotvoreniia i poemy v piati tomakh*. New York: Russica, 1982-83.

Turner, C. J. G. "Tolstoy's 'The Cossacks': The Question of Genre." *Modern Language Review* 73 (1978): 563-72.

Turner, Frederick Jackson. *The Frontier in American History*. New York: Holt, Rinehart and Winston, 1920, 1947, 1962.

Turner, Victor. *The Ritual Process: Structure and Anti-Structure*. Ithaca: Cornell University Press, 1969.

Vinogradov, Viktor. *Etiudy o stile Gogolia*. Leningrad: Akademia, 1926.

Vinogradov, V. V., et al., eds. *Slovar' iazyka Pushkina*. Moscow: Gosudarstvennoe izdatel'stvo inostrannykh i natsional'nykh slovarei, 1957.

Vroon, Ronald. "Metabiosis, Mirror Images and Negative Integers: Velimir Chlevnikov and His Doubles." In *Velimir Chlebnikov (1885-1922): Myth and Reality*, ed. Willem G. Wetsteijn. Amesterdam: Rodopi, 1986.

Vroon, Ronald. "Velimir Chlebnikov's 'Chadži-Tarchan' and the Lomonosovian Tradition." *Russian Literture* 9 (1981): 107-31.

Vroon, Ronald. "Velimir Khlebnikov's 'Razin: Two Trinities': A Reconstruction." *Slavic Review* 39, no. 1 (1980): 70-84.

Vroon, Ronald. *Velimir Khlebnikov's Shorter Poems: A Key to the Coinages*. Ann Arbor: University of Michigan Press, 1983.

Walicki, Andrzej. *The Slavophile Controversy: History of a Conservative Utopia in Nineteenth-Century Thought*. Oxford: Clarendon Press, 1975.

Warner, Elizabeth A. *The Russian Folk Theater*. The Hague and Paris: Mouton, 1977.

Wheelwright, Philip. "Semantic Approach to Myth." *In Myth: A Symposium*, ed. Thomas Sebeok. Bloomington: Indiana University Press, 1965.

White, Hayden. *Metahistory: The Historical Imagination in Nineteenth-Century Europe*. Baltimore and London: Johns Hopkins University Press, 1973.

White, Hayden. *Tropics of Discourse: Essays in Cultural Criticism*. Baltimore and London: Johns Hopkins University Press, 1978.

Wiliams, Gareth. "Two Leitmotifs in Babel's *Konarmija*." *Die Welt der Slaven* 17 (1972): 308-17.

Woodward, James B. *The Symbolic Art of Gogol: Essays on His Short Fiction*. Columbus, Ohio: Slavica, 1981.

Yakimenko, Lev. *Sholokhov: A Critical Appreciation*. Trans. Bryan Bean. Moscow: Progress Publishers, 1973.

Zeldin, Jesse. *Nikolai Gogol's Quest for Beauty: An Exploration into His Work*. Lawrence: Regents Press of Kansas, 1978.

Zhirmunskii, V. M. *Bairon i Pushkin*. Leningrad: Academia, 1924.

Zhirmunskii, V. M. "Pushkin i zapadnye literatury." *Vremennik pushkinskoi komissii* 3 (1937):

66-103.

Ziolkowski, Margaret. *Hagiography and Modern Russian Literature*. Princeton: Princeton University Press, 1988.

Zlobin, S. P. *Sobranie sochinenii*. Moscow: Khudozhestvennaia literatura, 1981.

# 찾아보기

## 작품·책·논문

## 인명·용어

# 코자크와 러시아 문학

**문화신화학 연구**

초판 발행 1쇄 2020년 11월 30일

지은이 주디스 도이치 콘블랫
옮긴이 허승철
펴낸곳 고려대학교출판문화원
www.kupress.com
kupress@korea.ac.kr
(02841) 서울특별시 성북구 안암로 145
Tel 02-3290-4230, 4232
Fax 02-923-6311
찍은곳 한국컴퓨터인쇄정보

ISBN 979-11-90205-85-6 93830

값 26,000원